权威·前沿·原创

皮书系列为
"十二五""十三五"国家重点图书出版规划项目

福建自贸区蓝皮书

BLUE BOOK OF
FUJIAN FREE TRADE ZONE

中国（福建）自由贸易试验区发展报告（2017~2018）

CHINA (FUJIAN) PILOT FREE TRADE ZONE DEVELOPMENT REPORT (2017-2018)

主　编／黄茂兴
副主编／王珍珍　余　兴　俞　姗
　　　　邹文杰　戴双兴　施志源

社会科学文献出版社
SOCIAL SCIENCES ACADEMIC PRESS (CHINA)

图书在版编目（CIP）数据

中国（福建）自由贸易试验区发展报告.2017－2018／黄茂兴主编.－－北京：社会科学文献出版社，2018.6
（福建自贸区蓝皮书）
ISBN 978－7－5201－2566－6

Ⅰ.①中… Ⅱ.①黄… Ⅲ.①自由贸易区－经济发展－研究报告－福建－2017－2018 Ⅳ.①F752.857

中国版本图书馆CIP数据核字（2018）第073898号

福建自贸区蓝皮书
中国（福建）自由贸易试验区发展报告（2017～2018）

主　　编／黄茂兴
副 主 编／王珍珍　余　兴　俞　姗　邹文杰　戴双兴　施志源

出 版 人／谢寿光
项目统筹／王　绯
责任编辑／曹长香

出　　版／社会科学文献出版社・社会政法分社（010）59367156
　　　　　　地址：北京市北三环中路甲29号院华龙大厦　邮编：100029
　　　　　　网址：www.ssap.com.cn
发　　行／市场营销中心（010）59367081　59367018
印　　装／三河市东方印刷有限公司

规　　格／开　本：787mm×1092mm　1/16
　　　　　　印　张：23.75　字　数：356千字
版　　次／2018年6月第1版　2018年6月第1次印刷
书　　号／ISBN 978－7－5201－2566－6
定　　价／118.00元

皮书序列号／PSN B－2016－531－1/1

本书如有印装质量问题，请与读者服务中心（010－59367028）联系

▲ 版权所有 翻印必究

诚挚感谢福建省人民政府办公厅、中共福建省委组织部、福建省财政厅、福建省商务厅等省直职能部门对福建师范大学福建自贸区综合研究院的关心与大力支持！

福建师范大学福建自贸区综合研究院 2018 年重大项目研究成果

国家"万人计划"青年拔尖人才支持计划（组厅字〔2013〕33 号文）资助的阶段性研究成果

国家"万人计划"哲学社会科学领军人才（组厅字〔2016〕37 号）资助的阶段性研究成果

中宣部全国文化名家暨"四个一批"人才工程（中宣办发〔2015〕49 号）资助的阶段性研究成果

教育部哲学社会科学研究重大招标课题（项目编号：16JZD028）的阶段性研究成果

国家社科基金重点项目（项目编号：16AGJ004）的阶段性研究成果

福建省特色重点学科和福建省重点建设学科——福建师范大学理论经济学 2018 年重大研究成果

福建省首批哲学社会科学领军人才、福建省高校领军人才支持计划 2018 年阶段性研究成果

福建省首批高校特色新型智库——福建师范大学综合竞争力与国家发展战略研究院 2018 年研究成果

福建省社会科学研究基地——福建师范大学竞争力研究中心 2018 年资助的研究成果

福建省高校哲学社会科学学科基础理论研究创新团队——福建师范大学竞争力基础理论研究创新团队 2018 年阶段性研究成果

福建师范大学创新团队建设计划（项目编号：IRTW1202）2018 年阶段性研究成果

福建自贸区蓝皮书编委会

项目承担单位
福建师范大学福建自贸区综合研究院

项目组人员名单

顾　　　问	李建平	李闽榕			
主　　　编	黄茂兴				
副 主 编	王珍珍	余　兴	俞　姗	邹文杰	戴双兴
	施志源				
编写组成员	黄茂兴	余　兴	王珍珍	俞　姗	邹文杰
	戴双兴	施志源	王　荧	黄新焕	陈凤娣
	方　忠	陈玲芳	陈　雯	林姗姗	郑小梅
	伊　馨	赵　亮	杨飞龙	杨垠红	林少东
	周利梅	张宝英	林惠玲	吴　娟	闫　玄
	方友熙	俞俏萍	邱丽洪	冯国治	蔡　凌
	江婷婷	欧阳芳	林昕瑶	郭黎霞	郑启福
	林　烺	蔡鹏航	陈秀梅	池金晶	王国建
	谢闽松	王溢镕			

福建师范大学福建自贸区综合研究院简介

为积极服务中国（福建）自由贸易试验区建设这一重大国家战略，全面梳理自贸区的发展脉络、发展定位和发展方向，构建相应的自贸区战略支撑体系，为省委省政府及省直相关职能部门提供决策咨询服务，经福建师范大学党委批准，福建师范大学福建自贸区综合研究院于2015年1月7日正式成立。

研究院首任院长由首批国家"万人计划"青年拔尖人才入选者、第2批国家"万人计划"哲学社会科学领军人才入选者、福建师范大学经济学院院长黄茂兴教授担任，研究院下设办公室、研究部、信息部、交流部和培训部。现已组建了一支36人的专业研究团队，涵盖经济学、管理学、法律、社会学、地理学等多个学科，并根据自贸区的发展实际和战略要求，下设国际贸易与投资规则研究中心、金融开放创新研究中心、税收与公共服务研究中心、物流与电子商务发展研究中心、企业发展战略研究中心、知识产权研究中心、人才保障研究中心、绩效评估研究中心等研究平台，重点开展自贸区的贸易与投资、自贸区的金融与资本深化、自贸区的产业发展与技术创新、自贸区的国际人才培养与发展、自贸区的知识产权保护与法律规制等前沿性和战略性问题研究，并积极承担对自贸区高端人才和管理人才的培训任务。研究院成立三年来，已相继推出了《中国（福建）自由贸易试验区180问》《自贸区大时代——从福建自贸试验区到21世纪海上丝绸之路核心区》《中国（福建）自由贸易试验区发展报告（2015~2016）》《中国（福建）自由贸易试验区发展报告（2016~2017）》《TPP的中国策：全球化新时代中国自贸区的突围之路》《供给侧结构性改革与中国自贸试验区制度创新》

《"一带一路"与中国自贸试验区融合发展战略》《中国自由贸易港扬帆启航——全面开放新格局下的新坐标》等八部著作，在《人民日报》《光明日报》等众多境内外报刊上发表了一系列学术文章，得到了各级政府机关、学术界、企业界和新闻界的好评，产生了积极的社会反响。

研究院采取"政产学研"合作的协同创新模式，广泛联合国内相关领域的科研院所、政府机构、企业和国外著名高校及国际组织的研究人员，深入开展自贸区发展的理论、政策和实践问题研究，努力建设助力福建自贸区建设与发展的思想库、人才库、信息库。研究院定期向政府部门和企事业单位报送研究报告，编辑《福建自贸区通讯》，出版"福建自贸区蓝皮书"以及其他各类自贸区研究著作，举办自贸区发展高峰论坛，并积极为自贸区管理人员和企业职工开展培训工作。

主要编撰者简介

黄茂兴 男，1976年生，福建莆田人。教授、博士生导师。现为福建师范大学福建自贸区综合研究院院长、福建师范大学经济学院院长、中国（福建）生态文明建设研究院执行院长、全国经济综合竞争力研究中心福建师范大学分中心常务副主任、二十国集团（G20）联合研究中心常务副主任、福建省人才发展研究中心执行主任。兼任中国数量经济学会副理事长、中国特色社会主义政治经济学论坛副主席、中国区域经济学会常务理事等。主要从事技术经济、区域经济、竞争力问题研究，主持教育部重大招标课题、国家社科基金重点项目等国家、部厅级课题60多项；出版《供给侧结构性改革与中国自贸试验区制度创新》《"一带一路"与中国自贸试验区融合发展战略》等著作50多部，在《经济研究》《管理世界》等权威刊物发表论文160多篇；科研成果分别荣获教育部第六届、第七届社科优秀成果二等奖1项、三等奖1项（合作），福建省第七届至第十一届社会科学优秀成果一等奖7项（含合作）、二等奖3项等近20项省部级科研奖励。入选"国家首批'万人计划'青年拔尖人才""国家第2批'万人计划'哲学社会科学领军人才""中宣部全国文化名家暨'四个一批'人才""人社部国家百千万人才工程国家级人选""教育部新世纪优秀人才""福建省高校领军人才""福建省首批哲学社会科学领军人才"等多项人才奖励计划。2015年荣获人社部授予的"国家有突出贡献的中青年专家"和教育部授予的"全国师德标兵"荣誉称号，2016年荣获中国环境科学学会第十届"青年科技奖"，2016年获评为"国务院特殊津贴专家"，并荣获2014年团中央授予的第18届"中国青年五四奖章"提名奖等多项荣誉称号。带领的科研团队于2014年被人社部、教育部评为"全国教育系统先进集体"。2018年1月当选为十三届全国人大代表。

王珍珍 女，1982年生，福建泉州人。现为福建师范大学经济学院副教授，硕士生导师，管理学博士，福建师范大学福建自贸区综合研究院综合组召集人，主要从事物流与供应链管理、区域经济等领域的研究。主持国家社科青年基金项目、教育部青年基金项目、福建省社科基地重大项目、福建省社科规划后期资助重大项目以及福建省软科学一般项目等二十余项，入选2015年福建省新世纪优秀人才支持计划、2013年福建省高校青年教师杰出人才培养计划。现已在《计算机应用》《中国经济问题》《上海财经大学学报》《福建师范大学学报》《福建论坛》《国际商务》《华东经济管理》等核心刊物公开发表论文20余篇，5篇论文被中国人民大学书报资料中心全文转载。4篇获得商务部部级奖励，4篇政策建言获得省领导重要批示。指导学生参加创新创业训练，多个项目获得国家级、省级立项。

余 兴 男，1972年生，福建福州人。现为福建师范大学经济学院教师，经济学博士，福建师范大学福建自贸区综合研究院企业组召集人。先后在浙江大学和福建师范大学获得法学硕士学位、经济学博士学位。主要从事区域经济合作与协同创新、企业成长等方面的研究，主持或参与国家社会科学基金、教育部人文社会科学基金、福建省软科学基金、福建省教育厅项目等多项相关课题的研究工作，参与编制多项省级"十三五"发展总体规划和专项规划，出版自贸试验区和"一带一路"研究的著作（合著）多部，已在各级各类刊物发表相关研究论文近20篇。

俞 姗 女，1974年生，福建莆田人。现为福建师范大学经济学院副教授，金融学及工商管理（MBA）硕士生导师，经济学博士，福建师范大学福建自贸区综合研究院金融组召集人。福建省中青年经济发展研究会理事，福建省高校毕业生创业指导专家库专家。曾赴美国密苏里大学、北亚利桑那大学访学，目前主要研究方向为区域金融集聚与金融中心建设、风险投资与创业企业成长，主持并参与多项福建省软科学规划、社会科学规划研究项目，参与编制多项省级"十二五"和"十三五"发展总体规划和专项规划。在省级以上学术刊物发表论文 20 多篇，曾获福建省第五届社会科学优秀成果一等奖，共青团福建省委第四届"福建青年创业奖"。

邹文杰 男，1975 年生，福建古田县人。现为福建师范大学经济学院教授、博士生导师，博士后，福建师范大学福建自贸区综合研究院产业组召集人。先后获得福建师范大学法学硕士学位、厦门大学经济学博士学位，东吴大学商学院访问学者。主要研究方向为公共资源配置优化问题，主持国家社科基金项目、教育部人文社科项目、福建省软科学项目等课题多项，完成福建省发展和改革委员会等政府部门委托课题及专项规划十余项；在 *Journal of Renewable and Sustainable Energy*、*Polish Journal of Environmental Studies* 和《科学学研究》《经济学家》《中国经济问题》等国内外期刊发表学术论文 30 余篇，多篇论文被 SSCI、SCI 检索和人大复印资料转载。

戴双兴 男，1979 年生，福建泉州人。福建师范大学经济学院副教授、硕士生导师，经济学博士，福建师范大学福建自贸区综合研究院贸易与投资组召集人。主要从事国际金融与贸易、土地与房地产经济学的教学与研究。主持国家社科基金年度课题、教育部哲学社会科学重大课题子课题、省科技厅软科学课题、省委宣传部年度重点课题、省发展改革委"十三五"前期规划重大课题、省财政厅和省统计局课题等，在《经济地理》《台湾研究》《台湾研究集刊》《思想理论教育导刊》等核心报刊发表论文 40 多篇，其中有多篇被人大复印资料全文转载。曾获福建省优秀博士论文三等奖、福建师范大学青年教师教学技能大赛二等奖、福建师范大学"本科课堂教学优秀奖"。

施志源 男，1980 年生，福建泉州人。现为福建师范大学法学院副教授，硕士生导师，法学博士，重庆大学法学博士后，福建师范大学福建自贸区综合研究院法律组召集人。主要从事自然资源权利制度、环境保护法律制度、自贸试验区法律制度等领域的研究工作。现主持国家社科基金项目1项，中国博士后基金面上项目1项。曾主持福建省社科规划项目1项、厅（校）级项目5项，并参与1项国家社科基金项目、2项省部级项目的研究工作。近年来，在核心刊物上发表学术论文近20篇。其中，发表在《中国社会科学报》的论文《自贸试验区：做好制度创新大文章》被光明理论网、中国社会科学网、宣讲家网等多个权威学术网站转载。

摘　要

　　自贸试验区是中国全面提升治理能力、彻底转变行政理念、大幅提高行政效率的"试验田"。三年来，福建自贸试验区认真贯彻国家自贸试验区战略部署，紧抓制度创新核心，扎实推进重点试验任务建设，自贸试验区的改革红利持续释放、虹吸效应日益凸显，取得了良好成效。为进一步深入分析研究福建自贸试验区挂牌运行三年来的建设成效，本书聚焦福建自贸试验区三年来在贸易便利化、投资自由化、金融开放创新、行政服务职能转变、对台先行先试等方面的创新举措和探索成果，进一步发挥福建自贸试验区全面深化改革和扩大开放试验田的作用。

　　全书共三大部分。第一部分为"福建自贸试验区三周年回顾与展望"，该部分围绕福建自贸试验区三年来在贸易投资改革、金融开放创新、对台先行先试、产业发展、企业发展、法治化改革等六个领域的探索实践进行回顾分析和展望，为福建自贸试验区又好又快发展提供决策借鉴。第二部分为"中国自贸试验区创新与发展"，该部分设置了"世界自由港的发展趋势与中国自由港建设展望""'一带一路'沿线国家自贸区与中国自贸试验区的战略对接"两个专题，深入分析中国自贸试验区创新发展的相关路径和方向，为中国自贸试验区全面深化改革提供有益借鉴。第三部分为附录，该部分是2014~2017年中国（福建）自由贸易试验区发展大事记，为读者全景展现了福建自贸试验区三年来的探索实践和发展历程。

　　关键词：福建自贸试验区　三周年　建设成效

Abstract

China Free Trade Zone is an "experimental field" that comprehensively enhances its governance capabilities, completely changes its administrative philosophy and substantially improves its administrative efficiency. In the past three years, Fujian Pilot Free Trade Zone has conscientiously implemented the strategic deployment of the National Pilot Free Trade Zone, firmly grasped the core of system innovation, and steadily pushed forward the construction of key experimental tasks. The reform dividend in the Pilot Free Trade Zone continued to be released, and the siphon effect has become increasingly prominent with good results. In order to further analyze and study the three-year results of construction effect of Fujian Pilot Free Trade Zone after listing, this book focuses on the reform of Fujian Pilot Free Trade Zone over the past three years in areas such as trade facilitation, investment liberalization, financial openness innovation, transformation of administrative services functions, pilot initiative with Taiwan and other aspects of innovation methods and exploration results to further play the role of experimental filed in deepening reform and expanding the opening up of Fujian Pilot Free Trade Zone.

The book is divided into three parts. The first part is the retrospect and prospect feature article of the third anniversary of Fujian Free Trade Pilot Zone. This part focuses on the review and analysis of the three-year exploration and practice on areas such as trade and investment reform, financial openness innovation, pilot initiative with Taiwan, industrial development, enterprise development and legalization reform, and puts forward the corresponding thinking in order to provide decision-making reference for speeding up the Fujian Pilot Free Trade Zone to develop sound and fast to. The second part is the innovation and development of China's Free Trade Zone. This part arranges two topics, first is about the development trend of the world free port and the prospect of China's free port construction. The second is about strategic linkages between the Free Trade Zone along the "Belt and Road" initiative and the China Free Trade Zone. We analyze in-depth of the relevant path and direction of innovation and development of China's Pilot Free Trade Zone, and provide useful lessons for the comprehensive reform of China's Free Trade Zone. The third part is an appendix, which shows the memorabilia of China (Fujian) Pilot Free Trade Zone from 2014 to 2017. It shows the practice of exploration and development over the past three years to our readers.

Keywords: Fujian; Free Trade Zone; Third Anniversary; Results of Construction

前　言

黄茂兴[*]

　　从 2013 年 9 月 29 日中国（上海）自由贸易试验区（以下简称"上海自贸试验区"）挂牌成立至今，已先后批准了三批自贸试验区，从上海一枝独秀，走向 11 朵金花齐放的自贸区新时代，标志着中国自贸试验区进入新的发展阶段。自由贸易试验区就是这样一个先锋之地，它是中国拓展新型开放措施的试验场，由此也拉开了中国全面深化改革和扩大开放的新序幕。

　　对福建而言，自 2015 年 4 月 21 日中国（福建）自由贸易试验区（以下简称"福建自贸试验区"）成立以来，紧抓制度创新这个核心，各项试验任务顺利实施，新兴业态蓬勃发展，政策红利持续释放，先行先试功能凸显，溢出效应逐步显现，成为推动福建经济发展的强力引擎，进一步彰显全面深化改革和扩大开放的试验田作用。三年的探索试验窗口期即将过去，为进一步深挖释放这块"试验田"的独特魅力，福建自贸试验区将以更加开放的姿态，更好地融入全球经济贸易发展格局，建成全方位、宽领域、深层次开放的经济形态，实施更加积极主动的对外开放政策，显著提高福建开放型经济水平和质量，再造福建的开放新篇章，为全国自贸试验区建设奉献"福建样本"。

　　本书紧密跟踪自贸区的最新研究动态，结合福建自贸试验区三年来的建设与发展情况，深入分析福建自贸试验区三年来的探索实践成效，研究思考中国自贸试验区的创新发展方向，为加快中国自贸试验区全面深化改革和扩

---

[*] 黄茂兴，福建师范大学福建自贸区综合研究院院长、福建师范大学经济学院院长，教授、博士生导师。

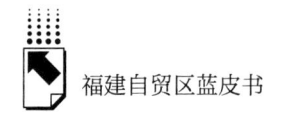

大开放提供有价值的理论指导和决策借鉴。全书共三大部分，基本框架如下。

第一部分：福建自贸试验区三周年回顾与展望。该部分围绕福建自贸试验区三年来在贸易投资改革、金融开放创新、对台先行先试、产业发展、企业发展、法治化改革等六大领域的探索实践进行了回顾分析，并提出深入发展的创新点、着力点，为福建自贸试验区又好又快发展提供决策借鉴。

第二部分：中国自贸试验区创新与发展。该部分设置了"世界自由港的发展趋势与中国自由港建设展望""'一带一路'沿线国家自贸区与中国自贸试验区的战略对接"两个专题，分析了中国自贸试验区改革发展的相关路径和方向，探索中国自贸试验区全面深化改革建设新航程。

第三部分：附录。该部分是2014~2017年中国（福建）自由贸易试验区发展大事记，为读者全景展现福建自贸试验区三年来的探索实践和发展历程。

在社会科学文献出版社的大力支持下，研究团队组织编撰的《中国（福建）自由贸易试验区发展报告（2017~2018）》力图对福建自贸试验区成立3年来的探索成效和发展图景作出分析、判断。当然，这仅仅是我们的一种学术观察、思考与判断，受研究能力、实践经历和占有资料有限等主客观因素的制约，在一些方面的认识和研究仍然不够深入和全面，还有许多需要深入研究的问题未触及。课题组愿与关注这些问题的研究者一起，继续深化对中国自贸试验区理论和方法的研究，提出更多更好具有前瞻性和战略性的政策思路和发展建议，为我国加快推进自贸试验区建设提供智慧支持和决策参考。

2018年正月初十于福建师范大学仓山校区文科楼

目 录

Ⅰ 福建自贸试验区三周年回顾与展望

B.1 福建自贸试验区三周年贸易投资改革实践的回顾与展望 ………… 001
  一 福建自贸试验区推进贸易投资自由化三周年
    取得的成效 ………………………………………………… 002
  二 三年来福建自贸试验区推进贸易投资自由化
    存在的问题 ………………………………………………… 014
  三 福建自贸试验区推进贸易投资自由化的对策建议 ………… 025

B.2 福建自贸试验区三周年金融开放创新实践的回顾与展望 ………… 038
  一 金融创新服务实体经济 ………………………………………… 038
  二 深化两岸金融合作 ……………………………………………… 051
  三 金融机构加速集聚 ……………………………………………… 061
  四 从自贸试验区到自由贸易港：金融开放的新探索 ………… 070

B.3 福建自贸试验区三周年对台先行先试的回顾与展望 ……………… 076
  一 福建自贸试验区对台先行先试的改革现状 ………………… 076

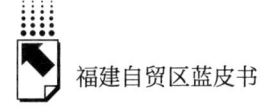

二　福建自贸试验区对台先行先试的改革成效……………… 115
　　三　福建自贸试验区对台先行先试的瓶颈因素……………… 129
　　四　推进福建自贸试验区对台先行先试的对策建议………… 134

B.4　福建自贸试验区三周年产业发展的回顾与展望……………… 143
　　一　跨境电商产业…………………………………………… 143
　　二　现代物流业……………………………………………… 149
　　三　"互联网+"产业……………………………………… 155
　　四　融资租赁业……………………………………………… 162
　　五　整车进口………………………………………………… 167
　　六　其他高端服务业………………………………………… 173

B.5　福建自贸试验区三周年企业发展的回顾与展望……………… 181
　　一　红利蓄积：福建自贸试验区企业成长环境不断优化……… 181
　　二　茁壮成长：福建自贸试验区三周年企业发展成效………… 189
　　三　难题待解：福建自贸试验区企业发展瓶颈………………… 196
　　四　前途光明：新时代福建自贸试验区企业发展前景展望…… 206
　　五　抛砖引玉：福建自贸试验区助推企业进一步
　　　　发展的建议………………………………………………… 214

B.6　福建自贸试验区三周年法治化改革的回顾与展望…………… 221
　　一　福建自贸试验区三年来法治建设概览…………………… 221
　　二　福建自贸试验区金融法治保障建设……………………… 227
　　三　福建自贸试验区知识产权制度建设……………………… 237
　　四　福建自贸试验区税收制度建设…………………………… 247
　　五　福建自贸试验区容错纠错制度…………………………… 254

Ⅱ 中国自贸试验区创新与发展

B.7 世界自由港的发展趋势与中国自由港建设展望 ………… 263
  一　自由港的内涵、分布及主要特征 ………………………… 264
  二　世界自由港的演化历程与发展趋势 ……………………… 269
  三　中国自由港发展展望 ……………………………………… 275

B.8 "一带一路"沿线国家自贸区与中国自贸试验区的战略对接 …… 283
  一　"一带一路"沿线国家与中国自贸试验区战略
    对接的契合性 ……………………………………………… 283
  二　"一带一路"与中国自贸试验区战略对接的实践探索 …… 296

Ⅲ 附　录

B.9 中国（福建）自由贸易试验区大事记（2014～2017） …………… 312
B.10 参考文献 ………………………………………………………… 342

B.11 后　记 …………………………………………………………… 346

CONTENTS

I Retrospect and Prospect of the Third Anniversary of Fujian Free Trade Zone

B.1 Retrospect and Prospect of the Third Anniversary of Fujian
Free Trade Zone on Trade and Investment Refom Practice / 001
    1. Acheived Results in Promoting Trade and Investment
Liberalization in Fujian Pilot Free Trade Zone for Three Years / 002
    2. Existing Problems in Promoting Trade and Investment Liberalization
in Fujian Pilot Free Trade Zone for Three Years / 014
    3. Suggestions in Promoting Trade and Investment Liberalization in
Fujian Pilot Free Trade Zone for Three Years / 025

B.2 Retrospect and Prospect of the Third Anniversary of Fujian
Free Trade Zone on Financial Openness Innovation Practice / 038
    1. Financial Innovation Serves the Real Economy / 038
    2. Deepening Cross-Strait Financial Cooperation / 051
    3. Accelerated Gathering of Financial Institutions / 061
    4. From Pilot Free Trade Zone to Free Trade Port: New Exploation
of Financial Opening / 070

CONTENTS

B.3　Retrospect and Prospect of the Third Anniversary of Fujian
　　　Pilot free Trade Zone on Pilot Initiative with Taiwan　　　／076
　　　1. Status Quo of Pilot Initiative with Taiwan in Fujian Pilot Free
　　　　 Trade Zone　　　／076
　　　2. Results of Reform on Pilot Initiative with Taiwan in Fujian Pilot
　　　　 Free Trade Zone　　　／115
　　　3. Bottleneck of Pilot Initiative with Taiwan in Fujian Pilot
　　　　 Free Trade Zone　　　／129
　　　4. Suggestions of Further Promoting Pilot Initiative with Taiwan
　　　　 in Fujian Pilot Free Trade Zone　　　／134

B.4　Retrospect and Prospect of the Third Anniversary of Fujian
　　　Free Trade Zone on Industrial Development　　　／143
　　　1. Cross-Border E-commerce Industy　　　／143
　　　2. Modern Logistics Industry　　　／149
　　　3. Internet+ Industry　　　／155
　　　4. Financial Leasing Industry　　　／162
　　　5. Vehicle Imports　　　／167
　　　6. Othe High-End Service Industries　　　／173

B.5　Retrospect and Prospect of the Third Anniversary of Fujian
　　　Free Trade Zone on Enterprise Development　　　／181
　　　1. Dividends Accumulation: Fujian Pilot Free Trade Zone Constantly
　　　　 Optimizing its Business Environment for Enterprise to Growth　　　／181
　　　2. Thriving: Enterprise Development Record in Fujian Pilot
　　　　 Free Trade Zone for The Past Three Years　　　／189
　　　3. The Problem to be Solved: Bottleneck of Enterprise Development in
　　　　 Fujian Pilot Free Trade Zone　　　／196
　　　4. The Bright Future: Prospect on Businees Development in the New Era
　　　　 of Fujian Pilot Free Trade Zone　　　／206

005

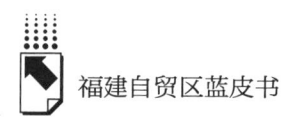

5. Initiation:Proposal to Boost Enterprise's Further Development after the Third Anniivesary of Fujian Pilot Free Trade Zone / 214

B.6 Retrospect and Prospect of the Third Anniversary of Fujian Free Trade Zone on Legalization Reform / 221
    1. Three Years Legalization Overview of Fujian Pilot Free Trade Zone / 221
    2. Financial Legal Protection Construction in Fujian Pilot Free Trade Zone / 227
    3. Intellectual Property System Construction in Fujian Pilot Free Trade Zone / 237
    4. Tax System Constuction in Fujian Pilot Free Trade Zone / 247
    5. With Fault-Tolerant Error Correction Mechanism to Protect Legalization Construction in Fujian Pilot Free Trade Zone / 254

II Innovation and Development of China Free Trade Zone

B.7 The Development Trend of the World Free Port and Prospect of China Free Port Construction / 263
    1. The Connotation, Distribution and Main Features of Free Port / 264
    2. The World Free Port Evolution and Development Trend / 269
    3. Prospect of China Free Port Development / 275

B.8 Strategic Linkages between the Free Trade Zone Along the "Belt and Road" Initiative and Development of China Pilot Free Trade Zone / 283
    1. The Fitness of Strategic Linkages Between Countries along "Belt and Road" Initiative and China Pilot Free Trade Zone / 283

2. The Practical Exploraton of Strategic Linkages between Countries along
"Belt and Road" Initiative and China Pilot Free Trade Zone / 296

Ⅲ Appendix

B.9	Appendix Fujian Free Trade Zone Memorabilia (2014-2017)	/ 312
B.10	Reference	/ 342
B.11	Postscript	/ 346

福建自贸试验区三周年回顾与展望

Retrospect and Prospect of the Third Anniversary of Fujian Free Trade Zone

B.1 福建自贸试验区三周年贸易投资改革实践的回顾与展望

2015年4月中国（福建）自由贸易试验区揭牌，成为中国大陆境内第二批自贸试验区，2018年5月福建自贸试验区将迎来挂牌三周年。三年来福建自贸试验区大胆试、大胆闯、自主改，积极推进"放管服"改革，扎实推进贸易投资领域改革，取得了显著的成效，提升了自贸试验区投资便利化水平，但也存在一些不足。针对这些不足，本文提出创新贸易投资监管体制，营造更加公正、便捷、高效的营商环境，推动福建自贸试验区贸易投资自由化向纵深方向发展。

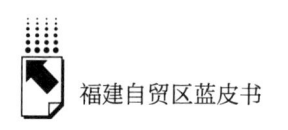

一 福建自贸试验区推进贸易投资自由化三周年取得的成效

（一）推进贸易自由化取得的成效

中国（福建）自由贸易试验区旨在立足海峡两岸、服务全国大局、面向世界开放，通过对外贸易"单一窗口"、通关程序简化、关检"一站式"查验平台和监管互认、检验检疫"多证合一"改革和简化检验检疫原产地签证管理、台湾输大陆商品快速验放模式等，积极推进贸易便利化和自由化。

1. 对外贸易"单一窗口"提质增效

2014年9月，福建省人民政府本着服务企业需求和解决实际问题的导向，推进对外贸易"单一窗口"建设。2015年4月，"单一窗口"上线运行。外贸企业在"单一窗口"一次完成向海关、检验检疫、边检、海事等口岸监管部门的信息提交，并同时接受初审、补报等反馈。进出口口岸监管部门办理结果直接反馈回"单一窗口"，大大简化了原来必须分别到相关单位上门办理等程序，大大节约了企业领取办理通知或审批文件等的时间和成本。

福建全省设立一个平台和福州、厦门两个运营体系。两个运营体系统一界面、数据共享，企业可以自主选择合适的运营体系办理业务，由福建省电子口岸管理中心（福建省口岸数据中心）通过专线直接对接口岸查验单位和两个运营体，实时汇总全省通关查验、港口物流等口岸运行数据。"单一窗口"共设计七个功能，包括货物申报、关检"三个一"、运输工具申报、政务服务、金融服务、贸易许可业务、对台及"一带一路"专区。

对外贸易"单一窗口"促进贸易便利化、自由化的主要举措包括三方面内容。一是货物申报。"单一窗口"提供一般贸易、特殊监管区、跨境电商、快件货物的报关报检申报业务办理，以及危险品货物向海事的申报业务办理。二是运输工具申报。提供进出境船舶、航空器等运输工具信息及相关舱单数据向海关、检验检疫、边检、海事的申报业务，以及关区内直通货物的电子关锁向海关的申报业务办理。三是对台、"一带一路"专区。与台湾关贸网实施对接，搭建对台服务平台，提供舱单、旅客名单、电子原产地证数据的申报、海运快件清单与台湾的通关、物流数据交换服务，提供与"一带一路"沿线港口、铁路对接服务。2017年以来，平台又先后实现出口退税功能和自然人平台自主报关，为全国第二个实现出口退税功能、全国首个自然人可以直接自主报关的"单一窗口"（已有1.7万多人注册个人邮件自主报关）。

福建自贸试验区通过对外贸易"单一窗口"实现了政务、通关全面提质增效。从监管进出口方面看，"单一窗口"提高了监管服务的质量和效率，节约时间多办事；从服务进出口方面看，对外贸易"单一窗口"提高服务企业的质量和效率，节约成本少跑路。从申报时间来看，企业进出口货物平均申报时间由原来的4小时降低到十分钟内；船舶检验检疫的申报时间由原来的近一个小时缩短到5分钟；一般贸易货物出口通关流程耗时由原来的16天减半为8天；船舶申报进境时长由原来的1.5天减少至2.5小时，出境时间由原来的1.5天减少至1小时。从运行效果看，运行项目数、直接服务的企业数、日单证处理量等指标均稳居四个自贸试验区首位。目前，平台的报关比例为97%，报检比例达100%，位居全国首位。"单一窗口"直接服务5000多家企业，间接服务企业4万多家，日均处理单证业务约11万票，实现了手续简、时间短、费用低，推动了对外贸易便利化和自由化发展。

2. 通关程序简化便利提速增量

通关流程有海关申报、查验、征税、放行等手续。通关便利化就是要通过相关法律法规的协调，口岸基础设施的改善和标准化建设实现透明可预期的通关环境。福建自贸试验区推进贸易便利化、自由化的重要举措之一就是调整和创新各种措施及操作等使货物、运输工具等通关程序简化，提升通关速度和通关数量。

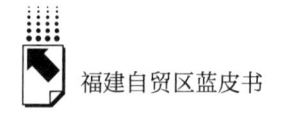

原产地证书提交要求简化原产地惠企新政。2015年5月《海关总署关于印发支持和促进中国（福建）自由贸易试验区建设发展若干措施的通知》正式批准后，福州海关当日即正式发布福州海关公告15号（《简化CEPA、ECFA单证提交需求》），明确"公告自发布之日起施行"。福州片区率先试点，CEPA、ECFA项下进口货物时（收货人或其代理人可以申请享受优惠关税待遇），海关只要收到出口方传输的电子数据的原产地证书，即可免于再提交纸质原产地证书。按原有的通关模式，CEPA（即《内地与香港关于建立更紧密经贸关系的安排》《内地与澳门关于建立更紧密经贸关系的安排》）、ECFA（即《海峡两岸经济合作框架协议》）项下进口货物申报时，企业需提交港澳台地区签发的原产地证书正本。由于福建与港澳台地区相距较近，往往货物先到，而原产地证书仍在寄送当中，无法及时办理报关，影响了通关速度。在福建自贸试验区内，ECFA、CEPA项下进口货物，海关已收到原产地证书电子数据即免除进口企业提交纸质原产地证书，同时，保留在必要情形下收取原产地证书原件并开展核查的权力，有效防控执法风险。同年6月被海关总署推广到全国四个自贸试验区实施。2016年1月1日起，在全国范围推广实施。

海运集装箱货物直接运输判定标准放宽+优惠贸易安排。2015年5月《海关总署关于印发支持和促进中国（福建）自由贸易试验区建设发展若干措施的通知》正式批准后，福州海关当日即正式发布福州海关公告14号（《放宽海运集装箱货物直接运输判定标准》），明确"公告自发布之日起施行"。

根据有关规定，ECFA项下的海运集装箱货物由第三方（大陆、台湾以外）运输至大陆，应提供其在台湾签发的联运提单、第三方海关出具的证明文件以及海关认可的其他证明文件，经海关审查符合直接运输标准的，方可适用优惠关税待遇。由于判定标准严格，单证烦琐，加大了企业的申报难度，造成部分转运货物无法享受优惠税率。为此，福州海关积极协调海关总署有关部门，申请对ECFA项下货物经第三方中转的增设可通过查验集装箱封志判定货物是否符合直接运输要求，获得总署批准。为促进两岸经贸交流，福州海关率先在自贸区内放宽优惠贸易安排项下海运集装箱货物直接运输判定标准，明确在福建自贸试验区范围内，申请享受ECFA优惠关税待遇的进口货物经第三方中转，收货人或其代理人在无法提交相关证明文件时，海关通过查验集装箱封志来判定货物是否符合直运要求。对ECFA项下的进口货物，验核集装箱号及封志号，即可判定经第三方中转货物是否符合直运要求，免于企业提供第三方中转地办理联运提单等证明文件，简化了单证手续，进一步方便了企业。优惠贸易安排项下海运集装箱货物直运判定标准放宽措施赋予海关判定直运的权力，将海关执法由被动审核单证转化为主动服务作为，使企业在无法提供相关证明文件的情况下，仍有可能享受优惠税率，有效节省了企业为获取单证而往返奔波的外部成本。福建自贸试验区内共有8000多票、货值约25.1亿元的报关单享受该项便利措施，税款优惠金额达2.25亿元，提高企业货物通关效率，大大降低了企业资金占用成本。

汽车整车进口＋监管创新。福州片区管委会联合海关、国检等部门多重创新，支持整车进口快速验放。对进口汽车实施分类管理，严格进口汽车事中、事后监管，实现在境外集中改装、区内辅助整改。"区内辅助整改"又称"区内辅助性合规整改"，即涉及车辆雾灯、中文标牌、转向灯颜色、里程表、车辆识别号、发动机号等6个类别16个项目定为"辅助性合规整改"，不纳入车辆改装管理范畴。该项创新得到经信部门和国家质检总局的认可，改变了过去需要境外整改方可入关的模式，使福建江阴港成为全国首个允许开展进口汽车辅助整改的口岸。进口车辆到岸卸港后立即贴上电子标签，与海关H2010通关系统进行信息交互，海关卡口实现无人值守一体化快速通关。全国首创查验作业微信预约模式。海关在现场查验环节，使用网络手段取代原有现场预约模式，通过查验作业微信预约平台，汽车进口商无须到场即可预约查验。协调福州海关将汽车审单审价事权和汽车暂时进境担保处理权限下放福州保税区海关，实施就地报关审价模式。通过RFID技术等实现整车通关的无纸化、可视化、便捷化。

福建自贸试验区平行进口汽车试点、创新金融服务等一系列创新举措，形成"组合拳"效应，不仅有效提升了江阴港整车进口口岸的核心竞争力，还大幅提升了汽车口岸的通关效率。在全国汽车进口市场低迷之际，江阴港整车进口口岸实现了逆势增长，保持良好发展势头。平行进口汽车业务的开展，打破了国外汽车品牌区域销售垄断，进口汽车售价比目前4S店的售价降低了10%～20%，促进了区域汽车市场的发展成熟。目前江阴港口岸注册汽车经销企业93家，其中平行进口汽车试点企业10家，正组织第二批9家企业的申报。

3. "一站式"关检实现监管便利自由

福建自贸试验区海关与检验检疫部门强化协作，共同使用位于海关监管场所和海关特殊监管区域内的查验场地，实行"一站式"关检查验、监管互认，进一步实现关检和监管的便利化、自由化，降低企业成本，推进福建省口岸大通关建设。厦门海关和厦门检验检疫局在关检合作"一站式"基础上积极创新，2015年2月在全国率先启用关检"一站式"查验场。过去口岸海关查验与检验检疫两个执法单位业务链条、作业系统分开，企业需要往来申办。关检"一站式"查验场实现了查验场所整合、作业时间同步、作业空间同一、作业系统互通。2015年4月21日福建自贸试验区挂牌当天，东渡、象屿、海沧东查、海沧西查四个"一站式"查验场揭牌启用。同年7月，厦门海关全关区推广关检"一站式"查验场。泉州、漳州、东山、龙岩及厦门行政辖区内的各业务现场均与所在地检验检疫机构完成"一站式"查验场地的选址，并设立显著的标识，同时关检双方以对外发布公告、制定联系配合办法等途径夯实合作基础，明确双方责任，建立定期通报制度，形成"一个办法、一片区域、一项制度"的关检"一站式"查验固化工作模式。2015年11月，马尾、福清、长乐、莆田、宁德、三明等地的海关与检验检疫机构完成了"一站式"查验场地的挂牌仪式，全面实现关区关检"一站式"检验全覆盖。据统计，实现"一站式"查验全关区覆盖后，可累计节约码头用地81435平方米。以厦门港集装箱码头公司为例，原来码头需设置海关查验场地11600平方米，检验检疫部门查验场地15200平方米。实施业务改革后，码头只需设置关检"一站式"查验场地20000平方米。对满足条件的进出口货物，海关、检验检疫部门同时同地进行查验，提升了场地使用效率，大大便利了企业通关查验和检验检疫。同时，"一站式"关检还为企业节约了成本，企业重复申报项目减少了30%，节约通关时间40%，减少人力资源消耗50%，货主物流成本节约600元/标箱。

4. 对台互通互认实现贸易便利自由

福建自贸试验区一直是对台开放的前沿，福建自贸试验区挂牌以来，积极推进对台贸易便利化、自由化，一系列创新举措落地实施，实现了对台关境互通，监管互认，成效显著。截至2017年4月底，福建自贸试验区新增台资企业1601家，占全省的64.7%。

关境互通。首先，自台进口通关便利自由。福建自贸试验区的平潭片区对台进出口商品原则上不检验，平潭对台商品交易市场销售的台湾商品实行先放后报、先上架后抽检的通关模式。台水果实现了在台上午采摘，下午即在平潭对台小额商品交易市场出售。其次，自台进口报检便利自由。福州海关对自台进口的农产品及水产品等实行先检验放行、后海关申报，而且允许两岸往来的海上客运航线"客带货"。福建检验检疫局对自台入区农产品、食品等产品试行快速检验检疫模式，"快审快核"，审核内容九成简化，审核时间减至1个工作日。厦门检验检疫部门对自台输入的食品实施"源头管理、口岸验放"，实现快速验放。

通关合作。福建自贸试验区与台建立通关合作机制，以合作促效率。首先，信息互换互传。全国唯一的两岸检验检疫数据交换中心设在福建自贸试验区，该数据交换中心与台湾"关贸网"对接，实现双向数据互换。福建自贸试验区与台合作，通关信息互传互通。福建自贸试验区在全国率先实施ECFA项下进口货物在收到原产地证书电子数据后免于提交纸质证书，简化和便利原产地证管理，使自台输入的每票货物通关时间减少1~2天，节省通关成本8%左右。其次，关检合作快速验放。福建自贸试验区海关对台实施先放行后报关、缴税，检验检疫实行"先报、预核、后补""源头管理、口岸验放"等快速验放模式，验放时间从平均3个工作日缩短到1个工作日。

监管互认。国家检验检疫部门率先单方面采信台湾检验检测机构签发出

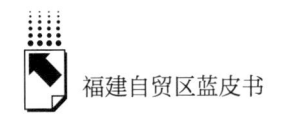

具的认证结果和检测结果，福建自贸试验区与台实现监管互认。福建自贸试验区平潭片区自台进口的电器、食品、白酒三大类产品，只要进口商提供台官方认可的机构出具的认证结果和检测结果，便可免于重新检验或检测。厦门检验检疫局对符合条件的台湾输大陆消费品试行新做法，即在境外可先完成中文标签加注，然后在进口报检时仅实行资料核验，快速验放。同时，厦门海关对接台方海关机构，全面推进货物通关、外贸统计、原产地证书核查、"经认证的经营者"（AEO）互认等对外贸易监管方面的合作，进一步实现监管互认、执法互助。

车船便捷通关。台车在通关时被视作运输工具，全面简化申请入境手续，台车辆入境前，向海关办理货运企业及车辆备案手续，车辆就可以运输进口货物入境；厦门检验检疫局实施"一站式"服务及24小时通关服务，对入闽台车实施查验；对往来闽台的厦金客轮实施分类管理，船舶凭符合要求的船舶免予卫生控制措施证书就可以申请电讯检疫，使通关速度提高了50%。

海运快件试点。厦门海关实施简化自台海运快件的移场监管手续，支持发展经金门中转的厦台海运快件服务。福州海关在平潭临近澳前客运码头的地方设置了监管工作场所，方便快速施检。同时设置专门的快速办理窗口，加快履行通关手续。厦门检验检疫局为应对两岸海运快件业务发展的需要，对快件往来通道实施关检申报、查验各自一次完成、一次放行。厦门对台海运快件服务已实现双向互通，经由金门的航线每周5班运作常态化。

（二）推进投资自由化取得的成效

福建自贸试验区积极对接"放管服"改革，以"准入前国民待遇＋负面清单"管理模式，对境外投资实行以备案制为主的管理方式，建立对外投资合作"一站式"服务平台，构建起准入环节自由开放、注册环节便捷高效、建设环节透明优化的投资管理创新体系。据统计，总体方案转化形成的186项任务中，涉及投资领域的49项已经全部实施。

1. 外商投资管理模式改革速度加快

一是探索实行"准入前国民待遇＋负面清单管理"模式，利用外资领域不断拓宽。对负面清单之外的领域，外资企业设立、变更实行备案制。在自贸试验区制度创新之前，对外商投资实施的是全面审批制。建立自贸试验区之后，即开始推行负面清单管理体系。负面清单管理模式的重点在于负面清单所未提及的领域可进行外商投资，改变以往的投资项目核准和企业合同章程审批，转为备案制度管理。负面清单模式的投资管理改革，既适应经济贸易发展的需要，又与国外投资管理环境衔接，寻求符合自贸试验区设计初衷和服务外向型经济发展导向。2013年颁布的负面清单中包含190项特别管理措施，2014年的负面清单则有139项，2015年发布的负面清单共有122项，适用于包括福建自贸试验区在内的四个自贸试验区。2015年版"负面清单"与前两版比较，形式更规范、条款更少。负面清单模式意味着只要是没有列入负面清单的产业类别，则可允许外商进入福建自贸试验区。2017年福建自贸试验区积极贯彻落实《自由贸易试验区外商投资准入特别管理措施（负面清单）（2017年版）》，在服务业、制造业、采矿业等领域进一步提高对外开放水平。

三年来，福建自贸试验区新设的外商投资企业基本上是通过备案制形式入驻的，福州、厦门、平潭三片区95%以上的企业投资项目已经实行备案制，需要审批的是一些比较特殊的行业。福建自贸试验区推行负面清单管理模式本质上就是对外商企业投资推行"宽进"政策。而"宽进"与"严管"是相辅相成的，"宽进"是改革市场主体的准入条件，为投资主体提供轻松便利的环境及条件，而"严管"核心在于实现不同部门的信息交流，完善长效监管机制。"宽进"的同时必须"严管"，做到宽准入严监管，加强企业进入后的事中事后监管。三年来，福建自贸试验区投资体制改革实现从"严进宽管"到"宽进严管"的转变，突出事中事后监管。福建自贸试验区建立健全分级监管机制，积极构建"一户一档"信用主体责任追溯体系，对信誉较好的企业采用相对宽松的监管模式，反之，将信誉较差的企业列入黑名单，适时向全社会公开。

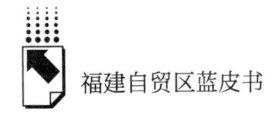

二是降低准入条件、控股比例等限制，投资自由化和便利化程度明显提高。福建自贸试验区积极探索投资管理体制改革，实行投资项目审批"一站式"服务，打破原先的部门壁垒，不断提升企业设立的工作效率，将商事主体的设立登记审批时限大大压缩，成为全国审批时限最短、办理环节最简、前置条件最少的试验区。其中，厦门片区创新区域管理模式，率先探索并采取"多规合一"，按照空间规划，将城乡、土地、海洋、生态等几十个专项规划整合在一张地图上，创建覆盖所有项目审批部门的协同信息平台，实现各部间的空间信息互通，确实做到选址精准；在此基础上，将项目多部门多次串联审批改为平台内多部门一次性并联审批，审批效率大幅提升，项目从立项到施工许可由原来的180个工作日缩短到49个，审批效率整整提高到原来的3.6倍。同时，在全国率先通过地方立法确立"多规合一"管理制度。福建自贸试验区在企业名称预核准、经营场所、注册登记、印章刻制、经营许可、企业注销等环节创新推行"一表申报、一口受理、一照一码、一章审批、印章即刻、一日办结"服务体系；企业设立时间由29天优化到最快1天可以完成①。福建自贸试验区在先进制造业、商贸、金融、文化、社会等服务领域扩大对外开放，投资自由化举措极大地激发了外商投资的积极性，大批外商投资企业涌入自贸试验区注册。据统计，自2015年挂牌起至2017年9月底，福建自贸试验区新增外资企业3104户，注册资本1706.11亿元人民币（含台资1824户，注册资本410.82亿元人民币）②。其中，2017年新增外资企业840户、合同外资66.39亿美元，分别占全省同期的41.16%、44.62%③。

2. 对外投资促进体系逐步完善

三年来，福建自贸试验区加快对外投资合作"一站式"服务平台建设，对境外投资实行以备案制为主的管理方式。设立自贸试验区前，企业任何境

---

① 梁建勇：《福建自贸试验区建设的阶段评估及未来取向》，《福建金融》2016年第6期。
② 福建省商务厅自贸政策研究处：《福建自贸试验区今年前三季度新增企业14917户》，http://www.fiet.gov.cn/，2017-10-31。
③ 《福建自贸试验区2017年新增企业18202户》，《东南快报》2018年1月18日。

外投资项目都需要向发展改革委进行核准。实行备案制后，企业境外投资，除重大项目和敏感项目外，其他项目一律适用备案管理。企业手续办理时间大大压缩，从原来的29天降低为3个工作日，构建起准入环节自由开放、注册环节便捷高效、建设环节透明优化、经营环节公平安全的投资管理创新体系，改变了外商投资"逐案审批"的管理模式，创新了外商投资管理制度。福建自贸试验区备案制的建立，形成了更加高效便利的外商投资服务体制，不但有利于进一步提升境外投资便利化水平，而且能对外资进行有力监管，防止恶意资本流入。伴随着境外投资便利化程度日益提升，福建自贸试验区成为国内企业"走出去"的"桥头堡"，试验区企业"走出去"的积极性显著增强。截至2017年11月，境外投资项目145项，对外投资总额达到42.9亿美元。

3. 加快推动投资管理体制创新和复制推广

三年来，福建自贸试验区积极创新投资管理体制，充分把握自贸试验区投资管理制度创新，坚持问题导向和企业需求导向，不断突破和创新，围绕投资自由化和便利化实施多项创新举措。例如，福建自贸试验区对企业营业执照与外商投资企业备案证明实行"二合一"、实行投资项目审批"一站式"服务等创新举措，打破原来的部门壁垒，提高了整体效率，不断优化企业设立的工作流程；实施了编制合并版《工程可行性研究报告+》、产业用地"先租后让"模式、电力保障服务便利化等创新举措，提高了商事主体信息化、便利化水平，有效提高了投资领域依法行政水平，营造了良好的营商环境。在福建自贸试验区投资管理体制创新举措中，企业设立实行"一表申报、一口受理、一照一码"登记制度，企业营业执照与外商投资企业备案证明实现"二合一"，建立冷链物流服务标准化制度，实施"计划代立项"项目审批模式，规划建设审批负面清单管理模式，实行编制合并版《工程可行性研究报告+》等创新举措为全国首创。

福建自贸试验区投资创新举措具有较强的可复制和可推广性。目前，已有多项投资管理创新举措在全国范围内或其他自贸试验区复制推广。其中，外商投资准入特别管理措施（负面清单）未提及的领域，将这些领域的外商投资企业设立、变更及合同章程审批改为备案管理等复制推广到全国。允许融资租赁公司兼营与主营业务相关的商业保理业务在福建全省外资融资租赁企业中复制推广。"一照一码"制度在全国率先实现税务登记证、组织机构代码证和工商营业执照的三种证件合一,在源头统一赋予代码,生成统一的社会信用代码,并在全国率先制定了代码的结构,为在全国范围内推行"一照一码"制度实现了技术上的突破。特别值得一提的是,李克强总理提出要加快推进"一照一码"登记制度改革,目前全国各地都在积极部署具体的贯彻落实措施。企业设立"一表申报"制度、企业注册"全程电子化登记"、电力保障服务便利化等创新项目在全省复制推广。实行商事主体名称"自主查重、自主选用"、投资体制改革"四个一"、项目审批"以规划代立项"在福建自贸试验区内复制推广。

4. 积极推进投资管理体制商事制度系统集成

福建自贸试验区坚持对标国际规则,以负面清单管理制度为基础和起点,积极推进准入环节自由开放、注册和退出环节便捷高效、建设环节透明优化的投资管理体制商事制度系统集成。其一,在准入阶段,福建自贸试验区以负面清单方式明确了禁止和限制投资经营的行业和领域,所有不在负面清单上的行业、领域,各类市场主体均可按照法律规定进入。其二,在设立阶段,树立"一照一码"的创新典范,将税务部门、质量技术监督部门、工商行政管理部门三个部门分别核发的税务登记证、组织机构代码证、工商营业执照,改为由工商部门核发加载统一社会信用代码的营业执照。2017年9月,进一步将企业登记、备案等有关事项和各类证照整合到营业执照上,在全省推行"十八证合一",切实降低企业准入的制度性成本。其三,在经营场所提供阶段,某些商事主体所从事的经营项目无须或暂不需要经营场所,对它们取消场所登记材料要求,实行联络地址注册,解决了企业登记中场所租赁与公司注册互为前置的死循环问题。其四,在建设阶段,将建设项目从招商对接到竣工验收设计的所有审批事项合并为规划选址与用地、项目核准或备案、设计审查与施工许可、统一竣工验收程序等四个办理阶段。每个程序均采用"一表申请、一口受理、一章审批、一次出件(综合审批决定书)"的综合审批法,将投资审批手续格式化、模块化。其五,在企业退出阶段,未开业企业或无债权债务企业,通过市场主体信用信息公示平台向社会公示,公示期满且无异议,可按照简化的注销程序和登记材料,实施"简易注销"。关于投资管理体制,对外商投资实行"准入前国民待遇+负面清单"管理体系,对境外投资推行备案制,完善优化境外投资服务促进机制,推进投资管理体制系统集成,自贸区境外投资便利化程度大幅度提高。在刻章环节,企业挂牌伊始就将刻章服务环节列入行政服务大厅,实行"印章即刻"。高效便捷的商事制度系统集成,对营造良好的整体投资环境起到重要推动作用。

5. 招商引资工作取得显著成效

三年来,福建自贸试验区的投资管理体制更加完善,逐步接轨国际。投资便利化程度有了显著提高,推出投资管理体制改革"四个一",整体效能提高了近三倍。"一口受理"真正将前后台部门打通,企业只需进入自贸试验区恩湖网站"一口受理"平台,在网上填报即可,大大提升了政府办事效率,节约了企业时间。福建自贸试验区积极推进投资管理体制改革,招商引资取得显著成效,新增企业数和注册资本快速增长。自 2015 年 4 月挂牌至 2017 年底,福建自贸试验区新增企业 66752 户,注册资本 13982.82 亿元,分别是挂牌前的 4.33 倍、6.29 倍;2017 年福建自贸试验区新增企业 18202 户,注册资本 4535.09 亿元[①]。2017 年前 11 个月,福建外贸进出口超过 1 万亿元人民币,其中不少是由自贸区的企业贡献的[②]。仅福州关区,跨境电商的货值就比上年增长了 1.9 倍。投资开放领域显著扩大,投资领域涵盖跨境电商、融资租赁、商业保理、服务外包、金融服务、高新技术等行业,突出表现在扩大船舶行业开放、拓展金融服务、扩大商贸服务领域开放等方面。2018 年 1 月,世界 500 强企业——eBay 宣布进军福州,设立 eBay 福建跨境电商产业园。

[①]《福建自贸试验区 2017 年新增企业 18202 户》,《东南快报》2018 年 1 月 18 日。
[②]《前 11 月福建外贸进出口破万亿》,《福建日报》2017 年 12 月 18 日。

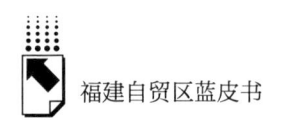

二 三年来福建自贸试验区推进贸易投资自由化存在的问题

（一）推进贸易自由化存在的问题

1. 贸易规则标准低，开放广度与深度不足

尽管跨太平洋战略经济伙伴关系协定（TPP）、国际服务贸易协定（TISA）及跨大西洋贸易与投资伙伴协议（TTIP）由于美国及欧盟的问题已经搁浅，但不可否认的是，这三个区域性贸易规则谈判标准目前仍是全球最高的，在贸易便利化方面，这些规则所建立的法规与程序发布、货物通关、预裁定、快运、海关合作等方面的贸易标准化措施为我国自贸区制度创新提供了素材。尽管福建自贸试验区相关文件非常重视制度创新，并在海关监管、检验检疫领域进行了适度创新，如关检"一站式"查验、企业注册"全程电子化登记"、"三互"通关模式，以及投资体制改革"四个一"模式等创新举措①，使企业的投资贸易便利度得到极大提升，企业成本降低明显，但总体而言，福建自贸试验区受制于授权不足，可试点空间较小，所推出的贸易监管与贸易方式创新举措须上报中央各部委批准，自主权依然较小，时效性较差，不能在短期内取得实效，对贸易监管方式的改革和贸易方式的创新发展产生较大制约。

同时，由于一些信息共享在行政部门间还处于初级阶段，部门间的信息交流不畅会对企业资料申报及市场运行产生额外成本，尤其是一些外管、税务、统计等相关环节，服务功能尚未延展拓宽，部门间的规则壁垒、数据壁垒及监管壁垒仍然存在，造成一些成功经验复制仍存制度壁垒，不能很好地发挥自贸区的制度创新功能，贸易标准化和投资开放度仍停留在较低水

---

① 《福建自贸试验区"两周岁"：制度创新释放发展新功能》，中新网，http://www.chinanews.com/cj/2017/04-21/8205490.shtml。

平，与当前国际贸易高标准的贸易便利化所强调的高效率监管与低制度壁垒相比仍存在明显差距。

2. 政府部门职能交叉、边界不清

福建自贸试验区当前仍存在部门协同性有待提高的问题。尽管福建自贸试验区的监管名义上是由省商务厅牵头的自贸办协调管理，但在贸易监管与创新方面，又受到中央多部门的管辖，需要各级部委及各部门批准。由于多部委对接自贸区监管模式和贸易方式变化，部际协调相对复杂，很难在短期内达成一致，监管部门与其他部门的对接配套容易出现"短板现象"。在贸易便利化政策落实中，货物的进出口流程涉及海关、检验检疫、港口码头、外管等多个部门主体，而这些主体职能部门实行的仍是垂直化管理，部门间协调机制不畅，导致贸易便利化改革措施的落实面临诸多问题。尽管通过电子口岸和"单一窗口"实现了管理部门相关权责的互联，但并未真正打通各部门。例如，海关环节实现了通关单无纸化运作，但税务部门仍要求提供纸质通关单，两个部门的不对接实质上加大了企业的交易成本。

同时，由于福建自贸试验区跨地域、跨部门明显，其贸易监管方式与贸易方式措施的提出、制定及落实需要自贸区内不同片区、不同地区、不同部门（主要是海关、商检、国税等部门）的分工细化。在自贸区自身的监管体系内，由于部门分置，缺乏联动，自贸区在监管、授权、执法等方面缺乏整合，未能形成包括安全审查、反垄断审查、社会信用、企业年报公示等社会力量参与的多层次贸易监管体系。而在自贸区与地方行政管理部门的职能落实中，在与地方行政管理部门的对接中，容易出现矛盾。一些政府行政部门不了解自贸区的发展情况，对一些自贸区制度创新和改革的认识不统一，有些从部门利益出发，放权力度不足，使得自贸区管理部门机构虚置，政策联动、制度创新配套衔接推动不同步，协同创新意识和措施不足，导致一些贸易便利化措施无法产生最大化的整合效应，派出机构的权威性受限，效率较低，改革成效不显著。

3. 国际贸易"单一窗口"建设仍存在不足

目前，福建自贸试验区国际贸易"单一窗口"3.0版在2018年1月正

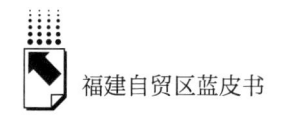

式建设启动，经过国际贸易"单一窗口"1.0版和2.0版的两轮建设，已经具备了联合国倡导的国际贸易"单一窗口"的基本构架。但对比国际通行做法可以发现，目前福建自贸试验区国际贸易"单一窗口"建设的相关配套工作有待进一步细化。

首先，牵头主管部门权责有限。福建自贸试验区国际贸易"单一窗口"的运行，是由福建省商务厅（省口岸办）牵头，会同驻闽口岸管理相关单位共同建设福建省电子口岸管理中心，负责福建国际贸易"单一窗口"的建设、运行维护和管理。相较其他发达国家自由港或自贸区的做法，福建自贸试验区的牵头部门仅能行使地方职权，而单一窗口中部分实际工作需要中央有关部门协调和推动，福建自贸试验区地方部门权责的有限性将导致国际贸易"单一窗口"的建设和推动力度受到影响。

其次，数据元标准化工作无法启动。从数据元标准化角度看，世界发达国家（如新加坡、美国等）的国际贸易"单一窗口"建设皆启用世界海关组织的数据模型（DATA MODEL），并对数据元进行标准化管理。目前，福建自贸试验区的国际贸易"单一窗口"受地方部门的权限约束，暂时还无法启动数据元标准化工作。尽管在现有条件下采用技术映射方式减少数据元减轻了企业的报关数据量（沈玉良，2017），但这并非长久之计。

再次，运营经费主要依靠政府投入。从目前看，福建自贸试验区国际贸易"单一窗口"的建设经费主要依靠政府财政投入。由于国际贸易"单一窗口"每年都涉及相应的维护费用及模块升级更新，该部分耗资不菲。如果单纯依靠政府投入，势必增大政府财政负担并难以为继，根据其他国家的运营模式，大多是选择性的收费模式。因此，可以考虑对"单一窗口"采取合适的运营和收费模式。

4. 跨境电商运营效率有待提高

跨境电商作为目前新兴贸易业态之一，是拉动我国进出口贸易增长不可缺少的新动力和外贸转型的新引擎。福建自贸试验区自成立以来就积极拓展跨境电商商品渠道，提高通关效率，并推动跨境电商业务快速发展，一直是自贸区贸易便利化创新举措的重点，并取得了较好成效。但其发展中也存在一些问题。

其一，在跨境电商发展中，国家对进出口"物品"和"货物"缺乏明确界定。由于关税与监管措施不同，许多企业出于利益考虑更多选择采用"物品"方式进口。财政关税司曾在2016年4月出台相关政策，对跨境电子商务的保税模式、征税模式进行创新，并对跨境电商零售进口有关监管要求给予一年的过渡期。2017年9月20日召开的国务院常务会议又将跨境电商零售进口监管过渡期再延长至2018年底，并在福州、平潭、天津、上海、杭州、宁波等10个试点城市试行网购保税商品"一线"进区时暂不核验通关单，对化妆品、婴幼儿配方奶粉、医疗器械、特殊食品（包括保健食品、特殊医学用途配方食品等）暂不执行首次进口许可批件、注册或备案要求，且对这些商品的直购模式在所有地区也暂不执行上述商品的首次进口许可批件、注册或备案要求。这些政策的实施，并没有实质上明确"物品"和"货物"的性质，依然与国家大力发展跨境电商的初衷相背离。

二是跨境电商的快速发展，对自贸区内的跨境电商平台、物流、通关等环节都提出了新的需求。"便利、快速、联动"是跨境电商发展的核心需求。目前，尽管福建自贸试验区内的海关建立了相应的跨境电商通关便捷通道，但总体而言，监管与通关方面仍落后于跨境电商的发展需要。目前，自贸区内跨境电商企业的管理部门众多，这些部门各自建立数据库和监测系统，未能实现数据共享与监管体系的合理沟通，税务、检验检疫与外管局等多个政府职能部门各自为政，导致企业无所适从。由于跨境电商多为中小额交易，交易的主要特点是零散化与碎片化，导致监管难度系数大、监管成本相对高，物流效率较低、海关通关手续繁杂。交易中以次充好、瞒报、代购等一些逃税避税手段层出不穷，却缺乏有效监管，阻碍了自贸区内跨境电商的良性发展。

三是福建自贸试验区三大片区在发展跨境电商的过程中，同质化经营现象严重，相关产业链存在资源要素掣肘，无法形成资源共享与发展合力。受两岸关系及政策、市场的影响，福建自贸试验区三大片区内跨境电商出口企

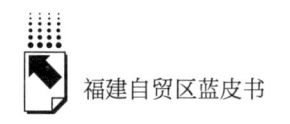

业的出口商品种类相似，导致利润空间进一步压缩。对台跨境电子商务方面，三大片区采用的形式较为相似，大多以在片区内建立台湾商品O2O体验店为主，这种同质化竞争很难形成自身独特的竞争优势，发展空间受限。同时，尽管福州自贸片区成立了跨境电商产业园，但自贸区内跨境电商产业的规模化、标准化、集群化及规范化尚未形成，围绕企业开展的技术、物流及服务的商业创新仍然不足，跨境电商企业经营的规范化、管理的专业化、物流的标准化和监管的科学化仍有待提高，跨境电商的行业组织尚未发挥应有的作用。

5. 自贸区内贸易便利化的监管力量不足，宣传有限

自福建自贸试验区设立以来，运行良好，成效较为显著，企业数量及业务量高速增长，海关及检验检疫部门在流程与手续上进行多项优化改革，极大推动了贸易便利化的实施。随着自贸区内业务量的增加，人员编制却无显著增加，机构架设依旧沿袭以往，面对大量新增企业，监管力量疲于应对，无法满足实际工作需要，也难以及时有效地应对新规则，满足自贸区贸易便利化的制度创新需要。

同时，由于机构人员不足，对部分重点任务及创新举措的宣传力度不足，社会、企业的认知度与参与度不高，且缺乏到位的软硬件支撑。例如，在"海关特殊监管区域探索建立货物实施状态分类监管模式"的贸易便利化创新举措，上海已经全面铺开，但在福建自贸试验区内，由于福州、平潭片区没有企业提出相应业务需求及企业缺乏系统承载，片区内企业多呈观望态势，这一创新举措仅在厦门片区得以落实。

6. 服务贸易自由化水平有待提高，对台合作有待深化

在目前福建自贸试验区的各种创新举措中，作为当前国际贸易发展最为迅速的服务贸易，其自由化程度远落后于货物贸易自由化。而从货物贸易转向服务贸易，发展离岸业务、进行金融创新等多元化发展正是当前世界典型自贸园区的发展方向。在服务贸易自由化方面，福建自贸试验区通过采取"负面清单"手段，推动金融服务、运输服务、专业服务等领域的开放，并突破持股比例限制、法人资格限制及经营数量限制等实现服务贸易自由化，

推动服务贸易进一步开放，并取得了一定成效，但相比国际惯例，自贸区的服务业开放整体仍然不足。

第一，服务贸易自由化与国际高标准相比有较大差距。一方面，尽管外资准入负面清单从2015年版的122项减少至2017年版的95项，但清单仍然偏长，许多现代服务业部门仍未开放，与国际惯例不接轨，负面清单仍有减缩空间；另一方面，对服务业开放的外资审查还不完善，企业信用体系还未完全建立。而政府权责也未在负面清单下实现权责清单、责任清单，亟须修改或废除不合理的部门行政规章和规范性文件，一些涉及企业的收费及政府管理费用的透明度有待提高。

第二，对台服务贸易未达到预期成效。福建自贸试验区由于独特的地理位置和政策上的优惠，与台湾有紧密的经贸交流，"对台"战略也是福建自贸试验区独特的政策着力点。在福建自贸试验区总体实施方案中，88项机制创新中有20项对台，98项扩大开放试验项目中有62项仅对台湾开放。在服务业领域，福建比台湾发展相对落后，服务贸易自由化的发展有利于福建承接台湾现代服务业转移。然而，目前闽台服务贸易发展还存在一些障碍。一是旅游业合作力度有待提高，平潭片区作为国际旅游岛建设成效尚未显现。闽台合作力度不大，主打产品旅游产品较为单调，缺乏有特色的旅游产品；平潭片区所倚靠的平潭国际旅游岛建设尚未体现国际性，即无国际化的旅游产品，也没能和福建地域特色相结合，特色旅游产品不足。二是闽台文化创意产业合作发展相对滞后。尽管福建地域核心文化特征已经基本形成，但创意产业在福建仍处于起步阶段，尚未能实现资源整合与开发。台湾的文化创意产业则紧扣地域特色，开展相对成功，对带动福建文化创意产业发展具有积极作用。但目前闽台文化创意产业合作力度较小，迫切需要发挥福建自贸试验区的平台作用，加强闽台两地的文化创意产业合作。三是尚未形成海峡两岸贸易集散地。长期以来，闽台两地的经贸合作与人文交流推动两地的发展合作。福建拥有的6个国家级台商投资区、海峡两岸农业合作试验区等对台区域已经吸引大量台湾农业企业入驻。台湾水果、蔬菜等经台湾海峡进入福建市场，福建自贸试验区也对台湾的水产品、水果等采取"源

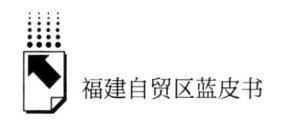

头管理，口岸验放"与风险监控相结合的查验模式，创新台湾产品入关通关模式，并取得一系列成效。然而，福建并没有形成较为集中的台湾农产品集散地，迫切需要利用福建自贸试验区的政策优势与地理优势，加快建设台湾果蔬集散地、两岸物流中转基地和水产品集散地，通过对台运输物流服务合作，推动闽台货物贸易的深化。

（二）推进投资自由化存在的问题

随着经济全球化和跨国公司全球价值链体系的构建，要求放宽市场准入限制、加强对外资保护的呼声越来越高。一国的投资自由化程度体现在投资政策中，其中不仅包括一国国内关于外商直接投资的政策和对外直接投资的政策，还包括一国同其他国家签订的各类包含投资内容的双边、多边或区域性协定。一方面，我国积极与美国、欧盟等进行双边投资协定谈判，倒逼我国投资自由化改革；另一方面，我国积极对标国际投资新规则，利用自由贸易试验区这一平台，主动进行投资自由化制度创新探索，积累了很多宝贵的经验。福建自贸试验区成立三年来，投资便利化方面成效显著，但投资安全和投资中立方面仍然有很大的改进和创新空间。

1. 外商投资相关法律不完善

随着我国自贸试验区实践的不断深入，新问题不断涌现。在自贸试验区投资自由化进程中，国家层面和地方层面的立法要求会不断增加。在自贸区建设过程中，我国地方外资立法也经历了一个新的探索过程。当前自贸试验区大多数制度创新举措是以部门规章的形式发布，法律层级较低，与国际上自贸区严格的立法程序有较大差距，不利于提升自贸试验区立法的权威性[1]。

当前我国自贸试验区外商投资立法错综复杂，中央和地方立法权限范围不清晰，各自贸试验区外资管理规范不同，各部门管理规范存在冲突。地方

---

[1] 肖林：《自贸试验区建设与推动政府职能转变》，《科学发展》2017年第1期，第59~67页。

立法对自贸试验区的建设和发展非常关键,是推进自贸试验区改革创新试验的重要保障。但主要难点在于地方立法与中央事权的冲突问题,如自贸试验区开放创新中涉及投资、财政、税收、金融等先行先试事项是国家立法权事项,不属于地方立法权限,一定程度上抑制了地方改革创新试验的积极主动性。自贸试验区地方立法一方面要对标高标准国际规则,大胆创新,又要避免越权立法,立法空间和权限受到限制。这样地方政府往往只能作出一些实施性规定,主动创新动力不足。从这几年自贸试验区的成效来看,涉及程序优化的微创新进展较快,跨地区、跨部门、制度性改革推进的重大实质性创新进展相对缓慢,仍有待突破。

2. 外商投资负面清单待优化

自 2013 年上海自贸试验区率先试行负面清单以来,我国已发布 4 个版本的自贸试验区负面清单,趋势上负面清单长度不断缩短,开放力度不断加大,透明度不断提高,如明确对外资控股、股比、高管、业绩等的限制条件。但与高标准、自由化的国际投资规则相比,仍存在较大差距。

首先,负面清单仍较冗长。尽管 2017 年版自贸试验区负面清单已经缩减为 95 项,较 2015 年版的 122 项减少了 27 项,但与美国 2012 年 BIT 范本以及其他投资协定相比,我国自贸试验区负面清单仍然较为冗长,涵盖行业范围较大,对服务业的限制条款依然较多,在较为核心的敏感领域,如金融服务业、电信业、文化娱乐业等领域开放程度还不够。

其次,我国自贸试验区负面清单的行业分类与国际通行标准不一致。自贸试验区负面清单行业分类依据的是我国国民经济行业分类法,然而无论是双边协定还是多边协定的服务行业或部门分类依据都是 WTO 服务部门分类列表的文件。例如,我国《国民经济行业分类》(GB/T4754 - 2011)涉及服务业的门类有 18 个,大类 49 个。而根据 WTO 服务部门分类列表的文件,服务部门分为 12 大类 155 个子部门,两种分类法有较大差异。目前中国自贸试验区负面清单的分类标准与国际标准不一致,在对外投资协定谈判中经常产生行业或部门对接不畅的问题,一定程度上阻碍或延缓了谈判的进程。

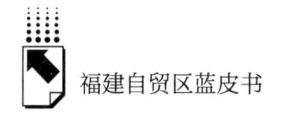

再次，负面清单的透明度仍然较低，政策的稳定性和可预见性较差。按照国际高标准贸易投资规则的要求，负面清单不仅需要按照规定格式提供详细信息，而且必须保持高标准的透明度，核心内容是提升公众参与度，包括相关法律法规和政策的公开和公众参与、对投资者相关信息的披露和公开等。当前我国自贸试验区负面清单制定程序不透明，法律依据不明确，相关利益主体参与度低，缺乏充分表达意见的途径和渠道。我国自贸试验区在透明度方面需要进一步与国际接轨。

3. 国家安全审查制度待改进

在放松投资领域管制的同时，为维护国家安全，各国相应建立了国家安全审查机制。美欧等发达国家将国家安全、能源、高新技术、基础设施建设等纳入外国投资审查范畴，审查严格。美国 2012 年 BIT 范本提出，缔约方有权采取其认为必要的措施来维护安全利益。近几年多起中资企业海外并购因遭遇美国的国家安全审查无果而终。负面清单外资管理模式将使敏感部门如金融、电信、法律服务等开放压力越来越大，中国经济不可避免地面临越来越多的不确定性风险，因此，在加大开放力度的同时，也应建立健全国家安全审查机制。

2015 年 4 月，与自贸试验区管理模式相适应，国务院办公厅制定了《自由贸易试验区外商投资国家安全审查试行办法》，以引导自贸试验区外商投资有序发展，维护国家安全。但该试行办法仅确立了监管的范围、内容等基本框架，具体政策、手段等配套措施还未完善，监管的可操作性还有待加强[①]。自福建自贸试验区成立以来，该试行办法尚未实质有效开展，仍然停留在概念和框架层面，未能充分发挥先行先试效应，引领示范作用不足。

4. 国有企业垄断规制待破局

近几年来，"竞争中立"规则受到欧美等发达国家热捧。TPP、TTIP 等

---

① 太平：《自贸试验区深化外商投资管理体制改革难点与思路》，《学术交流》2015 年第 10 期，第 169~174 页。

高标准贸易投资规则都涉及国有企业规则，要求取消补贴、取消国有企业优惠融资安排、撤销政府采购偏好。欧美等一些发达国家和企业认为，中国的国有企业凭借垄断地位和政府支持，竞争力不断增强，挤占了它们的市场空间，对我国国有企业的垄断问题颇有微词。尤其在电信、电力、石油、金融、民航、运输等行业领域基本由国企垄断，导致市场竞争缺乏公平性。顺应国际潮流，进一步深化国有企业改革势在必行，构建一个公平有序的竞争环境。国有企业改革将对我国的政治和经济体制以及开放路径提出新的挑战。当前国有企业创新动力不足、产权关系不明晰、监管滞后缺位等，使得改革推进面临重重阻碍。

为促进市场公平竞争，我国已经出台《反垄断法》《反不正当竞争法》《国务院关于促进市场公平竞争 维护市场正常秩序的若干意见》等法规。《反垄断法》自 2008 年 8 月 1 日实施以来，在维护国内市场竞争秩序、预防和制止垄断行为、维护消费者利益和社会公共利益方面发挥了巨大作用。但是，《反垄断法》在国企垄断规制方面呈现监管不足和规制不力，易引起外国政府和商会等关于我国政府选择性执法的质疑。2015 年，福建省工商行政管理局制定了《促进中国（福建）自由贸易试验区市场公平竞争工作暂行办法》，提出各部门以及经营者要共同维护平等有序、公平公正的市场竞争秩序，但对国企垄断行为的规制并没有实质性规定，有待在自贸试验区制度创新中进一步破局。

5. "边界内措施"制度框架未建立

高标准和高水平的国际投资规则除要求进一步推进市场开放和投资自由化之外，还将规则调整范围从传统的边境措施向边境后规制延伸，试图在知识产权、环境保护和劳工权利、竞争政策等所谓 "21 世纪新议题" 上形成标准[1]。目前中国在知识产权、环境保护、劳工福利等方面标准较低，与西方发达国家有明显的差距，因而频繁遭受西方的责难。改善劳工标准、加强

---

[1] 石静霞：《国际贸易投资规则的再构建和中国的因应》，《中国社会科学》2015 年第 9 期，第 128~145 页。

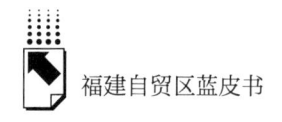

环境保护和知识产权保护等措施本身就是下一步中国经济结构改革的重要方面。我国自贸试验区作为改革的试验田和创新高地，目前在这些方面并没有深入系统的探索。

从现有的政策文件来看，福建自贸试验区关于"边界内措施"如知识产权、劳工保护、环境保护等议题没有提出高标准的规则及相应的创新举措，缺失一套完整的基本制度框架，还很难与高标准投资规则对接。未来应加快探索的步伐，率先在自贸试验区内对知识产权、劳工标准、环境保护等边界内措施进行整体设计，为对标国际投资新规则以及双边或多边投资协定谈判积累有益的实践经验。

6. 投资争端解决机制不健全

经济全球化背景下，跨国资本流动日益活跃，国际投资协调机制的重要性日益凸显。我国不仅是吸引外国直接投资最多的发展中国家，2016年我国还成为仅次于美国的世界第二大海外投资国。建立透明、公正与合理的争端解决机制和机构有助于协调投资方和受资方的利益，降低司法成本，维护各方的合法权益。但现今的国际投资争端解决机制不仅存在"各自为政"现象，而且缺乏协调，还可能产生管辖权重叠问题[①]。

台商投资争端解决机制创新也是福建自贸试验区的重要使命。2012年8月签署的《海峡两岸投资保护和促进协议》提出，两岸双方将逐步减少或消除对相互投资的限制，确立了两岸投资争端解决机制及投资补偿争端调解程序。但是，目前在实践中，无论是司法、仲裁还是调解、行政协调，由于解决方式自身的缺陷，两岸特殊的关系、争端的性质等，台商投资争端解决机制无论在立法上还是在实践运作上，都存在诸多不足，需要进一步完善。

7. 对外投资促进和服务待提升

国际投资既包括引进外资，亦包括对外投资，因此一国的投资自由化既包括资本流入方面的投资自由化，亦包括对外投资方面的自由化。2014

---

① 蒋德翠、谢岳峰：《国际投资争端解决机制新趋势及中国的对策》，《商业时代》2014年第33期，第117~118页。

年，国家发展改革委颁布《境外投资项目核准和备案管理办法》，进一步放宽了备案的范围。福建自贸试验区对一般境外投资项目和设立企业实行备案制，鼓励企业开展多种形式的境外投资。支持企业扩大海上丝绸之路沿线国家和地区的投资，在产业合作、融资保障、风险管理、外汇管理等方面创新机制，完善对外投资服务体系，建立风险预警和应急处置机制。2015年4月，福建省发展改革委专门制定了《中国（福建）自由贸易试验区境外投资项目备案管理办法》，规定福州、厦门、平潭片区管理委员会分别对注册在自贸试验区福州、厦门、平潭片区内的地方企业实施省级权限内的境外投资一般项目，实行备案制管理，提升了对外投资自由度，简化了备案程序和流程，缩短了备案审核时间，切实提高了境外投资便利化程度。

但是我国对外投资促进和保障机制仍然不健全，对外投资缺少政策平台支持，跨境融资难问题仍然比较严重，保险服务难以满足被保险人的需要，这些问题一定程度上成为企业对外投资的制约因素。目前我国对外投资方面仅有国家有关部委出台的"走出去"战略纲领性文件和部门规章，缺乏法律层面的对外投资立法。这些"走出去"对外投资规章，立法层级较低，法律地位不高，涉及的部门较多，管理范围交错，缺乏协调性。对外投资法律的缺失，无力为对外投资提供有效的法律保障。因此，未来自贸试验区在对外投资促进和服务体系方面还有很大的创新空间。

三 福建自贸试验区推进贸易投资自由化的对策建议

（一）推进贸易自由化的对策建议

成立三年来的成功经验表明，制度创新是福建自贸试验区贸易自由化迅速发展的源泉与推力。在新一轮的发展进程中，必须进一步培育新型贸易业态，提升航运服务功能，牢牢抓住制度创新这一根本，坚决按照以习近平同志为核心的党中央的决策部署，努力深化"放管服"改革，创新

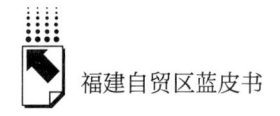

贸易监管体制，进一步营造更加公正、便捷、高效的营商环境，更好地适应和服务福建自贸试验区贸易自由化向深度和广度拓展的新目标和新要求。

1. 进一步创新贸易监管理念，提高监管效率

首先，应秉持"无事不扰"的监管理念，尽量减少政府对企业日常经营事务的干预，可尝试将政府必须管的事项以清单的形式一一罗列出来，凡是未包含在必管清单之内的，政府原则上不随意开展检查。其次，应秉持"绿色监管"理念，尽量减少贸易管理各环节的申报数据项，积极推进无纸化贸易监管，实施智慧监管。智慧监管能更好地加强事中事后监管，提高监管的效率和精准度。一方面，需要相关政府部门承认电子文件的法律效力，同时加大人才、技术等资源投入；另一方面，则需要革新监管技术，创新监管手段，进一步实施智慧监管。为此，应建立大数据监管平台，打通政府与海关之间的各类数据信息壁垒，建立数据信息共享交换平台。再次，应秉持"包容审慎"的监管理念，属于国家鼓励发展的企业出现轻微违规行为，如果能及时纠正，且未造成危害后果或积极消除危害后果的，应谨慎进行行政处罚裁量，以强化行政指导为主，引导企业规范经营。

2. 加强政府部门协同监管

目前，福建自贸试验区内部各主要贸易监管部门已各自推出了多项促进贸易自由化的改革措施，但是，各主要贸易监管部门之间综合监管快速反应机制尚未形成，部门分置、职能交叉、缺乏联动、缺乏整合，远未形成包括安全审查、社会信用、企业年报公示、反垄断审查等在内的多方社会力量共同参与的贸易协同监管机制，这在很大程度上限制了各项政策措施的效果，不利于福建自贸试验区贸易自由化的深化发展。鉴于此，要继续完善自贸区的统筹协调监管机制，加强各项政策措施的协同性、联动性、衔接性。首先，要加强自贸区内海关、检验检疫、市场管理、税务、外汇管理以及经贸各主要贸易监管部门之间政策措施的沟通与协调，包括同级政府之间、同一政府不同职能部门之间的横向协调，也包括上下级政府之间的纵

向协调，并建立统一的海关监管机构，明确分管领导与分管责任。其次，要加强自贸区内各主要贸易监管部门之间数据信息的共享，建立跨部门统一的信息服务平台；要加强自贸区内各主要贸易监管部门之间服务流程的整合，建立跨部门的统一业务办理平台，实现"一站式"信息服务与业务办理。再次，要进一步发挥好各类市场主体以及社会力量的作用，实现监管主体的多元化，提升协同监管效能。可借鉴香港国际机场监管外包的做法，更多发挥企业力量，让被监管者相互监管。另外，还要进一步推进"诚信联盟管理体系""消费纠纷多元调解机制""第三方风险评价辅助监管机制"等建设。就"诚信联盟管理体系"而言，应围绕"信息共享、结果互认"这一机制目标，一方面不断完善企业信用信息建设，推进第三方信息采集、信用评级制度建设，并着重打通海关与地方政府之间的信息壁垒，对接国家统一信用信息共享平台，实现企业信用信息共享；另一方面，不断完善"经认证的经营者（AEO）互认"制度，推动海关与检验检疫等部门统一认证，形成"守信联合激励、失信联合惩戒"的协同监管体系。

3. 完善"单一窗口"制度，创新贸易监管模式

营造更加公正、便捷、高效的营商环境，必须基于上述新的监管理念和新的监管手段，着重简化审批流程、简化海关程序，形成"流程更优、时效更短、效率更高"的服务系统，更好地服务和推进贸易自由化的发展。

一是进一步完善"单一窗口"制度。在贸易自由化方面，2015年8月开始试行"单一窗口"制度，主要体现在企业准入"单一窗口"和国际贸易"单一窗口"两个方面，这一制度大大提升了福建自贸试验区贸易企业的业务审批速度和通关速度，降低了运营成本。但相对而言，目前纳入"单一窗口"的部门涉及范围还不够广泛，数量也相对有限，还未实现制度设计的应有作用。为此，在新的历史阶段，应按照福建自贸试验区总体方案的要求，分阶段、分步骤、分部门扩大"单一窗口"制度的适用范围，进一步建立"一口"受理、综合审批的高效运作服务模式。一方面，将区管

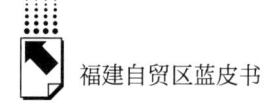

委会、市场监督管理局、海关、检验检疫、口岸、海事、统计、商务、外管、税务、国检、公安等各个相关职能部门的业务功能纳入"单一窗口"制度的适用范围,并通过互联网将这些相关职能部门的业务、信息整合成一个统一的综合服务平台系统,实现数据在监管部门和相关企业的双向交换和共享;另一方面,尽可能压缩企业申报数据项,实现"一表登记",并优化流程,实现高效监管。在贸易管理的各个主要环节,相关企业只需通过"单一窗口"向监管部门提出一次业务申报,监管部门便通过"单一窗口"向其反馈办理结果,核发相关证照,实现一站式互联互通,办理时间明显缩短,审批效率明显提高。在"单一窗口"业务办理的过程中,可在现有举措的基础上,借鉴上海自贸区的做法,加快推进和完善"两个当场办结""两证齐发""审批改备案""证照分离"等改革。"两个当场办结",即改变原来"企业设立登记需经企业名称预先核准、设立登记两个环节",实行"对变更类登记事项当场办结,对使用可选用名称的企业设立登记当场办结",最大限度提升企业设立办理速度[1]。"两证齐发",即"食品经营许可与酒类零售许可两证齐发",食品经营许可、酒类零售许可的所有材料由申请人一次性提交,尽可能缩短办证时限,经许可后可一次性领取两证,最大限度地降低企业办证时间成本[2]。"审批改备案",主要是针对非特殊用途化妆品进口而言的,可选择一些知名品牌化妆品先行先试进行从许可到备案管理的改革,缩小其办证时间。

二是进一步完善"分类监管"制度。在传统监管模式下,因为属性不同,保税货物与非保税货物的运输、仓储必须绝对分开,必须设立保税仓和非保税仓,分别存放保税货物与非保税货物,对两者进行物理隔离,非保税货物绝对不允许进入保税仓,保税货物也不能随意进出保税仓。这种传统监管模式大大增加了企业的运营成本,不利于增强企业的国际竞争优势。必须

---

[1] 严远、韩庆:《浦东再推优化营商环境"二十条"》,人民网,http://sh.people.com.cn,2018年1月9日。
[2] 严远、韩庆:《浦东再推优化营商环境"二十条"》,人民网,http://sh.people.com.cn,2018年1月9日。

创新监管模式,进一步完善"货物分类监管",即运用智慧监管手段,通过电子技术对所有货物进行统一管理,实现由物理隔离向电子隔离转变,让每一件货物都拥有一个数字识别码,通过数字识别码及时准确地判断货物的性质及最终归位和去向,这种电子隔离实现了保税货物与非保税货物由"两仓分离"向"两仓整合"转变,大大提高了监管效率,也大大节约了企业的运营成本。此外,在货物运输的过程中,允许企业自行使用经海关备案并与监管系统联网对接的运输车辆,在自贸试验区各区域间实现无障碍货物运输。依靠现代信息技术手段,智能系统能在车辆过关时自动扫描识别车辆车牌、货物信息及集装箱号,完成车辆核验放行及GPS信息消核等程序,极大地降低企业的运输成本。

除了完善"货物分类监管"制度外,还应完善以信用为基础的"企业分类监管",制度,即在自贸区监管中推进企业资信管理,通过"诚信联盟管理体系"及其"经认证的经营者(AEO)互认"制度,对企业进行差异化监管,根据不同等级的资信认证资格实施相关的海关通关便利措施。

三是进一步改革"报关报检"模式。首先,可实施"批次进出集中申报",即允许相关企业的进出口货物先分批次办理货物的实际进出手续,再在规定期限内集中报关,海关依托监管信息化系统进行监管,实现"多批一报"。其次,可实施"先进区后报关报检",即将传统的货物入区的四个环节即货物信息备案、换单、进境备案申报、提货入库由"先后进行"转变为"同步进行",进口企业凭借进口货物的舱单信息先向海关进行简要申报,同时办理口岸提货和货物进区手续,之后再在规定时限内向海关、检验检疫等部门办理进口货物正式申报手续。再次,可实施"预检",改变原来进出口货物当场检验检疫的做法。

四是进一步改革"检验检疫"模式。检验检疫部门应围绕简化检验程序、加快检验流程进行系列改革。首先,可进一步推进"空检海放"。在传统的检验检疫模式下,进口货物要在到港后才进行检验,检验程序繁多,检验流程较长。"空检海放"即通过海运进口的产品,可在到港前先行将同批

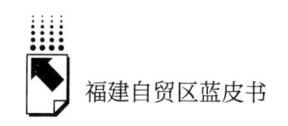

产品样品通过空运过来实施检验,在进口商自我承诺的基础上,参考空运产品检验结果对海运产品实施合格评定,做到货未到而知结果,大大缩短通关时间。该模式可以企业诚信记录作为资质申请基础,并根据后续进展情况开展动态监管。其次,对不同行业可实施有针对性的不同新政。例如,对重点产业如生物医药行业,可试行进出境生物材料检验检疫正面清单制度;对生鲜食品行业,为简化物流环节,可推出"提前报检、分单出证""一次检验,分批核销"等新举措。另外,可推进重要区域"检验检测公共认证服务平台示范区"及"产品质量安全示范区"建设。

五是进一步改革"税收征管"制度。在符合税制改革方向和国际惯例的前提下,积极研究完善境外股权投资和离岸业务发展的税收政策,积极研究完善启运港退税试点政策。"启运港退税政策"是借鉴国内国际等先进经验,创新福建出口退税监管方式的有益探索,能有效提高出口企业资金周转效率,能使福建启运港口的时效与境外中转港口相当,进一步提升其综合竞争力。

4. 进一步规范促进跨境电商发展

电子商务是当代国际贸易发展的主要路径,是跨越海关、保险、财税、工商及银行等多个部门、多个地区、多个国家的商务活动,为保证其顺利开展,要有统一的流程标准、统一的信息平台、配套的法律法规以及复合型专业人才。为此,福建自贸试验区应在现有措施的基础上,进一步完善跨境电商监管体系,确保跨境电商规范安全,同时,进一步加强跨境电商人才培养。

5. 进一步加大推进金融改革力度

进一步实施离岸金融改革,制定实施自由贸易试验区外汇管理改革试点实施细则,进一步简化经常项目外汇收支手续,并改变原来离岸贸易必须凭海关进出口关单才能批准付汇的做法,允许商业合同可以作为收付汇凭证[①]。此

---

① 高运胜:《我国自贸试验区贸易便利化措施比较与创新发展探析》,《湖南行政学院学报》2017年第1期。

外，还可借鉴上海自贸区做法，设立并完善具有本外币一体化金融服务功能的自由贸易账户（FT账户），并进一步拓宽FT账户的适用领域和适用场景。

6. 进一步复制推广成功试点经验

福建自贸试验区在促进贸易自由化方面已取得了诸多成功经验，下一阶段可根据创新程度及实施效果，对"海运快件进出境业务""试行第三方检验结果采信"等成效显著的重要试点任务在福建全省复制推广。另外，从2015年4月8日国务院批准印发《中国（福建）自由贸易试验区总体方案》到2016年4月1日通过《中国（福建）自由贸易试验区条例》，福建自贸试验区贸易自由化的顶层设计已基本完备，但是，还不够规范化、法制化，也不够具体化，可操作性还有待进一步提升。为此，接下来的工作重点应该是制定并完善可操作性强的"中国（福建）自由贸易试验区条例实施细则"，并提升其法律地位，确保福建自贸试验区贸易自由化有章可循，并落到实处。

7. 进一步加强对外贸易，扩大对台贸易规模

根据《中国（福建）自由贸易试验区总体方案》，福建自贸试验区的战略定位是"立足两岸、面向世界，建设成为制度创新的试验田，深化两岸经济合作的示范区和建设21世纪海上丝绸之路沿线国家和地区开放合作的新高地"。对台开放，是福建自贸试验区区别于其他自贸区的主要特征。为此，应围绕充分发挥对台优势，深化两岸经济合作，推进两岸贸易自由化。此外，还应进一步加强同"一带一路"沿线国家的贸易交流与合作。

（二）推进投资自由化的对策建议

当前，福建自贸试验区在推进投资自由化过程中取得了一定成绩，但也存一些问题，如外商投资相关法律不完善、外商投资负面清单过长且不够透明、国家安全审核制度不够健全、国有企业存在垄断问题、自贸区"边界内措施"制度未设立、投资争端解决机制不健全、对外投资促进和服务亟

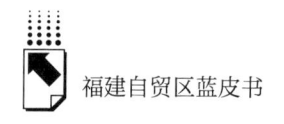

待提升等。这些问题归根结底是外商投资制度不健全造成的,其他自贸区也普遍存在类似问题,福建自贸试验区可以同全国各方力量一起努力,优化外商投资准入制度、商事登记备案制度及事中事后监管制度三大制度,进而化解这些难题。

1. 优化外商投资准入制度

一是进一步削减负面清单。我国外商投资准入负面清单从诞生起就备受关注,从一份清单中特别管理措施的多少可以看出一个国家对外资开放的程度和范围。2013年版外商投资准入负面清单的开放程度比《外商投资产业指导目录》还要低,基本就是《外商投资产业指导目录》的翻版;2014年版的负面清单在2013年版的基础上,尽管对特别管理措施进行了缩减,放开行业略有增加,但程度依然有限;2015年版的负面清单形式有所调整,但本质上还保持了《外商投资产业指导目录》的格局,其内容来自于《外商投资产业指导目录》的限制类和禁止类行业;2017年版负面清单在轨道交通设备制造、医药制造等领域继续缩减,但开放程度依然有限。

从2013年版外商投资准入负面清单到2017年版负面清单的变化可以看出,进一步削减特别管理措施是未来的趋势。在削减特别管理措施的同时,既要考虑一个行业是否做好对外开放的准备,也要充分考虑当前国内经济发展的阶段。在作决策的过程中,不仅需要准确评估开放产业发展规划及产业国际竞争力,也要充分衡量社会、经济、文化安全等各方面因素。因此,未来自贸试验区负面清单的修订应审慎做好产业评估工作,摸清各个行业的具体情况,并结合国家安全等因素开放外商投资领域。一方面,要对涉及国家安全、文化安全等因素进行考量;另一方面,根据各行业具体发展情况,对产业竞争力审慎进行综合评估,对有一定竞争性的产业逐步开放,成熟产业尽可能放开限制投资,尽可能削减外商投资准入负面清单项目,为自贸试验区外商投资源源不断引入活水。

另外,需要特别注意的是,我国三资企业法规定,外商投资准入负面清单的发布决定权在国务院,只能由国务院或者经其授权的其他单位发布。因此，福建自贸试验区未来编制修订的外商投资准入负面清单应提交国务院进行审核或经国务院授权许可方可发布。

二是提高负面清单透明度。外国投资者为保护自身权益，迫切希望有可预期、透明度高的高水平监管措施能够落地。衡量外商投资准入负面清单水平高低最重要的因素则是透明度。高质量的外商投资准入负面清单能给外国投资者清晰的方向指引，可以指导他们正确地投资，这是外商关注的焦点。具体来看，最新的2017年版负面清单相较于前三版，在透明度方面有了一定的提升，但仍存在透明度不高的问题。例如，《自由贸易试验区外商投资准入特别管理措施（负面清单）（2017年版）》第38条规定，民用机场的建设、经营须由中方相对控股；第62条规定，市场调查限于合资、合作，其中广播电视收听、收视调查须由中方控股。这些条款规定了"中方控股""中方相对控股"，但没有对"中方控股""中方相对控股"的具体比例进一步作出说明。第71条规定医疗机构限于合资、合作，但具体怎么合作、合资比例有什么限制并没有进一步说明。这种限制性的特别管理措施规定不清晰，有关部门执行过程权力过大，容易导致权力滥用，也容易造成腐败，很有可能达不到预期效果，缺乏明确的预期，可能会浇灭外商投资的热情。

提高外商投资准入负面清单的透明度，一方面可以帮助投资者及时获取信息，有效降低成本和风险；另一方面也提升了东道国法规的公开透明度。能否营造公平、透明、高效的投资环境，体现在负面清单是否明确规定哪些行业禁止投资，哪些行业在什么样的条件下可以投资，它的法律诉求是什么，能否给外商投资者明确的预期。因此，未来福建自贸试验区负面清单的制定，应当对模糊性词语和限制性内容给予详细解释。国家层面则有必要赋予自贸区管委会对负面清单的解释权。此外，自贸试验区还可以设立一个权威的咨询点以及咨询网站，直接近距离对接投资者，并将负面清单在实践中出现的问题层级上报，及时有效地完善负面清单。与此同时，设立负面清单透明度救济程序是保护相对人的最后一道防线，通过法律途径解决由于透明度不高而造成的实际

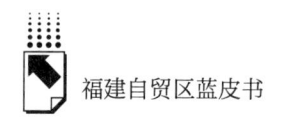

损害①。

三是加快推进《外国投资法》出台。商务部已将《外国投资法（草案征求意见稿）》进行了修改完善并上报国务院。这为统一内外资法律法规、制定新的外资基础性法律铺平了道路。党中央提出构建开放型经济新体制，创新外国投资管理体制则是其中一个重要内容。在市场化、法治化、国际化的指引下，从我国基本国情出发，适应当前经济发展目标，顺应国际发展潮流，制定一部透明、可预期、稳定的外国投资基础性法律是该草案的立法目标，对外商投资企业进行统一约束，进一步完善负面清单管理体系。《外国投资法》实施以后，会成为改革外资准入事项制度的上位法。自贸试验区试行的相关制度都应当以《外国投资法》为边界，在这一框架内实施与完善。

另外，《外国投资法（草案征求意见稿）》中的一些内容，如引入了透明度条款，要求我国政府及时公布相应的法律法规对外资进行管理，并给予外国投资者参与法律法规制定以及发表评论意见的权利，这部分是自贸试验区所没有的。因此，在未来自贸实验区的实践中，需要引入有关透明度的实际规定，切实保证外商投资者在信息获取以及参与规则制定方面的权利。

2. 优化商事登记制度

一是探索建立"注册登记官"制度。促进商事登记业务培训专业化系统化，同时避免因工作人员流动性大造成商事登记不规范问题，应探索建立"注册登记官"制度。澳大利亚、中国香港早就实行公司注册官制度，即根据从业人员从事登记工作的能力、工作年限和工作量等，对他们进行考核分级，与工资绩效、职位晋升挂钩，有助于提高注册登记业务能力，充分调动注册登记人员的工作积极性。

二是在商事登记申请环节引入市场中介组织。市场中介机构是连接投

---

① 马思捷：《论河南自贸区"负面清单"投资管理模式——以上海自贸区的运作为视角》，《中州大学学报》2017年第4期，第73~76页。

企业和自由贸易试验区商事登记部门的纽带。审批部门的工作人员为提高行政审批效率，专注处理审批工作，可引入专业化的市场中介组织，将繁杂的问询工作外包，真正实现高效的行政审批。市场中介机构具备专业化、职业化的特点，可高效完成企业商事登记代理工作。同时，中介机构能够区分各类企业的需求，及时反馈给审批部门，有助于审批部门迅速掌握各类企业的最终需求，并作出安排。

三是推进电子营业执照和电子化登记改革。一方面，推进企业名称制度改革，完善开放企业名称库，方便企业进行名称自主预查，缩短名称审核申请时间，为企业进入市场提供便利。另一方面，全面推进简易注销登记，为企业顺利退出提供便利。

3. 优化商事备案制度

一是转变政府执政理念。自由贸易试验区备案制度的实施要求政府转变执政理念，官本位思想会阻碍自贸试验区的进一步开放，只有推崇企业本位及市场本位，时刻关注企业与市场需求，才能推动自由贸易试验区不断发展。

二是引导企业诚信经营，并积极行使监督权。作为市场主体的企业，其配合程度决定了备案制度的实施效果。首先，企业须严格自律、诚信经营，对其备案资信及企业诚信经营作出承诺。其次，在备案过程中政府部门如果出现违法行为，企业应积极行使监督权进行举报，监督政府部门廉政执法。

三是探索制定自由贸易试验区"行政备案法"。"行政备案法"若能制定，则可为备案制度实施提供法律支持。具体应对备案的设定和实施的主体、程序、时限、标准等进行规定，对备案实施后的后续监管相关行政机关的监管责任进行分配，并明确行政机关的权力行使方式、不当行为责任等[1]。

---

[1] 任春杨：《中国自由贸易区投资制度优化研究——基于公共产品双重外溢视角》，吉林大学博士学位论文，2017。

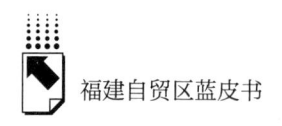

4. 优化事中事后监管制度

一是转变监管理念。实行事前审批制度时，企业的经营资质、企业产品等往往都是政府监管的重点，审批过后监管往往不严，放松对企业的事中事后监管，政府缺乏主动监管意识，甚至不监管，用事前审批来代替监管，这是审批制的一个弊端。备案制实施之后，实践中对企业应如何监管、监管哪些方面则是政府作为监管主体的重要工作内容。新体制下应增强监管意识，化被动为主动，实施"审管分离"，宽进严管，匹配外商投资准入负面清单管理模式。

二是建立监管评估反馈体系。自贸试验区政府可以从两个维度设立监管评估体系，从而及时反馈，以便及时修正。其一，自贸试验区政府进行专门的事中事后监管效力考核，设立考核小组，收集政府、企业、市民的评估与反馈意见，并向社会公布。其二，委托或授权第三方行业协会对各自负责的监管领域进行事中事后监管评估，并通过各种渠道向社会公布。两个维度的评估反馈体系，为事中事后监管制度的实施指明了方向。

三是引入第三方监管主体。自贸试验区成立以来，区内企业增长极为迅速，作为监管主体的政府，需要监管的领域众多，承担着繁重的监管任务，在人员配置上难以匹配企业增长的速度。监管不到位、难落实的情况很容易出现。因此，迫切需要第三方监管主体，来参与事中事后监管。民间组织、社会公众、行业协会及第三方评估机构等都可以成为第三方监管主体。

政府在深化行政审批制度改革的同时，政府职能将变为机构职能，深化行政执法体制改革，重点在反不正当竞争、反垄断、国家安全审查、劳动者权益保障、环境保护等领域设立监管标准。第三方监管机构在政府的培训和领导下执行监管行为，高效完成事中事后监管。

四是健全社会信用体系。建立社会公众信用平台和政府监管平台，通过建立商事主体信息管理中心，推进社会信用体系建设，基于大数据技术，监管部门对企业进行授信，制定完成自贸试验区统一信用共享目录。监管部门依据企业的信用情况,对自贸试验区内的注册企业进行风险分级,公众要获取商事主体信用信息可通过这一目录即时查询得到。

在完成企业信用评估共享工作以后,建立统一的信用黑名单惩戒机制,向社会公示,实现"一处受罚、处处受限"。对信用良好的企业给予政策便利,方便其进入市场,如提供绿色通道、简化流程,先于信用评级低的企业办理手续;对信用低、进入黑名单的企业,则通过各种限制与惩罚措施,督促其提高信用水平。

B.2
福建自贸试验区三周年金融开放创新实践的回顾与展望

贸易自由与金融开放是一个国家对外开放中相辅相成的两个重要方面。如果金融部门无法与国际接轨，贸易投资便利化和自由化就会成为一句空话。深化金融开放创新是自贸试验区有别于国内其他各种类型经济区最重要的一个特征。根据《中国（福建）自由贸易试验区总体方案》（以下简称《总体方案》）确定的发展目标，福建自贸试验区推进金融领域开放创新的主要任务和措施包括扩大金融对外开放、拓展金融服务功能、推动两岸金融合作先行先试三大部分。依据《总体方案》，中国人民银行出台了《关于金融支持中国（福建）自由贸易试验区建设的指导意见》，要求坚持金融服务实体经济，以深化两岸金融合作为主线，突出特点，促进贸易投资便利化，推动经济转型升级，为两岸经贸合作和21世纪海上丝绸之路核心区建设提供金融支持。三年来，福建自贸试验区在坚持风险可控的基础上有序推进金融开放创新，成熟一项、推进一项，取得了明显成效。但在实践中也面临不少难题，亟待在政策落地推进、创新载体建设等方面实现新的突破。

一 金融创新服务实体经济

（一）福建自贸试验区金融创新服务实体经济的成效

金融部门是实体经济发展的重要支撑，自贸试验区的金融改革创新要以服务实体经济、促进实体经济发展作为目标。围绕这一目标，福建自贸试验区在确保风险可控的条件下稳步开展金融创新工作，着力推进人民币跨境使用、深化外汇管理体制改革，创新跨境投融资业务，拓展各项金融服务。在相关政策的支撑下，福建自贸试验区金融创新服务实体经济的水平得到快速提升，有效促进了贸易投资便利化，降低了企业投融资成本，为企业的发展营造了良好的贸易与投融资环境，并带动区外金融改革创新和实体经济的发展。

1. 创新本外币跨境结算制度，降低交易成本

（1）简化跨境结算流程，扩大人民币跨境使用

简化结算流程是福建自贸试验区金融创新服务实体经济的一项重要举措。一是探索建立与自贸试验区相适应的账户管理体系。根据自贸试验区实际情况，按照账户管理有效区分的原则，为符合条件的境内外主体开立人民币银行结算账户，办理自贸试验区跨境人民币结算业务。二是简化跨境人民币结算业务流程。按负面清单管理模式为区内企业提供经常项下和直接投资项下的跨境人民币结算服务。三是区内个人可办理经常项下和直接投资项下的人民币跨境结算业务。这些政策简化了跨境交易中开立账户、资金转拨烦琐等环节，缩短了境内外企业和个人办理人民币跨境结算的时间，区内符合条件的金融机构和企业可通过多种方式在境内外融通人民币资金，有利于降低交易成本，促进贸易投资便利化。自福建自贸试验区挂牌至 2017 年 11 月末，区内各机构共办理人民币跨境结算 2757.18 亿元，是挂牌前的 150 倍。厦门片区已有 1215 家区内企业共办理跨境人民币结算 725.08 亿元，其中包括经常项下跨境人民币结算 393.37 亿元，直接投资项下跨境人民币结算 205.86 亿元。个人经常项下和直接投资项下跨境人民币结算业务金额累计 163.72 万元。

（2）落实外汇管理体制改革，简化外汇登记流程

简化外汇登记流程有利于区内企业更加自主灵活地运用资金，更好地控制汇率风险，降低外汇交易成本。基于此，福建自贸试验区实施了如下创新举措。一是实行限额内资本项目可兑换。符合条件的区内机构可在限额内自主开展跨境投融资活动，增加企业在国内国外两个市场上配置资产的需求，便利跨境资金的流动。二是简化经常项目和直接投资外汇登记流程。企业仅

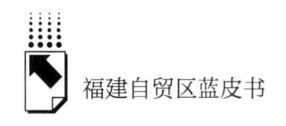

需向银行提交相关资料,便可一次性完成外汇登记与账户开立等手续。外商直接投资项下外汇资本金实行意愿结汇,资本金及其结汇资金的使用实施负面清单管理,将外汇资本金结汇的自主权和选择权完全赋予企业。截至2017年11月末,自贸试验区内银行为企业办理直接投资外汇登记业务871笔,金额113.65亿美元;办理外商直接投资项下资本金意愿结汇47笔,金额1.11亿美元;办理外债资金意愿结汇7笔,金额200万美元。其中,厦门片区企业办理资本金意愿结汇19笔,合计金额3300万美元;办理外债资金意愿结汇2笔,合计金额61万美元。

(3) 开展跨境电子商务支付结算业务

福建自贸试验区内金融机构积极启动跨境电子商务公共服务平台系统对接工作,为跨境电商企业提供了全方位综合金融服务。例如,中国银行自贸试验区分行打造的进出口外包金融服务平台,自主研发"汇款报文抓取系统",对接福建一达通平台,通过精准匹配客户的交易、结算等信息,帮助企业缩短收汇入账时效,节约出口费用,降低交易成本。截至2017年2月,中国银行已累计为福建一达通平台1.6万多家中小进出口企业办理国际结算20亿美元。中国银行推出的自贸试验区特色产品"跨境人民币自贸试验区联行代付",2017年上半年共办理8.46亿元跨境人民币联行代付业务。又如,中国建设银行在善融商城上创立"福建自贸试验区跨境购",以实现客户资源的共享和自贸试验区银企合作的业务创新,推动区内企业和机构跨境贸易投资便利化。

2. 创新跨境资金管理模式,便利资金的融通与管理

跨国公司本外币资金集中运营管理,有助于跨国集团加强资金管理,实现集团境内与境外成员单位本外币资金的双向互通,更好地利用国际、国内两个市场高效配置资源,提高资金使用效率,降低企业财务成本,促进福建自贸试验区总部经济的发展。

(1) 开展跨境双向人民币资金池业务

福建自贸试验区内的跨国公司可以按规定在集团内开展跨境双向人民币资金池业务。纳入资金池业务管理的区内成员企业和境外成员企业的年营业

收入准入门槛减半,区内境内成员企业年营业收入由 10 亿元人民币减为 5 亿元,境外成员企业年营业收入由 2 亿元人民币调减为 1 亿元。跨境人民币资金净流入限额的准入条件也进一步放宽,比区外扩大了一倍,同时增加了对净流出额的上限管理。该项业务的开展使跨国公司能够根据集团自身经营管理的需要,自主统筹配置与归集境内外成员企业之间的人民币资金,减少资金闲置,提高资金使用效率,降低资金成本。截至 2017 年 11 月末,共有 41 家企业办理了跨国集团跨境双向人民币资金池业务,累计双向调拨资金 476.11 亿元。

(2) 实行外汇资金集中运营管理

福建自贸试验区放宽了跨国公司外汇资金集中运营管理的准入条件,积极吸引具有中资成员企业的跨国公司参与外汇资金集中运营试点。区内准入门槛为上年度本外币国际收支规模超过 5000 万美元,而在区外则为超过 1 亿美元,相较而言区内的标准降低了 50%。对于跨国公司借用外债实行比例自律管理,便利中资企业借用外债资金,降低企业结算及汇兑成本,有效支持跨国集团资金调拨。2016 年 6 月,兴业银行福州片区分行与高龙集团签署外汇资金集中运营管理银企合作协议,并为高龙集团办理了福建自贸试验区首单外币资金集中运营管理业务 320 万美元。截至 2017 年 11 月末,厦门片区有 5 家企业办理跨国公司外汇资金集中运营备案,跨境收支 4600 万美元。

3. 创新跨境融资业务,降低企业融资成本

福建自贸试验区金融创新服务实体经济的一项重要内容就是打通跨境人民币和外币融资的通道,通过境内外联动引入境外相对低廉的资金,助力企业降低融资成本。在风险可控和宏观审慎政策框架下,福建自贸试验区内金融机构面向实体经济的合理需求,积极开展跨境融资业务创新,为区内企业增加多元化选择,提高融资灵活性,降低融资成本,有效改善企业"融资难、融资贵"的状况。

(1) 统一内外资企业外债政策

福建自贸试验区统一了中外资企业外债管理政策,允许区内企业和银行

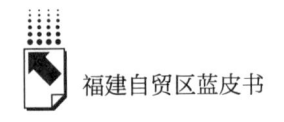

从境外借入本外币资金；区内金融机构和企业在境外发行人民币和外币债券的审批和规模限制也进一步放宽。这些政策的实施大大降低了区内企业的融资成本。自挂牌以来，福建自贸试验区共为区内企业办理跨境融资3.96亿美元、6.47亿元人民币，平均融资成本较国内低2%。区内银行还开发了"理财质押融资+利率、汇率衍生品"组合金融产品，企业进行理财质押融资时，可选择购买适当的利率和汇率衍生品，通过利率互换、远期购汇等方式，开拓新型融资渠道。目前，中国银行福州片区分行已为区内企业办理组合购汇创新融资业务1162.65万美元，帮助企业有效规避汇率波动及利率浮动风险，并降低企业融资成本约1%。该创新举措已在全省范围内复制推广。

(2) 融资创新助推大型企业"走出去"

福建自贸试验区金融机构积极联合海外分行，在全国首创了跨境人民币"反向风险参贷"业务，推出了"对证通"、跨境直贷、内保直贷、"优利贷"等产品，以降低企业"走出去"的跨境融资成本。反向风险参贷业务是指在国际贸易融资结算下，区内银行基于实际需求和审慎原则，以境内银行海外支行作为邀请行，境内银行作为参贷行，邀请行承担客户风险，由境内银行向境外机构和境外项目发放人民币贷款。该业务一年期利率低至2.8%，为企业的全球业务发展提供了低成本的资金支持。至2017年11月末，该项业务在平潭片区已突破566.47亿元。"对证通"产品以开立子母证的方式，借力境内结算银行的信用由海外联行为海外子公司提供融资服务，采用"全球授信"模式为包含深圳、福建及海外公司在内多个企业发起整体授信方案，节省了企业的担保成本，也降低了境外银行放贷后的管理成本。中国银行、渣打银行厦门分行等均采用该模式为区内企业办理了多笔跨境贷款。同时，区内金融机构联动境内外分行共搭合作渠道，利用自贸试验区政策拓宽融资渠道和发展境外业务，积极支持区内企业"走出去"。例如，中国农业银行通过各类保函、备用信用证产品，已累计为各类国企、民企和台企办理"走出去"业务35亿元人民币。

（3）促进中小企业融资便利化

福建自贸试验区内金融机构依托区内的制度红利，积极推进融资服务创新，开发中小企业金融产品和服务。自贸试验区在全国首创海关税收同业联合担保，引入保税仓储企业、跨境电商平台、供应链企业、物流企业等有实力的第三方企业，为其平台下的中小微企业向银行申请海关税款保函，减轻了中小微企业的担保资金压力，同时也有利于推动平台企业吸纳更多客户，实现"同业担保，资金共用，利益共享，发展共图"的共赢目标。目前该模式已落地15笔、金额1310万元。"银税互动"是福建自贸试验区创新税收担保机制的另一举措，即在纳税人授权的前提下，税务部门将纳税信用信息无偿提供给银行，银行根据小微企业纳税情况给予信用贷款，企业无须提供担保。该模式目前已累计发放贷款约130亿元，通过纳税人信用级别与企业融资的有机结合，契合了银行和小微企业的需求，有效解决了小微企业贷款难、贷款贵的问题。"整车平行进口通宝"是自贸试验区金融机构为中小型进口车企创新设计的业务模式，该模式允许进口车企占用委托代理企业授信额度，由第三方对车企的库存车辆采取质押监管担保的方式，解决中小车企的授信问题。不但解决了中小车企抵押物或授信额度不足的问题，还能有效降低银行发放贷款的风险。目前该项业务已为区内平行进口车企提供贸易融资10.88亿美元，降低企业融资成本近16%，实现近1.9万辆整车进口。此外，兴业银行还针对小微企业的融资特点，创新推出"易速贷"产品，采用"计分卡"形式对企业实际经营情况和风险状况进行评估，通过标准化、流程化的作业模式简化贷款审批手续，将审批时长缩短至3天。中国建设银行推出"六贷一透"等小微企业金融产品，提供12000万元信贷支持，助力区内小微企业发展。中金在线金融中心为区内中小企业提供融资金额超过8亿元。福建海峡银行创新开展"渔船抵押+保单质押"双重担保模式，解决了涉海型企业抵押不足问题。平潭片区民生银行依托特色金融产品，先后推出平潭鲍鱼互助合作基金、区市政工程配套小微客户集群、城区周边经营性微贷等多个特色项目，有效解决本地小微企业融资难的问题。至2017年末，区内银行业机构的无还本续贷业务余额2.6亿元，是挂牌前的15倍，

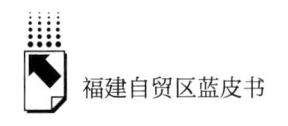

缓解了小微企业的转贷压力。

4. 创新跨境融资租赁业务，提高资源配置效率

福建自贸试验区不断拓展区内融资租赁业务的经营范围和融资渠道，推出了多项创新举措，推动了融资租赁业与本地优势产业的无缝对接，提高了区内资源配置效率，实现了以租赁业带动相关产业发展的目标。

（1）跨境融资租赁模式创新

福州片区融资租赁公司在全国首创了"新三板快易租"业务、设备与材料的异地租赁业务等模式。"新三板快易租"业务是以新三板挂牌企业公开的财务数据为基础，列出负面清单范围，对不同的财务指标进行分级，制定相应融资金额的标准方案、标准审批流程、标准风控措施、标准还款方式，同时在原有风控体系和融资租赁模式基础上，通过简化流程和高效操作，提高融资效率。该业务将非标准化产品转成标准化产品，突破性简化流程，提高了新三板企业融资效率，将放款时间由原来的1～2个月缩短至5天。截至2017年5月，福州片区已完成投放162家，为中小企业融资达13亿元。设备与材料的异地租赁业务也是全国首创，该模式有助于帮助施工企业实现设备和材料的异地存取，解决施工企业在异地施工时设备与材料运输时间长、成本高、风险大等问题，节约了施工企业的时间和成本。至2017年末，区内已开展融资租赁业务金额达51亿元；飞机融资租赁业务已突破52架，船舶、医疗器械等大型设备租赁业务也正在拓展。

（2）允许融资租赁以外币支付

"允许融资租赁以外币支付"是福建自贸试验区的一项创新举措。即对区内租赁公司开展的符合条件的融资租赁业务，承租人可以自行选择以外币或人民币形式向租赁公司支付租金。这一政策在福建自贸试验区的试点取得了理想成效，增加了区内融资租赁公司收取租金时的币种选择，降低了融资租赁业务的成本，使融资租赁公司的资金错配风险得到有效控制，并能规避汇率风险。截至2017年11月末，厦门片区企业共办理融资租赁收取外币租金业务16笔，合计金额5290万美元。

(3) 允许融资租赁公司兼营与主业相关的商业保理业务

福建自贸试验区内允许融资租赁公司兼营与主业相关的商业保理业务，出租人可将其与承租人之间的融资租赁合同项下的应收租金转给银行，由出租人所在分行发放保理预付款，占用承租人所在分行额度，但不占用出租人在银行的额度。该项创新举措扩大了融资租赁公司的业务范围，拓宽了企业融资渠道，降低了企业融资成本。

5. 推动产融结合，助力产业转型升级

产业投资基金是产融结合的重要媒介，通过产业投资基金能够加快集聚境内外人民币和外汇资金，有效提升自贸试验区作为跨境资金通道的竞争力。福建自贸试验区根据区内产业发展方向，重点引进优质基金类、股权投资类、资产管理类等投资机构入驻，鼓励设立多币种的产业投资基金，支持符合条件的机构积极开展境外股权投资业务，或按规定投资境内外证券期货市场。完善自贸试验区内投资者的权益保障机制，符合条件的投资者均可按规定自由转移其合法投资收益。福建省区域性股权市场（海峡股权交易中心、厦门两岸股权交易中心）累计挂牌企业3788家，累计为企业融资64.51亿元，其中私募股权19.11亿元、私募债券10.96亿元。

福建自贸试验区福州片区围绕金融服务实体经济发展，加快建设基金小镇，大力推动基金产业不断发展。截至2017年2月，已引入股权投资基金、企业技术改造基金、科技产业基金等累计20支，各类基金的总规模高达1000亿元。其中，交银集团与省投资集团采取母子基金的模式设立区内首家股权投资基金，母基金规模100亿元，下设5~6支子基金，主要投向福建省龙头产业、新兴战略产业、电子信息产业、工业园区建设领域等。兴业银行设立全省首只企业技术改造基金80亿元，重点用于福建省内制造业智能化改造、先进产能扩产增效等领域的重点技改项目，目前在全省已投放26.9亿元，利率低至3%，帮助技改企业节约费用近7000万元。平安银行牵头设立江阴港整车进口贸易产业基金，基金规模100亿元，首期出资10亿元。清华控股发起设立紫荆海峡科技母基金，基金规模50亿元，主要投向国家重点扶持的科技产业。目前已运营一年多并取得了显著成效，资本管

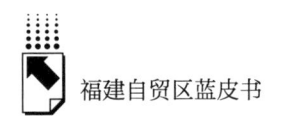

理规模达到65亿元，带动社会资本超过350亿元，投资国内优秀基金管理团队超过50个。

厦门片区积极推动外商投资股权投资QFLP成功落地，鼓励境外企业投资境内产业和项目，多渠道募集境内外资金投资厦门产业。国家开发银行、平安银行、中信银行、厦门农商行等参与设立自贸片区产业投资基金，引进境外资本支持自贸片区基础设施建设。目前已成立100亿元产业引导基金，重点投向十大千亿产业链。厦门创投与厦门国开行、北京国开泰富公司等签署了合作框架协议，在厦门自贸片区合作设立基金管理公司，积极探索对接境内外低成本资金，通过市场化的业务模式，服务于厦门片区基础设施建设、区域城市发展及产业发展项目。厦门金圆集团联合台湾蓝涛亚洲集团发起3亿元规模的景圆蓝海股权投资基金，投资生物医药等领域，主要用于扶持台商在大陆地区的产业转型和产业转移，促进两岸产业合作和优势互补。

平潭片区内，"中银—平潭发展基金"首期规模约人民币14亿元，以债权投资方式主要投向区内基础设施建设和重点发展产业；规模10亿元的雄鹰、雏鹰两个创业投资基金已成功投资3个项目。这些基金的设立可带动千亿元以上的社会资本，有力支持了自贸试验区先进制造业基地建设，并发挥溢出效应，加速福建省产业转型升级。

（二）福建自贸试验区金融创新服务实体经济面临的难题

福建自贸试验区成立以来，坚持金融服务实体经济，取得了一定成效，但是，在实践中也存在一些困难和问题。

1. 金融创新落地实施进程缓慢

福建自贸试验区金融创新的优惠政策由国家层面出台，而政策的落地与推行需要政府主管部门全方位梳理现行金融政策体系的基础上，逐项制定新的业务实施细则，这些实施细则的制定没有现成的经验可循。同时，政策的变更涉及方方面面的利益，影响的范围较大，需要得到相关部门的认可与支持；加之近几年国内外经济金融形势发生较大变化，监管部门对金融开放创新较为谨慎，这就加大了实施细则出台的难度，使金融创新落地实施的进程放缓。2015年4月21日，福建自贸试验区正式挂牌成立。但直到当年12月，央行才颁布《关于金融支持中国（福建）自由贸易试验区建设的指导意见》，赋予福建自贸试验区30条金融改革政策。2016年1月，全口径的跨境融资宏观审慎管理开展试点；2016年4月，自贸试验区挂牌一年后，跨境人民币业务实施细则才得以出台。该指导意见中涉及扩大人民币跨境使用共有10条22项创新业务，目前落地实施的仅14项；自贸试验区内金融机构和企业都十分期待的账户管理体系问题、限额内资本项目可兑换等政策，也尚未出台实施细则或配套措施，暂无法承接落地；在跨境投融资方面，政策已就中长期双向直接投资与贸易融资进行松绑，但是限制仍然明显存在于证券投资、金融衍生品交易等短期跨境资本流动领域。

2. 跨境投融资业务不活跃

当前福建自贸试验区跨境投融资业务创新不活跃。区内首笔外债资金——中铝瑞闽股份有限公司通过建设银行福州片区分行获得的180万美元资金，于2016年4月到账；区内跨境电商直接海外融资的首笔业务，由海峡银行于2016年5月为福州轻工进出口有限公司成功办理，此时距福建自贸试验区挂牌已经一年有余。跨境投融资业务活跃程度低的原因是多方面的。一是区域金融基础条件较弱。与其他自贸试验区相比，福建金融发展相对水平最低，各类金融机构和创新型金融企业数量少，资金流规模小，制约了跨境投融资业务的发展。二是区内的金融创新政策优势逐渐淡化。福建自贸试验区设立三年以来，已向区外复制推广了4批成熟的金融改革创新政策，推广复制一方面提高了区内政策的溢出效应，但同时也导致区内外政策被"拉平"，区内的政策优势逐渐被淡化，区内金融机构和企业开展金融创新业务的动力明显减弱。三是区内产业基础薄弱，金融创新载体有限。福建自贸试验区内有影响的产业项目不多，大企业、外贸型企业及综合供应链企业少，特别是企业总部偏少，多数跨国企业只是将福建作为生产基地，其中国区总部一般设立于北京、上海等地，一些试验任务虽可实施但缺乏承接的载体。金融机构通过跨国公司设在本地的公司向其境外母公司开展跨境投融资业务存在一定的难度。此外，福建自贸试验区内大部分企业业务规模较

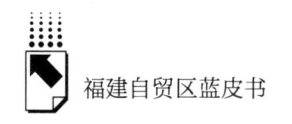

小，达不到目前的政策门槛，政策红利无法得到充分利用。四是境内外资金价格发生扭转。当前由于国内外经济形势的变化，跨境融资的资金成本与自贸试验区挂牌之初相比已经发生了一定的变化。人民币汇率波动加大，境内外利率倒挂，境外人民币融资成本不断提高，有时甚至高于境内，在这种情况下，区内机构和企业无疑将缺乏开展跨境投融资业务的动力。

3. 跨境投融资业务存在套利风险

福建自贸试验区内跨境投融资业务创新有助于降低企业投融资成本，促进贸易投资便利化。但金融创新的改革力度越大，紧跟着的风险也可能越大。由于跨境投融资业务的政策和优惠在区内外存在差异，一部分企业或金融机构出于逐利的目的，在监管不完善的情况下，可能会利用该差异进行投机套利。例如，有的企业利用融资租赁方式融通资金，借助对外资融资租赁公司的海外借款杠杆实现套利，杠杆可放大到 10 倍之多。有的企业利用境内外市场存在的汇率、利率差异，虚构对外交易的业务背景，套取不合理的利差和汇差收益。同时，伴随着金融市场的改革与开放，金融管制的放松，这种套利套汇行为可能会吸引热钱涌入，从而积聚大量的金融风险，进而影响金融体系的安全。福建自贸试验区跨境投融资业务创新带来的套利风险给金融监管形成了不可忽视的挑战，但目前专门针对自贸试验区跨境投融资业务特点的监管制度尚未出台，无法满足福建自贸试验区金融创新的需要，必将影响金融服务实体经济的成效。

（三）积极拓展金融创新服务实体经济功能的工作思路

企业是市场的主体，因此自贸试验区的改革创新归根到底要为企业服务。衡量自贸试验区金融改革的效用，其根本标准就在于是否为企业的发展创造了更多的便利，是否为企业营造良好的贸易与投融资环境。因此，在新的形势下，福建自贸试验区应结合福建产业发展的特点，围绕向企业释放更多红利的思路，不断拓展金融创新服务实体经济的功能。

1. 争取金改试验任务全面落地

福建自贸试验区应进一步加大与中央就金融创新措施进行协调的力度，

重点针对"一行三会"尚未细化的金融创新政策，继续向上沟通，争取能够尽快出台相应的实施细则。在账户管理方面，争取建设与自贸试验区相适应的账户管理体系，以 NRA 账户为基础，争取获得人民银行总行的批准，在账户功能和使用主体上有所拓展。借鉴上海自贸试验区的可行经验，逐步完善福建自贸试验区账户管理体系。在跨境人民币使用方面，争取出台相关政策，扩大个人经常项下和直接投资项下跨境人民币业务的适用面、放宽境外居民境内人民币账户的业务管制、放宽个体工商户跨境人民币业务等。在深化外汇管理改革方面，争取出台试点简化全口径外债备案管理、试点相关资本项下登记（核准）业务下放银行办理、试点单边限额内资本项目可兑换等政策，稳步推进自贸试验区金融创新政策落地实施。

2. 加快跨境金融服务创新

福建自贸试验区应立足于地区发展规划，进一步积极探索金融改革创新的路径，加快推进与本地区相适应的跨境金融服务创新。一是结合福建省的产业特色，探索开发具有区域特色、以跨境金融服务为基础的新型业务产品。加强与海外金融机构的联系，打造内外联通的金融服务链，进一步拓宽金融服务实体经济的空间。二是在当前境内外利率、汇率双向波动的情况下，及时调整自贸试验区跨境投融资业务创新的方向，从融资与外汇产品向表外业务延伸，从提供交易性服务向满足客户多样化需求转变，在风险可控的前提下，积极开发境外银行担保、外保内债、供应链融资等业务，培育新的利润增长点。三是加快发展产业投资基金。福建自贸试验区应主要围绕试验区的全局发展及功能培育，并基于福州、厦门、平潭三个片区的不同定位，通过产业投资基金的设立为境内外金融资源寻求与各片区产业的最佳结合点，为区内企业提供包括融资、政策解读、产业链匹配等具有行业深度优势的增值服务，推动产业链上下游资源整合，实现区内产业规模扩大和能级提升。四是以 21 世纪海上丝绸之路核心区建设为依托，加强与"一带一路"沿线国家的金融合作，创造条件吸引境外大型金融机构在福建自贸试验区内落地，支持省内符合条件的金融机构和企业"走出去"，提升与海上丝绸之路沿线国家的产业对接能力。

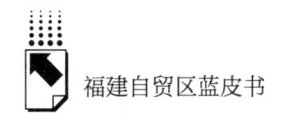

3. 激发更多金融政策效应

在当前国际国内宏观经济形势仍存在不确定性的情况下，福建自贸试验区应积极贯彻落实各项金融政策，推动金融创新成果在区内外发挥更大的效应，更好地发挥金融在促进实体经济稳定持续增长中的作用。一是要主动协助区内金融机构和企业密切关注国内外宏观形势的变化和改革动态，切实把握本地区实体经济发展的现实需求，将金融政策落实到具体项目。围绕企业的需求，加快资源集聚，推动已出台的重点项目或产融项目尽快取得实效。努力提升区内金融机构和企业开展金融创新和运用金融政策的能力和积极性。二是要加强自贸试验区金融创新成果的新闻宣传，依托论坛、刊物、培训等开展多种形式的自贸试验区经验交流，吸收借鉴其他自贸试验区金融政策并加以提升，推动政策在福建省自贸试验区落地实施，提高自贸试验区金融政策渗透率，加强政银企信息对接，降低企业融资成本。三是要加快对自贸试验区金融创新政策的探索和研究，支持区内商业银行主动了解市场需求和客户需求，提前布局产品和服务创新，加强对目标客户的预营销工作，为可能的创新业务做好前期准备和客户储备工作。

从中央监管层面上看，在风险可控的前提下应适当提高对自贸试验区金融创新政策的容忍度。赋予自贸试验区"优先试点、自动试点"的制度红利，支持自贸试验区在金融开放方面大胆探索、加快试验，允许福建自贸试验区在条件具备的情况下对新推出的金融开放新政优先试点。同时，由于福建省存在大量的中小企业，产业基础较为薄弱，对于区内部分金融试验任务应适当降低或取消其准入门槛，尽可能缩小福建自贸试验区与其他自贸试验区试点政策的差距。

4. 完善跨境金融监管制度

自贸试验区金融改革创新是在金融开放条件下的先行先试，具体改革措施的落地必须以金融监管的相关细则为前提，从而确保在风险可控的条件下稳步推进。在当前国内外经济环境不稳定的条件下，福建自贸试验区金融监管需要创新监管理念和监管模式，探索建立符合区内实际、相对独立的监管体系，有效防控金融风险，以支持福建自贸试验区金融创新的发展。一是需要探索形成以中央金融管理部门("一行三会")驻闽机构为主体的金融监管协调机制。在自贸试验区建立由银监系统、证监系统、保监系统、外汇管理系统等共同参与的金融综合监管机构或协调机制,解决新机构和新创业务上下归口协调的问题,完善自贸试验区金融综合监管机构的内部职能设置与风险控制设置,做到上有监督、下有落实。二是加强跨境投融资业务的审查,包括对跨境投融资贸易背景的真实性进行严格审核,加强对跨境投融资资金流向的控制,实时监控企业的经营状况。从不同角度采取措施降低跨境投融资业务的风险。在坚持风险可控、稳步推进的前提下,实施金融宏观审慎管理。三是完善资本异动的检测和预警,加强对短期投机性资本流动的监管。在稳步推进资本项目可兑换的背景下,以账户管理体系为基础,完善资本项目统计监测机制和本外币跨境资本流动监管体制。进一步提升对本外币全口径跨境资本流动的监测分析能力,确保监测的频率和时效性,对苗头性和趋势性的新情况和新问题要及时进行跟踪反馈,减少资本异常流动对福建自贸试验区产生的不利影响。

二 深化两岸金融合作

(一)福建自贸试验区深化两岸金融合作取得的主要成效

福建自贸试验区金融开放创新的最大亮点是对台先行先试。在自贸试验区总体方案批复前,福建已多年致力于发展对台业务,但主要集中在两岸货币合作上。自设立以来,福建自贸试验区克服自身金融发展基础相对薄弱、流量相对较小的不利条件,在推动两岸金融合作先行先试上充分发挥地方的积极性、主动性和创造性,取得了突出成绩。

1. 两岸货币兑换及资金往来稳步推进

在货币兑换方面,2015 年,福建自贸试验区平潭片区成立全国首家移动式个人本外币兑换特许机构。2016 年,浦发银行平潭支行与厦门宇鑫货币兑换股份有限公司缔结战略合作关系,重点开展新台币批发调钞业务,在

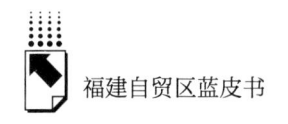

平潭打造全国性的台币集散中心。中国银行福建省分行与中国银行台北分行签署《跨境人民币清算账户协议》，并首推人民币两岸现钞调运及收付业务。截至目前，福建自贸试验区已为60家台湾地区银行铺底人民币资金近50亿元，对台人民币现钞调运315批次90.18亿元。

在货币清算和资金往来方面，厦门片区率先在全国建立跨海峡人民币代理清算群，目前已有跨海峡人民币代理清算账户48个，清算总量约占全省的4/5、占大陆近1/10，成为两岸金融机构开展结算、清算、融资、担保等综合性、全方位金融合作的通道。此外，已有23家台湾银行业机构在厦门开立43个人民币代理清算账户，清算金额累计达947.19亿元。福州片区由中国银行福建省分行设立首家"两岸金融服务中心"，已办理个人新台币现钞兑换96万元新台币；由中国建设银行福建省分行设立全国首家总行级业务窗口——"海峡两岸跨境金融中心"，已累计办理对台跨境收支420.15亿元、对台融资169.38亿元。中国农业银行、中国银行为彰化银行福州分行、华南银行福州分行等5家在大陆的台资银行开立同业账户8个，挂牌以来已办理同业存放、同业拆借折人民币156.2亿元，缓解了台资银行资金不足问题。此外，福建自贸试验区还办理了首笔闽台合作银团贷款5亿元，支持区内基础设施建设；中国农业银行福建省分行为台湾银行总行办理福州分行开业资金调拨4.03亿元。

2. 两岸金融业投融资合作不断升温

福建自贸试验区先行开设了对台跨境人民币贷款业务，提款金额已占大陆试点业务总量的90%。其中，厦门最先启动对台跨境人民币贷款试点，截至2017年11月末，已有22家企业累计办理了4.88亿元的对台跨境人民币贷款，占大陆三个试点地区业务总量的85%。厦门金圆投资集团有限公司作为海峡金融产业对接的重要载体，推动金圆产业公司操作片区对台跨境人民币贷款。此外，福州片区的平安银行设立的"对台金融服务中心"支持区内的台资企业技术创新与项目建设，累计向区内台企发放项目贷款近亿元。平潭片区开展两岸跨境直贷，为在平潭注册的企业或项目向台湾地区银行直接借入人民币贷款，突破了以融资性保函方式引入境外资金的传统金融模式，同时由台湾地区银行直接为境内企业发放跨境贷款，简化了境内审批手续，提高了企业业务办理效率。共签约跨境直贷贷款总额3亿元，区内金融机构办理跨境人民币结算量73.03亿元，同比增长14.7倍。福建自贸试验区在对台人民币直接投资方面也取得突破。2015年中国银行厦门分行联动中国银行台北分行，为金圆集团在台湾全资子公司开立筹备户，并汇出等值1亿元新台币的人民币资本金。

得益于自贸试验区的先行先试政策，两岸资本市场合作进展顺利。厦门金圆集团与台湾统一证券合资设立全牌照证券公司；与台湾蓝涛亚洲集团合资设立基金公司，并发起设立台商转型基金。注册在平潭自贸片区的海峡股权交易中心，探索引入台湾上柜、兴柜模式，形成特色"台资板块"，推动两岸资本市场实现破冰。福州片区的名城金控已与台湾群益证券签订成立两岸合资全牌照证券公司的合作意向书。厦门国际信托有限公司与台湾永丰金控合资设立圆信永丰基金公司，至2017年末，公司管理的基金达19只，规模171.01亿元。另外，福建自贸试验区推动外商投资股权投资QFLP成功落地自贸试验区，设立自贸试验区首只对台合资股权投资基金，首期规模30亿元。金圆集团联合台湾蓝涛亚洲集团已正式发起3亿元规模景圆蓝海股权投资基金。

此外，两岸在各类产业投资基金、互联网金融、融资租赁和商业保理等方面也取得不小成绩，仅福州片区的"两岸金融创新合作示范区"在产业投资基金方面，就成功引进了紫荆资本、福建道冲投资管理有限公司、福建省汇亚资产管理有限公司等；在互联网金融方面，成功引进了福建新东支付信息科技有限公司、福建中金在线信息科技有限公司等；在融资租赁和商业保理方面，成功引进了融信租赁股份有限公司、福建海西商业保理有限公司等。2017年两岸双创大赛吸引120家企业和项目进入初赛，包括台湾企业60家，最终决出的10家企业获得平潭雏鹰基金每家100万元的创业股权投资。

3. 两岸金融合作平台和机构持续增加

福州片区打造"两岸金融创新合作示范区"，主要围绕两岸金融合作试

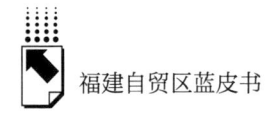

点、多层次的交易平台、各类产业投资基金试点、互联网金融业务试点、融资租赁和商业保理业务试点等五大方面开展金融服务创新试点工作。两岸金融创新合作示范区作为福建自贸试验区对台金融合作的示范"窗口",取得了"七个第一"的优异成绩:引进了全国第一家登陆"新三板"融资租赁企业——融信租赁股份有限公司,设立了全国第一家台资联合保险代理机构——台企联合保险代理有限公司,设立了福建自贸试验区第一家离岸金融服务中心、第一家两岸金融服务中心、第一家资产托管中心,设立了第一支区级政府自贸试验区产业引导基金,完成了福建自贸试验区第一笔跨境人民币双向资金池项下业务。同时,在两岸金融创新合作示范区内,福建省获批第一个全国性的离岸金融服务中心——招商银行离岸金融服务中心;全国第一家台企联合保险代理公司已成功注册,福建普资租赁资产交易中心和中海债权交易中心两大非标准化资产交易平台入驻区内开展试点工作。

此外,在福州片区,中国银行、兴业银行等10家银行分别设立了总行级两岸人民币清算中心、离岸银行业务分中心、两岸金融服务中心或资产托管中心。例如,中国银行福建省分行在福州片区设立首家"两岸金融服务中心",中国建设银行福建省分行在福州自贸片区设立全国首家总行级的业务窗口——"海峡两岸跨境金融中心",平安银行设立"对台金融服务中心"等等。作为两岸现代服务业体系重要金融平台的福建海峡金桥财产保险股份有限公司(简称"海峡保险")也在福州设立,为海峡两岸多边金融合作发挥积极作用。

厦门片区一直致力于两岸区域性金融服务中心建设,在强化两岸金融业务合作方面,厦门银监局支持银行业机构在厦门设立对台特色机构,开展对台清算、结算、托管等金融服务。多家银行业机构设立对台特色中心机构,如浦发银行总行对台金融服务中心,中国农业银行、中国建设银行、兴业银行等总行两岸人民币清算中心,中国邮政储蓄银行总行两岸金融研发和两岸人民币业务双中心等。其中,兴业银行已经向9家台资银行提供同业授信,额度超百亿元人民币,合作范围涵盖跨境人民币贷款、同业拆借、同业存放、同业清算等各方面,同时向境内台资银行提供同业资金业务,基本实现台资银行境内分行资金业务全覆盖。浦发银行"对台金融服务中心"设立以来，已与5家境外台资银行签订跨境人民币清算系统（CIPS）间接参与代理协议。

闽台金融机构合作也快速发展。2017年，中国出口信用保险公司福建分公司与台新银行签订合作协议，这是中国出口信用保险公司系统首次与台湾金融机构合作。2017年1月至11月，信用保险福建分公司为自贸试验区内超过2300家出口企业提供出口信用保险服务达到111亿美元，带动出口企业获得银行融资13.3亿美元；共批复台湾限额167条，总金额超过9000万美元；并支持福建省89家企业向台湾出口近2亿美元，带动相关出口企业获得7000万美元的银行融资。另外，台湾地区的金融机构也加快聚集到福建自贸试验区，目前在福建省设立分支机构或参股设立的台湾金融机构共19家，在大陆各省份中居第二位。台湾银行等4家台资银行落户福州，台湾富邦财险等4家台资保险公司在福州设立保险机构。通过开设台资银行落户绿色通道，富邦财险、永丰证券、第一金控、"中国信托银行"被吸引到厦门片区设立机构。台湾土地银行、国泰世华银行也已表达设立厦门分行意向。此外，两岸合资消费金融公司也正在积极筹建。

4. 两岸金融服务合作业务和领域进一步拓展

福建自贸试验区内各银行业机构致力于提升台胞金融服务，平潭片区率先开立跨境人民币对台同业账户，通过跨境双向人民币资金池业务共为平潭辖内企业办理资金进出17.08亿元。

在对台信用卡、借记卡办理方面，厦门银行与台湾最大的免税店集团昇恒昌推出两岸首张联名银联借记卡，为往来民众提供购物、餐饮、住宿、便民金融等领域的优惠措施。中国农业银行平潭综合实验区支行通过存单质押方式，成功发行全区首张台胞信用卡，很好地解决了台胞在大陆申办信用卡难度大、信用卡使用成本高等问题。截至目前，福建自贸试验区已为区内台胞办理台胞专属的"长城·两岸共同家园"联名借记卡、信用卡等特色银行卡514张。

在开展台企台胞征信查询业务方面，福建自贸试验区在大陆首创设立两

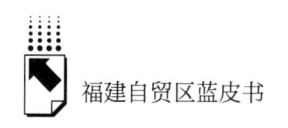

岸征信查询系统。2016年2月25日，全国首笔台资企业及台胞在台湾地区信用报告的查询业务在平潭片区成功办理。2016年4月15日，福州片区也成功开通台资台胞在台湾地区的信用报告查询业务。这解决了台企、台胞在祖国大陆征信难、担保难、融资难的问题。截至2017年11月末，全国首创的台企台胞征信查询业务已办理4笔台企信用记录查询、116笔台胞信用记录查询，相应查询的企业和台胞累计获得贷款2500万元和2777.5万元。

此外，厦门银行业对台资企业表内外授信余额达273亿元；平潭片区通过"海峡号"开通新台币直购两岸直航船票业务；为区内台胞办理个人住房按揭贷款5474.3万元，为挂牌前的40倍，实现对台多样化金融服务。

（二）福建自贸试验区推进两岸金融合作存在的主要瓶颈

1. 两岸金融合作相关政策和实施细则需进一步加快落地

闽台金融合作也要服从宏观审慎管理和金融风险监管的根本要求，开放政策必须经中央与地方相关监管部门逐一落实，在风险可控前提下稳步推进。而闽台金融合作相关政策和实施细则落地较慢，是制约福建自贸试验区闽台金融合作的主要制度性瓶颈，使得闽台金融合作的现状与《总体方案》的要求仍有一定差距。目前《中国人民银行关于金融支持中国（福建）自由贸易试验区建设的指导意见》中的部分金融相关试验任务仍未落实，如涉及扩大人民币跨境使用方面共有10条22项创新业务，目前落地实施的仅14项，对台双向资金拆借、新台币账户同业结算等领域也未能取得突破。再如，《平潭综合实验区总体发展规划》明确提出，允许银行机构与台湾地区银行之间开立新台币同业往来账户，符合条件的银行机构可为境内外企业、个人开立新台币账户，但受两岸货币清算机制、金融管理体制差异等因素制约，该政策至今未获准实施。因受政策和实施细则等多方面因素的影响，海峡股权交易中心尚未完全实现当初的蓝图规划，未能与台湾地区柜台买卖中心进行有效合作，实现海交中心和台湾地区柜台买卖中心挂牌企业相互认定，共同促进两地股权交易市场建设；挂牌企业难以交易，更难以转板至新三板、主板进行交易。

2. 两岸金融合作"先行先试"制度红利的弱化

福建自贸试验区金融创新最大的亮点在于"对台",但闽台金融合作"先行先试"的制度红利和福建优势却在逐步弱化。首先,随着第三批自贸试验区的批准成立,全国自贸试验区已达11个,加上自贸试验区的一系列优惠政策逐渐在全国复制、推广,福建自贸试验区已无特别明显的优势,区内金融机构和企业均感觉区内外政策已被"拉平",政策创新能力和动力明显减弱。其次,福建曾是两岸经贸合作的窗口、台资企业投资大陆的首选地,但如今更多的台企逐步向珠三角和长三角转移,台资企业金融机构跟随客户布局的特点决定了台资银行的布局,因此更多地分布在长三角、珠三角和京津等经济更发达且台商更集中的地区。加上福建省缺乏全国性金融市场,金融机构规模较小,总部设在福建的金融机构偏少,区域性金融中心建设也比较缓慢,福建在两岸金融交流合作中的原有优势已受到挑战。

3. 部分两岸金融合开放措施缺乏市场基础

一些对台金融开放措施,虽然已对外颁布,也具备实施条件,但因缺乏市场需求等暂无企业办理。例如,《总体方案》中允许自贸试验区银行业金融机构与台湾同业开展跨境人民币借款等业务,尽管按照2016年人民银行公布的《中国人民银行关于扩大全口径跨境融资宏观审慎管理试点的通知》要求,27家银行类机构(含全国性银行机构设在自贸试验区的分支机构)可以按照宏观审慎要求从境外借入人民币资金。但截至目前,福建自贸试验区银行业机构尚未从境外借入人民币资金。又如,福建自贸试验区重点试验任务中包括对自贸试验区内的台湾金融机构向母行(公司)借用中长期外债实行外债指标单列,并按余额进行管理,虽然国家发展改革委批复同意福建上报的《福建省中长期国际商业贷款管理改革试点工作方案》,此项已可实施。但由于台湾金融机构向母行(公司)借用中长期贷款需要由有关台资银行的大陆主报告行提出申请,目前福建自贸试验区内仅一家台资银行,而其大陆的主报告行不在福建,且因境内外资金供求关系等因素区内目前暂时缺乏承接载体。

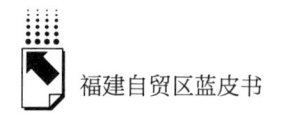

4. 闽台金融合作受到两岸关系的影响较大

首先,两岸政治关系是闽台金融合作的基础,而2016年台湾地区政党轮替,民进党对两岸关系推进与合作方面一直持消极态度,导致国台办与陆委会联系沟通机制、两会制度化协商谈判机制等停摆,严重影响了两岸金融的合作和金融政策的落地。其次,由于台湾方面尚未批准ECFA框架下的《海峡两岸服务贸易协议》,《总体方案》明确提出的两岸双向合作、双向互动项目及打造两岸区域性金融中心等,凡是涉及政府部门职能的,往往得不到台湾回应,以对台为特色的福建自贸试验区金融创新受限。例如,台湾国泰世华银行提出设立厦门分行意向并纳入当年设立规划,但因为台湾地区金管会审查已经暂时搁浅。再次,由于闽台金融政策的差异,双边金融合作受到限制。例如,台湾地区方面规定岛外银行需在OECD国家设立分支机构且经营5年以上方可在台湾地区设立分行,福建地方法人金融机构在台湾地区的设立至今仍处于空白状态。又如,台湾地区规定发行"宝岛债"时发行主体必须是金融机构,而且资金投向可用于产业,但不能用于房地产和基础设施建设等,都进一步弱化了两岸金融合作。最后,台湾金管会关于两岸金融互动内容的缺失,降低了两岸金融合作的积极性,影响着两岸金融合作的运行。台湾金管会于2016年8月发布中期(2017~2020)计划,并未涉及两岸定期往来、扩大核准金融网点等内容。

(三)进一步深化福建自贸试验区两岸金融合作的重点方向

1. 持续推动两岸金融合作重点试验任务全面落地

针对"一行三会"尚未细化的自贸试验区政策,继续向上沟通,争取能够尽快出台,同时加快推动闽台金融合作重点任务的落地。首先,在货币兑换和资金往来方面,要进一步完善两岸货币清算机制,逐步扩大货币兑换业务的范围和规模,简化流程和手续,进一步扩大闽台人民币清算群。其次,在投融资合作方面,一是可以加快创新跨境贸易人民币结算产品、试点跨境销售人民币理财产品,鼓励有条件的银行机构赴台发行人民币或台币计价的债券,并允许所筹资金调回自贸试验区使用等;逐步扩大闽台跨境人民币双向贷款业务的范围与规模，同时与台湾银行机构加强业务联系，共同探索符合台商经营特点的融资产品。二是进一步完善海峡股权交易中心的建设，加速推动中心对台业务创新，拓展业务和产品的发展空间，争取实现海交中心和台湾地区柜台买卖中心挂牌企业相互认定，并建立有效的转板机制，推动两地资本市场深度联通与合作。再次，在两岸金融机构和平台合作方面，继续降低台资金融机构准入和业务门槛，推动符合设立外资参股证券公司条件的台资金融机构按照大陆有关规定在区内设立两岸合资的全牌照证券公司，特别是促成名城金控集团台湾群益证券合作设立两岸合资全牌照证券公司的最终实现；加快福建金融资产交易平台的建设和具体实施细则的制定。最后，在拓展闽台金融服务领域方面，可以鼓励境内外保险公司开展人民币跨境再保险业务，鼓励两岸共同出资设立专业的保险中介机构，推动保险及中介市场的发展；不断深化两岸征信合作，提升台企台胞金融服务；建立有利于闽台贸易投资便利化的外汇管理体制，如符合条件的机构和个人可按照规定开展对台跨境投资，符合条件的银行机构可按照规定与台湾地区银行机构之间开立新台币同业往来账户①。

2. 坚持以金融服务实体经济为原则，提升对台吸引力

近年来，闽台企业普遍出现融资难、融资成本高、融资担保难等问题，因此应坚持以金融服务实体经济为原则，切实解决台企的融资问题，进而提升其参与闽台金融合作的积极性和吸引力。一是应增加台企的融资渠道。例如：在台企集中的区域推广三明园区资产抵押按揭贷款模式；推动符合条件的台企上市融资、再融资，或到新三板挂牌交易；推动海峡股权交易中心建设台资板块，服务更多台企挂牌融资；引导省内产业基金加大对台企的投资力度，支持符合条件的台企申请国家专项建设基金；发挥各地企业应急转贷资金的作用，推广福州市场化中小企业转贷模式，为资金暂时困难的台企提供贷款"过桥"服务；等等。二是围绕台企的问题和需求导向，依托自贸

---

① 中国人民银行福州中心支行课题组：《闽台金融合作现状、制约因素及推进路径》，《发展研究》2017 年第 9 期。

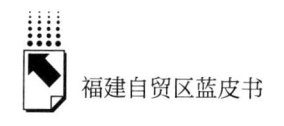

试验区金融平台，加快资源集聚，加强政银企信息对接，缩短企业融资时间，降低融资成本。三是为企业融资提供增信支持。发挥政策性融资担保体系的作用，为自贸试验区企业融资提供增信服务，并将台企视同大陆企业纳入增信项目库。继续推进两岸征信业合作，扩大台企台胞征信查询业务的开展应用，推动银行业机构提高授信额度。

3. 差异化推动各片区金融创新发展，打造两岸金融合作的新高地

对台是福建自贸试验区建设的特色，三大片区的战略定位都强调对台合作，具体到金融创新发展，各片区今后更要根据自身发展特点和需要，抓准差异化定位，塑造两岸金融合作的新高地。福州片区继续着重打造"两岸金融创新合作示范区"，在人民币资本项目可兑换、人民币跨境使用、互联网金融、金融服务业开放等方面先行先试，要积极拓展面向台湾的特色金融，推动闽台银行业围绕福州台湾青年创业创新创客基地、两岸众创优空间等对台青年创业平台，创新特色金融产品；厦门片区着重打造两岸区域性金融服务中心，以跨境金融为核心进行改革创新，进一步发展跨境金融、两岸货币交易和清算，大力发展航运金融、贸易金融、物流金融、互联网金融等专业金融和融资租赁，拓展跨境证券业务；平潭片区主要围绕两岸特色金融聚集区，重点打造"基金港"。要坚持传统金融和类金融行业齐头并进、协同发展的目标，分步骤、有序推进两岸特色金融聚集区建设。加大类金融企业集聚，推动建设"一港、四中心"类金融行业生态圈，探索建设"基金港"[①]。

（四）优化两岸金融生态环境，消弭政治因素的不利冲击

两岸金融生态环境是闽台金融合作的重要基础。首先，进一步完善两岸金融纠纷调处机制，如非诉讼、一站式、复合型兼具投诉受理、调解和裁决功能的新型保险纠纷调处机制"平潭模式"，为闽台金融合作提供便捷、高效、低成本、多元化的金融纠纷解决途径。其次，加快两岸信用体系建设，

---

① 林远峰、林莺：《自贸试验区视角下深化闽台金融合作研究》，《统一论坛》2017年第3期。

着力深化两岸征信合作，更大范围实现两岸征信信息的共享互通。再次，加大促进闽台金融合作人才的政策扶持力度，具体可从税收激励、土地供给、融资服务、经费支持、住房保障、居家生活、便利往来、服务体系建设等方面着力。最后，应在《两岸金融监管合作谅解备忘录》基础上，建立健全与两岸金融合作相适应的金融监管协调机制，完善金融监管合作的政策与框架，构建两岸金融监管信息交流平台，形成常态化的日常监管信息交流机制，制订金融风险应急处置预案，及时有效防范和化解金融风险，并加强两岸在反洗钱、反恐怖融资等方面的合作。此外，还可以构建两岸金融中介服务体系，完善两岸同业定期会晤机制，促进闽台民间交流等，把政治影响降到最低。

三　金融机构加速集聚

（一）福建自贸试验区金融机构集聚发展的主要成果

挂牌三年来，福建自贸试验区利用自贸试验区政策的"虹吸效应"，加快引进各类金融机构，已基本形成新一轮金融开放创新的组织框架体系，并逐渐形成了集聚效应。截至2017年末，区内已新设各类金融机构173家，比挂牌前增长44.16%；各类准金融机构8700多家，是挂牌前的5.12倍，涉及银行、保险、证券、产业投资基金、商业保理、融资租赁、互联网金融等多种金融机构形式。多家银行在区内设立总行级两岸人民币清算中心、离岸银行业务分中心、两岸金融服务中心或资产托管中心。除此以外，外资银行、台资银行的数量也不断攀升，消费金融股份公司、金融租赁公司、财务有限公司等专业金融机构纷纷成立，非银行类金融服务体系也日益丰富。

1. 金融机构准入政策创新

在福建自贸试验区各片区发布的各批次金融创新案例中，涉及多项金融机构简化准入的政策（见表1），一方面有助于片区内金融服务网点的增速及覆盖面的提升，另一方面也赋予了金融机构更大的自主经营空间。同时各

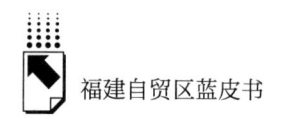

片区也出台了多项鼓励金融机构入区经营的优惠政策,通过业绩奖励、装修补贴、租赁补助等手段,鼓励各类金融企业进驻自贸区,实现集聚发展。

表1　福建自贸试验区三大片区涉及金融机构准入的创新案例

片区	准入政策
福州片区（第一批）	福建保监局出台保险机构和高级管理人员备案管理办法,区内分公司高管任职资格由之前的行政审批改为备案制,航运保险运营中心和再保险公司在区内设立分支机构、分支机构迁入区内、分支机构在区内迁址由之前的行政审批改为备案制
福州片区（第一批）	福建银监局开辟自贸试验区银行业机构准入工作绿色通道,提高准入审批效率,搭建自贸试验区多层次金融服务体系;鼓励设立各类金融业务中心,提升自贸试验区金融服务功能
福州片区（第一批）	积极扶持信用服务产业发展,对福州片区内新设从事商业保理业务的公司,允许使用"商业保理"作为企业名称的行业特征,经营项目表述为"从事商业保理业务";允许福州片区内融资租赁公司申请从事商业保理业务,经营项目表述为"兼营与主营业务有关的商业保理业务"
福州片区（第一批）	开展融资租赁等创新业务,内资融资租赁(不含金融租赁)公司设立登记,无须取得前置许可审批,无最低注册资本限制。外商投资企业申请从事融资租赁经营的,可凭省级商务主管部门允许融资租赁试点的文件申请办理设立登记
福州片区（第二批）	福建银监局出台简化银行业金融机构和高管准入方式的实施细则,将区内银行分行级以下(不含分行)机构、高管准入事项由事前审批改为事后报告。一是在福州辖内(含平潭综合实验区)设立分行级以上机构的商业银行可依报告制在区内新设机构或申请搬迁入区;二是依报告制而设立的区内机构高管人员,无须事前审批,免于参加高管人员任职资格考试;三是建立准入事项限时办理制度
厦门片区（第一批）	厦门保监局出台高级管理人员备案管理办法,取消区内分公司高管人员任职资格的事前审批。厦门银监局出台简化银行业金融机构和高管准入方式的实施细则,对区内银行分行级以下机构及其高管准入由事前审批改为事后报告
厦门片区（第一批）	厦门银监局开辟台资银行准入工作绿色通道,引导台资银行承接银监会对外资银行的简政放权政策红利
平潭片区（第一批）	福建保监局出台保险机构和高级管理人员备案管理办法,区内支公司高管任职资格由之前的行政审批改为备案制,航运保险运营中心和再保险公司在区内设立分支机构、分支机构迁入区内、分支机构在区内迁址由之前的行政审批改为备案制

资料来源:依据福建自贸试验区各片区金融创新案例整理。

2. 加快特色金融机构聚集

（1）福州片区。厦门银行获批在区内设立全国首家分行级持牌理财专营机构,积极探索理财组织架构新模式,拓展境外资产管理业务,推动两岸金融合作创新；福建省首家互联网小额贷款公司——福州三六零网络小额贷款公司批复设立，突破传统小额贷款公司县域限制，助推福建省传统小额贷款公司转型升级；建设银行福建省分行设立全国首家总行级的"海峡两岸跨境金融中心"，成功推动对台个人、小额商品交易市场等跨境人民币结算业务，开办了新台币兑换等；中国银行福建省分行在福州片区设立首家"两岸金融服务中心"；平安银行设立"对台金融服务中心"，支持区内的台资企业技术创新与项目建设；福建福之源医疗器械融资租赁公司作为全省首家医疗器械融资租赁企业落户福州片区。海峡金桥保险开业，作为福建首家国有法人全国性保险公司，是构建两岸区域性金融服务中心的一项重要举措。

（2）厦门片区。作为深化两岸交流合作综合配套改革试验区及两岸金融合作先行区，吸引了大量金融机构在厦门设立特色业务中心，如中国农业银行、中国建设银行、中国银行、平安银行、中国邮政储蓄银行等在厦门设立"两岸人民币清算中心"，浦发银行等在厦门设立"离岸银行业务分中心"。区内保险服务网点数量同比增长12.5%，提供保障金额突破4650亿元，同比增长34.0%；成立保险产品创新实验室，成为全国第一家落户在自贸区的工作实验室，并签署省内首单关税履约保证保险协议。厦门国际银行收购集友银行，努力打造成为厦门国际银行海外发展的旗舰。首家两岸合资消费金融公司——金美信消费金融公司已通过银监会论证。加快发展融资租赁，入驻融资租赁企业249家，成为全国第三大飞机融资租赁聚集区；组建厦门金融租赁有限公司，成为厦门首家法人金融租赁公司、首家总部位于福建自贸试验区内的金融租赁公司，主要服务"三农"、城市交通、健康医疗、制造业等领域。成立全国首家以同业中心命名的专营机构——厦门农村商业银行股份有限公司厦门自贸试验区同业业务中心，推动厦门自贸片区金融市场与海外市场的接轨。

（3）平潭片区。根据平潭出台的特色产业发展实施意见方案，到2020年要吸引金融与类金融企业1500家入驻。截至2017年12月31日，区内两岸特色金融集聚区共有金融及类金融企业1717家，已经提前完成计划目标。其中，金融机构41家，包括银行机构16家、证券公司2家、证券资产管理公司3家、保险公司16家、保险代理机构2家、保险经纪公司2家；类金融企业1676家，其中股权投资及资产管理类企业1491家，担保公司28家，融资租赁公司73家，区域性交易场所1家、交易场所登记结算中心1家、小额贷款公司2家、典当和拍卖行17家、法人商业保理公司6家、货币兑换机构1家、金控集团9家、互联网金融服务公司8家、金融后台服务39家[①]。2017年1月，福建首家民营银行福建华通银行股份有限公司落地平潭片区，成为全国第三家以互联网为主打特色的民营银行，其业务布局将包括移动支付、财富管理、普惠金融和科技金融等领域。

3. 加速各类金融平台建设

中国—东盟海产品交易所作为首家以"海产品"为主题的线上交易所提供大宗海产品现货"线上交易、线下交收、跨境结算"的第三方电子交易平台服务。以中金在线网站和资本平台天信投资平台为依托的中金在线金融中心重点发展P2P网贷、私募股权投资和基金管理销售。福建省海峡兴业金融服务有限责任公司作为落户的全省首家金融综合服务平台，采用"线上+线下"模式搭建起全天候实时的信息交互、金融服务撮合平台。厦门国际金融资产交易中心自2016年9月开业以来，累计交易规模突破100亿元，累计发展机构会员超500家，运用资产证券化等金融工具促进场外固定收益市场的发展，利用区块链技术，将客户信息、资产信息、交易信息同步记录到区块链系统，通过技术背书建立信用，提升金融服务效率。小微企业出口信用保险平台为出口企业快速便捷地实现与厦门信保投保和续保的信息互通。海峡股权交易中心作为企业上市的预备市场，为未达到上市条件的中小企业提供融资渠道，同时为排污权、林权及相关产品、碳排放权等其他权益性要素提供流转、交易等服务，探索各类资产证券化产品和融资租赁资产的确权、交易服务。福建省保险产品创新研发中心、福建省保险消费者权益保护服务中心和福建省保险消费者宣传教育中心先后在平潭片区设立。

---

① 金融产业新征程：《超1500家金融及类金融企业入驻平潭》，《平潭时报》2018年1月1日，http://www.ptjj.gov.cn/jhtml/ct/ct_2925_67650。

4. 产业基金加快扩容

（1）福州片区

引进文化产业基金、省旅游产业发展基金、福建石化产业园基金、福建省政府和社会资本合作（PPP）引导基金、福建省远洋渔业产业基金、企业技术改造基金等，总基金规模超过1000亿元。其中，福州马尾基金小镇挂牌落地，通过集聚基金类、股权投资类、资产管理类投资机构，成为福建省私募基金投资机构最多、管理基金规模最大的区域；福建省旅游产业发展基金总规模预计100亿元，采用"赛马机制"促进省内旅游产业及相关领域的发展；福建省远洋渔业产业基金要投向省内远洋渔业及相关产业企业，为中国和福建省的远洋渔业产业整合升级提供资本支持；兴业银行设立全省首只企业技术改造基金80亿元，为技改企业节约费用6600万元；华侨基金将重点投向滨海新城等福州新区基础设施建设；福建军民融合基金总规模100亿元，投向福建军民融合产业相关项目和优质企业。

（2）厦门片区

建立产业引导基金，规模5亿元，旨在通过政府信用，吸引社会资金聚集，重点服务自贸区内的新兴产业、高端服务业等七大产业集群。厦门则金基金小镇作为中国首个自贸区基金小镇，以私募投资基金为核心，重点发展定增基金、并购基金、产业基金等，逐渐布局供应链金融，针对厦门市十大千亿产业链重点服务五大产业链，并配合建立信息服务、生物医药、供应链、文创等众创空间，营造产融结合的生态。

（3）平潭片区

设立200亿元的"平潭产业发展引导基金"，优先发展旅游文化康体、金融服务、航运物流、建筑、风能等5个产业，重点培育会展、电子信息等2个产业，推动平潭从基础设施拉动转向产业发展，加快新一轮创业步伐。两岸合资的华创股权投资基金、台资外币股权投资基金等入驻，逐步形成以基金、创投、资产、资本等为主的特色两岸金融产业集聚区。截至2017年11月底，46家注册于平潭、在中国证券投资基金业协会登记备案的私募投资基金管理人，共发行145只私募投资基金。

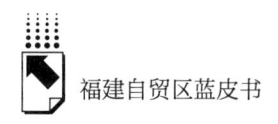

5. 两岸金融机构合作创新

目前在福建省设立分支机构或参股设立的台湾金融机构共19家，在大陆各省份中居第二位。福州片区目前已有台湾银行、华南银行、彰化银行、台湾合作金库等4家台资银行落户福州，数量居大陆省会城市首位；进入大陆的5家台资保险公司中，国泰人寿、国泰财险、君龙人寿、富邦财险等4家在福州设立机构。厦门片区开设台资银行落户绿色通道，吸引了第一金控、富邦财险、中国信托银行、永丰证券设立机构[①]。截至2017年11月，共有32家台资银行分行在大陆开业或获批，福建自贸试验区内有8家机构，占比1/4（见表2）。阳光证券、豪康证券和金圆统一证券的行政许可申请材料均已上报证监会候批。其中，阳光证券行政许可材料已获得证监会正式受理，金圆统一证券作为闽台合资全牌照证券公司获台湾当局金融事务主管部门核准，统一证券取得金圆统一证券49%的股权，成为第1家获准赴大陆地区参股投资证券公司的证券商。中国出口信用保险公司福建分公司与台新银行签订合作协议，通过提供更多元化的金融产品与服务，协助大陆地区企业扩大出口规模，增强国际市场竞争力。

表2 台资银行在福建省分布情况

银行名称	分行设立情况	
	已开业	申请已核准
第一银行	厦门分行	
国泰世华银行		厦门分行
彰化银行	福州分行	
土地银行		厦门分行
合作金库	福州分行	
华南银行	福州分行	
中国信银行	厦门分行	
台湾银行	福州分行	

资料来源：台湾金融监督管理委员会，2017年11月。

---

① 《福建自贸试验区力推闽台金融合作 对台跨境贷款占大陆九成》，新华社，2017年5月12日，http://www.gov.cn/xinwen/2017-05/12/content_5193183.htm。

（二）福建自贸试验区金融机构集聚发展存在的主要问题

1. 新型金融业态聚拢效应不明显

金融创新的主体不只局限于传统金融机构，还涉及股权投资公司、信托公司、消费公司、互联网金融公司等新型金融机构。依托自贸试验区平台为各金融创新主体特别是传统银行、证券、保险以外的新型金融业态弥补传统金融服务局限性的基础上，带来了多重的可能性。从福建自贸试验区三周年建设情况来看，尽管在对接"一行三会"政策落地方面，三大片区相继出台了《关于支持福建自贸试验区融资租赁业加快发展的指导意见》《关于促进股权投资和证券投资基金加快发展的暂行办法》《中国（福建）自由贸易试验区厦门片区促进基金基地发展办法》《中国（福建）自由贸易试验区厦门片区股权投资类企业发展办法》《关于鼓励基金企业入驻福州·马尾基金小镇的三条措施的通知》《中国（福建）自由贸易试验区厦门片区建设工程保险制度试点暂行办法》等一系列政策。但从其成效来看，新型业态金融机构不管在数量上还是质量上均有所不足，特别是在金融行业迈入"互联网+"时代背景下，区内缺乏相应的新型金融业态入驻，特别是缺乏龙头性互联网金融企业的布局。

2. 入驻的金融机构结构不平衡

福建自贸试验区内金融机构发展结构不平衡。其一，非银行金融机构占比较低。在金融"脱媒"趋势下，非银行金融机构的业务内容相较银行机构更加灵活多变，并可以实现居民及企业不同层次的金融需求，金融中介的发展状况直接影响金融行业的稳定。从区内目前入驻的金融机构来看，银行业仍占据主导地位，外资银行、大型金融中介机构数量有限，非银行金融机构发展相对迟缓，证券及保险机构更多表现为形式上的入驻，无论是从网点数量还是机构资产规模都无法与银行业相比。特别受益于自贸试验区金融改革红利，区内的非银行金融机构在外债宏观审慎管理框架下可实现从境外借用人民币资金，用于自贸试验区建设；在境外发行人民币债券，所筹资金可根据需要调回区内使用；开展人民币境外证券和境外衍生品投资业务等一系

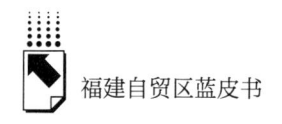

列业务，而区内现有的非银行金融机构比例较低，也抑制了自贸区金融红利作用的发挥。其二，区内金融机构层级有限，缺乏总部级的金融机构入驻。由于入驻的金融机构总部大多不在福建，分支机构的业务和革新发展方面均受到限制，在一定程度上也制约了自贸试验区金融业的创新发展。

3. 金融开放创新举措复制推广速度有待提升

自贸试验区金融制度创新的主要复制推广路径有两种：一种是自主性复制，主要在不同区域之间，依托区域的同质性、制度成果可操作性、复制便利性进行复制推广；另一种是授权性复制，在现有自贸试验区基础上，由中央授权各区域进行复制推广。在金融机构集聚创新方面，多项创新成果均已通过这两种路径实现复制。福建自贸试验区设立三年以来，相应的金融改革创新政策在成熟后逐步向区外推广复制，福建已复制推广4批。但目前诸多复制仅仅局限于个别片区的个别案例，仍然缺乏相应推广，特别是近一年来复制推广的后劲不足。同时因政策向区外复制后，区内金融机构和企业均感觉区内外政策已被"拉平"，区内外已没有明显的政策区别，政策创新能力和动力明显减弱。此外，金融领域的重点试验任务落地速度仍有待提升。例如，对探索在自贸试验区内设立单独领取牌照的专业金融托管服务机构，推进外商投资商业保理、典当行试点等重点试验任务仍处于推进中。

4. 两岸金融合作有所滞缓

福建自贸试验区以推进两岸金融合作为重点，发挥自贸试验区在两岸金融合作中的先行先试作用，目前在研究探索自贸试验区金融服务业对台资进一步开放，降低台资金融机构准入和业务门槛等方面取得了积极进展与成效。但同时也应该看到，近年来，两岸金融合作的速度有所放缓。2016年台湾地区民进党重新上台。台湾地区经济发展重心调整为扩大内需与拓展新南向路径。尽管两岸协商一直遵循"先经济再政治"的原则，但在两岸关系敏感期，两岸相关主管机关在相关政策的审核过程中也显得更为谨慎。一些试验区任务由于受限于两岸服务贸易协议尚未进入实质性操作。

（三）福建自贸试验区进一步加快金融机构集聚发展的思路

1. 加快培育互联网金融等新型金融业态

加快片区内新型金融业态的集聚，尤其是加快互联网金融、科技金融的培育。依托传统金融机构长期积累的风控、管理、数据和技术优势，积极适应互联网金融创新发展的趋势，随着大数据、人工智能、区块链等加速在金融行业落地，加强数据共享，深化大数据应用，充分发挥数据价值，加强跨界合作，实现科技与金融的融合，互利共赢。特别是鼓励新型科技企业，依托自贸区的先行先试政策，以技术为支撑，实现金融与信息产业的融合全面提速，培育、引入互联网金融龙头企业，解决传统金融体系及机构存在的一些弊端，在支付、借贷、零售银行、保险、财富管理、交易结算等领域实现突破与创新，以提升金融服务效率。

2. 引导推动外资金融资本入区经营

2017年1月《国务院关于扩大对外开放 积极利用外资若干措施的通知》提出，要进一步对外资开放，其中6项涉及金融的外资准入限制。这将提高外资在中国市场的参与度，意味着未来会有大批外资进入国内，外资控股的证券、期货、基金公司也将诞生，外商独资资产管理公司也将越来越多。自贸试验区作为先行先试的试验田，对此敏感领域可率先进行风险测试。以此为契机，进一步推动自贸试验区内金融服务业对符合条件的外资机构扩大开放。吸引具有国际竞争力和行业影响力的外资金融机构入区经营，以加快形成门类齐全、功能完善的金融机构体系。

3. 强化自贸试验区金融集聚发展的制度优势

福建可以利用自贸试验区扩大金融开放、拓展金融服务和推动两岸金融合作先行先试的总体战略，强化自贸试验区金融改革发展的制度优势，以加快金融集聚。具体而言，首先，加强区内区外金融合作与联动，促进金融资源流动，提升金融运作效率。目前片区内的金融机构多为支行以下的机构，虽其功能定位为自贸区创新主体，但受其机构本身级别所限，自主创新能力不足。因此可加强区内金融机构与区外省行甚至总行的合作与联动，争取获

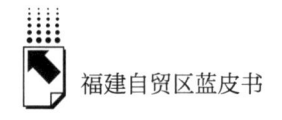

得更大的业务审批权限和处理权限,以提高业务处理效率和创新能力。其次,优化高层次金融人才的引进政策。一是对于高端外籍或海归金融人才,从资金、住房、落户,到医疗、教育等全方位提供支持,让人才在片区内能没有后顾之忧地工作、生活。二是加强与国内知名高校、科研院所的双向互动,加强自身金融专业人才的培养。三是遴选专业精通、经验丰富的金融人才采取挂职、任职等方式参与自贸区建设。再次,尽快复制其他自贸试验区已开展的业务,同时加快梳理福建自贸试验区可复制可推广的经验,引导省内区外各地学习借鉴。最后,加大政策性担保的金融支持力度。在片区内加快培育一批有较强实力和影响力的融资担保机构,进一步发挥政府在融资担保体系建设中的引导作用,对符合条件的融资担保机构开展的小微企业和"三农"融资担保业务给予适当风险补偿,推动建立可持续银担商业合作模式。

4. 深化两岸金融主体多层次合作

两岸关系由于特定的政治因素造成联系沟通和协商谈判机制中断,其中两岸"金融三会",即两岸银行、证券及期货、保险业监管机构定期举行的监管合作会议也被迫中断。目前两岸的金融合作若想取得重大突破,还需两岸服务贸易协议先行通过。在此背景下,两岸的金融合作作为引领两岸经济融合发展的纽带,一方面应从过去注重"量"的积累逐渐转变为"质"的提升。在现有已经布局的两岸金融合作重点项目上,依托大陆市场资源与台湾金融业丰富的竞争经验,加快正在推进项目的落地,挖掘深层次的合作空间。另一方面,推进行业协会、金融机构的民间交流合作,以研讨会、金融论坛等形式就行业技术标准、金融信息制度交流、机构业务合作对接渠道等方面展开进一步探讨,探索两岸金融合作的新路径。

四 从自贸试验区到自由贸易港:金融开放的新探索

党的十九大报告提出,推动形成全面开放新格局。在众多对外开放举措中,"赋予自由贸易试验区更大改革自主权,探索建设自由贸易港"的提法最受关注。从自贸试验区到探索建设自由贸易港,意味着更全面、更高水平的对外开放,是推进开放型经济的新举措。探索建立自由贸易港,将会推动金融、服务业等领域开放层次更高、力度更大,形成更高程度的资源优化配置。

(一)自由港有限干预下的高度金融自由化:国际经验

1. 中国香港

香港是全球公认最自由的贸易区之一。1973年,香港正式取消外汇管制,实现港币和外币的自由兑换。1982年2月25日之后,香港对外币存款取消利息税;1983年,又免除了港币的存款利息税。企业可以在香港银行开立多种货币账户,采用不同货币经营业务或进行投资。1984年,香港撤销了对黄金的进口禁令,使之迅速发展为世界重要的黄金市场。香港的货币市场是全球最开放的市场之一,实行自由外汇制度,形成了以外资银行为主体、以进出口贸易为主要服务对象的银行体系。对开办和经营金融企业,香港不存在国民待遇和非国民待遇之分,本地银行与外国银行完全平等。一般情况下,香港政府只对关键金融活动采取直接干预,对特殊非常态金融问题采取临时干预政策。

2. 新加坡

新加坡是仅次于中国香港的自由港。1975年,新加坡实现了利率市场化;1978年,取消外汇管制,并允许外国银行进入新加坡。目前,新加坡的个人和企业无须外汇管理当局事先批准就可以使用任何一种货币对任何一个国家进行支付、对外进行直接投资、证券投资和借贷活动、办理即期和远期交易等。新加坡政府取消了非居民在新加坡直接投资或证券投资的限制,并放宽了外资银行的业务范围,允许其在境内发售美元存单。现在,新加坡已经成为最重要的亚洲美元市场。当然,为保证本土银行的发展空间,新加坡对外资银行颁发的还是有差别的牌照,目的是要把外资银行在本地存款和支付体系中的市场份额控制在50%之下。

作为全球第四大最具竞争力的国际金融中心,新加坡在商业环境、人力资源、便捷性和稳定的税收政策、商誉、基础设施、市场准入等方面都有高

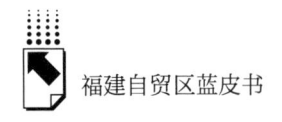

标准的配备。例如，新加坡的公司税率很低，推动其发展成为亚洲第二大房地产投资基金（REITs）市场。又如，新加坡的金融机构审批十分便捷，一般只需要6个工作日就可以完成所有手续。此外，新加坡的移民法对金融和商业人才有很多优惠，吸引了大量的金融专业人才就业和入籍。20世纪70年代中期，新加坡开始允许国际货币经纪人进入其市场。1984年1月，新加坡成立了国际货币交易所，连接了芝加哥国际货币市场和伦敦国际金融期货交易所。

3. 荷兰鹿特丹港

鹿特丹港是欧洲第一大港，也是荷兰重要的国际贸易中心和工业基地，实行自由港贸易政策，是典型的港城一体化城市。历史上，荷兰是欧洲最早的航运中心和贸易中心。航运和贸易的发展必然产生对跨境支付结算的需求，这为荷兰金融业早期的发展奠定了基础。贸易支付结算带动全球大量资金涌入荷兰，再由支付结算发展出贷款与信托等金融业务，使得荷兰成为世界上第一个国际金融中心。荷兰对外汇的管制措施十分宽松，这是鹿特丹港开展离岸贸易和金融业务的重要前提。区内资金自由进出、外汇自由兑换，在资本项目开放、外汇账户设立等方面均提供了汇兑便利。具体体现在：无外汇管制，外汇可自由流通；外企融资及利润、资本、贷款利息和其他合法收入的汇出不受限制；外国投资者可以选择任何一种货币作为支付方式等。外国投资者可以开设各类型外汇账户而不受管制，但企业有义务向荷兰国家银行提供境外资金外来报告以供编写国际收支统计表，为政府制定金融和货币政策提供参考。

4. 迪拜与阿布扎比

在世界各类型自由贸易区中，阿联酋有鲜明的"个性"。尽管各自贸区都设立在阿联酋领土内，但在区内经营的公司均被视为境外实体或独立于阿联酋法律监管外的公司。正是在这样的制度设定下，在迪拜和阿布扎比自贸区内出现了金融业高度集聚的金融自由区。

（1）迪拜。迪拜国际金融中心（DIFC）是根据阿拉伯联合酋长国联邦法律和迪拜酋长国法律设立的联邦金融自由区，成立于2004年9月，是中东和北非最重要的现代化伊斯兰金融中心。在管理体制上,迪拜国际金融中心由高级董事会(Higher Board)作为最高决策机构,主席由迪拜副酋长担任。该董事会之下设有三个监管机构:①迪拜国际金融中心管理局(DIFC Authority),负责制定迪拜国际金融中心战略开发政策及相关经营管理、营销和行政管理;②迪拜金融服务管理局(Dubai Financial Services Authority),负责颁发经营许可证并管理迪拜国际金融中心各类金融服务公司的活动;③迪拜国际金融中心司法管理局(DIFC Judicial Authority),负责中心内部所有民事和商业纠纷的司法和执法活动。此外,迪拜国际金融中心没有资本管控,并允许多样化的资本结构形式存在。依照国际证监会组织(IOSCO)的原则,迪拜金融服务管理局的基金制度允许基金选地(Fund Domiciliation)等多种服务。迪拜国际金融中心也是纳斯达克迪拜交易所的总部,股权衍生品、结构性产品、伊斯兰债券和常规债券等都在该交易所上市。

(2)阿布扎比。2013年5月,阿联酋颁布了关于在阿布扎比建立金融自由区(Global Marketplace Abu Dhabi)的联邦法。该法规定,这个金融市场的建立在于促进形成吸引金融投资的良好经济环境,填补国际金融市场在格林尼治时间上午3时到7时的交易空白,向各类商品和矿产品的融资、贸易和生产机构提供各类服务。与迪拜国际金融中心相比,阿布扎比金融自由区的业务重心更偏向资产管理和大宗商品。区内注册公司的业务范围包括:银行金融,证券、货币、商品、金属及衍生品的各种方式的交易,金融中介,资产和基金管理,清算结算,保险业、银行咨询服务,金融和投资相关业务服务,法律服务,审计、会计、商业支持,信贷评级和与商业、金融业活动相关的信息服务等。阿布扎比金融自由区立法之前征求了世界各大金融公司的意见,最终采用的是瑞士的双头监管模式:由全球市场注册局和金融服务监管局共同监管市场。自由区拥有自己独立的法庭,区内的所有经营活动除了接受该法院裁决外,其他任何机构和部门都不得没收、扣押或限制市场内的财产。建成后的阿布扎比金融自由区也将成为阿联酋首都新资本金融中心和中央商务区。

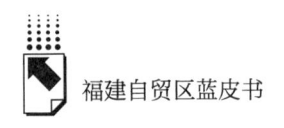

（二）福建自贸试验区迈向自由港的金融开放创新路径探索

对于福建自贸试验区而言，现阶段工作的重点应当是紧紧把握自贸试验区改革自主权，围绕既有的金融业开放路线图安排和自由贸易港发展愿景，立足福建经济社会特点，全方位推进金融业开放创新。

1. 加快推进金融业深度开放

福建自贸试验区应密切关注我国金融业开放路线图和时间表安排，合理安排开放顺序，稳步扩大金融业双向开放。探索设立单个或多个外国投资者直接或间接投资比例超过51%的证券、基金管理、期货公司。率先启动研究台资独资全牌照证券公司落地事宜。加快引进外商独资私募证券投资基金管理人。加强金融招商选资，加大对境内外市场交易平台的引资力度。支持21世纪海上丝绸之路沿线国家和地区在福建自贸试验区设立支付结算中心、跨境金融资产交易平台等。争取先行试点基于贸易金融领域的资产转让市场建设。探索建立包括贸易信贷在内的大额信贷资产转让市场，盘活金融机构存量资产，降低实体经济风险。

2. 促进金融与先进制造业融合

无论是自贸试验区还是自由港经济，金融服务实体经济的根本职能都不会发生变化。福建自贸试验区应大力发展政府产业投资基金，进一步撬动更多社会资本，搭建天使投资、VC投资、PE直投、产业融资等全链条基金管理体系，放大财政资金引导效应，激活社会资本投资，推进产业转型升级。打造一个集绿色金融、互联网金融、创业投资、财富管理、保险创新等于一体的新金融产业链和生态圈。支持符合条件的制造业企业到自贸试验区内申请设立财务公司、金融租赁公司等金融机构，推广大型制造设备、生产线等融资租赁服务。支持区内金融装备制造业依托新一代信息通信技术开展技术创新、业务创新。

3. 加速离岸金融产品和服务创新

离岸贸易、离岸金融将是自由贸易港政策最终的发展方向。福建自贸试验区应围绕自由贸易港建设要求和发展趋势提前布局，加快区内离岸金融产品和服务体系的研发，探索构建以离岸贸易为基础和起点的金融服务链。推动区内商业银行抓紧研究在岸和离岸客户协同开发办法，积极营销"走出去"企业的境外平台公司，密切关注重点客户海外布局中的跨境金融服务需求。大力发展面向 21 世纪海上丝绸之路沿线国家和地区的跨境供应链金融业务。对照国际最高开放标准，研究构建便利离岸公司设立、跨国企业总部资金调配的离岸型金融服务体系。

B.3
福建自贸试验区三周年对台先行先试的回顾与展望

一 福建自贸试验区对台先行先试的改革现状

（一）福建自贸试验区对台先行先试改革的目标与要求

作为距离台湾最近的省区，福建和台湾在历史上就一直保持密切联系，福建对台有着地缘、血缘、文缘、商缘、法缘等五缘优势。因此，在现有的11个自贸试验区中，福建自贸试验区是唯一将"充分发挥对台优势，率先推进与台湾地区投资贸易自由化进程，把自贸试验区建设成为深化两岸经济合作的示范区"和"创新两岸合作机制，推动货物、服务、资金、人员等各类要素自由流动，增强闽台经济关联度"作为自身战略定位和发展目标的自贸试验区。由此可见，福建自贸试验区肩负着不断创新两岸合作机制、为深化两岸合作探索新思路的历史使命。

为实现福建自贸试验区对台的战略定位和发展目标，《中国（福建）自由贸易试验区总体方案》（以下简称《总体方案》）在探索闽台产业合作新模式、扩大对台服务贸易开放、推动对台货物贸易自由和促进两岸往来更加便利等四个方面提出了具体任务要求。

1. 探索闽台产业合作新模式

《总体方案》的要求可概括为：①支持台资企业加快发展；②推动台湾先进制造业、战略性新兴产业、现代服务业等产业在自贸试验区内集聚发展，重点承接台湾地区产业转移；③取消在自贸试验区内从事农作物（粮棉油作物除外）新品种选育（转基因除外）和种子生产（转基因除外）的两岸合资企业由大陆方面控股的要求,但台商不能独资;④支持自贸试验区内品牌企业赴台湾投资,促进闽台产业链深度融合;⑤拓展产业价值链多环节合作,对接台湾自由经济示范区,构建双向投资合作新机制。

2. 扩大对台服务贸易开放

《总体方案》的要求可概括为:①进一步扩大电信和运输服务、商贸服务、建筑业服务、产品认证服务、工程技术服务、专业技术服务等领域对台开放;②对符合条件的台商,投资自贸试验区内服务行业的资质、门槛要求比照大陆企业;③允许持台湾地区身份证明文件的自然人到自贸试验区注册个体工商户,无须经过外资备案(不包括特许经营,具体营业范围由工商总局会同福建省发布);④探索在自贸试验区内推动两岸社会保险等方面对接,将台胞证号管理纳入公民统一社会信用代码管理范畴;⑤探索台湾专业人才在自贸试验区内行政企事业单位、科研院所等机构任职管理;⑥深入落实《海峡两岸共同打击犯罪及司法互助协议》,创新合作形式,加强两岸司法合作;⑦发展知识产权服务业,扩大对台知识产权服务,开展两岸知识产权经济发展试点。

3. 推动对台货物贸易自由

《总体方案》的要求可概括为:①建立闽台通关合作机制,逐步实现信息互换、监管互认、执法互助;②完善自贸试验区对台小额贸易管理方式;③支持自贸试验区发展两岸电子商务;④除国家禁止、限制进口的商品,废物原料、危险化学品及其包装、大宗散装商品外,简化自贸试验区内进口原产于台湾商品的有关手续;⑤对台湾地区输往自贸试验区的农产品、水产品、食品和花卉苗木等产品试行快速检验检疫模式;⑥进一步优化从台湾进口部分保健食品、化妆品、医疗器械、中药材的审评审批程序;⑦改革和加强原产地证签证管理,便利证书申领,强化事中事后监管。

4. 促进两岸往来更加便利

《总体方案》的要求可概括为:①推动人员往来便利化,在自贸试验区实施更加便利的台湾居民入出境政策;②对在自贸试验区内投资、就业的台湾企业高级管理人员、专家和技术人员,在项目申报、入出境等方面给予便利;③为自贸试验区内台资企业外籍员工办理就业许可手续,为入境、过境、停居留提供便利；④自贸试验区内一般性赴台文化团组审批权下放给福建省；⑤加快落实台湾车辆在自贸试验区与台湾之间便利进出境政策；⑥推动厦门—金门和马尾—马祖游艇、帆船出入境简化手续。

为落实《中国（福建）自由贸易试验区总体方案》在探索闽台产业合作新模式、扩大对台服务贸易开放、推动对台货物贸易自由和促进两岸往来更加便利等四个方面明确的各项任务要求，福建自贸试验区分三批共实施了254项重点试验任务：首批186项、新增第一批37项、新增第二批31项目，其中，首批重点试验任务为《中国（福建）自由贸易试验区总体方案》所要求的，新增第一批和新增第二批均为福建省自发增加的试验任务。254项重点试验任务中，涉及推进与台湾地区投资贸易自由的重点试验任务共76项，重点任务具体情况见表1。

表1 涉及推进与台湾地区投资贸易自由的重点试验任务分解情况

单位：项

项目分类		首批	新增第一批	新增第二批	总计
探索闽台产业合作新模式		1	5	2	8
扩大对台服务贸易开放	电信和运输服务	7	0	0	7
	商贸服务	7	0	0	7
	建筑业服务	6	0	1	7
	产品认证服务	2	2	0	4
	工程技术服务	7	0	0	7
	专业技术服务	5	0	1	6
	其他	6	1	2	9
推动对台货物贸易自由		9	1	1	11
促进两岸往来更加便利		7	0	3	10
总 计		57	9	10	76

（二）福建自贸试验区对台先行先试改革的落实情况

自挂牌以来，福建自贸试验区积极实施76项涉及推进与台湾地区投资贸易自由的重点试验任务，已落地实施的70项（其中，可实施无载体6项，见表2），正在推进1项，暂不实施4项。76项重点试验任务的具体内容、具体执行情况见表3和表4。

表2 涉及率先推进与台湾地区投资贸易自由的重点试验任务实施情况

单位：项

项目分类		已实施	可实施无载体	正在推进	暂不实施	总计
探索闽台产业合作新模式		8	0	0	0	8
扩大对台服务贸易开放	电信和运输服务	7	0	0	0	7
	商贸服务	6	0	1	0	7
	建筑业服务	6	1	0	0	7
	产品认证服务	1	2	0	1	4
	工程技术服务	6	1	0	0	7
	专业技术服务	1	2	0	2	6
	其他	8	0	0	1	9
推动对台货物贸易自由		11	0	0	0	11
促进两岸往来更加便利		10	0	0	0	10
总计		64	6	1	4	76

表3 中国（福建）自贸试验区对台先行先试重点试验任务（首批）实施情况

序号	类别	试验任务	实施状态评估		成效性评估	
			实施状态	评价	成效	评价
		（一）探索闽台产业合作新模式				
1	农业合作	取消在自贸试验区内从事农作物（粮棉油作物除外）新品种选育（转基因除外）和种子生产（转基因除外）的两岸合资企业由大陆方面控股的要求，但台商不能独资	已实施	2015年5月出台《关于加强中国（福建）自由贸易试验区农作物种子企业监督服务的意见》（闽农种〔2015〕114号）》	显著	促进闽台农业产业链深度合作 (1)闽台合资企业福建三和绿色农业科技有限公司已通过区内备案全市经营的方式在永泰县同安镇开展农作物新品种选育和种子生产相关业务。 (2)2015年8月，丰源（平潭）有限公司在平潭片区内注册（台商占80%股份的两岸合资企业），取得备案证明，注册资本500万元，经营范围涵盖种子批发兼零售。该企业暂未向主管部门提出办理种子生产经营许可的申请 (3)2017年5月，农友种苗（中国）有限公司在厦门自贸区注册，12月已向相关主管部门申报办理生产经营许可证

续表

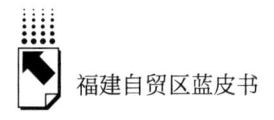

序号	类别	试验任务	实施状态评估		成效性评估	
			实施状态	评价	成效	评价
	(二)扩大对台服务贸易开放						
2	1.电信和运输服务领域	在ECFA框架协议下,允许台湾服务提供者在自贸试验区内试点设立合资或独资企业,提供大陆境内多方通信服务业务	已实施	(1)省通信管理局代省政府草拟了《工业和信息化部 福建省人民政府关于中国(福建)自由贸易试验区进一步对外开放增值电信业务的意见》,于2015年2月上报工信部 (2)省通信管理局代省政府草拟了《中国(福建)自由贸易试验区外商投资经营增值电信业务试点管理办法》,于2015年2月上报工信部	有序推进	按工作部署有序推进。目前尚未有企业提出申请
3		在ECFA框架协议下,允许台湾服务提供者在自贸试验区内试点设立合资或独资企业,提供存储转发类业务	已实施	(1)省通信管理局代省政府草拟了《工业和信息化部 福建省人民政府关于中国(福建)自由贸易试验区进一步对外开放增值电信业务的意见》,于2015年2月上报工信部 (2)省通信管理局代省政府草拟了《中国(福建)自由贸易试验区外商投资经营增值电信业务试点管理办法》,于2015年2月上报工信部	有序推进	按工作部署有序推进。目前尚未有企业提出申请

续表

序号	类别	试验任务	实施状态评估		成效性评估	
			实施状态	评价	成效	评价
4		在 ECFA 框架协议下,允许台湾服务提供者在自贸试验区内试点设立合资或独资企业,提供呼叫中心业务	已实施	(1)省通信管理局代省政府草拟了《工业和信息化部 福建省人民政府关于中国(福建)自由贸易试验区进一步对外开放增值电信业务的意见》,于 2015 年 2 月上报工信部 (2)省通信管理局代省政府草拟了《中国(福建)自由贸易试验区外商投资经营增值电信业务试点管理办法》,于 2015 年 2 月上报工信部	有序推进	按工作部署有序推进。目前尚未有企业提出申请
5		在 ECFA 框架协议下,允许台湾服务提供者在自贸试验区内试点设立合资或独资企业,提供国际互联网接入服务业务(为上网用户提供国际互联网接入服务)	已实施	(1)省通信管理局代省政府草拟了《工业和信息化部 福建省人民政府关于中国(福建)自由贸易试验区进一步对外开放增值电信业务的意见》,于 2015 年 2 月上报工信部 (2)省通信管理局代省政府草拟了《中国(福建)自由贸易试验区外商投资经营增值电信业务试点管理办法》,于 2015 年 2 月上报工信部	有序推进	按工作部署有序推进。目前尚未有企业提出申请

续表

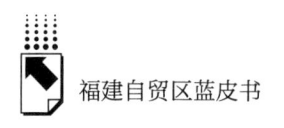

序号	类别	试验任务	实施状态评估		成效性评估	
			实施状态	评价	成效	评价
6		在ECFA框架协议下,允许台湾服务提供者在自贸试验区内试点设立合资或独资企业,提供信息服务业务（仅限应用商店）	已实施	(1)省通信管理局代省政府草拟了《工业和信息化部　福建省人民政府关于中国（福建）自由贸易试验区进一步对外开放增值电信业务的意见》,于2015年2月上报工信部 (2)省通信管理局代省政府草拟了《中国（福建）自由贸易试验区外商投资经营增值电信业务试点管理办法》,于2015年2月上报工信部	有序推进	按工作部署有序推进。目前尚未有企业提出申请
7		允许台湾服务提供者在自贸试验区内设立合资、合作或独资企业,提供公路卡车和汽车货运服务（福建省牵头）	已实施	(1)《外商投资道路运输业管理规定》（交通运输部令2014年第4号） (2)《自由贸易试验区交通运输事中事后监管实施方案（试行）》（闽交运〔2015〕173号） (3)《2016年福建自由贸易试验区建设工作要点》（闽政文〔2016〕119号）	显著	已设立2家台商独资的福清有力物流、福建侯轮物流公司,提供货运服务
8		允许台湾服务提供者在自贸试验区内设立合资（台资股权比例不超过49%）或合作道路客货运站（场）和独资货运站（场）（福建省牵头）	已实施	(1)《外商投资道路运输业管理规定》（交通运输部令2014年第4号） (2)《自由贸易试验区交通运输事中事后监管实施方案（试行）》（闽交运〔2015〕173号） (3)《2016年福建自由贸易试验区建设工作要点》（闽政文〔2016〕119号）	可实施无载体	目前暂无企业申请。已部署要求有关单位加大招商引资力度,推动试验任务落地实施

续表

序号	类别	试验任务	实施状态评估		成效性评估	
			实施状态	评价	成效	评价
9	2. 商贸服务领域	在ECFA框架协议下,允许台湾服务提供者在自贸试验区内直接申请设立独资海员外派机构并仅向台湾船东所属的商船提供船员派遣服务,无须事先成立船舶管理公司	已实施	(1)关于在福建自贸试验区内试点实施台商独资海员外派机构资质审批许可的公告(福建海事局公告2015年第1号) (2)福建海事局关于做好福建自贸试验区台商独资海员外派机构资质审批许可有关事项的通知	显著	(1)在福建省自贸办和海事局的协调推动下,解决了台湾台塑集团在闽海员外派机构的名称问题,确定企业名称为"厦门台塑兴对外劳务合作经营有限公司",并完成了注资、验资、备案等手续 (2)该公司已于2016年10月31日在厦门市市场监督管理局注册登记,领取营业执照 (3)2017年6月,在海事局积极推动下,经中国海事局批准,厦门台塑兴对外劳务合作经营有限公司顺利获得首批海员外派资质
10		在ECFA框架协议下,允许申请成为赴台游组团社的3家台资合资旅行社试点经营福建居民赴台湾地区团队旅游业务	已实施	出台《国家旅游局办公室关于同意福建自贸试验区三家台资合资旅行社试点经营福建省居民赴台团队旅游业务的函》(旅办函〔2015〕539号)	显著	(1)2015年11月,国家旅游局已正式发文批复同意3家台资合资旅行社试点经营福建省居民赴台湾团队旅游业务。2016~2017年,自贸区三家赴台游组团社共组织赴台游团组90个,共1976人赴台湾旅游 (2)福州片区2017年驴妈妈旅行社组织本省游客4647人次赴台湾旅游;通过线上网络组织外省游客1624人次经福州或平潭口岸赴台湾旅游;地接方面和台湾雄狮旅游等旅行社合作接待入闽旅游台湾游客650人次

续表

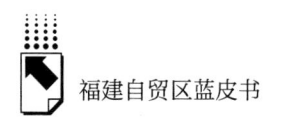

序号	类别	试验任务	实施状态评估		成效性评估	
			实施状态	评价	成效	评价
11		在ECFA框架协议下，允许台湾合法导游、领队经自贸试验区旅游主管部门培训认证后换发证件，在福州市、厦门市和平潭综合实验区执业	已实施	出台《台湾导游领队在福建自由贸易试验区执业实施方案》	初显成效	(1)福建省旅游发展委员会已明确台湾导游领队申领核发大陆导游领队证的条件、流程及其他相关要求 (2)自2015年8月5日福建正式推出台湾导游、领队通过执业培训并考核合格即可持证在福建省自贸试验区执业后,分别在厦门、平潭组织了两期执业岗前培训班。其中,台湾领队57人报名参加在厦门举办的领队执业培训班并取得福建省旅游协会颁发的"结业证书"。台湾导游共232人参加培训,通过考核人数为183人,通过率为79% (3)国家局已授权福建对经培训合格取得岗前培训结业证书者,经与福建自贸试验区内旅行社订立劳动合同或在自贸区导游协会组织登记后,可持所订立的劳动合同或者登记材料申请领取福建省自贸试验区专用导游证并持证执业
12		在ECFA框架协议下，允许在自贸试验区内居住一年以上持台湾方面身份证明的自然人报考导游资格证，并按规定申领导游证后在大陆执业	已实施	出台:(1)《台湾导游领队在福建自由贸易试验区执业实施方案》 (2)《台湾籍居民报考2015年福建省导游人员资格考试的补充通知》(闽旅人〔2015〕126号)	不够显著	已有2位台湾自然人报名,但未参加2015年11月导游考试。该政策对台湾自然人吸引力不大。主要原因:一是对台湾考生而言考试难度大;二是台湾报考人员需要在自贸试验区所在的城市居住一年以上,符合条件者有限

续表

序号	类别	试验任务	实施状态	评价	成效	评价
			实施状态评估		成效性评估	
13		在ECFA框架协议下,允许台湾服务提供者以跨境交付方式在自贸试验区内试点举办展览,委托福建省按规定审批在自贸试验区内举办的涉台经济技术展览会	正在推进	出台《关于请求委托福建省审批在自贸试验区内举办涉台经济技术展览会的函》(闽商务函〔2016〕160号)	正在推进	省商务厅已多次与商务部台港澳司沟通对接,2016年4月商务部来闽调研时又反映了这一问题。因此项明确要在ECFA框架协议下实施,商务部还在进一步研究论证
14		台湾服务提供者在自贸试验区内投资设立旅行社,无年旅游经营总额的限制(福建省牵头)	已实施	出台《福建自贸试验区贯彻自由贸易试验区外商投资准入特别管理措施(负面清单)和外商投资国家安全审查试行办法实施意见》(闽政办〔2015〕72号)	显著	截至2017年12月,自贸区内已经取得行政许可的台资合资、外资合资及台资独资旅行社共10家,并开展相关业务
15		对台湾服务提供者在自贸试验区内设立旅行社的经营场所要求、营业设施要求和最低注册资本要求,比照大陆企业实行(福建省牵头)	已实施	出台《福建自由贸易试验区贯彻自由贸易试验区外商投资准入特别管理措施(负面清单)和外商投资国家安全审查试行办法实施意见》(闽政办〔2015〕72号)	显著	(1)有固定的经营场所、有必要的营业设施,最低注册资本30万元(外资旅行社原先最低资本要求150万元),即可设立台资旅行社(2)福州、厦门、平潭三片区共批准设立27家台资旅行社(8家台资合资旅行社,3家台资独资旅行社),并开展相关业务
16	3.建筑业服务领域	在ECFA框架协议下,允许取得大陆一级注册建筑师或一级注册结构工程师资格的台湾专业人士作为合伙人,按相应资质标准要求在自由贸易试验区内设立建筑工程设计事务所并提供相应服务	已实施	2015年5月出台《关于做好台湾专业人士在中国(福建)自由贸易试验区内设立的建筑工程设计事务所申请资质有关工作的通知》(闽建设〔2015〕14号)	显著	已有2家单位完成工商注册登记,其中1家正在办理工程设计资质申请手续

续表

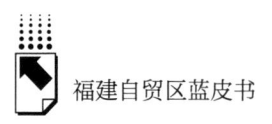

序号	类别	试验任务	实施状态评估		成效性评估	
			实施状态	评价	成效	评价
17		在平潭片区内,对台商独资或控股开发的建设项目,借鉴台湾的规划及工程管理体制	可实施无载体	出台《平潭综合实验区内台商独资或控股开发建设项目管理办法(试行)》(闽建筑〔2015〕17号)	可实施无载体	暂无实例。目前平潭综合实验区内暂无台商独资或控股开发建设项目
18		允许自贸试验区内符合条件的台资独资建筑业企业承接福建省内建筑工程项目,不受项目双方投资比例限制(福建省牵头)	已实施	出台《关于在中国(福建)自由贸易试验区设立台资建设工程企业和台湾建筑专业人士执业有关事项的通知》(闽建筑〔2015〕11号)	显著	已有4家台资企业在自贸试验区内设立独资建筑业企业;平潭中海峡建材城项目为大陆投资,由台湾荣工公司负责施工
19		台湾服务提供者在自贸试验区内设立建设工程设计企业,其在台湾和大陆的业绩可共同作为个人业绩评定依据,但在台湾完成的业绩规模标准应符合大陆建设项目规模划分标准(福建省牵头)	已实施	(1)《关于做好台湾专业人士在中国(福建)自由贸易试验区内设立的建筑工程设计事务所申请资质有关工作的通知》(闽建设〔2015〕14号) (2)《2016年福建自由贸易试验区建设工作要点》(闽政文〔2016〕119号)	显著	已有1家台资设计企业核定取得工程设计乙级资质
20		台湾服务提供者在自贸试验区内设立的独资物业服务企业,在申请大陆企业资质时,可以将在台湾和大陆承接的物业建筑面积共同作为评定依据(福建省牵头)	已实施	(1)《关于做好台湾专业人士在中国(福建)自由贸易试验区内设立的建筑工程设计事务所申请资质有关工作的通知》(闽建设〔2015〕14号) (2)《2016年福建自由贸易试验区建设工作要点》(闽政文〔2016〕119号)	显著	2016年引进2家台资独资物业服务企业,已按要求给予企业资质审批(暂定)。目前大陆方面已全面取消物业企业的资质认定,不再将原核定的物业服务企业资质作为承接物业管理业务的条件

续表

序号	类别	试验任务	实施状态	评价	成效	评价
21		台湾服务提供者在自贸试验区内投资设立的独资建筑业企业承揽合营建设项目时，不受建设项目的合营方投资比例限制（福建省牵头）	已实施	(1)《关于在中国（福建）自由贸易试验区设立台资建设工程企业和台湾建筑专业人士执业有关事项的通知》（闽建筑〔2015〕11号） (2)《2016年福建自由贸易试验区建设工作要点》（闽政文〔2016〕119号）	显著	已有4家单位按照该政策规定，完成工商登记注册，并取得建筑业施工资质，可以在福建省内参与合营项目施工
22	4.产品认证服务	在强制性产品认证领域，允许经台湾主管机关确认并经台湾认可机构认可的、具备大陆强制性产品认证制度相关产品检测能力的台湾检测机构，在自贸试验区内与大陆指定机构开展合作，承担强制性产品认证检测任务，检测范围限于两岸主管机关达成一致的产品，产品范围涉及制造商为台湾当地合法注册企业且产品在台湾设计定型、在自贸试验区内加工或生产的产品（福建省牵头）	可实施无载体	(1)《国务院关于印发〈中国（福建）自由贸易试验区总体方案〉的通知》（国发〔2015〕20号） (2)《2016年福建自由贸易试验区建设工作要点》（闽政文〔2016〕119号）	可实施无载体	目前暂无台湾检测机构有合作意向。已部署要求有关单位加大招商引资力度，推动试验任务落地实施 福州片区：福州片区先进制造业技术服务中心与财团法人台湾电信技术中心（简称TTC）及财团法人台湾电子检验中心（简称ETC）签订闽台认证检测合作备忘录，并已开展台湾产品进入大陆的强制性产品认证（简称CCC）等服务100多单，涉及器具插座、低压成套开关设备、电线电缆、小功率电机、灯具、玩具童车等产品。开展大陆产品进入台湾的强制性产品认证（简称BSMI）4单，产品主要为电源适配器等

续表

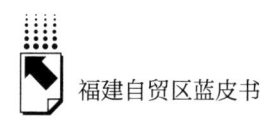

序号	类别	试验任务	实施状态评估		成效性评估	
			实施状态	评价	成效	评价
23		允许经台湾认可机构认可的具备相关产品检测能力的台湾检测机构在自贸试验区设立分支机构,并依法取得资质认定,承担认证服务的范围包括食品类别和其他自愿性产品认证领域(福建省牵头)	可实施无载体	(1)《国务院关于印发〈中国(福建)自由贸易试验区总体方案〉的通知》(国发〔2015〕20号)(2)《2016年福建自由贸易试验区建设工作要点》(闽政文〔2016〕119号)	可实施无载体	目前暂无台湾检测机构在区内设立分支机构。已部署要求有关单位加大招商引资力度,推动试验任务落地实施
24		在ECFA框架协议下,允许台湾建筑、规划等服务机构执业人员,持台湾相关机构颁发的证书,经批准在自贸试验区内开展业务	已实施	(1)《关于做好台湾建筑师在中国(福建)自由贸易试验区内开展业务活动有关工作的通知》(闽建设〔2015〕13号)(2)《关于台湾城乡规划服务机构执业人员在中国(福建)自由贸易试验区内开展业务活动有关工作的通知》(闽建规〔2015〕3号)	显著	目前在平潭备案在册台湾执业人员共109人,其中建筑师31人,专业技师78人,允许其在平潭开展相关业务
25	5.工程技术服务	在ECFA框架协议下,允许通过考试取得大陆注册结构工程师、注册土木工程师(港口与航道)、注册公用设备工程师、注册电气工程师资格的台湾专业人士在自贸试验区内执业,不受在台湾注册执业与否的限制,按照大陆有关规定作为福建省内工程设计企业申报企业资质时所要求的注册执业人员予以认定	可实施无载体	出台《关于取得大陆注册结构工程师等3类执业资格的台湾地区专业人士在中国(福建)自由贸易试验区注册执业管理工作的通知》(闽建设〔2015〕15号)	可实施无载体	暂无台湾专业人士申请考试主要原因:由于大陆与台湾地区建设标准规范体系存在较大差别,难以吸引台湾专业人士申请考试。目前台湾专业人士在大陆仅有1人取得大陆注册结构工程师资格且未申请注册

续表

序号	类别	试验任务	实施状态评估		成效性评估	
			实施状态	评价	成效	评价
26		台湾服务提供者在自贸试验区内设立的建筑业企业可以聘用台湾专业技术人员作为企业经理,但须具有相应的从事工程管理工作经历。可以聘用台湾建筑业专业人员作为工程技术和经济管理人员,但须满足相应的技术职称要求(福建省牵头)	已实施	(1)《关于在中国(福建)自由贸易试验区设立台资建设工程企业和台湾建筑专业人士执业有关事项的通知》(闽建筑〔2015〕11号) (2)《2016年福建自由贸易试验区建设工作要点》(闽政文〔2016〕119号)	显著	(1)已有4家单位按照该政策规定,完成工商登记注册,并取得建筑业施工资质 (2)平潭片区对建筑企业、技术人员试行更为开放的备案执业管理,探索两岸建筑企业资质对应采认,台湾技术管理人员直接采信。目前在平潭备案台建筑业企业共49家,其中营造业15家,工程技术顾问公司3家,建筑师事务所31家;备案在册台湾执业人员共109人,其中建筑师31人,专业技师78人。其中台湾荣工工程、中兴工程已备案承接平潭建筑、规划项目,相关职员在平潭执业
27		允许台湾服务提供者在自贸试验区内设立的建设工程设计企业聘用台湾注册建筑师、注册工程师,并将其作为本企业申请建设工程设计资质的主要专业技术人员,在资质审查时不考核其专业技术职称条件,只考核其学历、从事工程设计实践年限、在台湾的注册资格、工程设计业绩及信誉,其在大陆的业绩也可作为评定依据。在台湾完成的业绩规模标准应符合大陆建设项目规模划分标准(福建省牵头)	已实施	(1)《关于在中国(福建)自由贸易试验区设立台资建设工程企业和台湾建筑专业人士执业有关事项的通知》(闽建筑〔2015〕11号) (2)《2016年福建自由贸易试验区建设工作要点》(闽政文〔2016〕119号)	显著	已有1家单位享受该政策取得工程设计资质

续表

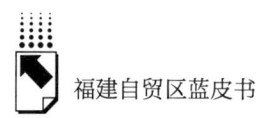

序号	类别	试验任务	实施状态评估		成效性评估	
			实施状态	评价	成效	评价
28		台湾服务提供者在自贸试验区内设立的建设工程设计企业中,出任主要技术人员且持有台湾方面身份证明文件的自然人,不受每人每年在大陆累计居住时间应当不少于6个月的限制(福建省牵头)	已实施	(1)《关于在中国(福建)自由贸易试验区设立台资建设工程企业和台湾建筑专业人士执业有关事项的通知》(闽建筑〔2015〕11号) (2)《关于做好台湾专业人士在中国(福建)自由贸易试验区内设立的建筑工程设计事务所申请资质有关工作的通知》(闽建设〔2015〕14号) (3)《2016年福建自由贸易试验区建设工作要点》(闽政文〔2016〕119号)	显著	已有1家单位享受该政策取得工程设计资质
29		台湾服务提供者在自贸试验区内投资设立的建筑业企业申报资质应按大陆有关规定办理,凡取得建筑业企业资质后,可依规定在大陆参加工程投标(福建省牵头)	已实施	出台《关于在中国(福建)自由贸易试验区设立台资建设工程企业和台湾建筑专业人士执业有关事项的通知》(闽建筑〔2015〕11号)	显著	已有4家单位按照该政策规定,完成了工商登记注册,并取得建筑业施工资质,可以依规定在大陆参加工程投标
30		台湾服务提供者在自贸试验区内设立的建筑业企业中,出任工程技术人员和经济管理人员且持有台湾方面身份证明文件的自然人,不受每人每年在大陆累计居住时间应当不少于3个月的限制(福建省牵头)	已实施	出台《关于在中国(福建)自由贸易试验区设立台资建设工程企业和台湾建筑专业人士执业有关事项的通知》(闽建筑〔2015〕11号)	显著	已有4家单位按照该政策规定,完成了工商登记注册,并取得建筑业施工资质

续表

序号	类别	试验任务	实施状态评估		成效性评估	
			实施状态	评价	成效	评价
31	6. 专业技术服务	在ECFA框架协议下，允许取得大陆注册会计师资格的台湾专业人士担任自贸试验区内合伙制会计师事务所的合伙人，具体办法由福建省制定，报财政部批准后实施	可实施无载体	出台《台湾会计专业人士担任中国（福建）自由贸易试验区会计师事务所合伙人试行办法》（闽政办〔2015〕98号）	可实施无载体	暂无台湾专业人士提出申请。已允许取得大陆注册会计师资格的台湾专业人士担任自贸试验区内合伙制会计师事务所的合伙人，片区管委会可根据发展需求引入台湾专业人士到试验区设立会计师事务所，开展业务
32		在ECFA框架协议下，允许符合规定的持台湾方面身份证明的自然人参加护士执业资格考试，考试成绩合格者发给相应的资格证书，在证书许可的范围内开展业务	暂不实施		暂不实施	国家卫计委已明确，医疗卫生行业属于敏感行业，在自贸试验区医疗卫生领域开放措施暂不实施，待条件成熟后再研究
33		在ECFA框架协议下，允许台湾地区其他医疗专业技术人员比照港澳相关医疗专业人员按照大陆执业管理政策在自贸试验区内从事医疗相关活动	暂不实施		暂不实施	国家卫计委已明确，医疗卫生行业属于敏感行业，在自贸试验区医疗卫生领域开放措施暂不实施，待条件成熟后再研究
34		在ECFA框架协议下，允许取得台湾药剂师执照的持台湾方面身份证明文件的自然人在取得大陆"执业药师资格证书"后，按照大陆地区《执业药师注册管理暂行办法》等相关文件规定办理注册并执业	可实施无载体	出台《台湾药师在福建自由贸易试验区执业的管理暂行规定（试行）》（闽食药监人〔2015〕103号）	可实施无载体	于2016年5月9日正式启用台湾药师执业资格在线考试系统，实现在线报名、模拟考试、考试、自动提交成绩及打印成绩单等"一站式"服务。截至目前，暂未收到来自台湾执业药师的注册申请。暂无台湾执业药师申请。主要原因有：一是来大陆的台湾药师数量少；二是两岸执业药师待遇保障差距较大

续表

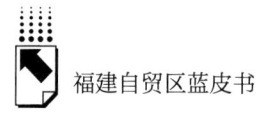

序号	类别	试验任务	实施状态评估		成效性评估	
			实施状态	评价	成效	评价
35		允许台湾会计师在自贸试验区内设立的符合大陆《代理记账管理办法》规定的中介机构从事代理记账业务。从事代理记账业务的台湾会计师应取得大陆会计从业资格,主管代理记账业务的负责人应当具有大陆会计师以上(含会计师)专业技术资格(福建省牵头)	可实施无载体	(1)《省财政厅关于〈台湾会计专业人士担任中国(福建)自由贸易试验区会计师事务所合伙人试行办法〉的通知》(闽政办〔2015〕98号) (2)《2016年福建自由贸易试验区建设工作要点》(闽政文〔2016〕119号) (3)《代理记账管理办法》(财政部令第27号) (4)《代理记账管理办法》(财政部令第80号)等文件	可实施无载体	现行的《代理记账管理办法》允许取得大陆会计师以上(含会计师)专业技术资格台湾会计专业人士到福建自贸试验区设立代理记账机构。已部署要求有关单位加大招引对接力度,推动试验任务落地。暂无专业人士提出申请
36	7. 其他服务	在ECFA框架协议下,发展知识产权服务业,扩大对台知识产权服务,开展两岸知识产权经济发展试点	已实施	(1)《厦门市开展两岸知识产权经济发展试点工作方案(2015~2020年)》(厦府〔2015〕110号) (2)《厦门自贸片区知识产权评议办法》 (3)《厦门片区知识产权扶持与奖励办法》(厦自贸委〔2016〕39号) (4)《厦门片区知识产权保护协作意向书》(厦自贸委〔2016〕83号)	显著	有效促进了对台知识产权服务业的发展 (1)2015年6月,在厦门举办"两岸知识产权经济论坛",研讨两岸在知识产权经济领域的合作路径。来自两岸的专家、学者、企事业单位代表围绕探索两岸在知识产权经济领域的合作路径展开研讨交流 (2)2015年9月,厦门片区成立知识产权智库,发布《厦门自贸片区知识产权评议办法》,为来自北京和台湾地区的两家知识产权服务机构入驻厦门自贸片区举行签约仪式 (3)2016年4月,出台全国首个自贸试验区全覆盖的知识产权扶持与奖励政策,有效降低企业拓展国内外市场的成本,加快知识产权服务业聚集区建设

续表

序号	类别	试验任务	实施状态评估		成效性评估	
			实施状态	评价	成效	评价
37		在ECFA框架协议下，允许持台湾地区身份证明文件的自然人到自贸试验区注册个体工商户，无须经过外资备案，不包括特许经营，具体营业范围由国家工商总局会同福建省发布	已实施	体现在《国家工商行政管理总局和福建省人民政府关于发布中国（福建）自由贸易试验区台湾居民个体工商户营业范围的公告》（工商个字〔2015〕208号）中	显著	允许台湾居民在福建自贸试验试验区注册登记为个体工商户，从事129个行业的经营活动。目前区内已有149户台湾居民注册个体工商户，其中福州片区87户，厦门片区17户，平潭片区45户
38		在ECFA框架协议下，将台胞证号管理纳入公民统一社会信用代码管理范畴，方便台胞办理社会保险、理财业务等	暂不实施		暂不实施	福建省已多次向公安部反映争取，公安部明确按国务院统一部署，全国统一推进，不再试点
39		赋予平潭制定相应从业规范和标准的权限，在ECFA框架协议下，允许台湾建筑、规划、医疗、旅游等服务机构的执业人员，持台湾有关机构颁发的证书，按规定范围在自贸试验区内开展业务	已实施	（1）《关于台湾建设规划服务机构执业人员在中国（福建）自由贸易试验区内开展业务活动有关工作的通知》（闽建规〔2015〕3号）（2）《关于做好台湾建筑师在中国（福建）自由贸易试验区内开展业务活动有关工作的通知》（闽建设〔2015〕13号）（3）《台湾建筑业企业进驻平潭综合实验区从事建筑活动管理办法》（闽建〔2012〕10号）（4）台湾导游领队在福建自贸试验区执业实施方案（5）《台湾籍居民报考2015年福建省导游人员资格考试的补充通知》（6）《台湾地区医师在大陆短期行医管理规定》（卫生部令63号）（7）《台湾地区医师获得大陆医师资格认定管理办法》	显著	（1）建筑、规划方面：目前在平潭备案在册台湾执业人员共109人，其中建筑师31人，专业技师78人，允许其在平潭开展相关业务（2）医疗方面：台籍医师相关资质经认定、公证，并通过卫生计生行政部门审核后，开展执业活动。目前，已有6名台籍医师在平潭片区内注册开展执业活动（3）旅游方面：放宽台湾导游从业限制，111名台湾导游通过换证培训考核，其中41名已与旅行社签约就业

续表

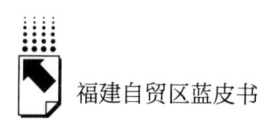

序号	类别	试验任务	实施状态	评价	成效	评价
			实施状态评估		成效性评估	
40		探索在自贸试验区平潭片区内行政企事业单位等机构任职的台湾同胞试行两岸同等学力、任职资历对接互认，研究探索技能等级对接互认	已实施	(1)平潭片区聘用台湾专才 (2)开展学历、任职资历对接互认 (3)开展技能等级互认	显著	
41		允许在自贸试验区设立台资独资职业介绍所和人才中介机构（福建省牵头）	已实施	出台《关于做好中国（福建）自由贸易试验区内人力资源服务许可审批事项有关问题的通知》(闽人社文〔2015〕182号)	显著	至2016年12月，区内已设立3家台湾人力资源服务机构。沛亚人力资源服务（厦门）有限公司、两岸金桥（福建）人力资源有限公司、福州耀鼎人力资源管理有限公司分别在厦门、平潭和福州片区成立；福建自贸试验区厦门片区1111人力资源服务有限公司在厦门片区成立
		（三）推动对台货物贸易自由				
42		建立闽台通关合作机制，开展货物通关、贸易统计、原产地证书核查、"经认证的经营者"互认、检验检测认证等方面合作，逐步实现信息互换、监管互认、执法互助	已实施	(1)《关于在平潭试点开展台湾认证结果和检验检测结果采信工作的通告》 (2)《福州海关2015年第13号公告(两岸海关电子信息交换系统)》 (3)《福州海关2015年第15号公告(简化CEPA、ECFA单证提交需求)》等	显著	已推出实施38项对台贸易便利化措施，推进两岸"信息互换、监管互认、执法互助"，提升闽通关管理效率，降低闽台货物贸易通关成本(1)2016年10月1日两岸海关AEO互认合作正式开展。实施一年以来，福州关区共50家企业可享受该优惠措施，受惠金额共计120.85亿元人民币，其中进口63.24亿元，出口57.61亿元

续表

序号	类别	试验任务	实施状态评估		成效性评估	
			实施状态	评价	成效	评价
						(2)厦门海关与"高雄海关"开展两岸首票台湾货物"监管互认"、对台小额贸易紧急个案舱单互核验执法合作,两岸基层海关"监管互认""执法互助"进入实务阶段 (3)建立ECFA项下原产地证书核查机制,从实施伊始至2017年12月31日,海关总署福州原产地管理办公室与台方往来函件共计336份,其中接收台方来函185份,对台方发函151份
43		完善自贸试验区对台小额贸易管理方式	已实施	出台《福建检验检疫局关于印发进一步支持平潭对台小额商品交易市场发展15条措施(试行)的通知》	显著	平潭对台小额贸易点已经放开对台船舶吨位限制和金额限制,已有澳前对台小额贸易点1个(2015年9月优化重新开港),对台小额贸易经营企业16家,重新开港以来,比小额贸易方式进口近4000标箱,货值近8亿元。平潭对台小额商品交易市场已累计进口销售台湾商品近10亿元,市场内台湾商户246家,开设13个台湾县市主题馆和70个品牌馆

续表

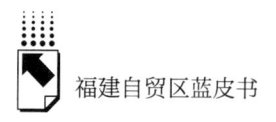

序号	类别	试验任务	实施状态评估		成效性评估	
			实施状态	评价	成效	评价
44		支持自贸试验区发展两岸电子商务,允许符合条件的台商在自贸试验区内试点设立合资或独资企业,提供在线数据处理与交易处理业务(仅限于经营类电子商务),申请可参照大陆企业同等条件	已实施	(1)省通信管理局代省政府草拟了《工业和信息化部 福建省人民政府关于中国(福建)自由贸易试验区进一步对外开放增值电信业务的意见》,于2015年2月上报工信部 (2)省通信管理局代省政府草拟了《中国(福建)自由贸易试验区外商投资经营增值电信业务试点管理办法》,于2015年2月上报工信部	显著	(1)目前在线数据处理与交易处理业务对所有外资放开股比限制,允许独资,申请程序按照《外商投资电信业务管理规定》流程申请 (2)自贸试验区已有20家电子商务台资企业入驻并开展业务,没有涉及经营类电子商务企业,省通信管理局也未收到相关企业的申请需求
45		对台湾地区输往自贸试验区的农产品、水产品、食品和花卉苗木等产品试行快速检验检疫模式	已实施	(1)《福建检验检疫局关于中国(福建)自由贸易试验区进口台湾食品"源头管理、口岸验放"管理规定及其作业指导书》 (2)《平潭口岸进境台湾水生动物"源头管理、口岸验放"实施细则》 (3)《从平潭口岸进境台湾水果"源头管理、口岸验放"实施细则》 (4)《中国(福建)自由贸易试验区进口台湾食品"源头管理、口岸验放"管理规定》(厦检通〔2015〕83号)	显著	(1)率先采信台湾检测机构出具的认证结果和检测结果,可节省检测时间9个月、检测费用近万元 (2)对台湾食品实施"源头管理、口岸验放"快速验放模式,已推广到全省。截至2016年10月底,采取该模式进境货物共186批次、2494吨、货值542.34万美元 (3)对台湾水果实行"先验放后报关、先上架后抽检";2016年1~10月进口台湾水果3.65万吨,5976.4万美元 (4)对台湾水产品免于提供台湾官方检测证书

续表

序号	类别	试验任务	实施状态评估		成效性评估	
			实施状态	评价	成效	评价
				(5)《厦门检验检疫局关于印发进口自捕渔获水产品检验检疫监督管理工作规程的通知》(厦检动函〔2014〕247号)等文件		2016年1~10月,检验入境台湾水产品1.55万吨、1673万美元 (5)福建检验检疫局对台湾食品实施"源头管理、口岸验放"快速验放模式,已推广到全省。截至2017年底,采取该模式的企业共8家。进境货物共186批次、2494吨、货值542.34万美元。2017年,入境台湾水产品38批、659.57吨、110.7万美元
46		进一步优化从台湾进口部分医疗器械、中药材的审评审批程序和首次进口非特殊用途化妆品备案	已实施	(1)《福建省食品药品监督管理局关于开展台湾地区产部分第一类医疗器械备案工作的通告》 (2)《福建省食品药品监督管理局关于开展台湾地区产中药材输入受理审批的通告》	初现成效	(1)从台湾进口医疗器械备案2015年8月7日实施,一类医疗器械审批权已下放福建省,已备案1例。福州片区推动福州日群贸易有限公司与台湾知名医院合作,通过马尾港进口欧普乐喉罩等台湾医疗器械,供省立医院、附一医院等三甲医院使用,月均进口货值达100多万元 (2)台湾地区20年产中药材输入审批事项下放到福建省食药监局,并于9月14日实施。2016年经福建省食品药品监督管理局与中华海峡两岸牛樟芝产业发展协会协调,由该协会

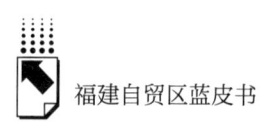

续表

序号	类别	试验任务	实施状态评估		成效性评估	
			实施状态	评价	成效	评价
						牵头12家台湾椴木栽培牛樟芝生产企业委托福建中医药大学和福建省食品药品检验研究院按照台湾产进口中药材申报资料要求,开展药学和安全性评价等研究。2017年台湾输入中药材牛樟芝申报的相关研究已完成,目前已受理一家企业的台湾牛樟芝输入申请 (3)关于台湾进口部分保健食品,根据新《保健食品注册与备案管理办法》(国家食品药品监督管理总局令第22号)第5条规定,"国家食品药品监督管理总局负责保健食品注册管理,以及首次进口的属于补充维生素、矿物质等营养物质的保健食品备案管理,并指导监督省、自治区、直辖市食品药品监督管理部门承担的保健食品注册与备案相关工作",政策发生重大调整 较少企业进行备案和审批申报,主要原因:医疗器械方面国家总局授权福建省局审批备案的品种较少

续表

序号	类别	试验任务	实施状态评估		成效性评估	
			实施状态	评价	成效	评价
47		改革和加强原产地证签证管理,便利证书申领,强化事中事后监管	已实施	(1)《福建检验检疫局关于进一步简政放权 推进原产地签证制度改革八项惠企措施》 (2)《中国(福建)自由贸易试验区检验检疫原产地证书无纸化申报管理规定》(厦检通〔2015〕83号) (3)《关于推进原产地工作改革的通知》(厦检通函〔2015〕91号)	显著	已在全省复制推广,商务部正在组织评估,符合条件将在全国复制推广 自2015年2月1日开始,福建检验检疫局对原产地业务全流程实施简政放权改革。推出了实施凭企业声明直接签证、属地备案多点通签模式、允许生产企业代办原产地证书、改"注册"为"备案"、"一次备案终身有效"、备案全程无纸化、一般原产地证书快速审签、下放进口国退证查询对外答复权限、实施"零见面"原产地证申办模式等九项举措,突破了现有原产地管理流程,对证书签发流程进行了优化。同时对企业开展分类管理、诚信管理、定期开展监督抽查,企业信用状态动态调整,强化事中事后监管。该项措施已向全国复制推广。截至2017年底,签发各类原产地证书约40.8万份、188.3亿美元,共为企业争取减免进口国关税约9.3亿美元

续表

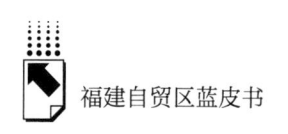

序号	类别	试验任务	实施状态评估		成效性评估	
			实施状态	评价	成效	评价
48		探索在自贸试验区平潭片区内对台试行监管互认	已实施	(1)《关于在平潭试点开展台湾认证结果和检验检测结果采信工作的通告》(2)《福州海关2015年第13号公告(两岸海关电子信息交换系统)》(3)《福州海关2015年第15号公告(简化CEPA、ECFA单证提交需求)》等文件	显著	(1)已实行ECFA原产地证电子数据互换,免于提供纸质证明(2)已建成全国质检系统唯一的两岸检验检疫数据交换中心(3)主动推进与台湾财团法人全国认证基金会(TAF)以及"标准检验局"(BSMI)就证书互认、标准等效性评估等开展合作。目前,对在平潭对台小额商品交易市场销售的台湾白酒、小家电试点采信台湾认证认可和检验检测结果,已累计采信进口小家电161批次、34797台、154.8万美元,白酒2295批次、2893.6万美元(4)2016年10月1日两岸海关AEO互认合作正式开展
49		在自愿性产品认证领域,允许经台湾认可机构认可、具备相关产品检测能力的台湾检测机构与大陆认证机构在自贸试验区内开展合作,对台湾本地或在自贸试验区内生产或加工的产品进行检测(福建牵头实施)	已实施	2015年4月12日,台湾工业研究院和厦门市产品质量监督检验院签订了太阳能模组运输可靠性质量认证合作协议,这是两岸首个全球通行自愿性产品认证合作项目。两岸光伏企业在此合作协议的框架下,其产品可实现在厦门申请、在厦门检验、在厦门直接获得台湾ITRI认证证书	显著	福州片区先进制造业技术服务中心与财团法人台湾电信技术中心(简称TTC)及财团法人台湾电子检验中心(简称ETC)签订闽台认证检测合作备忘录,在自愿性认证方面,依托省质检院拥有的多项资质,可以便捷快速地帮助台企获取进入大陆市场的自愿性认证证书

续表

序号	类别	试验任务	实施状态评估		成效性评估	
			实施状态	评价	成效	评价
50		对平潭片区与台湾之间进出口商品原则上不实施检验（废物原料、危险化学品及其包装、大宗散装货物以及国家另有特别规定的除外），检验检疫部门加强事后监管（福建省牵头）	已实施	出台《中国（福建）自由贸易试验区平潭与台湾之间进出口商品简化检验管理规定》	显著	（1）已在平潭片区一线实施"进境检疫，适当放宽进出口检验模式"，在二线实施"方便进出，严密防范质量安全风险"的监管模式，同时加强台湾地区一般商品的风险监测，实施风险管理，确保台湾地区商品质量安全。同时已将进口原产于台湾地区的一般工业品简化检验检疫手续，实行备案管理的快速验放机制复制推广到福州片区。（2）截至2017年底，对平潭对台小额商品交易市场台湾进口的1265批、12586.83万美元一般工业品试行备案管理，免于检验
(四)促进两岸往来更加便利							
51		自贸试验区内一般性赴台文化团组审批权下放给福建省	已实施		显著	2016年底，文化部、国台办已联合发文规定：本地区团体或个人赴台不具敏感性的参访、考察、研修、教学、培训、研讨、演出、艺术展览、文化产业博览会等一般性的文化交流活动，由除西藏自治区以外的省级文化行政部门进行项目审批，所涉赴台人员由国台办授权的省级台办审批，抄送文化部港澳台办公室。原则上，福建一般性赴台文化团组审批权不再有人数限制

续表

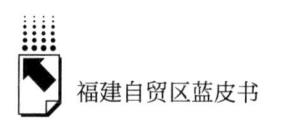

序号	类别	试验任务	实施状态评估		成效性评估	
			实施状态	评价	成效	评价
52		加快落实台湾车辆在自贸试验区与台湾便利进出政策,推动实施两岸机动车辆互通和驾驶证互认,简化临时入境车辆牌照手续	已实施	(1)《福建平潭与台湾地区间道路货物运输暂行管理办法》 (2)《公安部批复同意台湾地区临时入闽机动车和驾驶人管理十项便利措施》 (3)《关于印发台湾地区临时入闽机动车和驾驶人管理十项便利措施的通知》(闽公综〔2015〕234号) (4)《关于印发台湾地区临时入闽机动车和驾驶人交通管理规定的通知》(闽公综〔2015〕279号) (5)《厦门海关关于台湾地区机动车辆经厦门口岸临时入闽监管操作规程(试行)》(厦关监〔2015〕181号) (6)厦门海关2015年第27号公告 (7)厦门海关2015年第30号公告等 (8)2015年4月12日省交通运输厅出台了《福建平潭与台湾地区间道路货物运输暂行管理办法》	显著	(1)福建省政府与海关总署合作备忘录明确支持闽台机动车辆互通行驶,出台台湾车辆进出福建监管办法。福建海关部门首创"台车入闽一体化快速通关模式",简化对入闽台车的监管手续,对从台湾入闽的车辆按运输工具监管,并出台相关监管操作规程 (2)福建省公安厅也出台了台车入闽10项便利化措施,简化了台湾地区机动车和机动车驾驶人临时入闽行驶牌照申领手续,并修订了操作细则;2015年7月21日又制定了《台湾地区临时入闽机动车及驾驶人交通管理规定》(闽公综〔2015〕279号)。截至2017年12月31日,省公安厅共为台湾入境机动车核发临时车牌证109面,临时驾驶许可证110本。其中,2017年核发临时入境机动车牌证38面,临时驾驶许可证42本 (3)自2015年业务开展以来,福州海关隶属平潭海关共办理102辆次(2015年43辆,2016年14辆,2017年45辆)台车入闽业务;其中重型机车42辆,小轿车60辆

续表

序号	类别	试验任务	实施状态评估		成效性评估	
			实施状态	评价	成效	评价
						(4)2015年4月12日省交通运输厅出台了《福建平潭与台湾地区间道路货物运输暂行管理办法》 (5)至2017年12月,共有111辆台湾地区机动车辆(含重型机车)进入福建行驶
53		推动厦门—金门、马尾—马祖游艇、帆船出入境简化手续	已实施	2015年9月出台《中国(福建)自由贸易试验区厦门片区出入境游艇帆船检疫管理办法》(厦检卫〔2015〕114号)	显著	(1)已简化游艇、帆船进出境手续,实现无纸化申报,无须提交纸质单证;允许其免办理卫生控制证书;允许其物料供应自行采购,不需要找指定供应商;对游艇帆船的管理更加灵活便捷 (2)福州片区冠城大通股份有限公司正在福州片区闽江海峡会展中心段筹建游艇码头,目前已取得建设工程规划许可证,9月份已开始场地平整和桩基施工建设 (3)厦门片区采取临时识别号、国籍与船舶检验登记、进出五缘湾游艇帆船港报告、供受油作业报备等手段强化游艇帆船管理;同时,在"海峡杯"等多项两岸或国际游艇帆船赛事中,联合其他口岸部门,保障游艇帆船通关顺畅、便捷、高效

续表

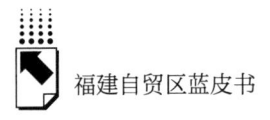

序号	类别	试验任务	实施状态评估		成效性评估	
			实施状态	评价	成效	评价
54		研究推动平潭实施部分国家旅游团入境免签政策,对台湾居民实施更加便利的入出境制度	已实施(部分实施)	出台《关于实施支持福建自贸试验区建设有关出入境政策措施的通知》(公境〔2016〕272号)	显著	(1)在平潭实施部分国家入境免签政策正在推进。平潭已成立实施部分国家旅游团入境免签政策领导小组,制定外国人管理工作机制及编制《平潭实施部分国家旅游团入境免签政策工作方案》 (2)已对台湾居民实施更加便利的出入境政策。公安机关委托代办机构在台北、台中设立代办点。2015年9月起,台湾居民无须离开本岛,在台北、台中代办点即可递交办证申请,由代办机构通过网络将受理材料传至平潭,平潭公安局出入境管理支队受理、审批,再由平潭制证分中心制证。还推出台胞办证增值服务,为从平潭入境有需求、符合条件的台胞办理三个月临时有效的驾驶许可证,进一步便利台胞出入平潭。2015年9月推出"零距离"办证创新举措后,台胞办证人数大幅度上升。截至2017年12月31日,平潭已发放台胞证337406张,证件办理时间缩减为2日,深受广大台胞好评

续表

序号	类别	试验任务	实施状态评估 实施状态	实施状态评估 评价	成效性评估 成效	成效性评估 评价
55		对在区内投资、就业的台湾企业高级管理人员、专家和技术人员，在入出境等方面给予便利（福建省牵头）	已实施	(1)福州海关2015年第7号公告 (2)厦门海关2015年第13号公告 (3)《厦门海关特殊监管区域内期货保税交割业务监管操作规程》（厦关加〔2015〕104号）等文件	显著	2015年6月，福建推出在自贸试验区内投资、就业的台湾企业高管、专家和技术人员（除相关管控人员外），凭所在单位、企业出具的公函申请办理五年期台湾居民来往大陆通行证的，在3个工作日内办结。截至2017年12月31日，福建自贸试验区已办理此类人员申请近1000人次
56		为区内台资企业外籍员工办理就业许可手续提供便利，放宽签证、居留许可有效期限（福建省牵头）	已实施	(1)《福建省公安厅关于做好中国（福建）自由贸易试验区特定人群公安出入境服务管理工作的通知》（闽公境传发〔2015〕162号） (2)《关于实施支持福建自贸试验区建设有关出入境政策措施的通知》（公境〔2016〕272号）	显著	至2017年12月31日，已签发5年有效期外国人工作类居留证件229本，受理市场化认定的外籍人才永久居留申请1人。截至2017年12月，福州片区已发出外国人工作类居留许可证共191件，其中2~5年工作类居留许可证38件
57		研究推动在平潭对台湾居民实施更加便利的入出境制度（福建省牵头）	已实施	(1)《关于对平潭综合实验区惠台出入境便利政策的批复》 (2)《关于授权福建为拟经平潭入境内的台湾本岛居民办理五年期台胞证的通知》（公境传〔2015〕629号） (3)《关于实施支持福建自贸试验区建设有关出入境政策措施的通知》（公境〔2016〕272号）	显著	(1)公安部出台10项出入境政策措施，支持福建自贸试验区发展，其中"省外居民经平潭赴台游可在平潭办理入台证"等6项居民赴台、入境签证等方面的便利入出境措施，可帮助台湾居民更加便利地入出平潭。(2)平潭2015年9月推出"零距离"办证创新举措，台胞在台湾即可办理卡式台胞证，截至2017年12月31日，平潭已发放台胞证337406张，证件办理时间缩减为2日，深受广大台胞好评

105

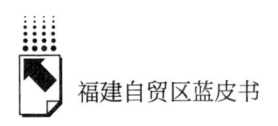

**表4　中国（福建）自贸试验区对台先行先试重点试验任务
（新增第一批和第二批）实施情况评估**

序号	类别	试验任务	实施状态评估		成效性评估	
			实施状态	评价	成效	评价
（一）探索闽台产业合作新模式						
1		在产业扶持、科研活动、品牌建设、市场开拓等方面，支持台资企业加快发展（新增第一批）	已实施	出台专项政策、加大资金扶持等措施，从税费减免、开办补助、资金扶持、产业园建设、举办高端论坛、研发中心搭建等方面促进台资企业加快发展	显著	促进台资企业加快发展（1）2015年福州市工业和信息化发展专项资金给予台资企业项目补助资金共568万元（2）引入台达电子共同参与平潭两岸高新技术产业园开发建设，拟在平潭推广绿色智能建筑示范；积极协助台企一零一电子商务公司申报省新兴企业成功案例，扶持台企参加省内外各类展会，开拓大陆市场（3）举办2016年中国（厦门）国际物联网博览会暨高峰论坛。吸引包括台湾、香港地区在内的全国各地专业采购商及东南亚等地的海外采购商6万多人次
2		推动台湾先进制造业、战略性新兴产业、现代服务业等产业在自贸试验区内集聚发展，重点承接台湾地区产业转移（新增第一批）	已实施	从精准施策推动产业转型升级、加快重大项目建设、吸引台商入区投资、深化闽台产业合作、加强两岸人才技术交流等方面推进	显著	推动了台湾先进制造业、战略性新兴产业、现代服务业等产业在自贸试验区内集聚发展（1）2016年前11月，厦门市新批台资企业（含转第三地）636个，比上年同期增长1.1倍，合同利用台资15.5亿美元，增长93.8%（2）宸鸿科技、台达电子、华广生技等先进制造业企业已落户平潭片区并投产运营

续表

序号	类别	试验任务	实施状态评估		成效性评估	
			实施状态	评价	成效	评价
3		支持自贸试验区内品牌企业赴台湾投资，促进闽台产业链深度融合（新增第一批）	已实施	对赴台投资企业在前期费用、投资额、融资贴息、投资险及在外人员意外险保费等方面加大政策扶持力度	显著	推动企业赴台投资（1）新大陆集团在台湾以并购方式设立台湾新大陆资讯科技股份有限公司，投资总额180.78万美元，主要从事电子产品设计、电子材料批发和零售、资料处理服务和贸易业务，预期每年可带动新大陆公司产品出口约500万美元（2）金富琳公司已在台湾设立分公司
4		探索闽台合作研发创新，合作打造品牌，合作参与制定标准，拓展产业价值链多环节合作，对接台湾自由经济示范区，构建双向投资促进合作新机制（新增第一批）	已实施	从加大两岸冷链物流相关标准推广力度（目前已完成9项标准制定并加以推广）、支持台企研发创新、支持台企产学研合作、对接台湾自由经济示范区（台湾经济研究院为平潭片区制定《台湾产业布局平潭自贸片区可行策略研究计划》）等方面推进	显著	促进了闽台企业合作研发创新、合作打造品牌、合作参与制定标准、拓展产业价值链多环节合作，对接台湾自由经济示范区、构建双向投资促进合作新机制逐步展开
5		做大厦门"三创基地"、福州"海峡两岸（船政）文化创意园"、平潭"台创园"等两岸青年交流创业平台（新增第一批）	已实施	三大片区均采取了系列措施	显著	三大产业平台逐步成为两岸青年交流创业基地

续表

序号	类别	试验任务	实施状态评估		成效性评估	
			实施状态	评价	成效	评价
6		探索两岸医疗合作新模式:探索"互联网+医疗健康"服务模式,自贸试验区内医院率先开展两岸医疗远程会诊、远程医学影像诊断、远程病理诊断、远程医学教育等医疗合作(新增第二批)	已实施	三大片区均积极推进该项建设	初显成效	(1)2016年10月12日,厦门市卫计委同意厦门金圆投资集团依照《互联网医疗保障信息服务管理办法》,在自贸区投资建设自贸区互联网医院,同时设立名医门诊,作为互联网医院的线下运营实体 (2)福州市第二医院马尾分院与台湾中正骨科医院开展长期医疗合作,为进一步提升诊疗水平,经与台方医院沟通,拟建立远程会诊中心
7		创新两岸青年交流互动模式:完善台湾青年创业的机制安排,加快两岸青年创业基地建设,促进两岸青年交流往来(新增第二批)	已实施	三大片区均从两岸青年创业基地、青年创业交流会、青年创业培训等方面推进	显著	促进两岸青年交流与合作
(二)扩大对台服务贸易开放						
	1. 电信和运输服务领域					
	2. 商贸服务领域					
8	3. 建筑业服务领域	深化平潭对台建筑业合作:探索平潭与台湾在施工、规划、设计等领域实现两地企业资质互认(新增第二批)	已实施	出台《促进平潭综合实验区建筑业发展壮大的暂行办法》(岚综管办〔2015〕128号)	显著	推动了平潭与台湾在施工、规划、设计等领域实现两地企业资质互认

续表

序号	类别	试验任务	实施状态评估		成效性评估	
			实施状态	评价	成效	评价
9	4.产品认证服务	台湾服务提供者在台湾和大陆从事环境污染治理设施运营的实际时间,可共同作为其在自贸试验区内申请企业环境污染治理设施运营资质的评定依据(新增第一批)	已实施	根据环保部2014年7月4日发布的《环境保护部关于废止〈环境污染治理设施运营资质许可管理办法〉的决定》(环境保护部令第27号),环保部已对《环境污染治理设施运营资质许可管理办法》予以废止,对环境污染治理设施运营不再实行资质许可,企业可依据自身需求自由选择、委托有关单位运营环境污染治理设施	显著	
10		探索推动台湾相关机构在自贸试验区内设立进出口商品检验鉴定机构(新增第一批)	暂不实施			检验检疫局无法推动放宽台湾地区在自贸试验区内设立进出口商品检验鉴定机构的认定条件,该项事权在质检总局,且质检总局明确表示不支持
	5.工程技术服务					
11	6.专业技术服务	建立更加便利的技能等级认定机制:加强大陆职业技能资格标准与台湾地区技术人士标准对接,开展闽台技能等级对接互认试点(新增第二批)	已实施	出台《福建省对台湾居民开展职业技能鉴定工作管理办法(试行)》	显著	加强了大陆职业技能资格标准与台湾地区技术人士标准对接

续表

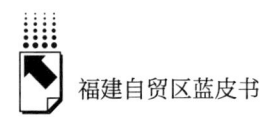

序号	类别	试验任务	实施状态评估		成效性评估	
			实施状态	评价	成效	评价
12		对符合条件的台商,投资自贸试验区内服务行业的资质、门槛要求比照大陆企业(新增第一批)	已实施	国务院决定在自由贸易试验区暂时调整有关行政法规、国务院文件和经国务院批准的部门规章规定目录中对海运、娱乐、船舶、印刷、航空、认证、办学、盐业、直销、加油站等行业放宽准入,由国务院有关主管部门制定管理办法	显著	2家台资合资旅行社和2家台资独资旅行社落户平潭
13	7. 其他服务	深化两岸版权合作:建设国家级海峡版权交易中心,开展确权、登记、评估、交易等综合性服务,打造海峡两岸版权认证信息平台、版权交易与贸易平台、文化创意数字出版孵化基地(新增第二批)	已实施		显著	中心成立以来,积极推进版权综合服务平台建设,完善版权在线登记,取得了一系列阶段性成果 (1)完成了官方网站及作品登记系统的搭建与上线运行,交易平台主体系统即将部署完成并进入测试阶段 (2)拓展版权服务范围 (3)积极推动版权贸易"走出去"
14		扩大平潭对台文化领域开放:创新商业运营模式,探索在印刷、演艺、影视等领域进一步对台开放(新增第二批)	已实施	(1)《关于同意在福建实行文化市场行政审批先行先试政策的批复》(文市函〔2014〕478号) (2)《福建省文化厅关于印发中国(福建)自由贸易试验区文化市场开放项目实施细则》(闽文市函〔2015〕234号)	初显成效	(1)印刷业方面:暂无台湾企业入驻平潭 (2)演艺方面:已有1家台湾独资的演出经纪机构 (3)由于未签订有关条约,目前与台湾的影视合作属于受限及严格监督的负面清单内,不具备试验条件

续表

序号	类别	试验任务	实施状态评估		成效性评估	
			实施状态	评价	成效	评价
(三)推动对台货物贸易自由							
15		建立闽台通关合作机制,开展货物通关、贸易统计、原产地证书核查、"经认证的经营者"互认、检验检测认证等方面合作,逐步实现信息互换、监管互认、执法互助(新增第一批)	已实施	(1)海关方面:2016年1月1日两岸海关启动AEO合作互认试点工作 (2)厦门片区出台《厦门海关与"高雄关""三互"合作责任分解表》。2016年2月2日,与"高雄关"实现首票货物"监管互认";2月26日,厦门海关与"台湾海关"所有直属关均正式建立关际联络窗口;3月4日,完成首票厦门海关与"高雄关"对台小额贸易舱单互验核证作业;3月17日,与"高雄关"完成首票申报信息互换作业;3月25日,厦门、高雄互换双方对台小额贸易对外公开统计数据;10月3日两岸AEO互认试点首票货物在厦门关区顺利双向通关 (3)厦门片区与台湾关贸网建立点对点传输通道,实现两岸直航船舶旅客名单、舱单、通关物流动态信息和电子原产地证等两岸检验检疫监管信息互换	显著	逐步实现闽台信息互换、监管互认、执法互助

续表

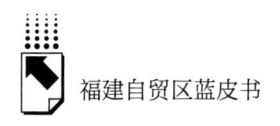

序号	类别	试验任务	实施状态评估		成效性评估	
			实施状态	评价	成效	评价
				(4)支持台湾输大陆强制性认证产品入境,对从厦门片区入境、未获CCC认证的小批量台湾家电产品,采用"口岸检测、合格放行"模式进口,试点认可台湾地区认证检测结果 (5)与"台湾财团法人认证基金会"(TAF)以及"标准检眼局"合作,在全国首创在平潭试点对台单方采信		
16		加快平潭台湾商品免税市场建设:扩大平潭台湾商品免税市场免税商品范围,做大市场规模(新增第二批)	已实施	8月23日,国务院发布《国务院关于平潭国际旅游岛建设方案的批复》,并下发了《平潭国际旅游岛建设方案》,明确了"支持平潭对台小额商品交易市场在维持现有六大类商品的范围内,适当增加部分商品"	初显成效	9月财政部关税司表示,近期将会同海关下发具体扩类的名单
(四)促进两岸往来更加便利						
17		在平潭开展台湾社区试点:引进台湾社会组织参与管理,吸引更多台湾人到平潭就业、生活,建设两岸共同家园(新增第二批)	已实施	由台商协会组建平潭台商发展有限公司,参与台胞社区建设,投资约4亿元,其中项目启动资金3500万元。目前项目选址已经确定,待土地招拍后开展建设;国民党中常委姚江临团队驻平潭团队代表2016年	初显成效	吸引更多台湾人到平潭就业、生活,建设两岸共同家园

续表

序号	类别	试验任务	实施状态评估		成效性评估	
			实施状态	评价	成效	评价
				11月18日与平潭片区进一步商讨参与建设台胞社区事宜；已在岚城乡上楼村开展试点，聘请台北忠顺社区里长参与村居建设，拟于近期签约赴任		
18		深化厦门—金门交流合作:对两岸货物、服务、资金、人员往来实施便利化措施（新增第二批）	已实施	已向总署上报《厦门海关关于上报拟与"高雄关"开展"三互"合作议题的函（厦关便函〔2015〕173号）》，并根据总署批复拟定《厦门海关与"高雄关""三互"合作责任分解表》	显著	推动两岸货物、服务、资金、人员往来便利化
19		深化马尾—马祖交流合作:对两岸货物、服务、资金、人员往来实施便利化措施（新增第二批）	已实施	重点从"鼓励经马尾口岸赴马祖旅游"、"稳步推进海峡青年交流营地建设"两个方面推进	初显成效	推动自贸区下"两马"文化旅游深度合作

在落实76项对台重点试验任务的过程中，福建自贸试验区先行先试，围绕扩大对台服务贸易开放、促进闽台往来便利化、推进货物贸易便利化和推动两岸融合发展推出创新举措38项，其中全国首创的24项，复制其他地区并进行拓展的7项，复制其他地区的7项。

根据《福建省人民政府推广福建自由贸易试验区首批可复制创新成果的通知》相关文件统计，经省政府批准，当前福建自贸试验区四批共70项改革创新成果已经分批、分期在省内其他区域推广，其中，对台先行先试创新成果推广任务9项，具体情况见表5。

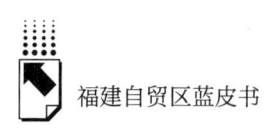

表5　福建自贸试验区对台先行先试创新成果复制推广任务分工情况

编号	创新举措内容	已实施片区	推广区域	推广时间	推广牵头单位	备注
1	创新台湾输大陆商品快速验放机制。除国家禁止、限制进口的商品、废物原料、危险化学品及其包装、散装商品外,区内进口原产于台湾的工业品简化手续	厦门、平潭片区	福州片区	2015年7月1日	福建检验检疫局	
2	试行"台商协会总担保制度"	平潭片区	福州、厦门片区	2015年7月1日	福州海关、厦门海关、省台	
3	对台湾输入区内的农产品、食品等产品试行快速检验检疫模式	福州、厦门、平潭片区	全省海关特殊监管区域	2015年7月1日	福建检验检疫局、厦门检验检疫局	
4	对台小额商品交易市场内进口原产台湾药品、化妆品、医疗器械简化审批手续,快验快放	福州、厦门、平潭片区	全省海关特殊监管区域	2015年7月1日	福州海关、厦门海关	
5	平潭对台小额商品交易市场试行"先放行后报关"模式。允许企业借助新舱单系统数据向海关进行入境申报,海关对舱单审核、查验后直接放行货物,企业再报关、缴税。	平潭片区	厦门大嶝对台小额商品交易市场	2015年7月1日	省食品、药品监管局	需国家食品、药品监管局商国台办公布实施;视实施情况总结经验,适时推广到福州、厦门片区
6	简化CEPA、ECFA货物进口原产地证书提交需求。海关认可原产地证书电子数据,只要收到出口方原产地证书电子数据,就无须提交原产地证书纸质版	福州、平潭片区	全省	2015年7月15日起	福州海关	
7	建设两岸青年创客创新创业基地。支持台湾专业人士、大学毕业生、青年创业者到福建创新创业,促进两岸青年感情和事业深度融合,推动"大众创业、万众创新"	厦门片区	全省	2016年7月15日	各设区市人民政府、平潭综合实验区管委会	

续表

编号	创新举措内容	已实施片区	推广区域	推广时间	推广牵头单位	备注
8	实施"源头管理、口岸验放"快速通关模式。质检总局授权检验检疫机构与台湾有关部门开展合作,将进口台湾食品农产品检验检疫工作向前延伸,建立食品、农产品质量安全源头管理机制,在食品、农产品输入大陆时,快速验放	福州、厦门、平潭片区	全省	2016年2月1日	福建检验检疫局、厦门检验检疫局	
9	台企征信查询。人民银行部门推动与台湾地区征信信息互通共享。金融机构通过台湾信用查询系统,可查询本地台资企业在台湾的信用信息,提高审贷、担保与再担保效率,缓解台资企业征信难、担保难、融资难问题	福州、平潭片区	厦门市	2016年12月25日起	人民银行厦门市中心支行	

二 福建自贸试验区对台先行先试的改革成效

福建自贸试验区不断创新两岸合作机制,在推动两岸货物、服务、资金、人员等各类要素自由流动方面先行先试,为深化两岸合作探索新的思路。

(一)创新合作模式,深化闽台产业合作

1.福建自贸试验区三大片区均积极推出各种扶持政策,加大资金支持力度,在产业扶持、科研活动、品牌建设、市场开拓等方面,支持台资企业加快发展

(1)福州片区

一方面,2016年5月22日出台《关于进一步促进台资企业产业转型升级的意见》,重点推动台资企业产业转型升级,加快退城入园集聚发展;另一方面,发挥财政资金的作用,推动台资企业加快技改投入、增产增效和创新发展。2016年,福州片区分别给予华映显示科技142万元、中日达金属

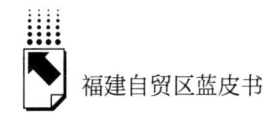

147万元、百鲜食品75万元技改项目资金补助。

(2) 平潭片区

出台关于支持台湾同胞创业发展的优惠政策措施等,从税费减免、开办补助、资金扶持等方面对入驻台资企业进行扶持;在市场开拓上,积极协助台企一零一电子商务公司申报省新兴企业成功案例,扶持台企参加省内外各类展会。

(3) 厦门片区

一方面,出台外经合作、开拓海外市场相关政策,覆盖在厦台资企业;另一方面,在资金方面支持台企研发创新。2016年,厦门片区支持永裕机械、宸美(厦门)光电有限公司等7家台企技术创新项目,扶持台企研发经费245万元,带动企业配套投资约2397万元;支持厦门建霖工业有限公司、宸鸿科技(厦门)有限公司、厦门高贤电子科技有限公司等3家台企产学研合作项目,扶持台企产学研经费94万元,带动企业配套投资约1408万元;推荐开发晶照明(厦门)有限公司、厦门连科工业有限公司、厦门东亚机械有限公司等3家台企申报省级企业技术中心。

2. 福建自贸试验区三大片区均积极通过规划引导、财税扶持、项目带动,推动闽台企业合作研发创新、合作打造品牌、合作参与制定标准,拓展产业价值链多环节合作

(1) 福州片区

一是依托科立视公司研发实验室挂牌成立两岸高端材料研发合作中心,开展两岸显示触控玻璃领域的合作,成功研发国内首个拥有自主知识产权的抗菌超薄玻璃;二是新大陆科技集团携手台湾科研机构,成功研发全球首枚二维码解码芯片;三是投资2亿元建设两岸智慧城市研发中心暨中试基地,建设两岸物联网应用示范中心,推动两岸物联网行业深度融合发展。

(2) 平潭片区

一是引入台达电子参与高新技术园区建设开发,二是聘请台湾经济研究院为平潭片区制定《台湾产业布局平潭自贸片区可行策略研究计划》。

（3）厦门片区

一是加大两岸冷链物流相关标准合作制定与推广，目前，已完成9项标准制定并加以推广。二是加大对台科研合作项目资金资助，2016年厦门市科技计划资金资助对台科研合作项目28项，资助金额达1644万元。三是举办第二届海峡两岸大学生优秀工业设计作品展暨"冠捷杯"新视界工业设计大赛，促进两岸院校在工业设计领域的交流合作。四是建设海沧生物医药港，引进德必碁、崇仁医疗等10余家台湾生物技术企业落户厦门，筹建"台湾生技产业园"。五是建设"厦门两岸集成电路自贸区产业基地"，建立集成电路产品保税交易中心、厦门市两岸集成电路研发设计实验中心、众创空间和孵化器等公共服务平台。六是建设微电子育成中心，积极开展华硕联盟技术合作。

3. 三大片区积极打造合作载体，建设高新技术产业园、两岸医疗生物技术园区、两岸青年创业基地等园区平台，吸引台湾先进制造业、战略性新兴产业、现代服务业等产业在自贸试验区内集聚发展

（1）福州片区建立海峡两岸（船政）文化创意园、台商创业园等园区，吸引台湾企业入驻

海峡两岸（船政）文化创意园于2016年10月对外开放试运营，截至2016年底，入驻园区企业近30家；台商创业园包括台商孵化园总部项目和台湾青年创业基地项目，截至2016年底，青年创业基地已有50多家企业开展业务，基地孵化园中心已签约企业6家，注册资本总额约1.6亿元人民币。

（2）平潭片区积极建设两岸青年"三创"基地，吸引台湾青年来闽就业创业

截至2016年底，"三创"基地入驻机构224个（台资企业约占50%），其中众创空间管理机构10个，国家级孵化器管理机构1个；入驻机构员工近千人，其中台籍约150人。

（3）厦门片区积极打造两岸青年创业创新创客基地、一品威客创客空间、云创智谷、台湾创业馆等产业园区，促进两岸青年在厦门片区就业创业

截至2016年12月31日，厦门两岸青年创业创新创客基地是大陆唯一

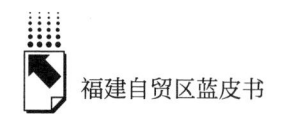

在海关特殊监管区域内，服务两岸青年的创业基地，已入驻台企42家、台湾青年130人；云创智谷入驻台湾创业企业和团队22家、台湾青年67人；台湾创业馆已签约入驻近30家青年创业企业。

4. 突破台湾行业准入瓶颈，积极拓展闽台农业产业链深度合作

2015年5月出台《关于加强中国（福建）自由贸易试验区农作物种子企业监督服务的意见》（闽农种〔2015〕114号），取消在自贸试验区内从事农作物（粮棉油作物除外）新品种选育（转基因除外）和种子生产（转基因除外）的两岸合资企业由大陆方面控股的要求，但台商不能独资。目前，已有福建三和绿色农业科技有限公司、丰源（平潭）有限公司、农友种苗（中国）有限公司等三家两岸合资企业取得备案证明，开展农作物新品种选育和种子生产相关业务。

（二）突破各种瓶颈，扩大服务贸易开放

1. 疏通行业开放堵点，突破台湾行业准入、台商企业资质、台胞从业资格的瓶颈

建筑方面率先试行办理施工资质采信台湾业绩，办理设计资质采取先承诺后审核方式；采认台湾物业企业业绩，对等采认台湾地区医师职称，落实台湾导游换证执业政策。福州、厦门、平潭三片区共批准设立27家台资旅行社（8家台资合资旅行社，3家台资独资旅行社），并开展相关业务；2016年5家台资建筑企业和设计公司、2家物业公司落地平潭并办理资质，目前，在平潭备案的台湾建筑企业有49家，备案从业人员109人。此外，一批台资演艺经纪公司、专科医院、旅行社、人力资源机构等纷纷落地，为两岸服务业深度合作积累了新经验。

2. 积极引入台资保险机构，引导推动符合条件的分支机构进驻福建自贸试验区，审批富邦产险等台资保险公司到自贸区设立机构或提升机构层级，增加保险机构数量

福建保监局指导福建省保险行业协会在平潭片区先后设立福建保险业"三个中心"，即福建省保险产品创新研发中心（"创研中心"）、福建省保

险消费者权益保护服务中心（"消保中心"）和福建省保险消费者宣传教育中心（"宣教中心"）。"创研中心"引进台湾保险产品及创新经验，集合行业资源，通过闽台保险产品定期交流、试点机制，为保险业拓展新的发展平台与空间。"消保中心"整合设置"受理咨询＋协商解决＋协调＋裁决"的非诉讼纠纷处理流程，打造"一站式、多元化"保险纠纷调处创新模式。推动两岸异地核赔理赔、"闽台保险服务一条龙"等保险服务模式创新，引进多名台湾保险人才来闽担任高管职务。借鉴台湾地区经验，国寿保险福建省分公司创新开发的餐饮业守护神综合保险获选"2017年福建自贸试验区十大金融创新项目"。

3. 金融业对台合作独具特色

一是打通两岸货币合作通道。为60家台湾地区银行铺底人民币资金近50亿元，对台人民币现钞调运315批次、90.18亿元。二是建立对台人民币清算渠道。已有23家台湾地区的银行机构在厦门开立43个人民币代理清算账户，清算金额947.19亿元。三是加大两岸共同家园建设的金融支持力度。为区内台胞办理个人住房按揭贷款5474.3万元，为挂牌前的40倍；办理台胞专属的"长城·两岸共同家园"联名借记卡、信用卡等特色银行卡514张，其中台胞信用卡174张，便利台胞在大陆置业、生活消费。区内29家银行开通了台企台胞征信查询业务，办理4笔台企和116笔台胞信用记录查询，相应查询的台企和台胞分别获得贷款2500万元和2777.5万元。四是全面对接两岸同业业务。两岸银行在托管账户、同业账户、银团贷款、同业授信等方面进行了深入合作，支持在闽台资金融机构发展。挂牌以来为台资银行在闽分行办理人民币资金清算356.8亿元；已办理同业存放、同业拆借折合人民币156.2亿元，缓解了台资银行资金不足问题；办理自贸区首笔闽台合作银团贷款5亿元，支持区内基础设施建设。五是搭建对台金融服务专业化平台。设立对台离岸金融、跨境结算等特色业务中心10余家。建行设立总行级的"海峡两岸跨境金融中心"，已办理对台跨境收支417亿元、对台贸易融资167.4亿元；平安银行设立总行级事业部制的"对台金融服务中心"，推进开办台胞信用卡；中行在区内设立"两岸金融服务中心"，已办

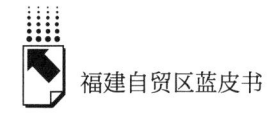

理个人新台币现钞兑换96万元新台币。六是推动外商投资股权投资QFLP成功落地自贸区。设立自贸区首只对台合资股权投资基金，首期规模30亿元。金圆集团联合台湾蓝涛亚洲集团正式发起3亿元规模景圆蓝海股权投资基金。七是成立首家两岸合资公募基金管理公司。厦门国际信托有限公司与台湾永丰金控合资设立圆信永丰基金公司，至2017年末，公司管理的基金达19只，规模171.01亿元。八是举办两岸双创大赛。2017年两岸双创大赛吸引120家企业和项目进入初赛，包括台湾企业60家，最终决出的10家企业获得平潭雏鹰基金每家100万元的创业股权投资。

4. 加大政策扶持力度，引进台湾地区经验丰富的知识产权服务机构和人才入驻自贸区，形成功能丰富的两岸知识产权服务业聚集区

厦门片区于2015年9月成立了两岸知识产权智库，首批汇聚15名海峡两岸知识产权领域有影响力的高端人士和专家，为自贸区重大经济活动评议、调解与仲裁、政策创新等提供智力支持。举办两岸知识产权实务合作论坛，学习借鉴台湾在知识产权方面的先进经验，推进建设两岸知识产权经济发展试点。2016年9月，厦门片区发布《关于进一步激励自贸区人才创新创业的若干措施》，规定对引进的取得全国专利代理人资格的台湾居民以及具有5年以上台湾知名企业或机构知识产权执业经历的台湾知识产权人才，按实际缴纳社保期限给予2年内每月3000元的住房租金补贴，并根据引进人才个人年薪的20%给予引才企业一次性薪酬补贴。为提升知识产权司法保护水平，充分保护知识产权人，特别是台胞及台资企业的合法权益，福州片区与福州市马尾区人民法院签署知识产权保护合作协议，设立自贸区（涉台）知识产权调解中心，依法推出特色保护措施，保障台商知识产权合法权益，促进闽台在产业、贸易、金融、投创等方面的交流与合作。

5. 多形式促进了两岸科技创新和信息服务创新发展

福建省政府与国家自然科学基金委员会签订《关于设立促进海峡两岸科技合作联合基金的协议书》，支持台湾青年科技人员参与两岸共同关注的重大科学问题和关键技术问题合作研究，通过"促进海峡两岸科技合作联

合基金",并经专家评审予以立项资助。三年来,联合基金共批准立项55项,资助经费1.23亿元,平均资助强度为230万元左右,400多位台湾科学家参与了项目研究,涉及电子信息、农业、人口与健康、资源与环境、新材料与先进制造等多个领域。出台了《福建省科学技术厅关于支持自贸试验区企业开展闽台科技合作措施的通知》(闽科外〔2015〕2号),以加强自贸试验区企业科技创新平台建设,提升企业自主创新能力,鼓励台湾重大研发机构来自贸试验区创办或与自贸试验区法人单位合作创办具有独立法人资格或非独立法人资格的研发机构。对符合资助条件的研发机构给予优先支持,按新增研发仪器设备实际投资额的30%予以资助,设立具有独立法人资格研发机构的,最高资助可达2000万元,设立非独立法人研发机构的,最高资助可达1000万元。2014~2017年三年间,每年都组织举办海峡两岸信息服务创新大赛暨福建省计算机软件设计大赛。2017年5月26日正式启动大赛后,共有两岸56所高校、211家企业、1600多支队伍报名参赛,其中279支队伍进入总决赛,角逐3个公共专题组、7个指定专家组共159个奖项。

6. 医疗健康服务贸易领域合作成效显著

截至2017年底,福建省已开业的台资独资医院1所(厦门长庚医院)、合资医院1所(厦门安宝医院)、合资门诊部1所(福州爱尔丽医学美容门诊部),合作门诊部1所[平潭(台湾)爱维口腔门诊部,共开放床位830张]。新批准设置台资(含合资)医疗机构8个:福州三江口医院、福建严复纪念医院、厦门龙邦妇产医院、泉州颐和医院、平潭耳鼻喉医院、平潭美容医院、平潭口腔医院、平潭康复医院等,投资总额达22亿元人民币。出台一系列政策鼓励台湾药师来福建自贸试验区执业。《台湾药师在福建自由贸易试验区执业的管理暂行规定(试行)》(闽食药监人〔2015〕103号)明确了台湾药师在福建自由贸易试验区执业的注册、继续教育、管理等事项,允许取得台湾药师执照的持台湾方面身份证明的自然人在取得"福建自贸试验区台湾药师执业资格证书"后,按照大陆《执业药师注册管理暂行办法》等相关文件规定办理注册并在福建自由贸易试验区医药企业执业。

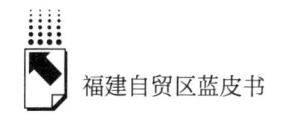

并在2016年5月9日正式启用台湾药师执业资格在线考试系统，为考生提供在线报名、模拟考试、考试、自动提交成绩及打印成绩单等"一站式"服务。实现对台湾药师资质的认可与对接，为台湾药师在福建自贸试验区执业提供便捷的通道。目前，台湾地区医师在闽短期执业105人，获得大陆医师资格认定321人。

（三）创新通关模式，推动货物贸易自由

1. 综合创新闽台关检"三互"合作，打造两岸便利、高效、安全的货物贸易通关机制

（1）密切闽台海关联系，货物通关"提质增效"

开展货物通关、贸易统计、原产地证书核查、"经认证的经营者"互认、检验检测认证等合作，推进信息互换、监管互认、执法互助。先后出台《关于在平潭试点开展台湾认证结果和检验检测结果采信工作的通告》、福州海关2015年第13号公告（两岸海关电子信息交换系统）、福州海关2015年第15号公告（简化CEPA、ECFA单证提交需求）等政策措施。2016年1月1日两岸海关启动AEO合作互认试点工作，关检"一站式"查验平台与监管互认有机结合，闽台货物贸易通关效率有效提升。第一，福州关区2016年10月1日正式开展两岸海关AEO互认合作，一年来共有50家企业享受该优惠措施，受惠金额共计120.85亿元人民币，其中进口63.24亿元，出口57.61亿元。建立ECFA项下原产地证书核查机制，从实施伊始至2017年底，海关总署福州原产地管理办公室与台方往来函件共计336份，其中接收台方来函185份，对台方发函151份。第二，平潭片区积极探索对台试行监管互认，已建成全国质检系统唯一的两岸检验检疫数据交换中心，启用两岸检验检疫电子证书互换与核查系统；已实行ECFA原产地证电子数据互换，免于提供纸质证明；主动推进与台湾财团法人全国认证基金会（TAF）以及"标准检验局"（BSMI）就证书互认、标准等效性评估等开展合作。第三，厦门片区出台《厦门海关与"高雄关""三互"合作责任分解表》，2016年2月2日厦门海关与"高雄关"实现首票货物"监管互

认",后于10月3日在厦门关区顺利双向通关,两岸基层海关"监管互认""执法互助"进入实务阶段,目前厦门片区与台湾关贸网建立了点对点传输通道。

(2) 创新关检合作模式,货物通关"提速降本"

福建自贸试验区将对台湾输入区内产品试行快速检验检疫模式与采信第三方检验结果有机结合实施,尤其对台湾地区输往自贸试验区的农产品、水产品、食品和花卉苗木等产品试行快速检验检疫模式成效显著。相继出台《福建检验检疫局关于中国(福建)自由贸易试验区进口台湾食品"源头管理、口岸验放"管理规定及其作业指导书》《平潭口岸进境台湾水生动物"源头管理、口岸验放"实施细则》《从平潭口岸进境台湾水果"源头管理、口岸验放"实施细则》《中国(福建)自由贸易试验区进口台湾食品"源头管理、口岸验放"管理规定》《厦门检验检疫局关于印发进口自捕渔获水产品检验检疫监督管理工作规程的通知》等文件。第一,率先采信台湾检验检测机构出具的认证结果和检测结果。福建检验检疫局对台湾食品实施"源头管理、口岸验放"快速验放模式,已推广到全省,有效吸引台湾地区商品从福建自贸试验区口岸中转。截至2017年底,采取该模式的企业共8家,进境货物共186批次、2494吨、货值542.34万美元。福建检验检疫局基于风险分析,对进口台湾水果实施2%比例抽样检测农残等安全项目后即可上架销售,实现了进口台湾水果"上午采摘,下午上架销售"。截至2017年底,共监管放行约330.5吨、58万美元水果,主要涉及菠萝、杧果、番石榴等台湾特色水果。对台湾水产品免于提供台湾官方检测证书,2017年入境台湾水产品38批、659.57吨、110.7万美元。第二,积极实施对平潭片区与台湾进出口商品原则上不实施检验(废物原料、危险化学品及其包装、大宗散装货物以及国家另有特别规定的除外),由检验检疫部门加强事后监管,成效显著。出台《中国(福建)自由贸易试验区平潭与台湾之间进出口商品简化检验管理规定》。已在平潭片区一线实施"进境检疫,适当放宽进出口检验模式",在二线实施"方便进出,严密防范质量安全风险"的监管模式,同时加强台湾地区一般商品的风险监测,实施风险管理,确保

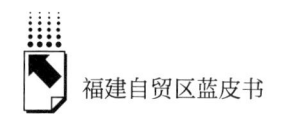

台湾地区商品质量安全。同时已将进口原产于台湾地区的一般工业品简化检验检疫手续，实行备案管理的快速验放机制复制推广到福州片区。截至2017年底，对平潭对台小额商品交易市场自台湾进口的1265批、12586.83万美元一般工业品试行备案管理，免于检验。第三，有序推进在自愿性产品认证，允许经台湾认可机构认可的具备相关产品检测能力的台湾检测机构与大陆认证机构在自贸试验区内开展合作，对台湾本地或在自贸试验区内生产或加工的产品进行检测。2015年4月12日，台湾工业研究院和厦门市产品质量监督检验院签订了太阳能模组运输可靠性质量认证合作协议，成为两岸首个全球通行的自愿性产品认证合作项目。两岸光伏企业在此合作协议的框架下，其产品可实现在厦门申请、在厦门检验、在厦门直接获得台湾ITRI认证证书。福州片区先进制造业技术服务中心与财团法人台湾电信技术中心（TTC）及财团法人台湾电子检验中心（ETC）签订闽台认证检测合作备忘录。在自愿性认证方面，依托省质检院拥有的多项资质，可以便捷快速地帮助台企获取进入大陆市场的自愿性认证证书。第四，有效改革和加强原产地签证管理，强化事中事后监管。相继出台《福建检验检疫局关于进一步简政放权　推进原产地签证制度改革八项惠企措施》《中国（福建）自由贸易试验区检验检疫原产地证书无纸化申报管理规定》《关于推进原产地工作改革的通知》（厦检通函〔2015〕91号）等政策措施，实施成效显著，并已在全省复制推广。自2015年2月1日开始，福建省检验检疫局对原产地业务全流程实施简政放权改革，推出了实施凭企业声明直接签证、属地备案多点通签模式、生产企业代办原产地证书、改"注册"为"备案"、"一次备案终身有效"、备案全程无纸化、一般原产地证书快速审签、下放进口退证查询对外答复权限、"零见面"原产地证申办模式等九项举措，突破了现有了原产地管理流程，对证书签发流程进行了较大幅度优化。同时对企业开展分类管理、诚信管理，定期开展监督抽查，企业信用状态动态调整，强化事中事后监管。该项措施已向全国复制推广。截至2017年底，签发各类原产地证书约40.8万份，涉及188.3亿美元，共为企业争取减免进口关税约9.3亿美元。

2.稳妥推动平潭台湾商品免税市场建设，着力创新福建自贸试验区对台小额贸易管理

国务院于2016年8月23日发布《国务院关于平潭国际旅游岛建设方案的批复》，并下发了《平潭国际旅游岛建设方案》，明确了"支持平潭对台小额商品交易市场在维持现有六大类商品的范围内，适当增加部分商品"等对台小额商品交易市场的相关支持意见。"扩大平潭台湾商品免税市场免税商品范围，做大市场规模"也得到财政部支持。福建省也出台了《福建检验检疫局关于印发进一步支持平潭对台小额商品交易市场发展15条措施（试行）的通知》等政策措施，大力支持做大平潭对台小额商品交易市场。①发展平潭对台小额贸易点。目前已经放开对台船舶吨位限制和金额限制，已有澳前对台小额贸易点1个（2015年9月优化重新开港），对台小额贸易经营企业16家，重新开港以来，以小额贸易方式进口近4000标箱，货值近8亿元。平潭对台小额商品交易市场已累计进口销售台湾商品近10亿元，市场内台湾商户246家，开设13个台湾县市主题馆和70个品牌馆。②对平潭对台小额商品交易市场销售的预包装食品、化妆品采用特别宽松政策，实施入境报检时免予提供标签样张、允许使用繁体中文等政策，审核内容简化九成，审核时限由原来约7天减短为1天。截至2017年底，已监管放行约12550批、3.35亿美元原产于台湾的预包装食品、化妆品。③对在平潭对台小额商品交易市场销售的台湾白酒、小家电，则试点采信台湾认证认可和检验检测结果，目前已累计采信进口小家电161批次、34797台、154.8万美元，白酒2295批次、2893.6万美元。

3.因势利导，先行先试发展对台新兴货物贸易形态

（1）积极支持自贸试验区发展两岸电子商务

允许符合条件的台商在福建自贸试验区内试点设立合资或独资企业，提供在线数据处理与交易处理业务（仅限于经营类电子商务）。福建省通信管理局代省政府草拟了《工业和信息化部　福建省人民政府关于中国（福建）自由贸易试验区进一步对外开放增值电信业务的意见》，于2015年2月上报工信部。目前在线数据处理与交易处理业务对所有外资放开股比限制，允许

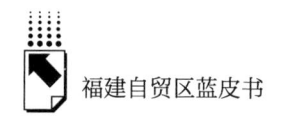

独资，申请程序按照《外商投资电信业务管理规定》流程申请。目前福建自贸试验区已有20家电子商务台资企业入驻并开展业务。

(2) 持续优化台湾进口部分中药材和医疗器械的审评审批等管理程序

福建省食品药品监督管理局相继发布了《福建省食品药品监督管理局关于开展台湾地区产部分第一类医疗器械备案工作的通告》《福建省食品药品监督管理局关于开展台湾地区产中药材输入受理审批的通告》等，并已初现成效。第一，台湾进口部分中药材方面，相关输入审批事项已经下放到福建省食药监局。2016年福建省食品药品监督管理局与中华海峡两岸牛樟芝产业发展协会协调，由该协会牵头12家台湾椴木栽培牛樟芝生产企业委托福建中医药大学和福建省食品药品检验研究院按照台湾产进口中药材申报资料要求开展药效学和安全性评价等研究。2017年台湾输入中药材牛樟芝申报的相关研究已完成，目前已受理一家企业的台湾牛樟芝输入申请。第二，台湾进口医疗器械方面，从台湾进口医疗器械备案自2015年8月7日实施，一类医疗器械审批权已下放福建省，截至2017年底已备案2例。福州片区推动福州日群贸易有限公司与台湾知名医院合作，通过马尾港进口欧普乐喉罩等台湾医疗器械，供省立医院、附一医院等三甲医院使用，月均进口货值达100多万元。两个项目的实施有效简化和加快了审评和审批程序及速度，推进台湾产部分中药材和第一类医疗器械便捷进入福建自贸试验区。第三，深化事中事后监管工作。福建省食品药品监督管理局相继制定了《福建省食品药品监督管理局关于完善自贸区食品药品事中事后监管措施的意见》等文件，对台湾产部分第一类医疗器械和中药材进行监管，严格防控风险底线，至今未出现台湾非药品冒充药品、食品冒充保健食品非法销售和台湾无证医疗器械非正规销售现象。

(四) 便利人员往来，建设两岸共同家园

1. 简化人员出境入境手续

陆续出台《关于授权福建为拟经平潭入境内的台湾本岛居民办理五年期台胞证的通知》（公境传〔2015〕629号）、《关于实施支持福建自由贸易

试验区建设有关出入境政策措施的通知》（公境〔2016〕272号）等政策措施，促进两岸人员往来更加便利。一方面，率先签发非闽户籍居民赴台湾（金马澎）团队旅游"一次有效往来台湾通行证"，方便大陆居民赴台旅游。另一方面，对台湾居民实施更加便利的出入境政策。公安机关委托代办机构在台北、台中设立代办点。2015年9月起，台湾居民无须离开本岛，在台北、台中代办点即可递交办证申请，由代办机构通过网络将受理材料传至平潭，平潭公安局出入境管理支队受理、审批，再由平潭制证分中心制证。同时，还推出台胞办证增值服务，为从平潭入境有需求、符合条件的台胞办理三个月临时有效的驾驶许可证，进一步便利台胞出入平潭。2015年9月推出"零距离"办证创新举措后，台胞办证人数大幅度上升。截至2017年12月31日，平潭已发放台胞证337406张，证件办理时间缩减为2日，深受广大台胞好评。此外，2015年6月，福建省推出在自贸试验区内投资、就业的台湾企业高管、专家和技术人员（除相关管控人员外），凭所在单位、企业出具的公函申请办理五年期台湾居民来往大陆通行证的业务，并保证在3个工作日内办结。截至2017年12月31日，福建自贸试验区已办理此类人员申请近1000人次。

2. 简化车船出境入境手续

出台《福建平潭与台湾地区间道路货物运输暂行管理办法》、《公安部批复同意台湾地区临时入闽机动车和驾驶人管理十项便利措施》、《中国（福建）自由贸易实验区厦门片区出入境游艇帆船检疫管理办法》（厦检卫〔2015〕114号）、《台湾地区临时入闽机动车和驾驶人管理十项便利措施》（闽公综〔2015〕234号）、《台湾地区临时入闽机动车和驾驶人交通管理规定》（闽公综〔2015〕279号）、《厦门海关关于台湾地区机动车辆经厦门口岸临时入闽监管操作规程（试行）》（厦关监〔2015〕181号）、《福建平潭与台湾地区间道路货物运输暂行管理办法》等政策措施，方便闽台车船往来。在船舶方面，已简化游艇、帆船进出境手续，实现无纸化申报，无须提交纸质单证，允许其免办理卫生控制证书，允许其物料供应自行采购，不需要找指定供应商，从而实现对游艇帆船更加灵活便捷的管理。在车辆往来方

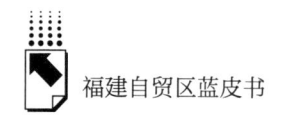

面，福建海关部门首创"台车入闽一体化快速通关模式"，简化对入闽台车的监管手续，对从台湾入闽的车辆按运输工具监管，并出台相关监管操作规程。福建省公安厅也出台了台车入闽10项便利化措施，简化了台湾地区机动车和机动车驾驶人临时入闽行驶牌照申领手续，并修订了操作细则。截至2017年12月31日，福建省公安厅共为台湾入境机动车核发临时车牌证109面，临时驾驶许可110本。其中，2017年核发临时入境机动车牌证38面，临时驾驶许可42本。至2017年12月，共有111辆台湾地区机动车辆（含重型机车）进入福建行驶。

3. 积极打通闽台海空联运双向通道

对台海运快件、"小三通"和集装箱货运实现常态化运营，"海峡号""丽娜号"2016年运送旅客8.67万人次，货运吞吐量7.08万吨，海运快件7.54万件，邮包13万袋；挂牌以来累计运送18.22万人次，货运吞吐量8.87万吨，海运快件20.5万件，邮包37.76万件；三大片区加快对台综合客运码头、航线建设，开通平潭至台北、台中客滚轮航线，航行时间只需2.5小时。目前，对台客运直航已经形成"两线并进、两船运营、两岸对开"的新格局，"台胞第二生活圈"逐渐形成。

4. 下放一般性赴台文化团组审批权

2016年底，文化部、国台办已联合发文规定：本地区团体或个人赴台不具敏感性的参访、考察、研修、教学、培训、研讨、演出、艺术展览、文化产业博览会等一般性的文化交流活动，由除西藏自治区以外的省级文化行政部门进行项目审批，所涉赴台人员由国台办授权的省级台办审批，抄送文化部港澳台办公室。原则上，福建省一般性赴台文化团组审批权不再有人数限制。

5. 建设两岸共同家园

在平潭开展台湾社区试点，引进台湾社会组织参与管理，吸引更多台湾人到平潭就业、生活，建设两岸共同家园。由台商协会组建平潭台商发展有限公司，参与台胞社区建设，投资约4亿元，其中项目启动资金3500万元。目前项目选址已经确定，待土地招拍后开展建设；国民党中常委姚江临团队驻平潭团队代表2016年11月18日与平潭片区进一步商讨参与建设台胞社区事宜；已在平潭城乡上楼村开展试点，聘请台北忠顺社区里长参与村居建设。

三 福建自贸试验区对台先行先试的瓶颈因素

《中国（福建）自由贸易试验区总体方案》指出，要充分发挥对台优势，率先推进与台湾地区投资贸易自由化进程，把自贸试验区建设成为深化两岸经济合作的示范区。在近三年的试验过程中，围绕闽台产业合作、对台服务贸易开放、对台货物贸易自由、两岸往来便利、金融开放创新做了一些积极有益的探索，但在实施过程中仍然存在一些问题。

（一）政治因素制约明显

任何国家与地区，政治关系与经济关系始终是相辅相成的，海峡两岸经贸合作的发展也是以双方的政治互信为前提的。自两岸恢复往来以来，两岸开放政策不对等，大陆方面制定多项政策促进台湾居民往来，而台湾方面制定多种限制政策在有限范围内允许往来。不对等的政策使得两岸往来不通畅、不便利、不惠民，从而一定程度上限制了两岸在金融、贸易、投资等方面的交流和合作。2016年5月台湾政党轮替，民进党的政治立场、政治主张、两岸政策路线以及对两岸关系发展的态度，与国民党迥异，致使两岸政府层面正常交流中断，导致2008年以来国民党执政期间建立起的两岸经贸合作关系以及两岸共同签署的26项协议均受到极大影响。一方面，两岸政治关系的稳定性约束了两岸金融合作的发展。由于政治互信不足，海峡两岸金融相互开放程度严重不对等，台湾当局出于对大陆金融机构可能挤占台湾金融市场的担忧及其"新南向政策"等因素的考虑，对大陆金融开放有诸多的行政审批限制与政策壁垒，使金融机构设置和台商赴大陆的投资受到了影响。闽台金融合作力度不够已成为发展闽台服务贸易的一大瓶颈。另一方面，自贸试验区不断推动各领域开放措施在框架协议下实施，政策上也给予

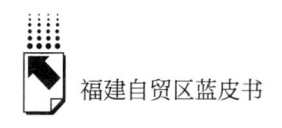

一定的帮助,然而台湾当局对于两岸服务业开放的态度还不够明朗,对台商赴闽投资层层设卡。

(二)台湾方面对自贸区相关政策知晓率不高

自贸区成立以来,出台了不少促进贸易便利化、投资自由化、金融开放创新的措施,如入区加工、加工贸易单耗信任审核、电子关锁跨境直属关联动模式、改革和简化产地证签证管理、海事现场综合执法机制、建立"台陆通"公共信息服务平台、放宽台湾独资物业服务企业资质认定标准、允许台胞凭台胞证申请报检人员备案、对进口原产于台湾的一般成套设备及单机实施"备案管理、免于现场检验"措施、开通台胞参保直通车、采认台湾教师从业资格、发行台胞信用卡、建立两岸青年创业载体"一核多点"机制、进行台胞公租房配租机制试点,以及两岸贸易结算新模式、两岸合作社区管理服务模式、台湾海峡航运气象条件等级地方标准、台湾中高层次人才认定新机制、台资建筑业企业资质认定办法、两岸保险"创研中心"、两岸出入境人员"无障碍、零等待"通关、榕台技能工种"一考双证"、台湾人才职称评审、采认台湾医师级别、新台币直购两岸直航船票、两岸检验检疫电子证书"互换互查"、两岸跨境直贷、平潭台湾商品免税市场进口货物直通放行模式、非福建省居民赴台湾本岛旅游免于提交暂住证、卡式台胞证"零距离"办理、海峡两岸仲裁中心构建涉台纠纷多元化调节机制、台企征信查询、台湾青年创业就业"定向、定点、定制"服务模式、两岸海上客运航线"客带货"、创新融资租赁企业对台跨境人民币贷款业务、创新厦金客轮检疫管理、台车入闽一体化快速通关模式、与台湾联合主办培训、发放领骑证、设立台胞权益保障中心法官工作室等。但这些创新举措的社会知晓率并不高,而且在程序法制化与数据元标准化方面与台湾方面尚无推进措施,使得创新举措的成效受到一定程度的影响。

(三)监管合作机制有待完善

一方面,自贸区短时间内集聚了大量不同行业的企业,不同的企业对行政服务的要求有所不同，需要配备大量的行政人员，以跟上不断增长的服务需求。比如，在监管过程中，对一线监管人员的业务素质、专业能力都提出了比较高的要求。但目前区内各部门监管数据和信息的归集、交换、共享等尚未形成完善的机制，相应的评估和预警制度也尚未完善。一些新兴产业不在负面清单范围之内，也没有相关标准进行监管，有可能带来监控空白，这些都对监管部门的执政能力提出更高的要求。另一方面，随着福建自贸实验区的建设和发展，海峡两岸的金融合作日益密切，银行、保险机构互设数量增加，随着金融服务平台的建立，两岸资金流通的路径增多、数量增大，对两岸的金融监管合作提出了新的要求。自台湾地区国民党执政以来，海峡两岸虽然已在金融监管合作的机构互设、信息交换和危机处置等方面进行了规定，并签署相关金融合作协议和监管备忘录，但由于多种因素的影响，这些监管合作文件停留在原则性规定阶段，在具体合作实施方面，如共同监管、信息互换与保密、危机处理等方面进展不足；同时，由于海峡两岸金融监管制度和模式存在较大差异，金融监管法律法规也各不相同，给两岸金融监管合作带来了制度障碍。

（四）产业对接能力较弱

台湾依托原有的"六海一空"自由贸易港区以及已有的产业布局和产业优势，已与福建自贸试验区各片区在重点产业方面进行对接，但从具体的合作来看，产业对接能力较弱。首先，台湾自由经济示范区与福建自贸试验区负面清单尚不统一，"两区"在贸易投资相关的政策方面，如知识产权保护、社会保障、竞争、检验检疫、海关监管、金融监管等方面的政策尚没有实现对接和合作。其次，福建由于自身土地、资金不足，现有的农业水平在承接台湾资金、技术密集的农业产业方面尚有困难，各方面产业对接能力偏弱。闽台两地同属亚热带地区，种植的作物种类基本相同。然而，台湾高新农业技术发展水平要比福建高。台湾在培育栽培、农药研发等方面都具备超高水平，农产品的加工、储藏、运输等技术高超，农业基本实现机械化。相比较而言，福建农业技术与台湾有较大差距。福建农业的发展主要在农村，

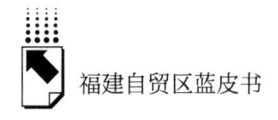

而农村人口受教育程度偏低，农产品技术含量相对较低，农业发展落后。福建对于从台湾引进的农业良种过度依赖，缺乏自主创新和保护，引进的优良品种未能优化改造甚至退化，技术"溢出效应"较低。再次，福建省第二产业比重较大，服务业比重偏低，而且服务业的内部结构不合理，交通运输、批发零售等传统服务业比重偏大，而通信、物流等知识和技术密集型的高附加值服务业占比较低，发展较为缓慢。台湾的服务业涉及物流、信息咨询、科学研究和综合技术等众多领域，生产性服务业发展日趋成熟，在服务业中占主导地位。两岸市场规模差距极大，而福建自身经济结构不合理，相对于长三角、珠三角地区不具有竞争优势，对台资吸引力不足。台湾对福建服务业的投资还是以旅游、运输、餐饮等传统服务业为主，对知识和技术密集型的服务业投资较薄弱。

（五）对闽开放力度不够

与上海自贸区相比，福建自贸试验区的开放程度仍显不足，这大大制约了两岸的产业合作。在金融合作方面，以"货币兑换自由"为例，上海自贸区在福建自贸试验区成立之前就将其明确为发展目标，并形成具体实施方案，而目前福建自贸试验区仅对台小额贸易市场设立外币兑换机构，允许两岸银行同业借款和台资银行向区内放贷，并且试行的资本项目限额内可兑换。在农业方面，台湾虽对福建的农业投资较多，但台湾为保护自身核心技术，对福建高新技术输出较少。由于受台湾方面"高新技术根留台湾、严禁溢出"措施的限制，台湾地区准许输入大陆的农产品仍还有881项未对福建开放。

（六）专业人才短缺

任何行业的发展都离不开智力支持，同样，福建自贸试验区闽台合作也需要专业人才的支撑。当前，专业人才短缺是自贸区闽台合作的一大问题。首先，在金融专业人才方面，福建自贸试验区建设三年来，金融专业人才的需求不断增长，特别是对高层次专业人才的需求，专业人才的短缺问题已成为海峡两岸金融合作进程的一大阻碍因素。随着两岸金融合作的发展，两岸金融合作范围扩大，业务量增多，行业监管不可或缺，金融监管专业人才也必不可少，金融监管工作要求从业人员既要有专业知识，又要有实务经验，两岸金融监管合作对从业人员的综合素质则提出更高的要求。其次，在技术型人才和高科技人才培育方面，如何扩大对台服务贸易开放和促进闽台服务要素自由流动，其核心在于如何引进台湾先进的经营技术和优秀人才。与传统服务业相比，现代服务业需要具备大量高新技术人才。台湾地区高科技人才充足，人力市场发育完善，现代服务业经营管理人才众多，而福建省缺乏技术应用型和高科技人才，高科技人才的不平衡性阻碍了两岸现代服务业的进一步交流。目前在自贸试验区内，如电信和运输服务领域已降低台湾服务者以及台湾投资者的进入门槛；建筑业服务领域允许台资承接项目；工程技术服务领域允许聘用台湾建筑、规划等服务机构人员，各类专业技术服务领域的门槛也都在打破之前的各种限制框架，然而门槛的降低并没有给台湾服务提供者带来顺利开展服务的便利，且目前各领域的开放大多针对资格审查以及许可问题，具体落实的策略还有待加强。虽然服务行业的市场管制不断放松，但在服务业中起重要作用的人才的引进效果并不明显，台湾先进的经营技术和优秀人才实际上来到大陆的比例并不高。究其原因，还在于政策越来越多地将创意产业、物流、会展乃至金融、法律向台商放开的同时，更要着眼于对人才的吸引以及引进后续的驻留与发展，人才引进机制仍需进一步完善。

（七）相关配套设施建设需加强

两岸往来的基础设施，如综合码头的建设、航线的开发、航空的时空管制、通行证的使用便利等，都需要进一步加强和优化，从而为两岸往来提供交通便利。例如，福州仍在争取福州常住居民试点签发赴马祖个人游"一年有效多次往返"签注和省外居民可在榕快速办理个人赴台湾通行证件等。台湾农产品在福建通关困难，时间长，程序复杂，而"长三角"和"珠三角"地区通关便利，市场辐射能力强，优越的投资环境使台商将投资重心

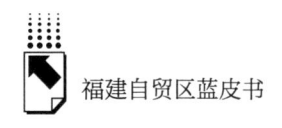

从福建沿海转移到"长三角"和"珠三角"地区。基础设施的不完善，阻碍了服务业开放领域的持续便利，如码头、仓储等配套不足将影响对台服务开放政策在自贸试验区内的后续落实。对引进的人才没有进行进一步的培训与指导，如在商贸服务领域以及专业技术服务领域，虽然允许台湾人才持有相关证明引进，但是对于持有相关资格证书的后续培训和审查未作配套说明，如从事代理记账业务，需对其从业资格与执业证明进行后续的融合与跟踪培训。

四 推进福建自贸试验区对台先行先试的对策建议

由于各项主要任务在实施过程中面临的问题不一样，以下主要结合福建自贸试验区总体方案中对台先行先试的五项主要任务来分析对策建议。

（一）自贸试验区促进对台货物贸易自由对策分析

1. 政府层面

（1）出台精准政策促进贸易便利化

优化现有准入前国民待遇和负面清单模式，争取台湾自由经济示范区与福建自贸试验区负面清单相融合，促进深度合作。"两区"要推动与贸易投资相关的政策一致，如知识产权保护和使用法规政策的对接，以及社会保障、竞争、检验检疫、海关监管、金融监管等政策的融合，促进闽台双向投资，提升贸易投资回报率。同时，要通过多种方式宣传自贸区贸易便利化的政策，提高社会认知度，使真正有需要的企业可以充分享受到贸易便利化政策带来的福利，促进两岸经济的深度融合。

（2）提高监管能力

国际贸易"单一窗口"的政策实施和预裁定制度的推行，使得货物通关手续简便、通关效率提升，跨境电商的通关速度甚至提升至几秒一单，对政府的监管执法提出更高要求，对一线监管人员的业务素质和专业素养提出更高要求，需要建立和完善监管人员专业知识和服务流程的学习培训体系，建立长效学习培训机制，从根本上提升一线人员的专业监管能力。同时赋予监管单位灵活的自主权，对于负面清单之外的新兴产业或者新兴物品予以特别监管，在不违反国家相关法律政策的前提下推动贸易便利化又不影响区内相关产业的发展。

（3）优化区内企业经营发展环境

区内企业因行业、规模、经营观念等的差异，生产和经营效益存在很大差别，并非所有区内企业都生存发展良好，需要建立一套经营效益检测体系，通过实时调研，了解区内企业的经营成效及面临的问题等，定期做好区内企业经济效益分析，并及时反馈和解决问题，帮助企业化解生产经营中遇到的重大问题，尤其是针对中小企业发展过程中可能存在的融资、人才、信息化等方面的问题具体加以解决，为中小企业的发展创造良好的生存和发展环境。

（4）建立完善的硬件软件配套设施

加快深水港建设，为大型船舶停靠和修缮提供便利的场所；加强物流仓库建设，尤其是冷链物流仓库和信息化仓储等先进设施，满足区内不同贸易形态的存储需求；加强区内公共交通体系建设，促进海陆空完美联结，缩小区内外的时空距离。中欧（厦门）班列已延伸至台湾，可以通过中欧班列加强两岸企业在对外贸易方面的深度合作，共同开发更广阔的海外市场；加快商务配套设施建设，为区内企业招商引资、促进贸易往来提供便利。完善海关、检查检疫、物流、仓储等网络信息平台建设，实现信息共享和信息互认，为区内企业提供便利，提高运作效率。

2. 行业层面

（1）建立行业协会促进行业发展。相关行业成立行业协会，推进行业集聚，实现行业的外部性效应

通过行业集聚实现行业内企业协同发展，充分发挥行业协会政商联结桥梁的作用，为企业发声，为政府传递，实现政府、行业协会和企业之间的有效沟通，为区内企业解决实际问题，促进区内企业的发展。尤其是台商行业

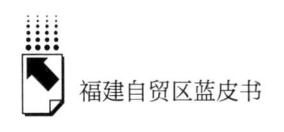

协会，要为台资企业代言，充分发挥贸易便利化政策的效应，促进台资企业在自贸区内的经营发展。

（2）促进自贸区和台湾自由经济区行业协会的交流合作

"两区"的行业协会应寻找合适的机会和平台加强交流合作。比如，有关技术标准一致性问题、知识产权保护等，规则一致会为两岸贸易往来提供更多的可能和机会，也会为企业的发展提供更多便利，标准化产品的生产更有利于开展国际贸易，也有利于两岸企业互相学习，清除贸易壁垒，扩大贸易合作空间。

（3）帮助中小型企业规避技术性贸易壁垒

中小型企业在规避技术性贸易壁垒方面短板更明显，资金、技术和人才等方面实力不足，容易使中小型企业频繁遭遇技术性贸易壁垒。行业协会可以充分发挥其行业集聚、力量强大的作用，为中小型企业规避技术性贸易壁垒提供信息和技术支持，实时为中小型企业推送相关的技术性贸易壁垒信息，尽量减少损失，也为促进区内企业发展提供良好的贸易信息交流平台。有效应对技术性贸易壁垒，可以大幅度提高贸易自由化水平。

3. 企业层面

（1）打造优质企业

企业要致力于提升品牌价值，无论应对政府部门的事中还是事后监管，都可以做到品质无忧，通过良好的质量保证和企业信誉为贸易往来提供便利化通行证。保护好自身知识产权，严格遵守国际规则。

（2）积极参与国际认证

积极参与国际AEO认证等，通过认证和国际互通，在贸易往来中就会省去很多不必要的麻烦。现阶段区内实现AEO认证的企业并不多，要鼓励和支持企业参与AEO认证，从而实现贸易便利化带来的高效低耗。

（3）本着公平、平等、法治、共享的原则共同发展

长久以来，大陆地区尤其是自贸区对台商都有比较特殊的优惠政策，为台商企业在自贸区发展提供便利、降低成本，但这种超国民待遇不会一直持续，台商企业要有忧患意识，及时调整发展战略和发展方向，本着公平、平

等、法治、共享的原则与区内其他企业共同发展，合作共赢，为自贸区发展和两岸经济深度融合贡献力量。

（二）自贸试验区促进两岸往来便利化对策分析

1. 政策支持

（1）硬件设施方面

两岸通过友好协商为两岸人员的往来通道和往来工具提供便利，增加海陆空不同交通方式的班次，为两岸人员往来提供交通便利。尤其是法定节假日，政府方面要积极解决台胞返台的交通问题，如增加航班、增加船次等，使台胞可以通过不同方式早日归乡。

（2）软件设施方面

进一步加强电子台胞证的应用，为台湾居民出入大陆地区提供方便，同时进一步优化闽籍或非闽籍人员出入台湾的便利通行证，为大陆居民出入台湾地区提供方便。加强相关信息平台建设，为两岸人民往来提供平台便利。

（3）优惠政策筑巢引凤

自贸区三大片区继续拓展对两岸优秀人才的鼓励政策，吸引两岸优秀青年到自贸区参与创新创业。建立创新创业园区，营造高标准高规格的营商环境和创业氛围，为两岸青年创新创业创造空间；自贸区三大片区以共建家园为载体，开展经济、文化、旅游、医疗、教育等方面的合作，便利两岸人员和车辆往来，稳步推进相关行业的执业开放和社会保险、社会福利等的对接工作。

2. 服务便利

（1）为自贸区台胞提供服务便利

台湾和大陆很多职称认证的标准不同，为自贸区内台湾青年提供便利的资质、职称认证通道，促进两岸学历、职称、资质等资格的互通认证，为自贸区内台湾青年的职务晋升提供便利通道。同时为台胞的保险、医疗、教育等社会福利性待遇提供便利，建立对接两岸不同制度的标准，使台湾青年可

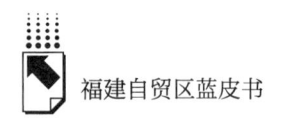

以在自贸区内安心参与创新创业。

(2) 搭建服务平台,促进两岸交流

通过线上线下不同层面的服务平台建设,满足两岸青年对服务的不同需求,以优质的服务赢得人心的归属,促进两岸人员往来便利。线上搭建专门针对两岸青年的服务平台,通过在线答疑或者知识普及的方式,推进信息传递。线下通过设立专门的咨询中心或者咨询点,为两岸青年到各自经贸区进行创新创业提供便利化服务,从而促进两岸人员的往来和交流合作。

3. 促进民间交流与合作

(1) 鼓励高校等科研机构的交流和合作

台湾近年来少子化趋势造成高校生源锐减,对当地教育和未来经济发展都提出了较大挑战。台湾高校和福建高校可以通过合作办校、互派交换生的方式或者直接吸引福建生源的方式促进双方在教育资源、科研资源、人才培养等方面的交流和合作,从而促进两岸人才的流动和人力资源互补。

(2) 促进民间社会团体的交流和合作

民间社会性活动,如举办海峡两岸商品交易展览会、海峡两岸美食节、海峡两岸旅游节、海峡青年节、榕台青年交流交往等各类两岸交流活动,以此为契机,增进海峡两岸人民的了解和合作,促进两岸人民友好往来。

(三)自贸试验区推动闽台金融合作的对策建议

1. 加强沟通,促进金融合作发展

从海峡两岸的经贸发展实践看,要降低当前海峡两岸政治因素对金融合作的负面影响,首先,要加强政府层面的沟通,在"九二共识"的政治基础上稳步提升两岸关系,建立政治互信,为两岸的经贸合作提供政治基础。其次,两岸的金融深化合作要遵循"政经分离"原则,探索"先经济,后政治"的路径,两岸携手建立"超政治"的金融合作机制。再次,抓住福建自贸试验区建设的有利政策契机。福建自贸试验区作为国务院确定的两岸金融合作试点,厦门片区为两岸新台币现汇业务和跨境人民币创新业务试点，福州片区大力鼓励省外和境外金融机构设立区域总部和业务中心，平潭片区则着力推进两岸金融合作先行先试，自贸区政策将加快闽台金融开放创新步伐，推动金融改革与金融合作，也为海峡两岸的金融深化合作提供了新的机遇。最后，应加强两岸金融行业、协会等非官方组织的往来与沟通，促进两岸的金融合作朝积极方向发展。

2. 致力创新，扩大金融开放力度

首先，强化两岸已有的金融合作。福州片区要优化营商环境，引入台湾的金融市场机制，吸引台湾甚至境外的金融机构到片区内设立业务中心或区域总部，进一步促进区内金融资本的有效配置与集聚；厦门片区需继续推动跨境人民币创新业务试点与新台币现汇业务；平潭片区则继续推进两岸金融合作先试先行，努力提升两岸金融产业对接的服务能力。其次，两岸共同开展金融创新。随着金融支付方式的变革，许多非金融机构也积极参与金融业务，面对异业竞争，两岸的金融业要充分利用自贸区的政策红利，共同创新业务，应对新的挑战。福建自贸试验区的两岸金融合作，应将互联网金融作为着力推进的重要合作领域，如跨境网银、跨境电子商务支付、互联网理财、供应链融资等业务；还要创新金融商品，开发多元化的金融衍生产品等；除了金融技术创新、业务创新，金融政策也需要不断创新，满足新的发展需求。最后，扩大金融开放力度。福建自贸试验区仍需继续出台优惠政策，扩大开放，降低门槛，吸引台湾金融机构入驻，进一步挖掘两岸的合作潜力，将大陆金融业的快速发展、扩大内需与台湾高效率的融资能力、优秀管理经验相结合，推动海峡两岸银行、保险、证券业的合作向纵深发展。

3. 通力合作，完善监管合作机制

鉴于福建自贸试验区两岸金融合作业务的不断发展，以及海峡两岸金融监管合作的现状，福建自贸试验区要重视与加强两岸金融监管合作。首先，要推进金融监管制度合作。海峡两岸金融产业发展处于不同阶段，金融监管体制存在差异，两岸要立足现状，共同协商，针对自贸区内金融合作业务现状，建立合作监管制度。其次，健全两岸金融监管沟通机制。随着自贸区内银行与保险等金融合作业务的开展，应建立有效信息交流机制，实现海峡两

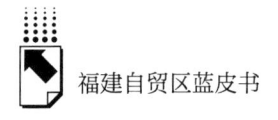

岸信息共享；进一步完善两岸风险监控指标，对金融合作业务进行风险评估，加强防控与预警，提高金融风险应对能力。最后，促进两岸金融监管合作的法律法规制度建设。完善的法律法规制度是打击区内非法金融活动的有力武器，是两岸金融合作向纵深发展的前提条件。

4. 多管齐下，依靠人才助力发展

要解决福建自贸试验区金融方面的人才问题，需要多管齐下。一是引进台湾的金融高端人才，特别是有国际金融从业经验的高端专业人才，通过特定人才政策吸引高端人才参与福建自贸试验区建设。二是海峡两岸可进一步建立从业资格互认机制，将试点从目前的南京、上海、厦门、深圳推广到福州、平潭与全国其他地方，两岸可以吸收台湾青年到大陆或大陆青年到台湾的金融机构实习与就业，两岸还可以互派工作人员到大陆或台湾学习培训，加快两岸的金融人才培育。三是自贸区应与高校合作，共同培养能适应自贸区发展要求的金融专业人才。可以就金融专业开展合作办学，培养既掌握大陆又了解台湾金融专业知识的人才。四是重视培养与提升金融监管从业人员的专业素养，可以邀请台湾金融专家对大陆监管从业人员进行有针对性的培训，进一步了解台湾的监管理念、经验、金融法规，提高监管水平。

（四）自贸试验区促进闽台产业对接的对策建议

1. 深化闽台农业融合

目前，闽台农业合作基本上还是传统的交易模式，成本高、效率低，应大力发展闽台农业电子商务，形成集生产、运输、销售为一体的农业电子商务网络，提高效率。扩大农业合作领域，促进农业科技要素产品的贸易往来以及农业生产加工装备的进出口；加快台湾农民创业园建设，吸引掌握先进技术的台湾农民来发展，为福建带来先进的技术和管理经验。

2. 优化产业结构

经济水平差距使两岸的产业对接受限，两地在经营环境和市场需求方面都存在差异。福建的传统服务业与现代服务结构失衡，为提高两岸产业对接水平，福建应大力发展高附加值的现代服务业，承接台湾服务业转移。双方可以进行产业特色化改造，形成具有本地优势的产业。例如，针对旅游业现状，建立闽台旅游企业联盟，共同开发旅游资源。台湾当局应逐步放宽对福建的政策限制，给予闽台合作更大的空间。

3. 促进人才交流

无论是高新技术还是农业技术资源的合作，不仅需要廉价的劳动力，还需要高级管理人才和技术应用型人才。闽台两地需要加强教育合作，鼓励两地高校联合办学，共同培养两地需求的高科技人才；促进两岸学生交流，吸引台湾学子进入福建就学；招揽各类教师人才。将福建省较强的研究实力和台湾卓越的创新应用能力结合，建设闽台科技园区，大力吸引高科技人才和创业投资。

（五）自贸试验区推动闽台服务业开放的对策建议

1. 注重引进人才的融合培养

服务业的发展离不开人才，福建自贸试验区各种开放措施为吸引台湾优秀的经营管理与技术人才提供了条件。然而，人才工作的关键不仅在于人才引进，人才引进之后如何发挥人才的作用，人才的管理以及人才融合问题，更为关键，应制定更为详细的人才工作规划，提升引进的目标性。福建自贸试验区的人才工作重点在于引进后的融合培养，并吸引人才长期驻留，发挥其才能，避免盲目无序。

2. 营造良好的营商环境

进一步降低市场准入门槛，促进管理与协调，进而提高行政执行力。首先，福建自贸试验区要不断优化营商环境，加强区内基础设施、仓储配套等，与运输服务领域开放协调，进而完善物流管理机制。其次，完善自贸试验区内的生活环境等，为来闽就业、创业的台湾青年提供便利，在引进人才的同时留住人才。最后，不断加强知识产权保护，强化人才发挥才能的信心与决心。同时要加强配套协调意识，加强对台服务贸易和台资的调研，并做好本地企业调研，针对企业需求制定政府开放和配套政策，避免出现"有政无策"。一方面，硬件上积极投入，加强自贸区水、电、路、码头等基础

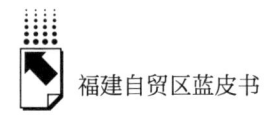

设施建设；另一方面，为人才引进加强衔接配套，逐步明确各领域人才引进的配套设施安排。

3. 推动大陆企业"走出去"

为促进闽台服务要素自由流动，合作不应停留在"引进来"，更要"走出去"。目前两岸经济水平差异正在逐渐缩小，2016年台湾GDP大约3.5万亿元，而2016年福建省GDP大约为2.8万亿元，而且福建省的经济增速大幅超过台湾增速。照此趋势估计，2018年，福建经济总量大概率将超过台湾。因而合作不应仅停留在招商引资，单方面开放各服务领域，福建自贸试验区可以将自身的优势输出。台湾曾是亚洲四小龙之一，如今陷入经济困境，而大陆近几年的换挡提速有很多经验值得台湾借鉴，优势输出的同时可以更好地吸引台湾服务商进入自贸试验区。虽然两岸服务企业多为中小企业，在服务贸易领域进行产业联盟有一定的复杂性，如存在联盟目标缺失、契约缺乏有效约束等问题，但可以通过建立服务业产业联盟的方式实现资源优化配置，加强合作，共同建立服务品牌，拓展市场营销渠道。

B.4
福建自贸试验区三周年产业发展的回顾与展望

福建自贸试验区成立以来，认真贯彻国家自贸试验区战略部署，顺应国际投资贸易发展新趋势，抓住"一带一路"建设、闽台深度合作的机遇，全面推进产业发展，跨境电商、现代物流、融资租赁、"互联网＋"等产业发展势头强劲，拉动福建经济规模壮大、质量优化和活力提升。

一 跨境电商产业

福建自贸试验区充分利用制度创新优势，特别是福州片区和平潭片区"海峡两岸跨境电商综合实验区"和"跨境电商保税进口"试点城市的政策优势，推动跨境电子商务业务迅猛发展。

（一）福建自贸试验区跨境电商产业发展状况

福建自贸试验区积极打造展示展销平台和跨境电商产业园，落实支持跨境电商发展的试验任务，构建跨境电商综合服务平台，完善跨境电商线下物流平台。

1. 打造展示展销平台和跨境电商产业园

福建自贸试验区利用国家海上丝绸之路战略和自贸区保税展示交易的政策优势，通过加大招商引资力度，发挥跨境电商产业扶持政策的虹吸作用，打造跨境电商展示展销平台和跨境电商产业园。福州片区打造利嘉保税直销中心、海丝商城、世创跨境电商产业园、海峡智贸城等展示交易平台。其中，利嘉保税直销中心重点引进6万平方米的"韩国城"、7万平方米的海

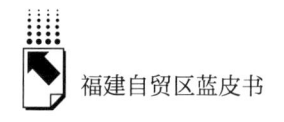

陆丝绸之路国家综合馆。海丝商城重点建设海上丝绸之路沿线国家和地区的商品展示馆，是福州片区推进与海上丝绸之路沿线国家和地区贸易便利化的重要试验载体。商城拥有两大基础设施配套优势，即1.5万平方米的进口食品检验检疫查验场和一个国家级进口食品检测实验室，是全国唯一配置国家级进口食品检测实验室的市场。世创跨境电商产业园依托世创大厦提供跨境电商相关的展示贸易、金融供应链、体验洽谈等服务。海峡国际智贸城以"中国自贸试验区精致生活引领者"为市场定位，以"中国自贸试验区会展经济综合服务平台"为战略定位，与会展经济紧密相连。此外，eBay和利嘉共同建设eBay福建跨境电商产业园，这是eBay全球首个专属产业园，也是我国首个跨境电商全产业链聚集园区。该园区致力于高起点、全方位打造商品、支付、运营、物流、融资、培训、翻译等产业链环节，完善福建省出口跨境电商闭环生态圈和全产业链，为跨境电商提供一站式服务。

厦门片区有夏商风信子、时福全球购、宝象商务中心、恒优国际、金淘惠源、沃洋优品、酩悦酒业、优传保税、欧颂酒业、跑街、欧食安、酒龙网、海捣网、跨惠通、E境·国际生活体验城、红星美凯龙、山姆会员店等商品展示交易平台。其中，夏商风信子进口商品直购中心是全国自贸试验区单体面积最大的直销中心，消费者在此可以享受全球同步的跨境商品直购体验。沃尔玛山姆会员店将汇集来自全球4000多种高性价比的优质商品。时福全球购主营来自世界各地的进口食品。此外，厦门片区跨境电商产业园着力构建围绕跨境电商产业链资源整合及信息数据化运营平台，打造涵盖物流、仓储、金融、数据信息化、物联网应用等各个服务环节的产业链服务基地。

平潭片区设立了福建海鸥跨境进口有限公司、平潭鑫海通达有限公司、岚台通电子商务有限公司等互联网企业海外采购总部，引进了利嘉集团、福建海丝路跨境电商公司等多家境内外知名跨境电商企业。平潭海峡跨境电商产业园致力于打造线上线下互相结合、电子商务产业链各环节协同发展的综合型服务基地，为中小企业和电商服务商提供产品展示、在线交易、仓储物流、商务办公、人才培训、技术交流、生活配套等综合性服务。

2. 落实试验任务，构建综合服务平台

(1) 落实支持跨境电商发展的试验任务

推进跨境电商相关制度创新，完善跨境电商公共服务平台。变革与跨境电商相适应的海关监管、检验检疫、跨境支付、退税、物流等制度，完善跨境电商公共服务平台。创新海关、检验检疫监管机制，启动"一次申报、一次查验、一次放行"的"三个一"通关新模式；在完成"一站式服务"的基础上，通过跨部门、跨业务的信息交换，实现"监管互认"。创新跨境电商通关监管模式，优化跨境电商商品备案模式和通关服务系统，建设涵盖跨境电商、邮件、快件的大通关服务平台。地方政府、海关、电子口岸共同建设跨境贸易电商公共信息平台，实现"电子申报＋电子审单＋同屏比对＋即查即放"监管新模式。整合相关监管场所，实现所有查验现场"一机双屏双控"。在海关特殊监管区域内，通过互联网进行事前、事中、事后供应链信息整合，实现跨境电商 B2B 模式线下展示交易店和保税备货仓集成一体的商品"存、展、销"一站式经营。打造标准化退税流程，规范操作出口退税审核审批退库等环节，确保符合条件的出口退税款及时退付到企业。扩大出口退税无纸化管理试点，方便企业实现网上退税申报。

支持开展 B2B 业务和跨境 O2O 线上线下业务。支持传统外贸企业开展 B2B 业务，引导传统企业开展境外直采、网上分销模式。支持企业在境内外设立展示体验中心，引导企业开展跨境 O2O 线上线下业务。支持企业应用保税仓开展进口货物的跨境 B2C 业务。推动与大龙网、敦煌网、跨境联盟、好海淘、海屹商城、英联邦集团、利嘉"国际购"、天猫国际、网易考拉、通拓科技、京东等国内重要电商平台接洽，将平台的线上资源与自贸试验区外贸企业的线下服务相结合。探索建立跨境电商业务统计体系，包含一般出口系统、直购进口系统、邮件系统的 E 邮宝、个人物品系统、出口小包、进口小包等业务。

(2) 构建跨境电商综合服务平台

跨境电商综合服务平台由电商交易平台、电商通关服务平台和电商通关管理平台等三个子平台组成。跨境电商综合服务平台推动跨境电商、跨境电

145

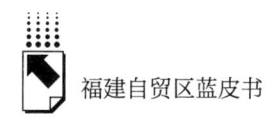

商平台、物流企业、支付企业等关联企业与海关、国检、国税、外管等政府监管部门实现无缝对接,通过信息的互联互通增强业务数据的真实性与准确性,减少跨境电商业务的中间环节,提升企业经营效率。其中,电商交易平台是经海关认可且与海关联网的平台,主要为跨境贸易电商提供货物交易、支付、配送等服务[①]。电商通关服务平台主要实现企业与海关、国检、国税、外管等相关管理部门之间的数据交换和信息共享。电商通关管理平台主要实现跨境贸易电商交易、仓储、物流和通关环节的电子监管执法,提升跨境电商企业业务效率和操作的合法性。

3. 完善跨境电商线下物流平台

(1) 建设跨境电商线下监管中心

福建自贸试验区积极运用区内海关监管"先进区,后报关""批次进出集中申报"等便利化创新举措,推进跨境电商线下监管中心建设。区内根据跨境电商发展规划在特定区域设立跨境电商线下监管中心,按照关检监管要求完成监管仓建设和验收,吸引跨境电商企业入驻,做大跨境电商的流量。目前,福州片区已建成利嘉、福州出口加工区和优联、长乐机场优购等4个跨境电商货物监管中心。厦门片区在海沧园区建成厦门跨境电商监管中心,开展"互联网+保税展销"模式业务,采用"前店后仓"监管模式。平潭片区跨境电商监管中心启动直购业务,建立了从下单、发货、查验、通关到物流的一条龙"绿色通道"。

(2) 建设服务于跨境电商的现代物流

福州片区利嘉国际物流园一期、捷威仓储物流中心建成并投入使用,德国物流巨头爱马仕航空物流项目落地,设立机场邮政及快件监管中心,通过对接俄罗斯罗西亚航空、乌拉尔航空,合作开通榕欧空中快线,打通榕欧空中物流通道。榕金公司在美国、阿根廷、澳大利亚、印度尼西亚等国设立华侨采购联盟,为海外中餐馆、超市提供跨境生鲜食品供货配送服务。厦门片

[①] 中国(福建)自由贸易试验区福州片区管理委员会:《跨境电子商务》,http://www.fzftz.gov.cn/show.aspx?ctlgid=237423&Id=1498。

区已入驻多家与跨境电商配套的物流企业,包括顺丰、中外运、DHL、高捷物流等国际快件资质企业。邮立达、俄顺通、喜孚等3家企业在美国、俄罗斯设立6个海外仓,为有跨境B2B2C业务的企业提供服务。厦门片区发展跨境电商"台湾备货、直邮厦门"模式,制定海运快件补贴政策,发展两岸海运快件业务。平潭两岸快件中心是福建省首个集海运快件、跨境电商保税备货、直邮购物监管功能于一体的物流中心,同时兼具保税仓库功能。平潭片区在台北港区设立大陆在台首个公共仓,开展快件业务分拣打包和配套服务,链接台北桃园机场,服务两岸快件海空联运。

(二)福建自贸试验区跨境电商产业发展存在的问题

福建自贸试验区跨境电商在取得积极成效的同时,也存在缺乏长远规划和整体合作、金融支持力度不够、跨境电商专业人才匮乏等问题。

1. 各片区产业发展缺乏长远规划和整体合作

跨境电商产业带动了各片区所在区域的经济增长,而且带动效果相当明显。然而,福建自贸试验区各片区在发展跨境电商产业的过程中未能充分考量自身的区位优势、增长要素和战略要素,未能将短期计划和长远规划有机融合,这势必影响跨境电商产业对区域经济增长的长期效应。此外,各片区在发展跨境电商产业过程中存在沟通不畅等问题,使得整体合作层次不高,在功能定位、制度创新、平台建设等方面缺乏对接。

2. 金融支持力度不够

为加快跨境电商业务的发展,民生银行在厦门片区设立了新兴支付清算中心,为跨境电商提供支付清算、衍生金融综合服务。平安银行、光大银行为跨境电商提供全套的网络金融服务。在福州片区内,中国银行推出"中银跨境E商通"产品,专门为跨境电商企业提供全流程电子化综合金融服务。建设银行在善融商城上创立"福建自贸试验区跨境购",以实现客户资源的共享和自贸区银企合作业务创新。但总体而言,福建自贸试验区的金融创新举措滞后,很多创新举措并未真正落地。这导致区内跨境电商企业特别是中小企业融资渠道和方式单一,融资难问题未能得到有效解决,运转资金

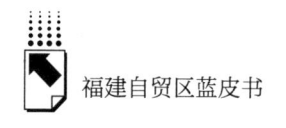

不够充足，影响企业的长远发展。

3. 跨境电商专业人才匮乏

跨境电商产业涉及物流、金融、贸易、通关、服务等多领域，跨境电商所需要的专业人才是掌握一定外语技能、熟悉跨境电商网络营销业务、快速通关业务以及物流运营业务的复合型人才。此外，今后跨境电商必然朝着与国际接轨的方向发展，跨境电商专业人才必须具备全球化视野和国际化能力。然而，目前从事跨境电商的大学应届毕业生主要来自于国际贸易、电子商务、外语和国际商务等专业，在工作中通常存在解决实际问题的能力不足、专业知识不扎实、视野不够宽广等问题。

（三）推进福建自贸试验区跨境电商产业发展的建议

为推动福建自贸试验区跨境电商产业做大做强，各片区应重视长远规划和整体合作，提升跨境电商金融服务水平，加强跨境电商专业人才的引进和培养。

1. 重视长远规划和整体合作

福建自贸试验区各片区应明确自身的区位优势、增长要素和战略要素，根据《中国（福建）自由贸易试验区总体方案》和《中国（福建）自由贸易试验区产业发展规划（2015~2019年）》的要求，对区块跨境电商功能定位、重点领域、主要任务、关键要素、建设路径等进行规划和管理。同时，提升各片区在基础设施、规则制度、信息与资本流通、人员交流、服务网络和相关配套产业链等领域的整体对接和合作水平，充分利用各区块差异形成各具特色的展示平台，实现优势互补，激发内在经济动力，形成良性竞争与合作共赢的发展态势。

2. 提升跨境电商金融服务水平

福建自贸试验区应根据2015年人民银行发布的福建自贸试验区"金改30条"的指导建议，积极推进和实施扩大人民币跨境使用、外汇管理改革、自由贸易试验区账户管理体系等，帮助区内跨境电商企业以更低成本取得境外资金。同时，充分运用金融政策工具引导金融机构搭建金融服务平台，为企业提供无抵押无担保信用贷款，为中小企业提供集进出口在线支付结算、外汇保值增值、跨境商户撮合、跨境融资为一体的全流程服务。鼓励互联网金融公司利用互联网手段探索债权众筹、股权众筹、回报众筹等前沿金融产品和服务，拓展跨境电商企业的融资渠道。

3. 加强跨境电商专业人才的引进和培养

各片区应充分利用政策优势，依据《关于加强中国（福建）自由贸易试验区人才工作的十四条措施》和《中国（福建）自由贸易试验区引进高层次人才行动计划（2015～2017年)》的规定，加强跨境电商专业人才的引进，对引进的海内外电商高级管理人才、高端营运人才、核心技术人才，提供创业、医疗、投融资担保以及个人住房、子女入学等优惠政策。高校应重视跨境电商复合型人才的培养，开设涵盖跨境电商产业链的相关课程；支持高校、科研院所、电商协会、专业培训机构合力为跨境电商企业开展专题培训，强化高校与跨境电商企业的产学研合作，为福建自贸试验区跨境电商产业发展提供坚实的智力支持。

二 现代物流业

福建自贸试验区包括海沧港区、东渡港区、江阴港区、平潭港区等全省港口、岸线、航线资源较为优越的港区，拥有67个万吨级以上深水泊位。优越的港口以及福州、厦门空港为航运、物流、贸易的发展奠定了坚实的基础。同时，原有的国家级综合改革试验区和保税港区、保税区等多种形式海关特殊监管区也已经初步具备了投资贸易自由化、便利化和规范高效运作的服务软环境。随着福建自贸试验区的设立，通过制度创新，区内物流业发展的政策环境将持续改善。自贸试验区以"开放发展"和"全面合作"为方向，在投资准入政策、货物贸易便利化措施、扩大服务业开放等方面先行先试，率先实现区内货物和服务贸易自由化，为福建物流业发展提供了重大机遇。除此之外，自贸试验区内的税收优惠政策、金融支持政策、良好的国际经商环境、审批手续的便捷化都为福建物流业发展创造了有利条件。

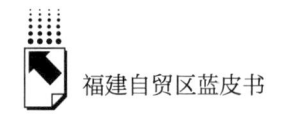

（一）福建自贸试验区现代物流业发展现状

1. 积极打造区域性国际航运枢纽

三年来，福建自贸试验区探索航运、物流便利化的制度创新，发展国内外中转服务、基础航运服务、高端航运服务、航运与船舶交易，致力于打造东南沿海"海陆双向"辐射"一带一路"的国际航运枢纽大港。在全国率先实施船舶进出境"一单四报"和船舶证书"三合一"并联办理举措，创新推出"开放式申报＋验证式监管"的国际航行船舶供水检验检疫模式，获批为中资"方便旗"船回国登记船籍港。

江阴港 2017 年新开通"印尼线""马尼拉线""越泰线"等航线，"海丝"航线已达 6 条；构建福州—营口—满洲里—欧洲海铁联运货物通道，并实现市场化运作；成功引进了广东立海物流、洋浦中良等内贸新船东，大力拓展江阴港区远洋干线、加密海运支线网络，强力推动集装箱、进口整车、散杂货、海铁联运、临港特色物流园区五大业务板块的相互促进和融合，构建"港—航—陆"综合服务体系；启动了内外贸同船运输及国轮捎带业务，新增闽赣间集装箱班列及外贸铁海联运班列等，开启了省内冷链物流运输新模式，有力地促进了湘、赣、闽三地货源良性互通，保障了港口吞吐量快速提升。2017 年底，江阴港集装箱海铁联运首次突破两万标箱；2017 年 1~11 月，铁路货运量 1.77 万车皮、53.4 万吨，分别同比增长 200.99%、165.28%；2017 年 1~11 月，集装箱吞吐量 140.99 万标箱，同比增长 11.27%[①]。厦门片区出台降低货物港务费、港口设施保安费、引航费等清费降负举措，每年为货主和航商节约费用近亿元。全国首创"进口直供、保税供船"监管模式，构建邮轮物供快速通道。2017 年 1~11 月，集装箱完成 908.68 万标箱，同比增长 7.8%。

2. 大力拓展互联互通合作空间

福建自贸试验区主动连接"一带"与"一路"，注重"引进来""走出

[①] 中国（福建）自由贸易试验区门户网站，http://www.china-fjftz.gov.cn/。

去"有机结合，积极打造国家物流新通道。从贸易平台、通关协作、设施互联等方面加强与"海丝"沿线国家和地区的联系，成为21世纪海上丝绸之路沿线国家和地区开放合作新高地。

加强"一带一路"商贸物流。设立全国唯一的中国—东盟海产品交易所，对海交所会员企业实施"信用监管+风险管理"，加快施检放行速度，推动海产品交易规模不断做大，海交所已发展境内外会员198家、交易商2550家，线上交易总额7282亿元，现货交易额超8亿元[①]。

开通空中物流通道。德国物流巨头爱马仕航空物流项目落地福州片区，设立机场邮政及快件监管中心，并对接俄罗斯罗西亚航空、乌拉尔航空，合作开通榕欧空中快线，打通榕欧空中物流通道。榕金公司在美国、阿根廷、澳大利亚、印度尼西亚等国设立华侨采购联盟，为海外中餐馆、超市提供跨境生鲜食品供货配送。

运行台闽欧班列。平潭已试运行对接台湾的台闽欧班列，集装箱货柜由台湾经平潭中转历时20天、跨越1.1万公里抵达德国汉堡，较海运节省时间15~30天，较空运节省费用80%。中欧（厦门）班列海铁联运正式运行，2017年1月1日至12月18日，累计开行118列、8026标箱，货值20.41亿元，开启了东南亚至亚欧物流新通道[②]。

3. 加快物流园区建设

福建充分利用自贸试验区制度创新优势和保税港区政策功能优势，加快物流基础设施建设，利嘉国际物流园一期、捷威仓储物流中心建成并投入使用，区内已建成冷链仓库库容超50万吨，开展出口拼箱、进口分拨、贸易配送和城市配送等物流运作，2016年为冠捷电子、华映光电、福耀玻璃等大型制造企业提供85亿美元的物流配送服务，在服务福建省、福州市经济发展中发挥了重要的"纽带"和"通道"作用。

---

① 福建自贸试验区：《构建榕满欧货运通道 福州至欧洲空中快线将开通》，http://news.cnr.cn/native/gd/20170814/t20170814_523899843.shtml。
② 《2017年厦门市物流产业稳中有升》，《厦门日报》2018年1月5日。

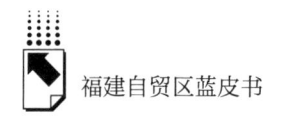

4. 深化对台物流合作

福建自贸试验区率先实施"源头管理、口岸验放"等两岸商品快速验放通关模式,率先采信台湾第三方认证和检测结果,始终保持对台物流合作的领先地位。厦门口岸台湾食品进口批次占大陆的一半以上,进口台湾水果占大陆的八成。

全国首创冷链物流服务标准化制度,推动现代物流业升级发展。在厦门市政府和行业协会、企业的共同努力下,冷链物流已成为自贸试验区的重点产业集群之一,冷链容量大幅度增大,为试点前的四倍,总容量达30万吨,方便台湾水产品、农产品、食品等在闽南的流通,促进了两岸水产品的交易,成为两岸冷链物流集散中心。目前有6个合作项目已投入使用,更多的项目还在谈判、论证、规划、设计、建设中,吸引台资2亿多元人民币,已完成项目投资近6亿元人民币,未来将有更多的两岸冷链配送相关项目进入实施阶段。

(二)福建自贸试验区现代物流业发展障碍

1. 物流改革创新系统集成不够

自贸试验区物流创新举措大部分是由单个部门推出,多部门协同创新少,制度创新存在碎片化。各部门创新举措推进不同步,部门间政策联动性和统筹推进力度不强。另外,福建自贸试验区在综合运输体系构建也很不完善。由于国际经济活动处在多种物流环境中,加上缺乏全省统一规划,自贸试验区物流供应链在综合运输系统方面不尽合理。特别是海铁联运、公铁联运等未能发挥应有作用,货量分散、竞争力不够等问题尤为突出。缺乏系统集成也造成集疏港、铁路优势展现不够明显。

2. 物流辐射功能有限

福建在改革开放深化中已然形成以福建自贸试验区为主导的区域经济一体化思路,在这种思路导向下,自贸试验区的辐射功能应得到高度重视。但目前区域物流辐射功能未能得到发挥,更未能全面考虑到内陆腹地布局、海外物流衍生等问题。福建自贸试验区现代物流业发展不足,总体规模较小,缺乏大型尤其是跨国物流企业，国际第三方、第四方物流企业比较少，产业优势不够明显。物流业依旧以货代、仓储、运输等传统业务为主，国际采购、国际中转、商品展示等高附加值环节有待加强。物流费用占 GDP 比重高于周边省份，物流周转慢、成本高。

国际市场和经济腹地有待进一步拓展。一方面，福建自贸试验区的国际市场主要是欧美、东盟等，与拉丁美洲、大洋洲、非洲等交流合作较少，尚有较大国际市场开拓潜力。海沧港区、东渡港区、江阴港区等主要港区处于香港、深圳、上海、高雄等国际性和区域性集装箱干线港的合围中，竞争激烈，发展空间受挤压。另一方面，港口经济腹地主要是福建全省、粤东、粤北、江西、湖南等地，发展水平和经济规模有限，其他内陆省份市场需进一步加速拓展。国际市场份额和腹地经济规模及水平影响了航运物流和国际商贸的发展壮大。

3. 对台物流合作受到台湾政治因素变化的影响

海峡两岸经贸关系历经多年发展，取得了显著成效。近年来，在亚太区域经济合作总体呈加速态势的同时，曾经紧密的两岸经贸合作却背离国际趋势，令人遗憾地呈现不断减速迹象。台湾当局在"重国际轻两岸""重美日轻大陆"与"重南轻西"的方向引导下，全力推动旨在"远中、去中"的"新南向政策"，导致两岸关系陷入困境僵局。受台湾政治因素变化影响，两岸经贸合作交流机制受挫，两岸经济合作框架协议已实际停摆，对台先行先试难以推进。两岸政企无法有效推进下阶段物流产业的合作与协调，解决现阶段产业竞合等重要问题的基础受到严重削弱。

4. 具有国际视野和从业经验的高层次物流人才缺乏

自贸试验区的建设以及我国相关优惠政策的推出实施，将带动新一轮外资企业涌入热潮，吸引大批跨国公司入驻自贸试验区进一步发展业务，需要大量复合型国际物流人才。目前物流专业人才缺口巨大，具有国际视野和从业经验的高层次物流人才供给严重不足，无法对自贸试验区物流业的发展形成强有力的人才支撑。

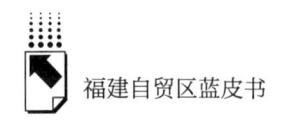

（三）福建自贸试验区现代物流业发展建议

1. 加快面向"一带一路"的互联互通国际通道建设

加快构筑中欧海、陆、空"三位一体"跨境物流体系。一是重点建设福州、厦门门户枢纽机场，进一步加强与俄罗斯乌拉尔等欧洲航空公司合作，开辟更多榕欧空中快线，并力争实现常态化执飞。二是促进榕欧海铁联运线路稳定运营，做大做强中欧（厦蓉欧）班列、中亚铁路班列，争取增辟福州——新疆——欧洲班列。三是发挥区域性国际航运枢纽的辐射功能，加密东南亚、中东等近洋海运航线，延伸拓展欧美远洋海运航线，加快拓展非洲和拉美地区海运航线。

2. 进一步培育壮大物流业竞争力、辐射力

完善"自贸+"产业平台推进机制。由自贸办督导产业平台牵头单位协调相关单位开展调研、咨询及召开专题协调会，制定出台扶持现代物流业的发展政策，针对性招商引资、培育优化运营主体，推进物流业支撑项目建设。

三个片区强化特色，联动发展。强化福州、平潭、厦门三个片区的各自特色、不同定位，通过有序分工和优势互补，实现差异、协调发展，形成福建自贸试验区物流业的整体合力。加强区内、区外的合理分工和联动，做大做强国际航运物流，发挥对台物流优势。

增强互信，深化两岸物流合作。两岸政府要共同努力，相互协商、增强互信，充分认识两岸合作的重点在于实现双方利益的最大化，实现双赢，坚持"经济发展优先"原则，进一步深化两岸经贸合作。加快建设两岸农渔产品集散中心、两岸中药材仓储交易中心，拓展商贸交流的载体。发挥基隆港、厦门港等试点港口和城市的示范带头作用，探索总结成功经验并加以推广，提升两岸物流的产业竞争力。

3. 探索建设自由贸易港

十九大报告提出，"赋予自由贸易试验区更大改革自主权，探索建设自由贸易港"，为自贸试验区新一轮的跨越式发展指明了方向。要以习近平新

时代中国特色社会主义思想为指导，深入贯彻十九大精神，认真落实党中央、国务院决策部署，推进对中国特色自由港战略构想的理论探讨和工作探索。对标国际先进规则，建立更高标准、更高水平的监管体制。加快建成投资贸易自由、规则开放透明、监管公平高效的高标准港区，打造开放层次更高、营商环境更优、辐射作用更强的改革开放新高地，推动自贸试验区建设全面升级①。

三 "互联网+"产业

随着互联网技术的不断发展，"互联网+"产业逐渐成为经济发展的新业态，对传统产业发展模式进行革新，依靠互联网技术塑造经济发展新模式，将各传统产业深入融合到互联网平台中，实现经济的内生转型以及经济发展模式创新。自贸区是商品、资本、服务、技术、人才等生产要素自由流动的综合性平台，其发展和壮大离不开互联网技术的支持，"互联网+"产业的发展将进一步深入各国要素流通环节，进一步开放市场、实现商贸自由往来和投资便利化、达成互惠互利目标。

（一）福建自贸试验区"互联网+"产业状况

1. 以"互联网+"助推传统产业重组与升级

作为海峡西岸经济发展的枢纽、海上丝绸之路的起点与全国对台自由贸易的重要窗口，福建承载着加强对台经济合作的重大任务，在经济发展下行压力下，为确保区域经济稳健增长，福建省经济发展方式亟待转变，产业结构转型升级迫在眉睫。基于此，为寻求传统产业转型突破口，福建自贸试验区以互联网和相关高端技术的运用为前提，力求从体验、感知与传播三个维度推动福建省"互联网+"经济，在经济新常态下寻求转型升级的有效路径。具体表现为利用云计算、大数据等互联网

---

① 林在明：《多维度探索　建设自由贸易港》，《福建日报》2018年1月8日。

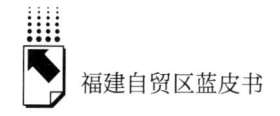

技术助推福建省传统农业、工业、商贸、物流等产业的重组、转型与升级。在工业方面，积极推动互联网与智能制造业协同发展，将物联网产业作为推动产业转型升级的主攻方向；在农业方面，鼓励企业建立现代农业服务平台，为用户提供综合性的农业信息与现代农产品，转变农业生产方式，促进农业信息化发展，加快发展如生态庄园、农家乐、采摘园等集休闲、旅游、商业和信息化为一体的休闲农业；商贸方面，扩大电子商务的辐射范围，鼓励企业根据消费者需求生产创新性和个性化产品，并提供定制化服务，促进电子商务应用进一步深化；交通物流方面，构建全国性的物流信息共享与交易平台，采用信息化的物流配货模式，通过网络可以随时查看物流进度，最大限度地节约物流成本与时间，切实推进物流产业高效化发展[1]。

2. 与新兴产业结合，创新发展力度不断加大

福建自贸试验区不断尝试和努力促进互联网与旅游服务、融资租赁、文化传播、高端制造业等领域的融合发展。近年来，物联网、航空维修、跨境电商、融资租赁、保税展示等新产业在福建自贸试验区加快发展，逐步形成新兴产业聚集区域。承接对台经济合作与共同发展的重要使命，福建省推出以两岸经济合作发展为主旨、互联网融合金融服务的新模式，规避金融风险、完善融资机制，提出金融创新的具体路径，支持台湾同胞及海外侨胞共同参与福建省海上丝绸之路及自由贸易试验区建设，实现合作共赢。福建省互联网经济高速发展，根据福建省政府发展研究中心的数据，福建省互联网经济水平居全国前列，其中，全省互联网从业人员超过50万人，包括金融服务、旅游贸易、文化传媒等新兴互联网业态得到了蓬勃发展[2]。另外，其他相关产业在互联网技术支持下也取得了骄人成绩。例如，过去两年物联网累计产值超过500亿元，航空维修占国内总产值的1/4，成为全国

---

[1] 吴媚秋：《八闽迈入"互联网+交通物流"新时代》，《福建日报》2015年6月30日。
[2] 李珂、林侃：《互联网经济风行福建，总体发展水平位于全国前列》，《福建日报》2015年3月18日。

三大飞机融资租赁集聚区之一，跨境电商实现进出口货值 36 亿元[①]。互联网与各新兴产业的融合促进了各产业的规范发展和良性互动，并大大提升了福建自贸试验区的创新发展与闽台融合发展程度。

3. 闽台产业对接与贸易往来不断加强

福建自贸区实现了对台服务贸易、电信和运输服务、商贸服务、建筑业服务、产品认证服务、工程技术服务、专业技术服务等 7 个领域的开放。在产业扶持、科研活动、品牌建设、市场开拓等方面，支持台资企业加快发展。推动台湾先进制造业、战略性新兴产业、现代服务业等产业在自贸区内集聚发展，重点承接台湾地区产业转移。支持自贸区内品牌企业到台湾投资，促进闽台产业链深度融合。探索闽台合作研发创新路径，合作打造品牌，合作参与制定标准，拓展产业合作价值链，对接台湾自由经济示范区，构建双向投资促进合作新机制[②]。

（二）福建自贸试验区"互联网+"产业发展存在的问题

1. 闽台两岸经贸对接与产业联络平台仍需完善

就目前而言，海峡两岸经贸往来日益频繁，产业合作的趋势良好，但由于闽台双方在政治体制、经济合作方式、贸易传统等方面存在较大差异，双方深入的贸易合作受到阻碍。福建自贸试验区的成立旨在建立两岸良好的经贸合作关系，同时进一步推动实现祖国大陆与台湾的政治和平。由于政治形势的复杂性和政治机制差异，福建自贸试验区在落实具体对台政策时遭受不小的阻滞，闽台互通随着政治形势的转变而变化，这在很大程度上影响了福建省对台政策的实施效果。双方在贸易对接和产业连接方面持续呈现不稳定状态，经贸沟通平台缺乏稳定性和完善性。

---

① 《福建自贸试验区开放效应凸显，多项改革成果在全国复制推广》，台海网，http://news.163.com/17/0521/09/CKUT0T3I00014AEE.html，2017 年 5 月 21 日。

② 《国务院印发福建自贸试验区总体方案，支持企业赴台投资（二）》，中国新闻网，http://news.163.com/15/0420/10/ANKV9BG600014JB6_2.html，2015 年 4 月 20 日。

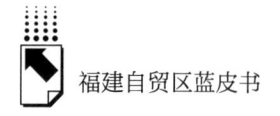

2.互联网与传统产业信息共享平台仍未健全规范

目前,福建省在互联网技术、产业融合等方面已取得了实质性发展,为互联网与各产业深入融合及协同发展打下了坚实基础,但也存在不少问题。例如,传统行业企业互联网意识不强、技术创新能力不足、缺乏创新型人才、互联网技术与某些传统产业融合程度低以及政府决策盲区和机制体制阻碍新业态的发展等,导致互联网与各领域相互融合过程中出现了一系列问题。农业方面,"三农"问题未得到妥善解决,土地制度缺乏完善机制、农村社会矛盾突出、传统农业生产方式落后、农民互联网意识薄弱等问题决定了互联网与现代农业的融合将阻碍重重;商贸服务方面,以跨境电商为主的经贸往来已超过传统实体销售,并呈现持续增长态势,但相关市场机制和法律规范仍未完善,导致市场混乱和无序现象频发。另外,高端创新型产品贸易与互联网共享平台未完全开放,融合发展效率较低;在物流方面,随着电商的异军突起物流业发展十分迅速,我国物流费用占国民生产总值的比重远远高于发达国家,福建省的物流总量也居全国前列。然而,和物流总量相比,福建的物流效率却比较低下,其物流的供应、运作、规模以及所占的市场份额等与我国其他一线城市以及发达经济体的平均水平仍有不小差距。总体来看,福建自贸试验区尚未建立起完善的数字化、智能化、网络化的现代物流,这是物流效率低下的主要原因之一。

3.第三产业发展滞后,互联网助推产业转型升级后劲不足

与我国其他自由贸易试验区相比,福建自贸试验区仍有很大的发展空间。福建省企业整体水平仍相对较低,第三产业发展相对滞后,产业结构不完善,贸易结构转型遇阻。此外,随着我国劳动力成本的不断提高,高端人才资源严重缺乏,福建原来具有优势的制造业企业在国际上的竞争力日趋削弱[1]。福建自贸区的成立旨在助力企业增强活力,稳定市场份额,提高市场

---

[1] 刘文图、侯秀英等:《福建自贸试验区的现状及对策研究》,《经济与管理》2017年第7期。

竞争力，但由于福建第三产业发展滞后，产业结构转型升级遭遇瓶颈，自贸区的进一步发展受阻。通过数据对比得知：福建省第三产业占全省GDP比重从2005年的39.92%提高至2016年的43.17%，其间多有波动，但基本保持稳定，说明福建省的第三产业发展速度较为缓慢。从产业对经济增长的贡献来看，2005~2006年第三产业对经济增长的贡献率处于较高水平，2007~2014年总体呈现下降趋势，2011年贡献率甚至降至30%以下，2015年起，福建第三产业对经济增长的贡献率迅速上升，并均保持在50%以上，说明福建省第三产业对经济的驱动作用明显增强，成为福建经济增长的主要动力（见表1）。但由于一直以来福建省第三产业总体产出处于均衡状态，未有明显增长，第三产业滞后必然导致经济增长疲乏。因此，加大对第三产业的资本、创新投入和技术支持，以产业转型升级刺激经济的持续稳健增长显得尤为重要。

表1　2005~2016年福建省生产总值及第三产业比重、贡献率

年份	第二产业（亿元）	第三产业（亿元）	福建省生产总值（GDP）（亿元）	第三产业占全省GDP比重(%)	第三产业对经济增长的贡献率(%)
2005	3175.92	2551.41	6554.69	38.92	45.7
2006	3695.04	3022.83	7583.85	39.86	45.0
2007	4476.42	3770.00	9284.53	40.60	38.1
2008	5318.44	4346.40	10823.01	40.16	37.4
2009	6005.30	5048.49	12236.53	41.25	39.3
2010	7522.83	5850.62	14737.12	39.70	30.0
2011	9069.20	6878.74	17560.18	39.17	29.5
2012	10187.94	7737.13	19701.78	39.27	30.7
2013	11329.60	8664.66	21868.49	39.62	32.4
2014	12515.36	9525.60	24055.76	39.60	30.8
2015	13064.82	10796.90	25979.82	41.56	50.5
2016	13844.96	12310.97	28519.15	43.17	56.0

数据来源：《福建统计年鉴（2017）》。

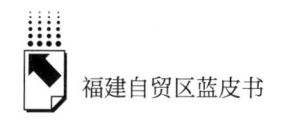

（三）福建自贸试验区"互联网+"产业发展建议

加快互联网与各领域的联动互通，促进互联网技术与各产业的深度协同发展，充分发挥"互联网+"对经济稳增长、结构转型以及普惠民生、严防风险的重要作用，实现"互联网+"产业的智能化、数字化、可视化，促进互联网与各产业的相互融合与协同发展，完善各产业网络信息共享平台①。

1. 深化互联网与各产业协同合作与改革创新

伴随全球新一轮产业变革与科技革命，互联网技术参与各产业改革与创新过程已成为社会发展的必然趋势，互联网在各个领域的运用潜能巨大、前景广阔，对世界各国经济产生广泛影响。将互联网的创新技术成果运用到各个领域，与各产业进行深度融合，通过技术进步、效率提升和组织变革提高社会整体创新力和生产力，从而形成以互联网技术为基本载体的社会经济发展新形态。基于此，福建自贸试验区应利用我国互联网已形成的发展优势，把握时代机遇，大力推进"互联网+"经济，加快互联网与各产业的融合共促，不断激发创新活力，重塑创新体系，推出创新公共服务模式，培育"互联网+"新兴业态，增加公共产品、公共服务"双引擎"。以"互联网+"产业模式进一步带动福建自贸试验区发展壮大。在经济发展新常态下，以形成经济发展新动能为主旨的新业态，将引领新一轮经济增长，实现福建经济的提质增速。

——打造物联网产业基地。加快物联网产业孵化中心、物联网开放实验室以及物联网产业促进中心建设。推动物联网商用规模化，推动区内物联网企业与物联网开放实验室、物联网云计算中心对接合作。支持业内物联网龙头企业建设智能交通、智能支付、智能医疗、智能水务等特色应用平台，培育一批服务全国的龙头行业平台。

---

① 《福建发布"互联网+"行动方案，确定15个重点领域》，中国（福建）自由贸易试验区网站，http://www.china-fjftz.gov.cn/article/index/aid/3040.html，2016年3月4日。

——"互联网+现代农业"。利用互联网技术构建现代农业信息共享与交易平台，形成精密化、数字化、智能化的新型农业发展模式，转变农业生产方式，提高现代农业的生产、经营、管理效率，培育多样化的农业发展模式，加快传统农业向现代农业转型升级，形成示范带头作用。

——"互联网+金融创新"。加大互联网技术对金融业的支持，促进金融行业健康发展，全面提升互联网金融服务能力和普惠水平。支持区内金融机构和类金融企业提升业务创新能力，做大反向风险参贷、组合购汇、跨境直贷、跨境贸易融资、信用证境外贴现等自贸试验区特色业务流量。在获批建设福州自由贸易港前提下，探索发展离岸基金、离岸信托、离岸货币、离岸同业拆借等离岸金融业务。深化互联网金融平台、各类交易场所及其会员企业清理整顿工作，提升金融风险防范能力。

——"互联网+电子商务"。进一步巩固我国电子商务的优势，大力发展农村电商、行业电商与跨境电商。建设更完善的电商监管与服务平台，全面实现跨境电商采购、交易、支付、物流、溯源等功能。通过创新监管机制、完善平台功能、丰富商品品类、做大口岸流量，形成较为完善的电商产业体系。

——"互联网+交通物流"。加快建设跨行业、跨区域的物流信息服务平台，提高物流供需信息对接和使用效率。鼓励大数据、云计算在物流领域的应用，建设智能仓储体系，优化物流运作流程，提升物流仓储的自动化、智能化水平和运转效率，降低物流成本。

2. 充分发挥对台优势，建立以互联网为平台的两岸创新合作

突出先行先试，促进海峡两岸合作交流新突破。发挥互联网在两岸经贸交易和文化交流中的重要作用，推动两岸"互联网+"产业的顺利对接。争取设立两岸冷链物流示范区，推动两岸冷链物流业产业合作。推动台湾青年创业创新基地、船政文化产业园等载体建设，促进两岸文创产业对接。加强两岸科技创新合作，促进两岸电子信息、物联网等对接合作。

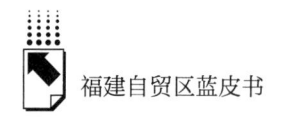

3. 加强与"一带一路"沿线国家和地区"互联网+"产业的交流对接

投资贸易合作是"一带一路"建设的重点内容。应着力构建福建自贸试验区与"一带一路"沿线国家贸易交流共享平台，发展跨境电子商务等新业态，创新贸易方式，扩大交易范围，提高商贸交流效率，进一步激发释放各国的合作潜力，挖掘新的贸易增长点。同时，推动与沿线国家的新兴产业合作，促进沿线国家加强在新一代信息技术、生物医学、绿色科技、新能源等新兴产业领域的合作，推动建立创业投资合作机制。

四 融资租赁业

融资租赁产业，是集融资与融物于一体的新型金融产业，能有效推动实体经济的发展。福建自贸试验区自挂牌以来，各片区一直在积极推动区内融资租赁产业的发展，为生产性企业在引进设备和优化资金流等方面提供助力，是福建融资租赁产业的主要集聚地。

（一）福建自贸试验区融资租赁业发展状况

1. 总量增长迅速，不断创新发展模式

福建自贸试验区融资租赁产业发展迅速，相比挂牌之前，区内注册的融资租赁企业数量增加明显，到2017年3月底已经达到719家，比挂牌前增加了702家，是原来的42.3倍。厦门片区自揭牌至2017年11月，累计引进了288家融资租赁企业，注册资本超过400亿元。到2017年底，福州片区内的融资租赁企业就已经达到585家，是挂牌前的53.2倍。与此同时，福建自贸试验区利用自贸区制度创新的优势，不断创新发展模式。一是首创周转材料租赁业务。福建子西设备租赁公司开展的周转材料租赁业务可以为企业节约大量的成本和时间，施工企业在异地施工时可以在异地存取设备和材料，大大降低了材料运输的压力和风险。二是首创"新三板快易租"融资租赁业务。福州片区的融信租赁公司针对新三板挂牌企业开展方便快捷的融资租赁业务，目前累计融资达13亿元。三是创新融资租赁企业对台跨境

人民币贷款业务。福建自贸试验区充分发挥其对台优势，凡在厦门片区注册成立的融资租赁企业，可以向台湾地区的银行业金融机构进行人民币贷款①。

2. 助推实体经济，业务范围逐步扩大

福建自贸试验区紧抓为实体经济服务这一着力点，不断扩大融资租赁的业务范围，促进融资租赁产业发展向价值链高端延伸，在诸多业务领域实现了零的突破，如船舶租赁、大型设备租赁、飞机租赁、公共交通租赁和医疗器械租赁等。厦门金圆融资租赁有限公司向福建省马尾造船股份有限公司提供海工船售后回租租赁业务，项目金额达1亿元。平强工程机械租赁有限公司提供了价值5000万元的工程机械设备融资租赁。福建自贸试验区厦门片区为本地和异地多家航空公司累计引进租赁飞机52架，金额近51亿美元，并同时开展飞机发动机和轮胎等租赁业务。福建明道融资租赁有限公司是福建自贸试验区内首家中外合资公共交通融资租赁企业，主要是开展绿色公交和新能源车辆融资租赁业务，整个业务流程涉及从车辆订制、智能化管理服务到车辆报废回收的全产业链。福建福之源医疗器械融资租赁公司是福建自贸试验区内首家医疗器械融资租赁企业，不仅开展医疗器械融资业务，还开展两岸医疗产业合作，目前已为省内民营医疗器械企业融资6亿元②。

3. 出台相关政策，支持融资租赁产业发展

福建省政府和自贸区各片区相继出台加快融资租赁业发展的实施意见和办法等相关文件，从鼓励企业入驻、拓宽融资渠道、经营贡献奖励、专才激励措施等方面提出具体的资金补助及奖励方式，助力融资租赁业发展。比如，平潭片区对入驻自贸区内的各类租赁公司，按实缴注册资本金分5年平均给予开办补助，其中，注册资本实缴5000万元至5亿元的，给予补助100万元；注册资本实缴5亿元至10亿元的，给予补助300万元；注册资本实缴10亿元以上的，给予补助500万元。

---

① 数据及资料来源：福建省金融办、福建自贸试验区官网。
② 资料及数据来源：福建自贸试验区官网。

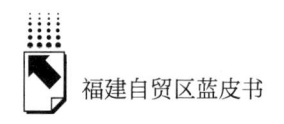

（二）福建自贸试验区融资租赁产业发展存在的问题

相比上海、天津自贸试验区融资租赁产业来说，福建自贸试验区融资租赁产业起步较晚，租赁业务产品结构简单，尤其是跨境融资租赁业务发展较为缓慢，同时资金问题、信息风险、租赁专业人才等也面临严峻的挑战。

1. 产品结构简单且跨境融资租赁业务发展缓慢

虽然福建自贸试验区融资租赁产业发展迅速，但相比上海自贸区和天津东疆保税港区融资租赁产业发展还存在差距。首先，福建自贸试验区融资租赁行业提供的业务产品结构单一。福建自贸试验区内直接租赁业务量占比相对较低，主要以售后回租业务为主，融资租赁的融物特征没得到充分体现，对实体经济的促进作用也就没有充分发挥出来。其次，福建自贸试验区跨境融资租赁业务发展较为缓慢，而上海自贸试验区和天津东疆保税港区跨境融资已经形成特色。比如，上海自贸试验区借助金融中心的优势，本土非金融融资租赁公司可通过金融租赁企业的子公司顺利实现境外融资；天津东疆保税港区则充分发挥港口和空港优势，重点发展以海外出口为主的国际融资租赁业务[①]。

2. 融资成本高致使同业竞争力较弱

福建自贸试验区内融资租赁企业的资金来源主要是银行贷款，大部分融资租赁企业面临境外融资机制不顺、融资成本高的困境。虽然自贸区出台了相关政策文件支持融资租赁业发展，但银行对融资租赁企业仅作为一般工商企业看待，没有明显的融资优势，对贷款条件仍然有较高要求。对于融资租赁企业来说，融资成本直接关系着企业利润，资本市场利率趋高会提高企业融资成本，企业的利润就难以保障，无法获得境外低成本资金的融资租赁企业就无法进行同业竞争。拿航空租赁业来讲，从人口基数与在役飞机数量来看，我国的航空租赁业有很大的发展空间。虽然福建自贸试验区厦门片区这

[①] 张亚欣：《辽宁自贸区融资租赁业发展政策研究》，《沈阳大学学报》（社会科学版）2017年第6期，第652~655页。

几年发展势头良好,已经有专业化的融资租赁公司逐步进入航空租赁市场,但受融资成本高的影响,福建自贸试验区在飞机融资租赁市场上拥有的份额相对较小,目前国内航空融资租赁业的大部分市场份额还是被境外租赁公司所垄断。

3. 承租人信息不透明导致风险控制压力较大

融资租赁企业的租赁物一般为中长期资产,如大型机械设备的租期一般在三年以上,一旦承租人的信息不透明,就会严重影响融资租赁企业的风险控制工作。在各类融资租赁公司中,目前只有金融租赁公司能够直接从中国人民银行企业信息征信系统查询承租人信息,而非金融融资租赁公司则无法查询。而在福建自贸试验区的融资租赁公司中,非金融租赁公司占有较大比重。这些租赁企业因无法直接登录征信系统查询,只能找合作的银行帮忙查询。有的租赁企业为节省成本,会直接要求客户自己提供查询结果,但一般客户在租赁初期会配合查询,后期客户通常不会再配合查询。由此,融资租赁企业的风险控制管理面临较大压力,成为产业持续健康发展的阻碍。

4. 融资租赁行业中专业的复合型业务人才缺口大

随着福建自贸试验区融资租赁业务量的不断增加,专业的高端租赁人才缺乏日益明显,对人才的争夺也更加激烈,这势必造成行业人员流动率过高,对企业发展带来不利影响。主要表现在两方面:一是复合型人才紧缺,二是行业内人员的流动很频繁。

(三)福建自贸试验区融资租赁产业发展建议

1. 产融结合推动融资租赁产业拓宽业务领域

首先,大力发展与福建经济结构相匹配的融资租赁行业。目前,福建自贸试验区在工程机械租赁、飞机租赁和船舶租赁方面已经初具规模,接下来可以逐步向旅游、教育、海洋开发、国际物流、服务贸易、高端医疗设备和大型重型智能化生产性装备设备等新兴租赁市场拓宽业务领域。同时,配合相应的鼓励政策,如可通过财税方面的优惠政策鼓励融资租赁公司拓宽业务领域,支持符合条件的融资租赁公司设立专业子公司和项目公司。其次,丰

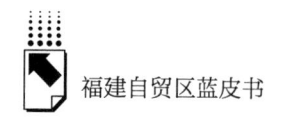

富融资租赁业务的产品结构,提高专业化水平。鼓励融资租赁公司开展联合租赁、杠杆租赁、创投租赁、委托租赁等创新型租赁业务,改变福建自贸试验区当前以售后回租为主的局面。再次,加大融资租赁在中小企业的应用推广力度。支持租赁公司开发适合中小企业特点的产品和服务,重点支持满足符合福建产业发展特色的中小企业的装备需求和融资需要。最后,福建自贸试验区融资租赁产业的发展,还需要突出"两岸"和"海丝"的特色市场定位,在"两岸"和"海丝"市场上提供差异化的融资租赁产品和服务。

2. 多渠道融资提升融资租赁行业竞争能力

利用跨境资金是降低国内资金成本的最好办法,融资渠道狭窄且融资成本高是福建自贸试验区融资租赁公司普遍面临的问题,采取跨境融资可以引进国外低成本资金支持实体经济发展。福建省政府相关文件已提出,"对设立在自贸区的内外资融资租赁公司在境外举借本外币资金,按净资产的一定倍数实行比例自律管理。支持符合条件的金融租赁公司借用外债"[1],自贸区各片区的相关政策文件也明确支持区内融资租赁企业通过境内外资本市场上市融资,但并没有其他的具体实施细则。上海和天津自贸区在跨境融资额度和期限等方面都作出了具体规定,可综合上海和天津自贸区的经验,结合福建实际,对融资租赁公司跨境人民币借款的额度、期限、资金使用范围以及是否必须设立自由贸易账户等作出具体的政策规定。

3. 完善政策规范,降低融资租赁企业的风险压力

可以利用自贸区制度创新的契机,通过完善相关政策法规降低福建自贸试验区融资租赁行业的风险控制压力。首先,建立针对自贸区融资租赁企业的征信查询制度。自贸区内非金融租赁企业能有金融租赁企业一样的权限,可以直接登录央行征信系统,企业就可以根据客户的信用等级来拟定合同条款,从而有效降低风险。其次,建立物权登记制度。在融资租赁行业中,承租人侵害出租人租赁物物权的情况时有发生,需尽快建立统一的物权登记平

---

[1] 资料来源:福建自贸试验区官网。

台，保护融资租赁企业的利益。最后，需对自贸区内各类融资租赁机构进行统一监管。在进一步放宽市场准入的前提下，对自贸区融资租赁企业加强事中和事后监管。对可能产生整体金融风险的业务，必须向银监会申请业务资格，接受银监会的严格监管。

4. 联合培养人才，完善人才引进机制

缓解当前自贸区融资租赁复合型人才匮乏压力，要加大人才培养力度，还要进一步完善人才引进机制。国内部分院校已开办或正筹备开办融资租赁专业课，而福建省内高校目前还没有进行融资租赁专业方面的建设。福建自贸试验区可以和省内高校合作，推进产学深度融合，培养一批兼具国际视野和专业能力的融资租赁业人才。在制度层面，相关部门可以联合设立融资租赁国家职称考核和评价体系，促进融资专业人才的职业梯队建设。福建自贸试验区还需进一步完善融资租赁人才的引进机制，确保人才引进来并能留得住。

五　整车进口

在我国，进口汽车可分两类：中规进口车和平行进口车。中规进口车，是指经"原厂授权"引进，即海外生产厂商通过直接授权给指定经销商进口到国内，且必须是根据中国的法律法规生产、面向中国市场销售的指定车型。而平行进口车，主要是区别于原厂授权进口渠道，即未经授权的经销商从海外汽车市场购买后，再进口到国内的非中规汽车或改装车。中规进口车和平行进口车最大的区别，是购买渠道和生产规格不同。中规车的购买渠道就是生产厂商；而平行进口车的购买渠道并不是直接向生产厂商购买，而是到海外生产厂商指定的授权经销商处，也就是4S店等销售渠道购买。另外，中规车的生产设计必须符合我国法律法规及国土环境等因素要求；而平行进口车的生产设计则不一定，根据进口地不同，可分为"欧版车""美规车""中东版车"以及改装车等等。因为平行进口车与厂商授权进口车是一种类似平行状态，二者并不冲突，故称之为平行进口车。

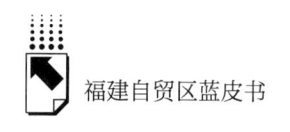

（一）福建自贸试验区整车进口发展状况

从 2014 年起，我国在多个自贸试验区内进行传统汽车销售政策改革试点，率先打破国外汽车品牌销售授权许可行为，鼓励国内的汽车贸易商直接到海外市场购买非中规车，并在中国销售，同时，要求相关汽车贸易商提供售后三包、质量保障、缺陷召回等服务。该项改革试点，不仅为传统汽车销售带来了竞争，也大大刺激了我国汽车市场供给，满足了国内不同层次的消费偏好。作为全国第一批整车平行进口试点单位，福州片区内的江阴港汽车整车进口口岸三年来取得了不俗的成绩。

1. 整车平行进口增速快

其实关于整车平行进口，福州江阴港早在 2011 年 11 月就以国家级保税港区的身份获得了国家整车进口口岸批准。到 2015 年 4 月，福建自贸试验区成立，汽车整车平行进口试点政策随福州片区落地，受国家级保税港区、整车进口口岸、自贸区等三重政策利好消息的影响，江阴港整车口岸发展驶入快车道，迅速吸引了全国 54 家汽车贸易商入驻。从 2013 年、2014 年、2015 年，到港进口整车分别是 360、2166、3878 辆，快速增加到 2016 年的 8311 辆，同比增长 114%。2017 年进口整车首次突破 1 万辆，同比增长 24%，连续三年进口量居全国 21 个口岸第 6 位、新批 13 个口岸第 2 位。同时，福建省平行进口汽车交易中心有限公司、福建江阴港银河国际汽车园有限公司跻身全国平行汽车进口量前 10 名。

2. 整车平行进口通关快

福州江阴港整车进口通关效率居国内前列。为简化口岸通关手续、优化通关流程，福建检验检疫局和福州海关在全国率先推出"整车进口一体化快速通关模式"和平行进口车"分线管理＋验证整改＋事后监管"辅助性整改措施。贸易公司可以在汽车从进口地装船离境运输途中，提前向海关申请开展预审价、预审单、预归类等相关实务，海关则提前确定审价、审单、归类等相关事项，这种提前申请、提前审核的通关方法，大大节省了汽车靠岸后申请、审核的时间。在单证齐全的情况下，检验、报关、检测等一系列整车进口通关流程实现了由早期的耗时3个半月、1个月，到2015年初缩短至1.5个工作日，再到现在的1个工作日内通关放行。

这样的高效运转为汽车贸易商提供了极大的便利，直接降低了从福州江阴港进口整车的平均车价。诸如保时捷、路虎、奔驰、宝马等大品牌的汽车，平行进口汽车销售公司的售价可以比4S店便宜10%~30%。

3. 整车平行进口平台多

对于整车平行进口行业来说，决定平行进口车竞争优势的众多因素中，除了国家的各类优惠政策、通关口岸高效的贸易便利化节约通关时间成本外，还需要产业链条的延伸，以及相关平台的打造。①码头仓储平台。高效的通关速度，吸引了众多的平行进口车贸易商入驻江阴港。为进一步推动整车平行进口业务，2016年福州片区重点推进了银河国际汽车园项目建设，建成了4.4万平方米的仓库，成为提升平行进口车辆承载力的有效保障。②汽车检验平台。相比全国其他整车平行进口试点口岸，福州江阴港成功打造了全国首家自贸区内汽车检测实验室平台，成为全国口岸首家通过中国合格评定国家认可委员会（CNAS）资质认可的实验室。港区内汽车检测实验室的成功搭建，不仅方便了平行进口车经销商的检测申请，同时也大大节约了平行进口汽车获得我国汽车销售3C强制认证和环保测试的时间，切实为平行进口经销商提供省钱省时的服务。③汽车交易平台。为促进平行进口车的销售，福州自贸区积极推进国际平行进口汽车交易中心平台的建设，以利嘉国际商业城为依托，吸引华菲名车会所、福建迅速汽车俱乐部等众多有实力的商家入驻，打造利嘉平行进口汽车保税交易中心，解决了其他口岸交易平台远离市区、不方便市民购车的问题。④汽车售后平台。对平行进口汽车来说，售后维修、保养、召回等是消费者普遍关心的问题。为解决这个问题，福州片区目前主要采取"谁卖谁负责"的方法，由经销商及其指定商户提供维修、保养、召回等后续服务。⑤汽车保险平台。为解决平行进口车的驾驶等风险问题，福州片区引入保险机制，通过与保险公司等的合作，解决平行进口车的交通事故、驾驶人意外事故等一系列风险问题。在福州海关以及国家检验检疫新政的大力支持下，福州片区利嘉平行进口汽车保税交易

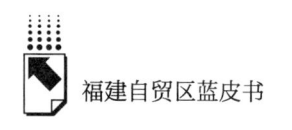

中心已经成为提供整车保税展示交易、售后服务、零配件、改装及维修、融资租赁、快修快保、检测、认证、评估、保险等服务的综合性平台。

（二）福建自贸试验区整车进口存在问题

1. 售后服务体系规范性仍有很大提升空间

平行进口车的售后服务是否得到有效解决，是影响平行进口车行业发展的关键问题。对于平行进口车来说，绕过众多厂商授权经销商和4S店，直接拉低了销售价格，吸引了消费者的关注，成为平行进口车的绝对优势，但跳过厂商授权的4S店，也意味着平行进口车不能享受到4S店规范、完善的售后服务。在福州片区整车平行进口产业链中，尽管不少平行进口经销商自己具有售后服务能力，或与第三方维修机构签署协议，以保证销售汽车的维修、保养等售后服务。即便如此，就落实情况来看，平行进口车与正常进口车在售后服务方面仍有天壤之别。诸如，第三方维修机构不合理、不规范的营业模式，或者平行进口车在第三方维修机构遭受与国产车、中规车不同的待遇，或者因为非中规车的日常养护零配件以及特殊零配件稀缺，导致拥有一辆平行进口车维修困难，再或者，如果遇到生产厂家针对某个问题对某地区某批次售出车辆进行召回，已经远离该地区的平行进口车则很难享受到厂家的召回福利。

2. 非中规车质量检验认证难度依然较高

我国相关法律及汽车管理制度规定，凡在我国使用的机动车辆必须符合我国强制性管理标准，且一定要获得我国关于进口车的3C质量检验认证。尽管近年国家陆续出台政策，简化平行进口车准入制度，解除数量限制，提出深化平行进口汽车强制性产品认证改革等，但简化主要集中在国内已有的中规车原车型和基础车型方面。鉴于此，多数平行进口车不得不以改装车的形式进入我国市场，改装成与中规车原车型或基础车型接近的车型，以便能够较快拿到该车辆的质量检测证书，节约资金与成本，但对未在国内获得质量检验证书的非中规车的基础车型，则必须进行严格的全项试验，以及工厂审查和原工厂检查。

而进行原工厂检查，对于小批量的平行进口车经销商来说，是一件非常困难的事情，要花费大量的时间和成本。正是这一原因，直接限制了平行进口车型的选择，为安全起见，经销商多数选择与中规车类似的车型进口，如 SUV。据统计，2017 年福州片区平行进口车型中，SUV 车型占 80% 以上，且以豪华 SUV 为主，直接导致福州片区平行车进口车型的单一化。

3. 传统厂商奋起反抗，市场竞争不容乐观

近年来，在国家一系列优惠政策的鼓励下，平行进口车行业风生水起，尤其是 2015 年 6 月发布《关于开展平行进口汽车三包责任保险试点工作的通知》以来，平行进口车与品牌 4S 店的竞争更加激烈。一些传统汽车厂商为应对国内汽车市场增速整体放缓趋势，以及平行进口车的竞争，国内各大品牌车企也纷纷开始加入价格大战。面对较小的价格优势，以及厂家提供的售后三包等一系列服务，直接削弱了部分平行进口车的价格优势。

为限制平行进口车，有些跨国汽车制造公司充分利用自己全球市场的垄断地位，对某些品牌汽车的最终销售目的地实施了严格控制。比如，禁止北美的经销商将车辆销售给中国的平行进口商，并且以调控全球区域市场为借口，联合一些美国联邦检察官和特勤局等执法人员打击平行进口，调查未经授权出口中国的相关车辆。还有一种竞争来自于其他整车口岸。我国整车平行进口口岸的实施已经存在了 13 年，从最早的 2004 年 5 月第一批天津新港、上海港、大连新港、满洲里等口岸获批，到 2011 年福州江阴港整车平行进口获得批复，再到 2014 年福建自贸试验区成立，2017 年新增厦门海沧保税港、唐山港、绥芬河铁路口岸、安庆港等口岸获批，全国已经有 26 个口岸可以进行整车平行进口。尽管在航线较少、起步较晚的情况下，江阴港整车平行进口能够不负众望，实现跨越性发展，但众多平行进口车口岸的获批，也成为江阴港未来发展的有力竞争对手，尤其是面对地理位置、整车销售市场非常接近的厦门海沧保税港区，如何保持自己的优势、长处而不被竞争对手超越，成为江阴港未来面对的主要问题。

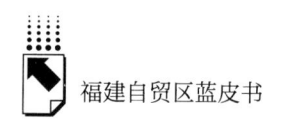

（三）福建自贸试验区整车进口发展建议

1. 打造区位优势，进行地区优势整合

江阴港地理位置优越，东临台湾海峡，辐射浙、赣、湘、鄂、桂、粤等省份，地处长江三角洲和珠江三角洲两大经济圈的连接点。江阴港整车平行进口车口岸启用后，一举打破福建汽车市场长期被广州、上海或天津等口岸进口车占据的现状，为福建本土进口车企业节省了10%左右的费用，使福建进口车企充分享受到了市场延伸的优势。

未来，江阴港可充分利用地理优势，进行地区优势整合。可以通过联合江西、湖南、湖北、安徽以及厦门等几大地区，进行平行进口汽车产业集群建设，打造平行进口汽车一体化经营模式，通过打造区位优势，产生聚集效应，提升江阴港整车口岸竞争力。同时，面对同区域内厦门海沧保税港区获批整车平行进口日趋严峻的竞争态势，积极推动政府部门提升顶层设计能力，积极主动帮助两地进行功能任务划分，避免出现雷同化发展。

2. 进一步加快口岸通关时效，努力达到全国领先水平

尽管目前江阴港整车进口通关已经非常高效，但在海关服务方面仍有很大提升空间。为稳步推进江阴港的整车进口业务发展，福州海关可以从贴心服务入手，主动联合各级商务部门，充分利用针对汽车平行进口试点的优惠政策，为企业"量身定做"预约通关、预约审单、预约归类、汇总征税、电子支付等便捷服务措施。为最大限度地缩短平行进口汽车在口岸的滞留时间，海关可以为整车进口开辟"绿色通道"，建立与平行进口商的无障碍沟通交流机制，还可以建立定期回访制度，为整车通关提供个性化服务，力争将江阴汽车口岸通关时效提升至全国领先水平。

3. 推动自贸区金融创新，降低车企融资成本

整车平行进口行业属于资本密集型行业。面对海外采购、远洋运输、质量检测、销售渠道及售后服务等环节，需要占用巨额资金。为推动整车平行进口业务，福州片区应继续推动自贸区金融创新，灵活运用关税保

函、汽车供应链金融等多种金融创新服务方案，为车企进口开证、押汇以及存货质押贷款等全供应链融资，拓宽车企融资渠道，提供增信支持和风险分担，服务整车进口。还可以出台更有竞争力的汽车口岸扶持政策，整合江阴港区整车口岸扶持资金，实施精准招商，吸引大型车企入区运作，加强银企合作，运用"助保贷""同业联合担保"等手段降低车企融资成本。

4. 积极推动多式联运，降低物流成本，构建强有力的汽车集散系统

福州江阴港地理位置优越，拥有非常便利的水运、空运和陆运体系，未来可以通过推动多式联运实现平行进口车的大进大出。水运方面，可以鼓励航运企业增开国际航线，加强整车进口的航班密度；空运方面，江阴港距离福州长乐国际机场仅约100公里，可以实现平行进口车零配件的快速运输；陆运方面，江阴港拥有可以快速辐射浙、赣、湘、鄂、桂、粤等省的各级高速公路，以及刚刚开通的榕欧班列。未来，可以通过水、陆、空运输体系的互相结合，进一步延伸平行进口车汽车物流链条，创新进口整车海铁联运、海空联运等模式，通过推动多式联运打通与内地的通道，实现平行进口车的大进大出，最大程度地发展江阴港口岸整车进口业务，从而降低物流成本，提高企业资金周转效率。

六 其他高端服务业

随着投资管理、贸易监管、金融创新、政府管理创新的推进，福建自贸试验区营商环境不断优化，催生了飞机维修、保税展示、国际航运业等高端服务业态。

（一）其他高端服务业发展现状

1. 飞机维修

厦门作为国内最大的"一站式"航空维修基地，2016年航空维修业产值首次超过百亿元，实现进出口181.3亿元，占片区进出口总额的13.7%，

增长20.7%。厦门海关在全国首创"修理物品+保税仓库+加工贸易"监管模式，建立一体化监管制度，为全国海关统一和规范监管提供了依据。为全力打造全球一站式航空维修基地，厦门自贸区还积极争取国家层面的支持。在商务部、海关总署等部委的支持下，厦门自贸片区又争取到国家调整两项航材关税税率适用1%暂定税率。良好的产业发展基础和自贸试验区的政策优势都有助于推动厦门航空维修业飞速发展。目前，厦门已拥有12家成规模的航空维修企业，产业链初步形成。例如，厦门太古飞机工程有限公司与厦门新科宇航科技有限公司拥有多国民航局的技术认证，维修技术和航空传感器技术处于世界一流水平。

2. 保税展示

厦门片区出台了促进进口商品展示交易业务发展办法，试行进口货物"集中申报、分段担保"模式，促进了进口商品展示交易的快速发展。9个进口商品展示交易中心建成开业，展示面积2.3万平方米。目前在建进口商品展示交易中心24个，其中11个已投入营业或试营业，展示面积5.3万平方米[1]。利嘉自贸区保税商品展示交易中心于2016年1月正式对外试营业，为福建自贸试验区真正意义上的首家自贸区保税商品交易中心。2017年以来，平潭综合实验区跨境保税进出口货值2.15亿元，同比增长314%，出区66万票，同比增长303%[2]。厦门海沧保税港区是我国目前开放度最高、功能最齐全、政策最优惠、通关最便捷的海关特殊监管区域之一[3]。2017年上半年，厦门象屿保税区进口高端单一麦芽威士忌酒共52个品种，累计2.3304万升，货值高达157.8736万美元，较上年同期都有六成以上增长[4]。

---

[1] 周南洋：《厦门自由贸易区建设研究》，集美大学硕士学位论文，2017。
[2] 蒋巧玲：《平潭综合实验区利嘉物流园保税仓正式启动，4家企业签约进驻》，新华网（福州），2017年12月29日。
[3] 叶宁、叶深练：《扎实推进厦门国际航运枢纽港建设》，《中国港口》2010年第10期，第14~16页。
[4] 陈唯、林炳玲：《象屿保税区成中国进口单一麦芽威士忌重要枢纽》，http://www.china-fjftz.gov.cn/article/index/aid/6816.html。

3. 国际航运业

依托供给侧结构性改革,狠抓落实"放管服"改革等系列措施,厦门港在近些年来全球航运业持续低迷的外部环境下,创新突破、逆势增长,实现发展的"量质并举"。2012年以来,厦门港集装箱吞吐量世界排名从第19位跃升到第14位。2017年,厦门港集装箱吞吐量完成1038万标箱,同比增长7.99%,增速在全国沿海干线港中居前。依托"一带一路"、厦门国际航运中心和自贸试验片区建设,厦门港集装箱业务亮点频出,如国际中转、内贸中转业务保持快速增长,成为集装箱业务量稳步增长的重要因素。2017年,厦门港完成固定资产投资22.2亿元,超额完成年度投资计划,主航道四期工程等项目确保世界最大的20万吨级集装箱船舶全天候进出港;降费和优惠政策有效落实,船舶服务能力明显提升;占全港集装箱吞吐量八成的厦门港务控股集团率先实施集装箱船舶服务承诺,绿色智能化发展领跑全国[1]。

(二)存在的问题

1. 整体发展水平不高,知名龙头企业少

长期以来,福建服务业以交通运输、仓储和邮政业、批发零售等传统服务业为主,金融、信息、科技和咨询服务等现代服务业规模较小,知识密集型的高端服务业更为薄弱,转型升级任务十分繁重。高端服务业发展水平与上海、天津、广东等区域相比,存在一定差距[2]。区域发展不平衡,厦门片区高端服务业发展较好,福州和平潭片区较为落后。

新增企业中规模以上企业较少。一方面,引进的大型企业项目较少,目前厦门自贸区引进的项目中,世界500强企业仅有沃尔玛山姆会员店、美国邦吉集团2家,央企大项目仅有15家;另一方面,大多数新增企业处于创

---

[1] 蒋锦仕:《厦门港集装箱吞吐量居世界第14位》,http://www.hxcjdb.com/portal.php?mod=view&aid=39932。

[2] 荻夫:《闽台服务业合作现状与前景分析》,《现代台湾研究》2015年第4期,第51~57页。

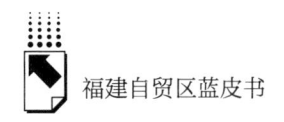

业的起步阶段，整体规模较小，规模以下企业占全部企业的90%以上。水平高、实力强的大型企业和龙头企业数量较少[1]。

部分产业集群发展受到制约。例如，冷链物流是厦门自贸区着力打造的航运物流产业集群的重要组成部分，是推动仓储物流向供应链管理转型升级的重要环节。目前，已形成以万翔冷链物流中心为主要代表的专业冷链物流基地，但冷链物流行业企业增量不足，是制约该产业形成集群的重要因素。

2. 毗邻台湾的优势有待发挥

福建毗邻台湾，包容性贸易平台的建立对双方高端服务业的合作应该起到关键作用。然而，两岸合作面临诸多问题。

政策方面，2015年9月，省委、省政府联合发文（闽委办发〔2015〕43号），确立了福建自贸试验区的三大任务，其中之一就是深化对台合作。但现实情况是，ECFA没有落实好厦门自贸区制定的对台单方面开放举措[2]。由于台湾当局的政策限制较多，台商在大陆服务业投资比重一直很低。与上海、江苏、广东等省份相比，台商投资福建进程相对滞后，并且主要集中在一些传统服务业领域，如运输、旅游、劳务合作等，而闽台高端服务业的合作空间较大，潜力有待深入开发。

行业合作方面，福建省的金融基础较差，金融发展水平不高，从而使得台湾和福建在金融领域的合作受阻。相关统计数据显示，近年来半数以上台资银行在大陆设立分行，而在福建的只有4家。业务范围包含大陆在内的15家台资证券机构在福建省也仅有3家，其中经营寿险、财险类的公司都没有在福建省建立分支机构。综上所述，福建与台湾的金融合作发展已经严重落后，这将严重影响之后金融领域的进一步合作与进步。

3. 对高端服务业的需求和认识不足

大部分服务业企业观念趋于传统，对高端服务业的需求不足，影响了高

---

[1] 王正凯、吴丹：《自贸试验区厦门片区发展状况调研报告》，http://www.stats-xm.gov.cn/tjzl/tjdy/201607/t20160719_28504.htm。

[2] 周南洋：《厦门自由贸易区建设研究》，集美大学硕士学位论文，2017。

端服务业的进一步发展。自贸试验区产业基础较为薄弱,金融创新有效需求不足问题严重。和天津、上海、广东等基础设施完备的自贸试验区相比,福建自贸试验区落后的实体经济发展、较小的产业总体规模、发展不足的现代服务业、优势不够明显的高端制造业、不成熟的产业链、缺乏有效载体的金融创新都不利于推动跨境贸易和投融资便利化。调查显示,72%的银行认为福建自贸试验区金融政策受益面不广的关键原因是企业有效需求不足,58%的企业表示没有办理自贸试验区新型业务的主要原因是没有相关的金融需求①。

4. 高端服务业营商环境有待优化

一是人才方面。目前自贸区缺少相应产业的高端人才,高端服务业人才流失比较严重。要加强人才的引进和培养,加大人才政策优惠力度②。由表2数据可知,福建省2016年第三产业全员劳动生产率为10.5万元/人,低于全国平均水平,且在几个沿海省份中排最后一位。偏低的劳动生产率和偏低的劳动力质量是有关系的。高端服务业本质上是一个知识密集型产业,因此劳动力质量是影响高端服务业发展的重要因素。

表2 2016年全国及各地区第三产业情况对比

地区	福建	广东	江苏	浙江	上海	全国
第三产业产值(亿元)	12353.9	42050.9	38691.6	24091.6	19662.9	383365.0
第三产业就业人数(万人)	1175.4	2370.7	1869.2	1511.5	871.3	33757.0
第三产业全员劳动生产率(万元/人)	10.5	17.7	20.7	15.9	22.6	11.4

数据来源:《中国统计年鉴》。

二是政策方面。对服务业的财税优惠政策仅限于少数几个行业,某些优惠政策则仅限于特定企业,覆盖范围偏窄。国家部委给予天津试点经营性租

---

① 李平、李群:《推进福建自贸试验区福州片区金融开放创新的若干思考》,《福建金融》2017年第4期,第21~24页。
② 赵立华等:《天津高端服务业发展分析》,《天津经济》2011年第6期,第28~35页。

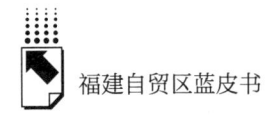

赁收取外币租金政策，但是厦门片区的飞机经营性租赁业务却不能同等享受这一政策。厦门不能同等享受15%的所得税优惠，而福建平潭、深圳前海满足条件的现代服务企业和高新技术企业却可以。

三是基础设施方面。厦门港口通往内地的货运铁路系统很不完善，不仅缺少货物运输专线铁路，而且铁路沿线的基础设施建设也比较落后。另外，区域内整体公路网络不完善，公路设施和道路状况也较差。航运产业水准与国际航运中心的要求还有差距，港口内的各个环节配合度较差[1]。

5. 集聚辐射效应未充分发挥，规划引导和区域合作仍需加强

自由贸易试验区的高端服务业暂时没有形成对周围产业的辐射拉动效应。高端服务业能推动相关产业的发展，促进产业结构优化升级，但是当前自贸试验区内高端服务业并没有很好地起到带动整个产业链的作用，对相关产业的辐射作用不强[2]。此外，产业缺少整体规划导致园区出现重复建设的问题，园区建设与经济的高速发展不一致，园区规模有待扩大，园区配套设施还有待完善，园区内还要引进大量企业[3]。

（三）政策建议

1. 拓宽高端服务业的资金渠道

高端服务业属于资金密集型产业，资金在行业发展中扮演着至关重要的角色。政府作为高端服务业发展的引导者和支持者，首先应当加大资金支持力度，考虑增设促进高端服务业发展的专项资金，鼓励大众创业以及现有企业向高端服务业转型升级。其次，要联合银行、基金和信托等金融机构制定出台一系列有利于高端服务业发展的信贷政策和措施，切实解决企业发展过程中遇到的各种资金问题，必要时可通过政府担保、授信等措施帮助企业获

---

[1] 吴波波、李玥晔、陈进宝、王慧：《东南国际航运中心发展高端服务业的必要性》，《现代商贸工业》2016年第29期，第44~45页。

[2] 李文秀、夏杰长：《促进高端服务业发展》，http://www.xmnn.cn/llzx/xmsk/jcck/201207/t20120724_2421826.htm。

[3] 刘艳、江成城：《发展广州高端服务业的战略布局及对策研究》，《经济研究参考》2014年第59期，第36~41页。

取银行贷款。最后,要逐步建立和完善多渠道多层次的金融市场和资本市场,鼓励企业通过多种渠道获取发展资金。支持和引导民间资本进入高端服务业,激发市场的热情与活力。鼓励银行等金融机构根据高端服务业发展特征适时创新金融产品和服务,构建起全方位的资金保障体系[1]。

2. 建立高端服务业的高素质人才队伍

人才是第一资源。在知识经济时代,无论是在行业间还是在行业内,竞争在很大程度上都最终表现为高端人才的竞争。高端服务业的发展离不开人才,高素质人才是保障高端服务业发展的重要支撑。政府及各级机关应当抓紧制定和研究高端服务业紧缺人才引进和培养政策,建立起行业高素质人才储备库。首先要积极"输血",即通过各种途径引进国内外高端服务人才,提供一系列便利化措施让高端人才能够走进来、留下来。其次是加快自身"造血",即通过各种方式培养高端服务人才。在政府的引导下,不断完善人才培养机制,尽快建立起以企业为主体的多层次人才培养体系。此外,要进一步推进产学研紧密合作,拓宽专业人才培养渠道。加快高校教育科研体制改革,尽快建立起产学研紧密合作的长效机制,促进高层次人才培养与产学研合作互动融合[2]。

3. 针对高端服务业实施税收优惠政策

高端服务业作为转变经济发展方式的重要力量,必要时可以以适当的税收优惠政策鼓励其发展。厦门为全力打造全球一站式航空维修基地,积极争取国家层面的税收优惠支持。液压作动器和推力球轴承两项航材,原来关税税率分别为14%和8%,在商务部、海关总署等部委的支持下,厦门争取到国家调整两项航材关税税率适用1%暂定税率。据测算,2016年仅这一项税收优惠措施就帮助相关企业减免关税约385万元,切实帮助企业降低运营成本,获得实实在在的收益。除了在关税方面给予高端服务业优惠以外,在企业所得税方面可以出台一系列针对高端服务业的优惠政策。

---

[1] 李文秀、夏杰长:《高端服务业亟需新政导航》,《中国高新技术企业》2011年第26期。
[2] 朱丽莉:《加快江苏现代服务业人才队伍建设的思路与建议》,《江苏商论》2012年第7期,第105~108页。

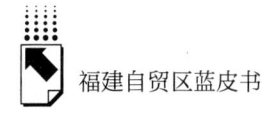

4. 加大高端服务业的对外开放力度

福建省的高端服务业要想在全球产业链中占有一席之地，单纯依靠自己的技术创新和积累是很困难的，需要借助外部力量。福建省有毗邻台湾的天然地理优势，闽台合作可以帮助福建省实现弯道超车。福建省要想加快高端服务业的发展就要加强国际交流与合作，逐步扩大高端服务业的开放程度，鼓励和支持省内高端服务企业与台湾或国外同行交流合作，通过借助外部力量嵌入全球高端服务产业链，实现互利共赢、错位发展。

B.5
福建自贸试验区三周年企业发展的回顾与展望

不断提升市场开放度是自贸试验区建设的核心目标之一，企业作为市场主体，既是自贸试验区建设的受益主体，又是支撑自贸试验区运行的市场基础，因此，企业的集聚与发展状况是自贸试验区建设成效的重要标志之一。三年的建设推进，福建自贸试验区营商环境明显改善，吸引了大批各类企业竞相入驻，新兴业态企业蓬勃发展，自贸试验区内市场活力迸发，生机盎然。自挂牌至2017年底，福建自贸试验区新增企业66752户，注册资本13982.82亿元人民币①。依托开放创新的改革举措，区内不断汇聚新业态、产生新模式，创新业态和模式向传统产业领域渗透融合，推动传统产业提质增效，加快转型升级，实现新旧动能转换。自贸试验区蓄积的红利加速释放，政策高地作用日益显现，作为市场主体的企业承接自贸试验区的改革红利所引发的溢出效应，在投资贸易规则日益国际化、政府服务渐趋标准化及营商环境便利化的成长环境中茁壮成长，成为福建省GDP稳定增长的新动力。然而，由于历史、现实等各种复杂因素，福建自贸试验区企业发展还存在许多障碍，需要在今后努力清除，帮助企业持续健康发展。

一 红利蓄积：福建自贸试验区企业成长环境不断优化

面对当前全球引资竞争日趋激烈，无论从要素成本还是政策优惠上，我

---

① 《福建自贸试验区挂牌以来至2017年12月新增企业情况表》，福建省商务厅，http://www.fiet.gov.cn/xxgk/tjxx/zmsyqjs/201801/t20180109_1010281.htm。

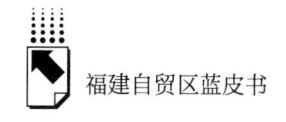

国均不具有优势。为培育引资竞争新优势,我国应着力营造稳定、公平透明、法治化、可预期的营商环境,这也是建设现代化经济体系的根本。福建自贸试验区自2015年4月挂牌至今,在投资管理体制改革、贸易通关环境优化、金融开放创新、政府职能转变等方面大胆探索,不断优化企业成长环境并取得了一系列突破,以开放促改革、促发展的成效日益显著。依托制度创新及政策优势,自贸试验区"筑巢引凤"的吸金效应逐年显现。2017年上半年,福建自贸试验区国地税收入89.9亿元,同比增长近一倍;企业进出口总额948.5亿元人民币,同比增长41.9%,拉动全省进出口增长5.5个百分点[1]。

(一)营商环境明显改善,有力降低企业制度性交易成本

《中国(福建)自由贸易试验区总体方案》指出,自贸试验区建设的首要任务是切实转变政府职能,深化行政管理体制改革。简政之道在改革,而改革的根本在于制度创新。良好的制度环境是企业有序经营的保障。福建自贸试验区运行三周年以来,积极响应习近平总书记"营造国际化、市场化、法治化的营商环境"的要求,深入推进商事登记制度改革,全面落实"三证合一",率先试点"一照一码"登记制度,加强"先照后证"改革,强化事中事后监管,大幅提高了管理服务水平,为企业营造出高效便捷、法制规范的营商环境,有力降低了企业的制度性交易成本。

1. 开办企业流程简约化

福建自贸试验区在全国率先基于"一窗受理、一表申请、互通互联、信息共享"的登记模式,实施"三证合一、一照一码"登记制度改革。省工商局统计数据显示,截至2017年6月30日,全省实有市场主体297.18万户(包括各类企业、农民专业合作社、个体工商户),已经全部使用"一照一码"营业执照[2]。可见,这种创新的商事登记模式不仅大大提高了增量

---

[1] 《福建商事制度改革:闽企将实现"一照一码"走天下》,http://credit.fuzhou.gov.cn/136/8053.html。
[2] 《"一照一码":铸就"福建效率"》,福建要闻_福建_新闻中心_台海网,http://www.taihainet.com/news/fujian/gcdt/2017-09-03/2050707.html。

企业设立的效率，同时也精简了存量企业的办事流程，有效降低企业的时间成本和经济成本。

外资企业设立实行"一表申报、一口受理、信息部门间共享、加强事中事后监管"的模式，将原来多部门的串联审批改革为并联审批，企业设立时限由29天缩短到最快1天，简化企业申报材料的同时，提升了企业运行效率。另外，商事主体名称自助查重、自主申报制度及企业联络地址登记制度等举措，进一步放松对市场主体准入的管制，降低准入门槛，有助于企业尽早享受政策红利。根据工商企业注册系统，自2015年4月21日挂牌至2016年12月31日，福建自贸试验区共新增内资企业45998户，注册资本8067.27亿元人民币；新增外资企业2552户，注册资本1380.45亿元人民币（见表1、表2）。这些新增企业活跃度极高，98.1%处于开业状态，43.3%有营业收入，37.1%实现纳税，明显高于全省新设企业[①]。

表1 福建自贸试验区近三年新增企业情况

年份	每年新增企业数（户）	注册资本（亿元人民币）
2015	13566	2807.18
2016	34984	6640.55
2017	18202	4535.09
合计	66752	13982.82

数据来源：福建省商务厅。

表2 福建省自贸试验区三个片区的企业新增情况

时间跨度	福州片区 企业数（户）	福州片区 注册资本（亿元人民币）	平潭片区 企业数（户）	平潭片区 注册资本（亿元人民币）	厦门片区 企业数（户）	厦门片区 注册资本（亿元人民币）
自挂牌至2016年12月	20583	3100.01	5203	2296.88	22764	4050.84
自挂牌至2017年12月	28696	4850.83	6323	3238.28	31733	5893.7

数据来源：福建省商务厅。

---

① 《福建自贸试验区本月满两岁 福州片区改革红利惠企受好评》，福建频道——人民网，http://fj.people.com.cn/n2/2017/0407/c234960-29984053.html。

2. 用电环境便捷化

国网福建电力公司主动对接自贸试验区建设，推出包括业务办理"一证启动"、新增抢修驻点、协商停电时间等八项专属服务，大大简化用电办理流程，设立专属服务窗口，不断创新供电服务手段，提升供电服务水平。厦门供电公司在福建自贸试验区厦门片区推出营商环境"一套体系"、多规合一"一个平台"、片区规划"一张蓝图"、用电申请"一张表单"等十项供电服务创新举措，进一步简化用电申请手续，有效提升了服务能力，为自贸区持续发展创造了一流的供用电环境。根据世界银行"国际一流营商环境"评价体系测算，厦门自贸区营商环境的获取电力前沿距离分数较自贸区成立前提升18名，客户获取电力便捷度显著提升[1]。

3. 纳税服务便利化

在便利办税方面，福建自贸试验区着力税收制度创新，全面推行"互联网+税务"服务模式，推动国地税协同服务，首创国地税协同重点税源直报，建立重点税源统一填报平台，充分实现四个统一（统一平台、统一口径、统一催报、统一监控），彻底解决了国地税共管企业重复报送问题，减轻了企业负担。此外，福州片区推出的3A移动办税平台打破原有税务局办公的物理空间限制，将税收实务延伸至互联网，纳税人可以方便快捷地通过该平台实时处理涉税事项，快速满足咨询政策、查询信息等需求。厦门片区在推出国地税一窗联办、税控发票网上申领、手机领票服务等创新举措后，95%的办税事项可全程网上办理[2]。

税收优惠政策方面，福建自贸试验区自挂牌以来试点选择性征收关税政策。对设在自贸试验区海关特殊监管区域内的企业生产、加工并经"二线"销往内地的货物照章征收进口环节增值税、消费税，根据企业申请，试行对该内销货物按其对应进口料件或按实际报验状态征收关税的政策。平潭综合

---

[1] 《国网福建电力全力服务经济社会发展》，中国电力企业联合会，http://www.cec.org.cn/hangyewenhua/qiyeguanli/2017-02-16/164821.html。

[2] 《厦门片区制度创新改革前行 激发出无限活力》，中国（福建）自由贸易试验区门户网站，http://www.china-fjftz.gov.cn/article/index/aid/6027.html。

实验区对符合一定条件的企业减按15%的税率征收企业所得税。这些减税政策降低了企业的税收负担,激发市场主体的创新创业活力。例如,神州优车集团自2014年入驻平潭以来,累计入库各类税款近3亿元,享受平潭所得税优惠逾5000万元,目前已成为平潭最大的税源企业[①]。

4. 法律服务多元化

近几年,福建自贸试验区三个片区分别建立了规范化运作的法人治理机构和决策、执行、监督有效制衡的治理机制。2015年,福州片区成立自贸试验区法庭及国际商事仲裁院;2015年6月,厦门市仲裁委员会国际商事仲裁院和国际商事调解中心挂牌成立。2016年7月29日,平潭综合实验区人民法院暨自贸区法庭也正式揭牌。同年12月,海峡两岸仲裁中心成立,聘请了40多名台湾仲裁员,台资企业可以选择台湾地区的仲裁员裁决纠纷。一体化的多元化纠纷解决服务平台,多元、灵活、经济的纠纷解决方式,总体上降低了当事人的诉讼成本,提高了诉讼效率,保障了企业的利益,增强了区内企业的从业信心,进一步实现试验区营商环境的法治化。

(二)对标国际投资服务体系,增强企业创新创业活力

福建自贸试验区自挂牌以来,积极发挥中国企业"走出去"、外国企业"走进来"的双向窗口效应,改革外商投资管理模式,构建对外投资促进体系,在投资体制、市场准入、监管模式等诸多领域大胆改革,不断优化投资环境,吸引了众多外资企业来华投资。

1. 投资环境法治化

自2013年以来,自贸试验区外商投资"负面清单"经过了三次修改,外资特别管理措施从2013年版的190条减少到2017年版的95条,持续放宽外商投资领域,进一步降低外资准入门槛。"负面清单"模式带来了更高标准的规范化、更高水平的透明度、更大空间的便利化,降低了外资企业运

---

① 《福建平潭国税局举行"服务自贸区·税收创新工作"推介会》,中国(福建)自由贸易试验区门户网站,http://www.china-fjftz.gov.cn/article/index/aid/6578.html。

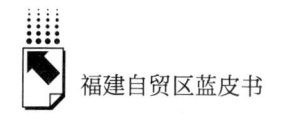

行成本。除此以外，凡负面清单以外领域的外商投资企业设立和变更由原来的"逐案审批制"改为现行的"备案制"，大幅度减少了行政审批成本和时间，提高了外资企业设立效率。数据显示，厦门片区实施"准入前国民待遇＋负面清单＋备案管理"管理模式，项目审批时限由21天缩短至1天。2016年，厦门片区引进企业16459家、注册资本2729亿元人民币，分别增长188.5%、252.7%[1]。

2. 项目审批格式化

福建自贸试验区着重发展部门间的协同机制，实行扁平化审批机制，以风险防范为底线，将前置审批改为事中事后监管模式，优化投资项目审批流程，大大提高企业办理施工许可的效率。比如，平潭、福州片区先后实施投资体制改革，建设项目审批全程采取"一表申请、一口受理、并联审查、一章审批"的运行机制，将投资审批手续格式化、模式化，审批效率整体提速近3倍，社会投资核准项目办理时间压缩到93个工作日以内，备案项目压缩到88个工作日以内。厦门片区创新区域管理模式，建立"多规合一"城市治理体系，推动审批流程再造，新流程从项目建议书至施工许可核发，申报材料由原来的249项减少到93项，申报环节由原来的24个减少到4个，办理时限由原来的180个工作日减少到49个工作日[2]。

这些举措改善了以往审批材料互为前置的问题，为企业投资项目审批松绑清障，精减了企业申报材料，减少社会资源的浪费，降低企业办理施工许可的人力财力成本，激发了企业来自贸试验区投资兴业的活力。

（三）高效便捷的贸易通关环境，助力企业跨境贸易增速

贸易便利化方面，福建自贸试验区推出了包括"国际贸易'单一窗

---

[1]《福建自贸试验区厦门片区打造国际一流营商环境》，中新网，http：//www.chinanews.com/cj/2017/04-01/8189391.shtml。

[2]《案例6：投资体制改革"四个一"》，中国（福建）自由贸易试验区门户网站，http：//www.china-fjftz.gov.cn/article/index/aid/4712.html。

口'、关检'一站式'查验平台"等在内的94项贸易便利化举措,为企业减负增效的同时也为福建外贸"稳中有增"提供助力。数据显示,2016年上半年福建省实现进出口贸易5082.9亿元人民币,其中出口3417.9亿元人民币,增长3.9%,优于全国整体水平。仅厦门片区新增外贸企业的数量同比增长超过七成[①](见表3)。

表3 贸易便利化措施举例

政策内容	主要做法	政策惠企力度
国际贸易"单一窗口"	●一个平台、两个运营体、一个界面、一点接入、一次申报 ●数据共享,实时汇总 ●口岸查验数据整合 ●港口业务与通关业务密切对接 ●一个窗口、一次办结	◆大幅提升了通关效率,企业进出口货物申报从4个小时减至5～10分钟 ◆大幅减轻企业负担,每个集装箱减少费用600元,海关申报费用每票下调5元 ◆极大减少企业资金占用
关检"一站式"查验+监管互认	●一次申报、一次查验、一次放行 ●关检信息互换、监管互认、执法互助	◆减少企业30%的重复申报项目 ◆缩短企业40%的通关时间 ◆节省约50%的人力资源
改革和简化检验检疫原产地签证管理	●凭企业声明直接签证 ●属地备案多点通签 ●允许生产企业代办 ●实施无纸化申报	◆缩短企业的产品备案业务办理周期 ◆方便企业申办原产地证 ◆提升企业市场竞争力
检验检疫"源头管理、口岸验放"快速通关模式	●强化货物源头管理 ●加强事中事后监管 ●口岸快速验放	◆检验检疫放行平均时间减少5～6天 ◆有效提升口岸通关速度 ◆有效利用港口中转功能
海关多维自主担保	●全领域担保 ●联合担保	◆减少审批流程和时间 ◆提高担保资金利用效率
加工贸易联网监管企业电子账册"三自一核"	●自行确定核销周期 ●自行盘点实际库存 ●自行补征税款 ●海关抽查核销	◆企业生产安排更加灵活从容 ◆缓解企业资金链紧张压力

资料来源:根据福建自贸试验区官网发布资料整理。

---

① 《贸易便利化新机制日渐成熟》,《人民日报(海外版)》,人民网,http://paper.people.com.cn/rmrbhwb/html/2016-07/26/content_1698471.htm。

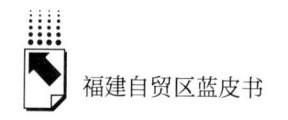

（四）多维创新的金融服务，有效缓解企业融资用资问题

三年来，福建自贸试验区积极发挥"改革试验田"的作用，坚持以制度创新为核心，以金融服务实体经济为宗旨，先行先试多项可复制可推广的创新举措，在跨境金融、服务模式等领域实现了一系列突破，不仅为自贸区发展发动了金融"引擎"，而且还发挥了金融创新政策的扩散效应，一体化的金融服务经验辐射至全省，为全省实体经济的良好发展循环注入新鲜血液。

一是自贸试验区内的金融新业态层出不穷，企业融资需求得到个性化满足。互联网金融、汽车金融、航运金融等金融业态不断创新发展，拓宽企业融资渠道的同时，为企业提供精准的金融服务，满足企业个性化的融资需求。二是跨境投融资更便利。将金融服务从境内延伸至境外，创新金融服务模式，为企业贸易提供一体化的金融服务。福州片区兴业银行通过与香港银行的联动，将区内企业传统的境内贸易融资模式调整为与境外市场直接对接的境外融资模式，使得区内企业总体融资成本从原来的4.5%左右降低到3%左右[1]。三是小微企业融资更容易。针对小微企业资产少、抵押物无保证、贷款难等问题，银行业创新实施"银税互动"计划，即银行根据小微企业纳税情况给予信用贷款，实现了小微企业、银行、税务三方共赢。截至2016年3月底，省国税系统与建设银行、交通银行等10多家商业银行开展"银税互动"合作项目，累计发放贷款近78.55亿元，惠及企业1552户次；厦门已有20家银行签约加入"银税互动"信用贷款项目，基本覆盖厦门所有中资商业银行，共有1111户纳税信用良好的中小微企业通过此项目获得授信15.6亿元[2]。除此之外，保险业推广小微企业贷款保证保险（"小贷险"）试点，采取"政银保"合作，面向小微企业创新推出"无抵押、无担保、风险共担"融资新模式。企业融资难、融资贵的问题得到有效缓解。

---

[1]《福建自贸试验区金融创新服务实体经济发展》，新华网，http://cx.xinhuanet.com/2017-04/27/c_136240234.htm。

[2]《案例10："银税互动"助力小微企业融资》，中国（福建）自由贸易试验区门户网站，http://www.china-fjftz.gov.cn/article/index/aid/4716.html。

二　茁壮成长：福建自贸试验区三周年企业发展成效

自贸试验区建设承载了十八届三中全会经济领域改革的核心任务，是全面深化改革从局部突破的尝试。自贸试验区意在通过制度创新，在建设具有国际水准、投资贸易便利、监管高效便捷、法治环境规范的区域，形成适宜创新的环境和氛围的同时，积累形成可复制、可推广、可借鉴、可参考的制度和经验，服务全面深化改革和扩大开放的大局。自2015年4月21日正式挂牌以来，福建自贸试验区在总体方案的指引下，着重聚焦两个方面的工作。一是瞄准自贸试验区的本质要求，努力打造创新高地。切实把国家对自贸试验区的"试验"重托付诸实践，凸显自贸试验区的制度创新功能，适度淡化经济指标，以对标国际规则、营造良好营商环境为核心，结合福建自贸试验区的实际推出一系列创新举措，较好地完成国家交办的"试验"答卷。二是紧扣福建自贸试验区的特色和定位，深入探索对台先行先试、联结"一带一路"及助力供给侧结构性改革的有效模式，努力实现自贸试验区建设实践的理论升华。通过三年多的建设推进，福建自贸试验区营商环境得以大幅改善，有效激发企业入驻自贸试验区的积极性，为我国在新形势下全面深化改革和扩大开放提供"福建样本"。

（一）政府职能转变显著，市场活力竞相迸发

通过一系列简政放权和管理创新措施，福建自贸试验区对标国际贸易新规则，基本建立了适应国际化、市场化要求的行政服务体系，政府的服务效率和服务水平大幅度提升，实现企业注册、投资审批和通关贸易的便利化，从而有效激发企业入驻自贸试验区的积极性。一是政府职能转变成效显著，服务型政府的形象逐步树立。服务理念落地生根，主动服务、热情服务已内化为自贸试验区政府工作人员的自觉要求，政府部门自我革命，让企业"少跑路"，优化企业服务，区内企业对政府部门服务的好评率一直都处于高位。通过建立大数据平台，充分运用互联网、大数据等信息化手段，打破

部门藩篱和信息孤岛，着手整合政府部门、社会组织、行业协会及社会公众、企业等各方面力量，集政府管理、事中事后监管、"单一窗口"、大数据服务及网上3D自贸区为一体，达到运用大数据加强市场主体服务和监管的目的，形成事中事后综合监管和专业化监管合力，推进了自贸试验区监管规则与国际贸易监管规则接轨。依托福建省工商局的办公一体化平台，创新推出了"六合一"案管系统，将工商、食药监、质监、物价、知识产权、卫生等类型的行政处罚案件全部纳入案管系统，实现了从案源管理、案件办理、案件公示、涉案财物管理、案件统计分析全程网络化。此外，也着重推行了"互联网+综合"综合监管模式，建立起联合执法、信用信息、信用监管三大综合监管执法平台，创新以信用监管为核心的"互联网+"事中事后监管模式，开展综合监管联动执法。而且为更好地推动市场经济秩序有效建立，在全国率先成立综合执法局，集中行使工商、食药监等六方面行政处罚权，推行"统一抽号、综合检查、信息共享、联动惩戒"的事中事后监管机制，达到企业自治及自律的目的。二是对照世界银行营商环境评价指标，有效激发自贸试验区内市场活力。围绕建立企业全生命周期的服务体系，全面实施"互联网+"政务服务模式，创新宽松高效的商事登记模式。一方面，通过建立自贸试验区省级行政许可事项全流程"一站式"网上办公，实行"一口受理、部门分办、统一出件"的办理模式，实现"办事不出区"。其中通过建立"线上+线下""一站式"服务机制，进一步提升政务服务效率，从项目建议书至施工许可核发，申报环节由24个减少到4个，审批时限压缩近70%。同时推出国地税一窗联办、税控发票网上申领、电子签章服务等创新举措，95%以上的办税事项实现全程网上办理。另一方面，自贸试验区推行"三减二化一提升"，即减前置、减环节、减时间，探索模块化、标准化审批模式，提升行政效能，办理时限由原来的平均46个工作日压缩到3个小时内办结，办理环节由过去6个部门31个环节精简为1个部门3个环节，前置审批也由227项缩减为6类9项，创造了审批时限最短、办理环节最简、前置条件最少的"三个全国之最"。此外，集中实施原分散在省、市、区三级政府部门的400多项行政许可和公共服务事项，公布行政许可和公共服务事项目录清单、办事指南，对审批全流程逐环节逐岗位进行监督，开设"周末综合服务窗口""周末建审服务窗口"，大幅度提升行政审批效率，从而吸引了大量企业入驻自贸试验区。至2017年11月，福建自贸试验区三个片区新增企业接近7万家，其中厦门片区累计注册企业3.2万户，注册资本5200多亿元。2016年地区生产总值434.2亿元，同比增长12.7%。进出口额1323.5亿元，同比增长8.2%。2017年1～11月地区生产总值535.56亿元，同比增长12.7%；进出口额1476亿元，同比增长23.6%。福州片区新增企业28329户，注册资本4506亿元，新增外资企业801户，注册资本328.66亿元，分别占全市的76.38%、57.45%。平潭片区自挂牌以来累计新增企业7108家，注册资本3290亿元；新增外资企业578家，注册资本385.1亿元，合同外资357.29亿元，其中台资企业522家，注册资本297.1亿元，合同外资271.07亿元，占外资企业的90.3%。总体而言，福建自贸试验区挂牌三年以来，政府职能转变显著，打造了以法治化、国际化、便利化一流营商环境为目标的政府现代化治理新模式，吸引了广大企业纷纷入驻区内，投资业态也呈现多样化，涵盖航空维修、融资租赁、航运物流、国际贸易、高端制造、金融服务、创新创业等多个产业，已然成为推动当地经济发展的新引擎。

（二）着力打造平台载体，促进新兴业态蓬勃发展

自挂牌以来，福建自贸试验区围绕重点产业业态培育和创新系统集成功能，针对福建自贸试验区内三个片区的重点试验任务和功能定位，打造一批重点平台，其中厦门片区通过加快建设进口酒、机电设备、整车进口口岸、国际航运中心等16个省、市重点平台，发挥平台对产业发展的带动作用，着力培育形成了产业集聚发展新动能；福州片区通过配套出台41个产业扶持政策，有力促进整车进口、跨境电商、现代物流、物联网、融资租赁等新兴业态蓬勃发展；平潭片区构建涵盖省区两级的"7+5"重点平台体系，包括省级平台7个——两岸"三创"基地、台平欧班列、融资租赁基地、跨境电商基地、海峡股权交易中心、国际旅游岛、总部经济基

地，区级平台5个——"一岛两标"融合发展平台、两岸特色贸易集聚区、两岸特色金融集聚区、台湾青年人才创就业服务保障平台、两岸影视与新媒体产业发展合作基地。由此可见，福建自贸试验区通过打造平台载体，积极培育新兴业态，为企业发展聚焦人流、物流、资金流，有力促进跨境电商、现代物流、保税展示交易、整车进口、融资租赁等新兴业态的蓬勃发展。

1. 跨境电商辐射效应明显

福建自贸试验区通过全国首创整合邮件、快件、跨境电商三个业务系统，实现海关、检验检疫监管"一点接入，一点输出"，推动跨境电商公共服务平台和跨境电商货物监管中心建设，建立海关监管、检验检疫、退税、跨境支付、物流等支撑系统，创新跨境电商监管模式，促进跨境电商蓬勃发展。其中福州片区已建成3个跨境电商货物监管中心，2017年1~9月实现跨境电商保税进口33.9万票、销售额8212万元；同时建立利嘉、福州出口加工区及优联、长乐机场优购等4个跨境电商货物监管中心和20万平方米的跨境电商产业园，引进eBay、阿里一达通、菜鸟网络、纵腾等境内外知名跨境电商企业。2017年1~11月，厦门片区实现跨境电商货物进出口4359万件，货值33.19亿元，同比增长17.9%。其中，对台海运邮快件440.83万件，同比增长398.75%。平潭片区2017年跨境电商保税进出口货值2.15亿元，同比增长314%，出区66万票，同比增长303%；省内率先建成跨境电商公共服务平台，对接电商企业138家，总署版系统备案企业70家，走货电商企业27家；备案物流企业11家，支付企业14家，报关企业7家，天猫国际、网易考拉、通拓科技、京东等平台商家入驻或走货。建成全国首个集国际快件、跨境直购及跨境保税业务监管"三合一"的两岸快件中心，通关速度达到5柜/日，140余家电商企业入驻；7月开展国际快件业务以来，累计申报国际快件401743件，总重1038吨，货值7652万元。在台北港区设立大陆在台首个海外公共仓，开展快件业务分拣打包和配套服务，链接台北桃园机场，服务两岸快件海空联运，营运初期预计每日发货量1000单，日均交易金额5000美元以上。

2. 整车进口模式不断创新

福建自贸试验区通过全国首创"整车进口一体化快速通关""分线管理+验证整改+事后监管""查验作业微信预约"等监管创新模式，实现整车进口跨越式发展。福建自贸试验区福州片区江阴港成为全国首个允许开展进口汽车辅助性整改的口岸、首个提供全方位3C认证服务的试点口岸和全国第二个实施进口汽车保税仓储政策的口岸，车辆通关由4~6个工作日缩短至1个工作日，效率居全国前列。从金融、物流、航线、市场拓展、平台建设、技术研发等多方面出台扶持政策促进整车口岸做大做强，建设4.9万平方米关检监管设施和国内最先进的汽车检测线2条，搭建5个平行汽车进口供应链综合服务平台，启动建设银河国际汽车园、福建省平行进口交易中心等重点项目，落地3C认证服务中心，为中小型进口车企设计"整车平行进口通宝"和"共用授信额度"等金融产品，推动中国人保与区内车企合作构建完善的平行进口汽车售后维保体系，通过海铁联运将整车业务的辐射面从省内扩展向内地。2016年进口整车8311辆，同比增长114%，居全国口岸第6位、新批口岸第2位。

3. 高端现代服务企业发展迅速

挂牌以来，福建自贸试验区就注重培育发展现代服务业，实现功能培育与政策创新相结合，着力打造高端现代服务企业集群，推进供给侧结构性改革，大力培育经济发展新动能。其中，福州片区把物联网产业发展作为推动产业转型升级的主攻方向，以经济技术开发区获批成为全国第四个、省内唯一的国家级物联网园区为契机，推动全国物联网大会永久会址落户区内，建设中国（福州）物联网产业孵化中心和全国首家物联网开放实验室，打造千亿规模的国家级物联网产业集群，形成了以上润精密、新大陆、福光数码、国脉科技、冠林科技、飞毛腿等为龙头的智能家居、智能交通、智能管网、车联网等物联网应用服务及相关配套产业链。厦门片区加快福建通航多功能航空产业园建设，打造以整机制造为核心，以飞机交易、飞机维修、航空物流、航空金融等为配套的产业集群，发挥自贸区政策"溢出效应"。同时通过出台2017~2020年航空维修产业扶持办法，支持企业做强做大。推

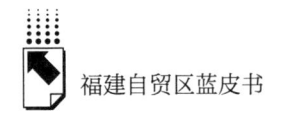

动形成一站式航空维修基地，14家航空维修企业产值占全国的1/4，2016年达到120亿元、同比增长24.8%，2017年1~11月产值120.14亿元、同比增长近10%。

（三）闽台企业对接不断深入，合作空间不断拓展

福建自贸试验区在落实各项对台先行先试重点试验任务过程中，按"同等优先、适当放宽"的原则，秉持"两岸一家亲"理念，充分发挥对台战略支点作用，实施了一系列对台先行先试创新举措，促进两岸货物、服务、人员和资金等生产要素的自由流动，积极探索闽台合作新模式，自贸试验区改革红利不断释放。一方面，着力推动两岸企业互动对接，交流涵盖各个行业。在汽车行业领域，通过福建省汽车行业协会加强与台湾汽车企业在产品制造和技术研发等方面的深度交流。2016年通过举办"海峡两岸汽车电子和智慧城市对接洽谈会"，实现两岸汽车相关企业在"汽车云"（智慧交通）、新能源汽车、动力电池安保系统、CAN总裁、电子油门等方面进行深入交流对接。至2017年底，厦门金龙联合汽车有限公司已向台湾技术转移60多台新能源客车、输出客车底盘近30台。厦门金龙旅行车有限公司已有10辆台湾新能源客车，40辆传统大客车整车出口台湾。东南汽车部分新开发的技术及产品已逐渐向台湾转移。在高端精密机械制造行业，自贸试验区主要是通过定期召开座谈会进行对接活动。2017年就通过邀请台湾自动化和机器人协会与士林电机公司、拓志光机电公司等企业来福建参观考察华安兴宝公司、厦门金瑞高科、福特科光电公司、荣兴机械公司等，进行数控机床、工业机器人、智能制造等相关领域的项目对接和技术交流。在软件行业及工业设计行业，则主要是通过举办海峡两岸大学生设计竞赛的方式，如"海峡杯"或"八闽杯"等活动，来促进两岸各地设计企业深入交流，从而有效助推两岸合作项目落地，推动相关产业的发展。另一方面，福建自贸试验区不断创新监管模式，建立通关贸易机制，多措施推动对台旅游、医疗、文创、演艺等17个服务贸易领域开放，从而有效提高对台贸易便利化水平。福州片区已成立2家台资合资旅行社和1家台资独资旅行社，建成福州市马

祖旅游综合服务中心，促进榕台旅游发展。台湾佶音企业和由台资控股的福建三通文化发展有限公司相继落户福州片区，开展演出场所经营活动。至2017年9月底，新增台资企业368户，占福州市新增台资企业的56.97%；对台集装箱吞吐量70万标箱，占福州片区港口集装箱吞吐量的12.4%。厦门片区则充分发挥"两岸经济合作示范区"的引领示范作用，批准设立了首家全牌照两岸合资证券公司、首家台资旅行社、首家台商独资海员外派机构、首家台湾独资人力资源服务机构、首家台湾知识产权服务机构。吸引了富邦财险、永丰证券、第一金控、中国信托银行等台资银行落户；率先建设两岸青年创新创业创客基地、云创智谷等国家级海峡两岸青年创业基地，吸引近百家台企入驻。平潭片区的澳前台湾小镇现有314家商户（其中台湾商户158家）、14个台湾县市主题馆入驻；北港村已打造成以"石头会唱歌"为代表的"台湾风味＋平潭特色"文创村。其中2017年前三季度，台创园引进台湾创业企业22家，举办青年创业就业活动54场；澳前台湾小镇签约落户27个，进口台湾商品5.3亿元；北港引进台湾青年30人，台湾创业团队4个，民宿开发11栋，日均游客1000人，日均旅游收入7000元。

（四）加快企业"走出去"步伐，积极融入"一带一路"

福建自贸试验区坚持"引进来"和"走出去"有机结合，对境外投资项目实施备案制管理模式，建立对外投资合作"一站式"服务平台，积极构筑"一带一路"新网络，从贸易平台、通关协作、设施互联等方面加强与"海丝"沿线国家和地区的联系，成为"21世纪海上丝绸之路沿线国家和地区开放合作新高地"。①自贸试验区挂牌以来，企业"走出去"积极性显著增强，相关企业已在境外形成合理布局，如安波电机与捷克CAG2公司在捷克合作开发生产"磁阻电动机"项目及福船宏东毛里塔尼亚修船基地项目、网龙公司与土耳其电信TurkCell公司FATIH信息化教育项目等。平潭片区已有华创（福建）股权投资企业、山田林业开发（福建）有限公司等11家区内企业赴中国香港、中国台湾、新加坡、美国等国家和

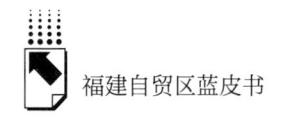

地区投资。积极扶持区内企业和个人使用自有金融资产进行对外直接投资,已有3家企业办理4笔境外投资,合同总额2008万美元。②优势装备出口不断扩大,新增境外投资总额约48亿美元,其中福州片区共引进海上丝绸之路沿线国家项目备案458项,合同外资总额14.6亿美元;共核准对海上丝绸之路沿线国家投资30项,协议投资总额13亿美元,同比增长717%。2017年1~11月,福建省机械装备累计完成出口交货值达1240.62亿元,同比增长8.5%,部分产品出口取得新突破。厦门船舶重工与芬兰维京游轮签订了(1+1)艘2800客邮轮型客滚建造合同,新龙马出口玻利维亚800辆启腾EX80全部交车,金龙客车再度拿下沙特322辆客车出口大单等。福州片区的中国—东盟海产品交易所与马来西亚皆富集团共同在马来西亚建设占地6.2万亩、总投资约32.9亿元人民币的产业合作基地,获柬埔寨证监会批准筹建"海上丝绸之路期货交易所(柬埔寨)",并积极筹建马来西亚、缅甸和越南分中心。③区内企业与国际知名企业合作领域不断深化,涵盖资金、技术和人才等方面,如侨龙专用车与德国RSP公司合作开发"非破坏挖掘抽吸机"、华东船厂与印尼士志集团船舶修造合作等项目。

三 难题待解:福建自贸试验区企业发展瓶颈

虽然随着福建自贸试验区建设的推进和政策红利的释放,区内企业发展迅速,但不论从企业成长的外部环境还是从企业自身看,区内企业的长期发展还是存在诸多制约因素,只有从内外两方面破解这些企业发展的瓶颈因素,才能真正推进企业持续健康发展。

(一)企业发展外部环境仍存制约因素

1. 风险防控经验不足,相关政策尚无法有效突破

自贸试验区是中国新时代深化改革、扩大开放的全新尝试,没有前期经验可供借鉴,因此,面对复杂多变的国际及区域环境,相关改革措施会带来

何种程度的风险，应如何有效防范与消解风险，这些都是摆在我们面前的重大问题。这也是短期内相关政策无法有效突破的重要原因，也进而制约了自贸试验区内企业的发展。一方面，福建自贸试验区部分试验任务因国家支持政策未出台或未批复导致无法推进。部分政策"最后一公里"未打通，"一行三会"给予福建自贸试验区许多优惠政策，但许多政策还未细化，如人民币外汇账户创新、跨境人民币双向投资基金、人民币和新台币清算机制等，导致有些政策无法实施或无法完全实施。另一方面，国家赋予福建自贸试验区对台开放的幅度有限，制约了企业对台业务的开展。一些对台开放措施存在"大门已开、小门未开"的现象，对台市场准入限制较多，影响了对台货物、服务贸易合作的进一步提升，弱化了福建自贸试验区对台开放的特色优势。例如，对台医疗美容项目合作，台湾医疗器械和药品进入福建自贸试验区就存在政策障碍。

2. 部分政策与部门规章关系未理顺，政策"玻璃门"现象尚存

自贸试验区的建设是立足于原有制度体系基础上进行制度创新，并非另起炉灶。一方面，自贸试验区享有特殊的改革开放政策；另一方面，在试验任务实施过程中又必然受到原有制度体系及相关管理部门规章的约束。如果原有制度及部门规章未能与赋予自贸试验区的新政策进行同步、一致调整，那么自贸试验区的建设就必然存在相关优惠政策看得见却用不上的现象，这种政策"玻璃门"尴尬在实践中并不少见。诸如金融、财税、规划等领域都存在比较系统、细致的规章体系，要进行调整和突破都会涉及调整上位法或国家相关部委的审批管理体制，地方可先行突破的空间很小。例如，推动台湾投资者在福建自贸试验区内试点设立合资或独资企业，提供大陆境内多方通信服务业务、存储转发类业务、呼叫中心业务、因特网接入服务业务、信息服务业务，申请可参照内资企业同等条件等自贸试验区的相关政策，由于《外商投资电信企业管理规定》等相关法规尚未修订，就只能对企业申请的相关材料开展受理、审批工作。

3. 监管与服务部门协同难度大，阻碍了企业发展成本进一步降低

福建自贸试验区设立以来，无论是注册企业的数量，还是企业的贸易业

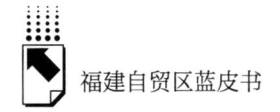

务量呈现高速增长态势。贸易业务量的快速增长和贸易范围的拓展大大提高了政府贸易监督部门的工作量。福建自贸试验区海关、检验检疫、税务等部门大力推进监管手续、监管流程改革，有效提高了贸易便利化水平和监管效率，但在人员编制、机构设置上没有相应调整，导致现行监管力量不能满足实际需要，监管部门疲于应对大量新增企业，不能及时有效地适应新规则。受访的监管部门工作人员普遍反映，自贸区成立以来工作量大大增加，加班加点是常态。虽然海关、检验检疫、税务等贸易监管部门已经各自推出了数量众多的改革便利措施，但部门与部门之间政策联动、制度创新配套衔接仍存在不足。各部门政策举措推进不同步，协同创新不全面，导致一项贸易便利化措施无法产生效率最大化的整合效应。例如，海关实行的无纸化通关随附单证措施，因为税务部门仍然需要提交纸质单据，使得企业在通关便利化中的效果打折扣；海关推出的"先入关后报关"措施并不适用于法检商品，因为根据商检部门规定，在报关的时候必须向海关提供出入境检验检疫局的通关单，这使得从事法检商品进口的企业无法享受"先入关后报关"措施。另外，自贸试验区在监管、授权、执法等方面缺乏整合，还未形成包括安全审查、反垄断审查、社会信用、企业年报公示等社会力量参与的贸易监管制度体系。

4.融资环境尚不够理想，企业资金需求难以满足

自贸区作为金融改革的前沿地区，其金融服务创新的成效最终要由企业的发展来体现。根据企业发展的金融服务需求，分析金融功能对企业发展的作用机理（见图1）。以实现企业持续发展为核心，在企业金融服务需求的诱致下，通过区内金融服务主体，提供金融服务，满足企业的金融服务需求[①]。

自贸区完善的金融功能能满足企业对金融服务高质量多元化的需求，企业宏观层面的融资环境、贸易环境、生产经营环境将得到改善，促进企业

---

① 谢宝剑、杨娇、钟韵：《中国（上海）自由贸易试验区金融创新对区内企业的影响机理分析》，《亚太经济》2016年第2期，第121~127页。

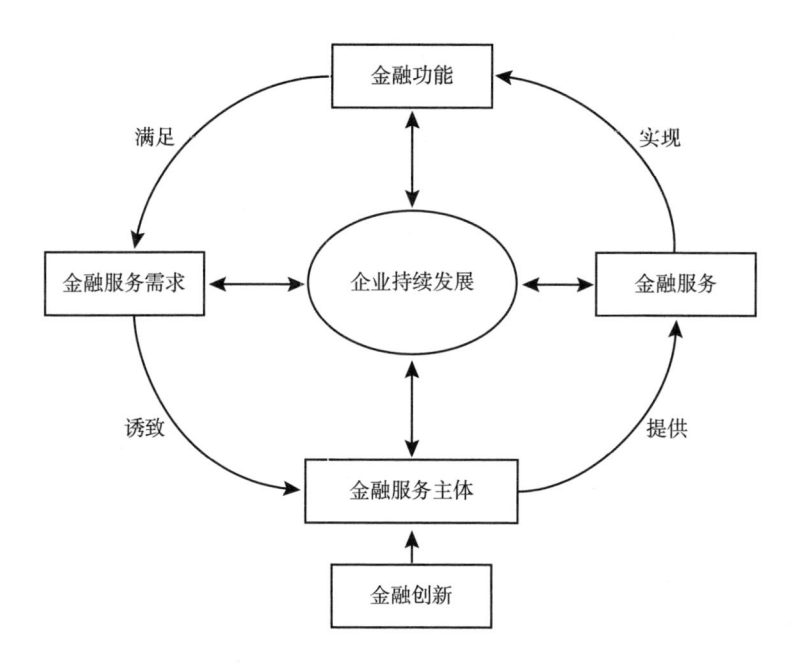

图1　金融功能对企业发展的作用机理

资料来源：周慧：《面向产业低碳发展的金融服务系统及传导机制研究》，天津大学博士学位论文，2011。

发展。而微观层面上，这种体系将改善企业的融资结构，降低企业融资成本，从而改善企业的财务状况，提高企业的营运能力和盈利能力。当然，随着金融制度改革的深入和完善，企业要能享受到这种改革红利，必须倒逼企业进行公司治理，建立可靠的征信制度，形成规范的企业运作体系。因此，自贸区企业如何以自身条件适应区内金融环境是企业面临的主要问题。

　　自贸区企业发展的最大问题是融资问题。目前，自贸区实现资本的自由流动，企业融资渠道拓宽，但如何有效融资对企业来说仍然是一个艰难的问题。自贸区的企业融资渠道包括内部融资和外部融资。一方面，自贸区企业可以通过国内的金融机构获得资金，但由于福建中小企业比重大，生产规模小，经营状况变数大，资信度不高，传统的金融机构出于风险考虑，给予中小企业的贷款金额少、期限短，或者设置更高的门槛，如提高其贷款利率，

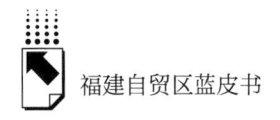

有时会高过大型企业20%～50%，极大增加了中小企业的融资成本。这会迫使企业转向民间贷款，由于目前民间资本融资信息严重不对称，而且没有国家法律保障，中小企业的融资准入门槛很高，严重阻碍了自贸区中小企业的中长期发展。

另一方面，自贸区企业也可以从境外获取资金，相比国内融资而言，境外融资灵活性更强，而且存贷款利率都低于国内水平，可以降低企业融资成本。企业也可以通过自身的信用获取境外贷款，提高国际知名度，促进企业长远发展。还可以利用国际市场严格规范的监督制度，及时发现企业经营中的不足并及时改进完善。虽然境外融资可以解决企业的部分融资问题，但存在较大的风险，包括企业面临的信用风险、国际汇率风险、资金流动风险及法律法规不完善和监督风险。因此，自贸区企业在进行境外融资时，要综合考量中小企业的经营状况和信用度，要对资金的流入做到全方位监管，同时也要预防利率波动可能带来的资金额变化，最大限度减小企业的资产损失。

5.产业基础较薄弱，市场需求难以有效激发

受限于历史及现实的各种因素，福建总体产业基础比较薄弱，福建自贸试验区内产业配套不够完善，产业供应链条不完整，这会提升区内企业运营成本，降低自贸试验区对企业的吸引力，进而影响福建自贸试验区整体建设水平。主要体现在以下几个方面，一是导致福建自贸试验区政策承接能力较弱。部分海关、国检部门出台支持自贸试验区的创新举措，因暂无业务流量，政策溢出效应不明显。金融创新缺乏服务对象，区内实际运营企业总体偏少，特别是大型制造企业、外贸型企业及综合供应链企业少，难以跟踪企业诉求进行金融创新，多数金融创新政策无实施载体。二是制约市场需求的有效激发。随着国内外经济环境与福建自贸试验区开放开发总体任务的演变，当初设计的试验任务与目前福建自贸试验区的产业定位和中央对福建自贸试验区的功能要求发生了变化，与市场需求也产生了脱节，这在平潭片区表现尤为明显。例如，"支持符合条件的区内企业开展以计算机、通信设备、船舶主机、电子模块等高附加值、无污染的境内外维修业务"，由于区

内无相关企业及产业基础无法实施。正由于产业基础薄弱、要素配置及产业配套短板，在争取优质企业、高端项目时后发劣势较多，从较大程度上影响了福建自贸试验区企业的总体发展潜力。

6. 国际及区域环境多变，增加企业"走出去"的不确定性

福建自贸试验区肩负着面向国际市场扩大开放的历史使命和密切两岸经济合作的特色定位，因此也深受国际和两岸复杂环境因素的影响。一方面，随着全球经济进入新时期，国际经贸关系也变得越来越复杂，以美国为代表的一些国家，贸易保护主义频频抬头，"逆全球化"的行为对国际经贸发展起到一定破坏作用。在这样的背景下，福建自贸试验区要推进开放发展难度自然增大，区内企业开展对外经贸往来的不确定性也大大提升。另一方面，两岸关系的复杂多变，很大程度上影响了两岸企业间的交流与合作。加强两岸经济合作是福建自贸试验区的重要定位，而对台交流合作受到台湾政治因素及两岸协同合作程度变化的影响明显。一是受台湾政治因素变化影响，两岸经贸合作交流机制受挫，两岸经济合作框架协议已实际停摆，对台"先行先试"难以推进。两岸服务贸易协议未能如期生效，总体方案明确提出的两岸双向合作、双向互动项目，凡涉及政府部门职能的往往得不到台湾方面回应，导致创新任务难以落地。例如，包括双方货物通关信息共享、监管互认、执法互助，双方合作共创品牌、共同开拓市场，打造两岸区域性金融中心等，均陷入停滞。赴台发行"宝岛债"、海运业合作、对台影视和印刷开放、设立台资独资保险代理机构等任务也需在 ECFA 框架下推进。闽台金融合作存在制约因素，两岸资金往来投向不顺畅，台湾金融监管部门对资金流出有严格限制，同时大陆方面对于台湾资金流入同样也有投资主体资质方面的要求。二是台企在资质资格获取、招投标、权益保护、持股比例、经营范围等多个方面与陆企存在差别待遇。例如，工信部已允许福建电信领域 5 项对台开放，但办理流程复杂，便利性较差。又如，区内台资合资旅行社仅试点经营福建居民赴台湾地区团队旅游业务，但出境游业务不在许可范围之内。三是两岸互认标准缺失。两岸行业认定标准各不相同。例如，自贸试验区内允许符合条件的台资独资企业承接福建省内建筑工程项目，虽然企业设

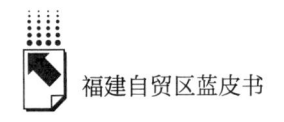

立后可承接项目,但企业设立门槛、开展业务的相关资质审核等没有考虑台资企业的实际情况,难以落地实施。区内规划设计工作已尝试开放台湾企业参与,台湾企业多半仅能以国际邀标形式,参与无须敲章的前期概念性工作,受限于国内规划设计工作对于企业资质、专业人士资质的要求。台湾地区一方面对企业资质的认定较为单一,无大陆多元化的企业资质证书授予;另一方面,台湾多数具经验的规划设计专业人士缺乏可与大陆相对应的职称评定证明。四是台胞未能充分享受市民待遇。例如,台胞在大陆开立银行账户和证券、期货账户手续烦琐不便。又如,就业领域、职业资格的采认等方面,台湾的资格认证在大陆不被认可。

(二)企业自身存在制约发展因素

除了外部复杂的环境因素影响福建自贸试验区内企业的持续健康发展外,企业自身存在的不足也制约着企业的成长。

1. 企业缺乏战略眼光,套利思想盛行

随着自贸区的深入发展,其虹吸效应开始显现。自贸区的管理模式采用全新的管理理念,是前所未有的改革方式,牵涉各个方面,没有什么经验可供参考。在地理空间上,福建自贸试验区分为三个片区,空间范围和跨度都比较大,离市区较远,行政归属权各片区又属于平行管辖权,处理事务中产生诸多难题,企业管理难度增大,甚至出现企业在自贸区注册完就搁置一旁,不开展业务活动。许多企业对自贸区的认识也不够深入,只能假以时日才能客观认清政策趋势,导致无论区内还是区外企业都在观望。因此,自贸区企业很难做到及时转变思想,顺应经济变化趋势,清晰了解自贸区的监管政策和运营规则,利用政策资源和改革红利明确业务目标。甚至由于没有理性分析和研究自贸区建设方案,而出现政策投机,做出错误决策,付出很大代价。

2. 企业转型困难,国际竞争力弱

自贸区成立后,区内企业发展会受到行业差异和国际化程度的影响。一般而言,自贸区企业利用优惠的税收政策、便捷的交通条件发展自由贸易,促进区内货物贸易、加工贸易、服务贸易的发展,通过产业外部规模经济形成集聚效应;另外,由于自贸区内消除了贸易壁垒,国际化程度高的企业通过扩大市场规模,降低生产成本,实现内部规模经济,增强国际竞争力。因此,只有契合度较高的行业和国际化程度较高的企业才能受益于自贸区的试点政策。契合度较低的行业或者国际化程度较低的企业非但不能受益于自贸区政策扩大海外市场规模,反而还要受到国外产品进入对国内已有市场份额的冲击。

福建自贸试验区企业的特点是行业契合度较低,而且国际化程度不高。第三产业比重小,技术水平较低,出口产品以劳动密集型产品为主,通过低附加值的加工贸易来寻求发展,利用物美价廉优势在国际市场上占据一席之地。但随着经济增速减缓、经济下行压力增大,劳动力成本大幅度提高,原料原材料的成本上升,原来的价格优势不复存在,企业的利润空间被不断压缩,原有的竞争优势在国内外市场上日渐萎缩。加上推动经济转型升级必须投入大量的人力、物力、财力,进一步加大了自贸区企业的困境,直接导致自贸区内的企业转型困难,发展受限。

3. 企业技术落后,现代服务型企业发展缓慢

福建自贸试验区最大的特点是"对台",其最核心的内容是现代服务业合作。通过产业深化整合,推进两岸跨境电子商务、服务外包、保税融资租赁等新兴业态合作,但福建优势产业和大型品牌企业数量少,制约了现代服务业的发展。2017年福建全省实现生产总值32298.28亿元,按可比价计算,比上年增长8.1%,增幅比上年回落0.3个百分点。分产业看,第一产业增加值2442.44亿元,增长3.6%;第二产业增加值15770.32亿元,增长6.9%;第三产业增加值14085.52亿元,增长10.3%。从贡献率看,第一产业贡献率3.4%,拉动GDP增长0.3个百分点;第二产业贡献率42.6%,拉动3.4个百分点;第三产业贡献率54.0%,拉动4.4个百分点①(见图2、图3)。

---

① 《2017年福建省经济运行情况分析:GDP增长8.1%》,中商情报网,2018年1月23日。

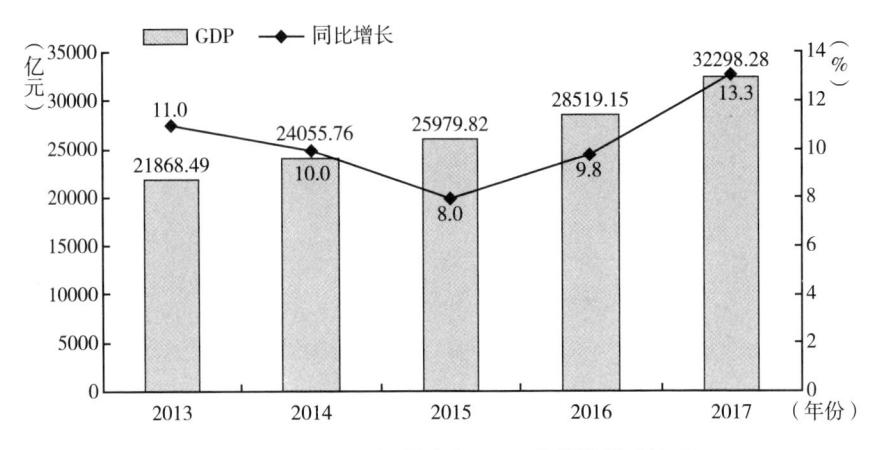

图2 2013~2017年福建省GDP总量及增速情况

数据来源：福建统计局中商产业研究院整理。

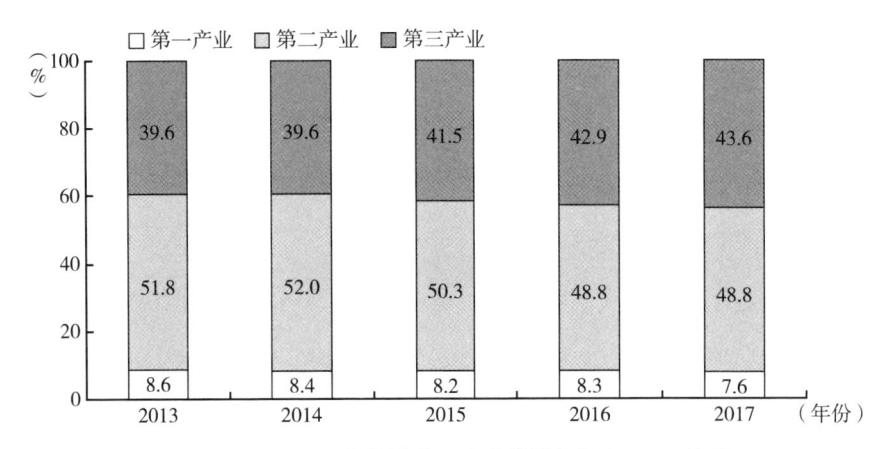

图3 2013~2017年福建省三次产业增加值占GDP比重

数据来源：福建统计局中商产业研究院整理。

由图2、图3可知，福建省第三产业近几年虽然有所发展，但不够明显，与表4所示的台湾产业结构相比，福建省的服务业还存在较大差距。发展滞后有必要引起足够重视，服务业是福建经济发展的短板，在自贸区建设大背景下，企业应积极承接台湾的现代服务业，深入融合，自贸区企业要及时调整思路，找准商业模式，提供适应市场需求的产品和配套服务，寻求市场机会，把握时代脉搏，摸索出适合企业持续发展的商业模式。

表4 2011~2016年台湾三大产业比重

单位：%

产业结构	2011	2012	2013	2014	2015	2016
农业	1.72	1.67	1.69	1.8	1.7	1.82
工业	33.02	32.75	33.46	34.79	35.13	35.06
服务业	65.27	65.58	64.85	63.41	63.17	63.13

数据来源：《中国统计年鉴（2017）》。

4. 缺乏复合型高端人才，企业发展潜力受限

自贸区发展涉及各个行业、各个方面，对人才的需求也是多元化的，需要大量一流的物流航运、国际贸易、财政金融、法律、网络等相关人才。福建有对台的核心优势和作为海上丝绸之路的新起点，物流航运人才非常重要。设立自贸区是为了发展自由贸易，给国际贸易提供了新的合作平台，各项贸易政策也应运而生，如何理解贸易新规，合理运用新规则，了解跨文化，融入世界市场，是企业必须要考虑的问题。企业引入一批懂得国际贸易规则、熟悉英语、跨文化差异，为企业争取更大贸易权益的人才就迫在眉睫。此外，自贸区最大的创新体现在金融创新，企业要实现金融产业升级，解决融资困境，需要更专业的财政金融方面的人才，因此不论从自贸区发展还是区内企业发展来看，高层次、复合型人才都是必不可少的。福建自贸试验区的企业较多是规模以下企业，粗放式经营，生产方式较为落后，技术含量低，公司治理结构不合理，产权不清晰，用人机制不灵活，再加上区域经济发展不平衡，与上海、广东、天津自贸区相比，吸引力不足，导致本土人才不断外流，而外来的高端人才也不会首选福建自贸试验区，这种低端人才流动性大、高端人才留不住的人才匮乏现象严重限制了企业的发展[1]。总之，自贸区企业应调整思路，"走出去"和"引进来"相结合，转变企业经营模式，增加科技投入，积极创新，实现产业结构转型升级，实施产业价值

---

[1] 赫名杨：《福建自贸试验区人才引进问题研究》，《北方经贸》2017年第11期，第141~143页。

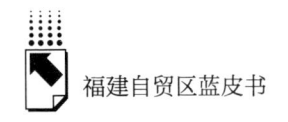

链高端化战略，以自贸区的有利政策为契机，积极投身到市场经济、全球经济中。

四 前途光明：新时代福建自贸试验区企业发展前景展望

福建自贸试验区自 2015 年 4 月 21 日挂牌至 2017 年 12 月底，新增企业有 66752 户，注册资本 13982.82 亿元人民币，分别是挂牌前的 4.33 倍、6.29 倍①。短短近三年的时间，福建自贸试验区的各项工作有条不紊地稳步推进，不管是投资贸易便利化、金融财税、政府职能转变、人才保障还是闽台合作、扩大开放、健全法治保障等方面都形成了强有力的辐射示范效应，一系列创新举措的落地也给自贸区内的企业发展营造了更加国际化、法治化和市场化的营商环境。虽然自贸区企业在发展中还存在一些瓶颈，但在即将进入 4.0 时代、"一带一路"建设全面展开、闽台合作持续深化的新时代背景下，福建自贸试验区的发展前景无限光明。

（一）一体两翼，接轨"一带一路"融合发展

早在 2015 年国务院总理李克强就在政府工作报告中提到，要把"一带一路"建设与区域开发开放结合起来，作为构建全方位对外开放新格局的两项重要内容。目前，我国 11 个自贸试验区通过破除贸易壁垒、提升投资贸易便利化等方式为"一带一路"建设起到重要支撑作用，"一带一路"沿线国家的国际市场机遇也为自贸区企业的发展打开了更广阔的空间。可以说把自贸区建设与"一带一路"有机对接不仅是国家战略发展的需要，也是自贸区企业进一步发展转型的需要。根据厦门海关数据，仅 2017 年福建省对"一带一路"沿线国家进出口合计 3565.4 亿元人民币，占福建外贸总值

---

① 数据来源：中国（福建）自由贸易试验区官网，http://www.china-fjftz.gov.cn/article/index/aid/7909.html。

的三分之一，其中菲律宾、印度尼西亚和沙特阿拉伯是福建省"一带一路"沿线国家的前三大贸易伙伴。可见，作为进一步对外开放的"一体两翼"，福建自贸试验区企业在接轨"一带一路"融合发展过程中还有无限的商机和潜力有待挖掘。从企业发展层面来说，主要表现在以下两个方面。

1. 政策红利助推企业加大步伐"走出去"

目前，我国不仅通过亚投行、丝路基金、中国国家开发银行、进出口银行等为"一带一路"建设提供了大量安全的资金保障，还鼓励引导国内具有竞争优势的企业以自贸区为平台，积极"走出去"，融入"一带一路"沿线国家市场，提高国际市场竞争力。国家给予自贸区强有力的政策扶持、丰富可靠的资金支持，也为企业通过自贸区"走出去"打通了便捷的外部通道。福建自贸试验区企业近三年一直积极融入"一带一路"建设，在福建销往"一带一路"沿线国家的产品中，作为最大宗商品的机电产品2017年出口值就将近700亿元，纺织纱线、织物及制品338.3亿元，同比均有所增长。但服装及衣着附件、农产品等传统出口大宗产品则出现下降，其中服装及衣着附件出口328亿元，较上年下降12.5%[1]。对自贸区企业来说，"走出去"不仅能拓宽外部市场，避免挤占国内市场份额，缓解过剩产能，也能根据"一带一路"沿线国家企业的情况，取长补短，获取相应的自然资源和研发技术。在这一过程中，福建自贸试验区先行先试出台的一系列惠企政策也助推企业加大步伐"走出去"。

（1）税收优惠政策能助力企业"轻装上阵"，降低企业运营成本，提高企业"走出去"的竞争力。随着自贸区各项税收政策试点成效的凸显，为更好地适应自贸区经济发展与"一带一路"国际市场接轨，税收惠企政策将会继续放开，税收优惠带来的红利效应也将会不断放大。这对区内企业发展无疑是一个利好征兆，也是最直接的降低企业税收成本、提高企业业绩的措施。比如，关于内销选择性征收关税政策的试点，财政部、海关总署、国家税务总局联合印发了《关于扩大内销选择性征收关税政策试点的通知》

---

[1] 《闽去年自"一带一路"沿线国家进口增四成》，中国新闻网，2018年2月6日。

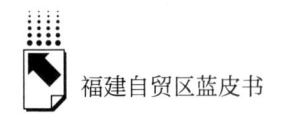

（财关税〔2016〕40号），将内销选择性征收关税政策试点扩大到福建等四个自贸试验区。这也意味着，福建自贸试验区内的企业可自主选择按照原材料或是成品、半成品对应的税率缴纳进口关税，能够有选择地以税负较低的方式缴纳关税，有利于相关企业降低关税税负，节约成本，也有利于企业综合用好国际国内两个市场，使得内销产品更具市场竞争力。厦门海关从2015年3月底启动这一试点工作，而这一试点最早是从为平潭、横琴"量身定做"到试点范围逐步扩大的[①]。

此外，以福建自贸试验区平潭片区为例，《平潭综合实验区总体发展规划》的税收政策就明确列出一系列惠企减负措施。比如，对平潭企业之间货物交易免征增值税和消费税；在制定产业准入及优惠目录的基础上，对平潭符合条件的企业减按15%的税率征收企业所得税；在平潭设立出境开放口岸的前提下，按现行有关规定设立口岸离境免税店；等等。这些税收减负措施对企业具有很强的吸引力，积极了解并运用这些政策，有利于降低企业成本，加快企业转型升级，提升竞争力。

（2）"放管服"政府管理创新的持续推进能为企业"走出去"节约时间成本，提高运营效率，激发市场活力和社会创造力，营造更为宽松自由的营商环境。以"简政放权、放管结合、优化服务"为主的政府管理创新，始终是以企业需求为导向、提高行政效率、降低行政成本来转变政府职能的。近几年自贸区先行先试的政府管理创新解决了我国传统政府管理体制存在的低效低能问题，为企业发展扫清了不少行政障碍，极大地提高了企业与政府管理部门的沟通办事效率，降低企业的时间成本。从2015年4月发布第一批标志性的8项改革措施（如福州和平潭片区企业设立实行"一表申报、一口受理、一证三码"等），到2017年8月，福建自贸试验区已经发布了11批两百多项创新举措。

2017年12月福州片区又根据《中共福州市委办公厅　福州市人民政府

[①] 崔荣春、叶生成、郑宣铃、陈子建：《内销选择性征收关税扩围：企业该怎么选》，《中国税务报》2016年9月5日。

办公厅关于取消、下放一批行政审批服务事项的通知》(榕委办〔2017〕76号)的精神,对照相对集中行使的行政许可和公共服务事项目录清单,取消了城市园林绿化企业三级资质认定等5项行政审批服务事项。除了不断放开的"放管服"措施以外,政府管理创新举措也不断复制推广,如厦门片区原先在自贸区内实施的粮食收购资格许可"简化优化流程"行政审批制度改革,也于2017年9月25日起在厦门全市范围内复制推广。这一系列措施让企业最大限度地节约了行政审批事务的时间成本,从而有更多的时间和精力致力于企业的经营管理,行政职能部门高效的工作也是服务企业"走出去"的制度保障。

(3)通关贸易便利化的不断提升有利于拓宽企业营销渠道,提高企业运营效率。福建自贸试验区自挂牌以来,在投资、贸易便利化方面也出台了不少非常成功的创新举措。以福建最佳实践案例"单一窗口"为例,"单一窗口"1.0版项目于2015年8月试运行,2.0版于2016年7月上线运行,目前功能已覆盖货物申报、运输工具申报、贸易许可等国际贸易主要环节,联通30多个业务部门,服务企业5万多家,日单证处理量11万多票,成为福建推动贸易便利化、努力打造一流营商环境的一个突破口。在2018年1月18日全省口岸通关部门工作现场会上,中国(福建)国际贸易单一窗口3.0版建设正式启动,这也意味着福建国际贸易"单一窗口"开始向金融、退税、结付汇、信保服务等领域延伸,成为关港贸一体化运作的依托平台[①]。国际贸易"单一窗口"的建设与升级,极大地缩短了企业进出口贸易的全流程时间,降低时间成本,分类监管、关检合作等方式更是减少了企业仓储等物流成本,减少企业的资金占用。另外,福建自贸试验区对跨境电商平台的建设与完善,也为企业发展提供高效能的跨境电商物流和配套服务,拓宽企业营销渠道。

在投资便利化方面,对企业来说包括对内扩大再生产投资以及对外投资

---

① 郑璜:《中国(福建)国际贸易单一窗口迎来3.0版》,《福建日报APP-新福建》2018年1月19日。

两方面,福州市人民政府办公厅以榕政办〔2016〕12号文转发福州市市场监督管理局制定的《关于促进中国(福建)自由贸易试验区福州片区开放开发建设的若干意见》,详细规范了自贸区企业的运营发展事项,包括降低市场准入门槛、支持区内发展总部经济和集团登记制度改革,试行市场主体名称"自助查重、自主申报"举措,推行"一址多照、集群注册"登记改革,全面实行"三证合一、一照一码"登记模式,放开搞活企业标准等便企措施。2018年1月4日福州市人民政府又印发了《关于对福建自贸试验区福州片区市场主体试行"全城通办、一照两址"登记管理的若干意见》,即自贸试验区福州片区内设立的市场主体在全市范围内设立一个分支机构的,经申请可免于办理分支机构设立登记,可享受自贸试验区政策红利。厦门片区在2017年7月则颁布了企业投资建设项目备案管理暂行办法,规范企业投资问题。这一系列措施都为自贸区企业扩大再投资提供了政策便利,也有利于自贸区企业提高整体运营效率。在对外投资管理方面,福建还通过"鼓励发展+负面清单"引导和规范境外投资,进一步推进"一带一路"特别是21世纪海上丝绸之路核心区建设,"一带一路"沿线国家的新兴市场也给自贸区企业"走出去"对外投资提供了更广阔的发展空间,拓宽了企业的营销渠道,自贸区企业还可以将改革红利传递给周边国家,在互联互通建设中寻找自身发展的突破口,做大做强"走出去"。

2. 制度创新协助企业"引进来"

在融入"一带一路"建设过程中,除了积极"走出去"外,也要高质量地"引进来",这个"引进来"包括资本、技术、资源、人才等等。企业要加快转型升级步伐、拓宽企业发展空间、提升企业竞争力,离不开投资制度创新、金融制度创新和人才保障政策的支持。

投资制度创新能够引入一些高水平的投资,吸引更多的要素资源在自贸区集聚,给市场发展注入活力。投资制度创新方面的措施,最主要的就是负面清单制度。2017年6月5日国务院办公厅印发《自由贸易试验区外商投资准入特别管理措施(负面清单)(2017年版)》,对负面清单再次作了修订,进一步放宽了外商投资准入,也是实施新一轮高水平对外开放的重要举措。这一措施不仅能为企业营造更为自由、规范的营商环境,也有利于自贸区企业不断优化同业竞合关系,迅速提升核心竞争力。

金融制度创新方面,对企业发展而言,丰富的金融服务措施能不断拓展自贸区企业的融资渠道,降低融资成本,提高企业在国际市场上的竞争力。2015年9月福建省金融办出台了《福建省金融工作办公室关于金融服务自贸试验区招商引资工作六条措施的通知》(闽金融办〔2015〕25号),从发挥信贷引擎作用、加大上市融资力度、扩大债券融资规模、发展各类产业股权投资基金、加快金融产品创新、搭建政银企对接平台六个方面为福建自贸试验区的招商引资提供了更为规范宽松的融资环境。2016年5月省经信委、省国税局发布了《福建省经济和信息化委员会 福建省国税局关于做好福建自由贸易试验区内资融资租赁试点企业推荐确认工作的函》(闽经信函中小〔2016〕234号),为企业融资租赁提供了可操作的指导意见。2018年2月,经国家外汇管理局批准,国家外汇管理局福建省分局在《推进中国(福建)自由贸易试验区外汇管理改革试点实施细则》(闽汇〔2015〕189号)的基础上,新增货物贸易电子单证审核、细化NRA账户结汇、调整跨国公司外汇资金集中运营管理参与主体等内容,制定了《进一步推进中国(福建)自由贸易试验区外汇管理改革试点实施细则》(闽汇〔2018〕1号),在外汇管理领域为自贸区投融资汇兑提供了便利,完善了企业在国际贸易投资中的跨境资金流动管理,为企业资金筹措、资金运营、国际贸易往来等提供了金融政策支持。宽松的投融资环境、多样化的金融服务、便捷的融资渠道、低成本的融资产品等这些红利所释放出的经济效益对企业发展作用明显。

人才保障政策也是企业发展的一个重要支撑点。在"一带一路"扩大开放的过程中,要更好地应对国际竞争,在世界市场的舞台上做大做强,归根到底还是人才的竞争,也是科研创新实力的竞争。福建自贸试验区在保障企业人才资本"引进来"上也有一系列支撑政策。2016年6月省委组织部、省人力资源和社会保障厅联合发布了《〈福建自贸试验区境外引进高层次人才确认函〉办理工作流程(试行)》(闽人社文〔2016〕168号),在保障高层次人才引进方面给出了可操作的指导性意见。厦门片区通过柔性引才引

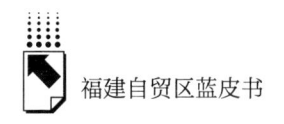

智、激励自贸区人才创新创业等方式给予企业人力资本方面的保障。2016年11月《关于对符合条件的福建自贸试验区外国人申办外国专家证提供绿色通道服务的通知》（闽人外专〔2016〕87号）也为提升人才服务质量、优化人才发展环境提供了政策扶持。自贸区企业要在国际市场上占有一席之地，不但要具备持续的科研创新能力，提高产品的国际化品质，也需要企业管理层能够敏锐地洞察国际市场的风云变幻，及时应对国际市场的各项风险。这都需要企业具备高科技人才队伍和高水平管理人才予以支持。

总之，不管是"走出去"还是"引进来"，福建自贸试验区企业都应该时刻做好准备，以开放促改革，以改革促转型，以转型促发展，抓住机遇，迎接挑战。

（二）兼容并蓄，深化闽台交流互利共赢

福建与台湾一水之隔，福建自贸试验区就定位为深化两岸经济合作的示范区，充分发挥对台优势，深化对台经贸合作，促进两岸交流与经济融合也是福建自贸试验区发展的一大重点。截至2018年1月26日，已有43家台湾百大企业在闽投资，实际使用台资74.5亿美元，闽台贸易额则达到2377.6亿元人民币，海峡两岸交流基地数量居全国首位，妈祖等祖地文化交流更加密切①。闽台在投资、贸易、金融、人才、文化等方面通过互联互通都有巨大的合作空间和发展市场。如何兼容并蓄地创新对台联动机制，深化闽台合作交流，促进闽台经济一体化，共同开拓国际市场，达到互利共赢也是未来两岸要持续推进、不断努力的方向。

闽台金融合作能进一步推动跨境金融发展，促进企业融资便利化，控制融资成本，满足企业融资需求。福建自贸试验区也出台了不少对台金融创新举措，包括大力支持发展融资租赁、商业保理等非银行金融业务和对台离岸业务；对台企试行"台商协会总担保制度"；创新融资租赁企业对台跨境人

---

① 倪斌：《推进两岸经济社会融合 闽台贸易额突破2000亿元》，《福建日报App－新福建》2018年1月26日。

民币贷款业务;台湾地区银行业金融机构向在厦门注册成立的企业或项目发放人民币贷款;发展两岸跨境直贷、融资租赁双保理供应链金融业务,发行台胞信用卡;等等。其中厦门片区在对台金融合作、两岸资本市场对接等方面也一直在探索新途径。可以说,闽台金融合作能让台湾和大陆企业都享受更全面的金融服务。随着福建自贸试验区闽台金融合作的加强,自贸试验区的金融业竞争将更为优化,对企业发展所带来的融资便利化红利也将更为显著,也有利于两岸企业在合作共赢过程中进一步降低融资成本。

闽台项目合作能促进投资自由化,进一步拓宽企业业务范围,扩大产品和服务的受众范围,吸引两岸消费者[1]。目前闽台的项目合作也从石化、信息产业拓展到金融业、港口物流业等,企业的投资也开始呈现宽领域、多层次等特点[2]。此外,在鼓励两岸青年创新创业方面,福建自贸试验区也出台了不少政策,如厦门片区设立的两岸青年创业创新创客基地,是对台特色的全国首创举措。还有两岸青年创业载体"一核多点"机制,允许台湾建筑师持台湾相关机构颁发的证书,经批准在自贸试验区内开展业务。闽台的项目合作、投资自由化还有很大的提升空间,福建自贸试验区企业要充分发挥"五缘优势",与台湾展开项目合作,抓住投资机遇,拓展企业业务范围,形成具有两岸特色的品牌效应,也为两岸企业共同走上国际市场打下坚实的基础。

充分利用闽台信息技术、跨境电商等,促进闽台企业的贸易自由化,拓展企业营销渠道,助力企业转型升级。在促进闽台企业贸易自由化方面,福建自贸试验区主要是通过简化原产地证管理、加快闽台监管互认、推动车船便捷通关、试点海运快件业务、推动台湾产品快速通关等进行,具体如:对台小额商品交易市场内进口的原产台湾的药品、化妆品等简化审批手续,采取"快验快放";对台湾地区输入区内的农产品、食品等产品试行快速检验检疫模式;对平潭与台湾之间进出口商品原则上不实施检验,检验检疫部门

---

[1] 林翙丰:《创新驱动背景下福建自贸试验区促进民营企业转型升级研究》,《对外经贸》2017年第11期。
[2] 马丽、董双强:《基于福建自贸试验区的闽台经贸合作研究》,《台湾农业探索》2017年第8期。

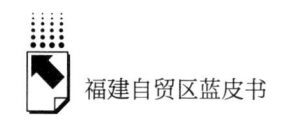

加强事后监管。这些措施极大促进了两岸贸易通关便利化。除此之外，通过打造两岸移动互联网联盟，创新两岸冷链物流市场合作机制、跨境电商备案全程电子化、跨境电商B2B"一站式"全天候通关模式、两岸贸易结算新模式以及搭建"台陆通"公共信息服务平台等，为企业提供了更便捷的贸易服务，线上线下的营销渠道也让两岸贸易对接更为全面。自贸区企业要充分利用信息技术和跨境电商方面的政策红利，利用对台快捷通关模式，降低物流与仓储成本，提高运营效率，优势互补，促进企业转型升级。

闽台人才共享引进和教育交流合作能增强企业的研发能力，增加产品和服务的附加值，提高竞争力。福建自贸试验区一直重视高层次人才在自贸区发展中发挥作用，支持自贸区高层次人才项目建设。对台人才引进方面，自贸区也在吸引台湾专业人才在区内行政企事业单位、科研院所等机构任职，专门出台台湾中高层次人才认定新机制等。同时，在深化两岸教育交流合作方面，福建省教育厅也以增进两岸沟通了解、互惠双赢为宗旨，为海峡两岸经济社会发展提供有力的智力保障。要提高产品和服务质量，提高经济附加值，离不开企业与时俱进的研发创新能力，重视与培养高层次人才建设，能让企业保持市场领先的创造力，这在闽台互利共赢的发展中也是不可或缺的重要因素。

总而言之，展望未来，新时代福建自贸试验区将继续协同"一带一路"建设，利用福建对台优势，有效整合内部资源，开拓外部市场，进一步为区内企业发展提供更为宽松的政策环境、更具竞争力的营商环境、更为完整的基础设施支撑，继续释放自贸区的改革红利，为区内企业发展打造新引擎，也为我国进一步扩大开放、深化改革提供新思路新途径。

五 抛砖引玉：福建自贸试验区助推企业进一步发展的建议

（一）营造协同创新的文化氛围，健全跨部门协同联动机制

营造协同创新的文化氛围，是推动福建自贸试验区企业协同创新、联动

发展、融合共享的强大催化剂。加快推动相关部门和企业更新管理理念,营造协同创新的文化氛围,有助于构建协同联动的长效机制,以积极的姿态推动福建自贸试验区企业协同合作和联动发展。

1. 建立平等对话平台,打造共享经济平台

为福建自由贸试验区内企业与企业之间、企业与政府部门之间、企业与金融机构之间搭建平等对话平台,以及福建自贸试验区企业与其他自贸试验区企业和相关部门建立沟通交流平台,通过打破地域、层级、部门等客观因素的制约,切实反映福建自由贸易试验区企业的合理诉求,加强自贸区企业、政府、第三方组织的交流与合作,打造共享经济平台,从区内企业渗透到区外企业,促进区内和区外企业共同发展。同时,在沟通交流中,明确福建自由贸易试验区企业的资源比较优势、红利政策和未来走向,从而引导企业更好地借助自贸区平台,打造共享经济平台,帮助福建自由贸易试验区企业提高通关效率、降耗节能等降低企业成本(尤其是交易成本),并补齐短板(包括生态环境保护、社会保障水平、公共文化服务等)。在"互联网+"、大数据、云计算等现代信息技术条件下,不断开拓自贸区内外资源的共建举措和共享渠道,打造新型商业模式和平台生态圈,为福建自由贸易试验区企业发展营造良好的氛围,助推福建自由贸易试验区企业转型升级,在共享资源、共享平台和共享经济中实现新一轮的发展。

2. 加强部门政策协同,强化企业技术绩效

政策的协同性,尤其是创新政策的协同性,是影响部门政策绩效和企业技术绩效的关键因素,对企业技术绩效产生了显著的正面影响。福建自贸试验区出台了一系列的制度创新和试验任务等政策措施,但部门与部门间的政策推进需要协同。其中,包括部门协同、目标协同和措施协同三个层次[1]。值得强调的是,这三者的协同性,既有结构性协同的要求,也有程序性协同的要求。国务院或各省级人民政府颁布政策后,税务局、公安厅、海事局、

---

[1] 仲为国、彭纪生、孙文祥:《政策测量、政策协同与技术绩效:基于中国创新政策的实证研究(1978~2006)》,《科学学与科学技术管理》2009年第3期,第54~60、95页。

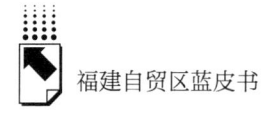

人民法院、检察院等其他相关部门要加以衔接、配套和协调，同时也要确保各个部门政策的目标和措施的战略一致性和规划协调性，以提高政策服务福建自贸试验区企业的有效性。例如，推进福建自贸试验区财政税收政策、金融外汇政策、货币政策、创新政策的协同，将不断改善企业的营商环境和法治环境，减少技术和市场的不确定性，以充分调动企业的创新动力，促进企业创新网络节点间的合作，从而持续强化企业技术创新绩效。部门政策的协同，有助于维持企业、政府、社会组织之间的互动依赖关系，形成共同推进和强化企业技术绩效的跨部门协同联动机制。

（二）深化自贸区金融开放创新，健全金融风险防控体系

强化对福建自贸试验区企业的金融支持，助力福建自贸试验区企业"走出去"。一方面，深化金融领域开放创新，进一步推进金融体制改革，为企业创造良好的跨境投融资环境，有助于缓解福建自贸试验区企业融资渠道窄、融资方式单一、融资成本高的困境。另一方面，关注伴随金融领域开放和创新所带来的潜在风险，进一步健全金融风险防控体系，是福建自贸试验区建设的内在要求，也是福建自贸试验区制度创新探索的重要内容。

1. 加大离岸业务改革开放，降低企业融资成本

福建自贸试验区金融领域的改革与创新，主要目标是提升金融领域服务实体经济的能力和效率，降低企业负担。首先，加快离岸业务改革开放，完善离岸金融市场，通过区内企业融资形式多样化提升企业融资效率，实现全方位支持福建自贸试验区内企业发展离岸业务。例如，福建自贸试验区内融资租赁、商业保理等业务的改革，进一步促进新型融资业态构建，有助于缓解企业资产构建的融资难、融资贵等问题。其次，福建自贸试验区内设立离岸金融等专业机构，加大离岸业务创新，在区内构建高效统一的投融资平台，研究适应福建自贸试验区企业的业务试点和融资方案，开展包括跨境人民币贷款和境外直贷在内的跨境金融业务改革与创新，协助区内企业有效对接境外资金，促进区内企业投资便利化和贸易便利化。最后，制定离岸业务

相关法律法规和相关配套措施，激励和规范福建自贸试验区离岸金融跨境融资法律体系，积极完善离岸金融业务税收政策等，规避法律风险、预防融资陷阱，为加大离岸业务改革开放提供法律保障，培育法制化的营商环境，从而降低企业融资成本，支持福建自贸试验区企业发展离岸业务。

2. 深化两岸金融交流合作，携手引导良性竞争

当前，福建自贸试验区与台湾金融的交流与合作已有新的发展趋势，福建自贸试验区已经允许个人和企业开立新台币账户，区内银行和台湾银行已经可以实现多种形式的结算业务[1]，这是两岸金融交流合作的新突破。未来，福建自贸试验区可逐步加快开放资本账户，加紧对台资银行等金融机构入驻福建自贸试验区的准入审批，进一步深化两岸双向交流和竞争合作。一方面，针对两岸金融交流与合作，福建自贸试验区可以制定定期会晤研讨机制和快速反应机制，鼓励两岸金融同业民间交流与合作，携手引导两岸金融产品持续创新，避免同质化等恶性竞争，实现良性竞争。另一方面，推进两岸金融机构高度对接，借鉴台湾金融创新经验和国际金融中心建设经验，加快先行先试福建自贸试验区金融创新试验任务步伐，共建共享投资信息，加强两岸金融机构平等合作与自由竞争，促进两岸金融机构共同发展，为两岸在金融领域的长期合作与发展奠定基础。可见，两岸金融交流与合作仍有较大空间，以两岸经济一体化为主轴，从资本融合上为推进福建自贸试验区建设增添助力，也为推动两岸经济向更高层次发展培育原动力。

3. 推进风险防控机制创新，全力服务"一带一路"建设

在推进福建自贸试验区投资贸易便利化创新试验任务的过程中，尤其是伴随着国际资本流动、金融行业竞争等进程中也潜藏着各种风险，其中金融创新风险是制约福建自贸试验区企业健康发展的重要制约因素。为稳步推进福建自贸试验区金融领域的改革与创新，亟须建设与之相适应的风险防控机

---

[1] 陈翠：《论福建自贸试验区金融改革的风险与应对》，《邢台学院学报》2017年第9期，第81~83页。

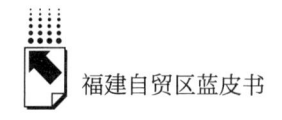

制，并把风险防控作为改革创新的底线，尤其是对标国际通行惯例的风险管控机制建设，以分摊金融改革与创新成本、分担金融改革与创新风险。福建自贸试验区作为"一带一路"建设的新载体，在积极拓展新的融资渠道的同时，也要强调推进风险防控机制创新，加强宏观审慎监管措施建设，配套风险控制措施，提升区内企业尤其是中小企业的抗风险能力。加快推进福建自贸试验区与"一带一路"建设融合发展，以积极的态度全力服务"一带一路"建设，全方位深度融入世界经济。例如，在构建和完善福建自贸试验区企业投融资平台时，可以对融资规模尤其是境外资本性融资规模加以适当控制，建立风险防控预警体系，紧密监测跨境资金流向，完善应对跨境资本冲击的政策预案，对重点行业企业做好内控、融资及账户管理等情况的定期或不定期核查。"一带一路"建设的继续推行，将为福建自贸试验区金融改革创新提供良好的地缘政治环境，杜绝社会系统性风险，为风险防控体系建设创造稳定而有规律的金融市场环境。

（三）弘扬新时代优秀企业家精神，强化企业自身素质建设

壮大企业家队伍，弘扬新时代优秀企业家精神，对于调动企业家积极性、主动性、创造性有导向作用。提升企业管理水平，强化企业自身素质建设，对于提升企业创新能力、品牌文化以及核心竞争力有基础作用。落实工匠精神，明确企业家精神的地位与作用，形成有效的公司治理结构，是新时期推进供给侧结构性改革的重要支撑。

1.加强企业自身素质建设，推动企业家从套利走向创新

随着福建自贸试验区投融资渠道的拓展，部分企业家存在套利思想，利用跨境投融资政策进行投机，追逐汇率差和利率差的"双套利"，已严重影响了区内金融市场建设及企业自身素质建设。因此，企业应当在规范自身经营的基础上，加强企业自身素质建设，通过建立现代企业制度，加强企业内部控制和公司治理建设。从总体上讲，企业家的套利活动和创新活动几乎同时存在，不同企业定位和目标决定了企业相关活动的性质。福建自贸试验区的相关配套政策，虽然能刺激企业家开展套利活动，但无法形成持续获利的

经济活动，在一定程度上也阻碍了企业家的创新活动。随着中国经济进入新常态，中国区域经济后发优势潜力逐渐缩小，套利空间也逐渐减小，推动福建自贸试验区企业家从套利型走向创新型，实现自贸区经济增长由配置效率增长驱动转向创新驱动。其中，国有企业家套利行为更为明显，不仅导致国有企业自身低效率运营，也挤占了民营企业的创新资源，存在双重困境。可见，现代企业要提高经营管理水平和信用水平，吸引高水平人才，科学部署企业未来发展战略走向，走向多元化和创新的发展道路。

2. 加强企业文化建设，推动企业家从逐利走向重视责任

企业追逐利润最大化行为是企业发展的天然使命，理性的逐利行为可以与企业的社会责任相容，非理性的逐利行为将可能与社会责任相背离。从本质上来看，企业的社会责任既会产生潜在的经济收益，也可能带来潜在的成本，二者相容相生、相斥相吸。首先，加强企业文化建设，在尊重福建自贸试验区企业合理合情合法逐利行为的同时，强化福建自贸试验区企业社会责任与担当，推动企业从"理性经纪人"走向"理性生态人"。其次，构建学习型企业文化模式，引导福建自贸试验区全体职工树立终身学习和自强不息的意识，提升企业职工的职业素养和战略意识，强化企业的凝聚力，形成企业不断发展与创新的恒动力。最后，在十九大精神指引下，坚持党的领导，推进福建自贸试验区先进企业文化建设，推动企业家尤其是国有企业家形成坚定的社会主义意识形态和价值观。值得强调的是，在既定约束条件下，企业在履行了社会责任之后，在一定程度上，也会产生损害行为，但这是为了更广大人民的利益而进行的资源配置行为。可见，弘扬新时代企业家精神，需要福建自贸试验区全体企业人士文化定位和价值观的普遍提升，以及全社会对企业行为的合理评价。

3. 加强企业自主品牌建设，推动企业家走向全球化

从根本上来看，福建自贸试验区是维护全球化背景下的共同利益，区内企业之间、产业之间、部门之间既是利益共同体，也是命运共同体。福建自贸试验区企业已经处于经济全球化和金融国际化的浪潮中，中国企业尤其是民营企业已经成为驱动中国经济增长，乃至引领新一轮全球化浪潮

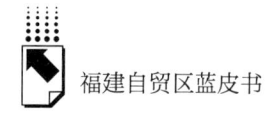

的重要力量[1],对企业生产技术和产品质量有了更高的要求。要加强企业自主品牌建设,提升品牌产品的国际竞争力,引领"中国制造"转型升级至"中国智造",大大增加企业的经济效益和信心指数,从而促进企业及其产品"走出去"。美国通用电气原董事长兼首席执行官杰克·韦尔奇曾强调,中国企业要走向全球化,需要优秀品牌。这同时也要求中国企业家在立足当地经济发展和创造当地价值、服务当地实体经济的同时,也要走向全球化,参与全球化、融入全球化,在复杂多变的国际环境中,充分发挥企业家才能,用全球化的战略视野从上而下引领中国企业转型升级,从而赢得全球的尊重。

---

[1] 吕锦明:《"燕集香江"财经论坛 2017 聚焦中国企业家走向全球》,证券时报网,http://kuaixun.stcn.com/2017/1018/13699856.shtml,2017 年 10 月 18 日。

B.6
福建自贸试验区三周年法治化改革的回顾与展望

经过三年的建设，福建自贸试验区法治建设取得了一定进展。立法工作取得较大成效，法规体系日趋完善，规范性文件的审查工作成效显著，为自贸试验区的改革试点提供了有力的法制支撑，为自贸试验区的建设发展提供了良好的法治保障。

一 福建自贸试验区三年来法治建设概览

（一）自贸试验区的立法工作取得了显著进展

《中国（福建）自由贸易试验区管理办法》于2015年4月20日以省政府令的形式颁布实施①，《中国（福建）自由贸易试验区条例》于2016年4月1日省十二届人大常委会第二十二次会议通过②，该条例的正式颁布施行，标志着自贸区制度框架初步形成。在福建省地方立法中首次设置了改革试错免责条款，专章规定了"闽台交流与合作"，在对台服务和货物贸易自由、通关便利、两岸金融创新合作、灵活便利的两岸居民出入境政策、社会信用管理等方面，突出推进闽台合作机制创新。与此同时，各个片区的立法工作也取得了明显的成效。比如，厦门片区管委会被福建省政府法制办、省

---

① 《中国（福建）自由贸易试验区管理办法》，福建省自贸区官网，http://www.china-fjftz.gov.cn/article/index/aid/573.html，2018年1月15日访问。
② 《福建省人民代表大会常务委员会关于颁布施行〈中国（福建）自由贸易试验区条例〉的公告》，福建人大网，http://www.fjrd.gov.cn/ct/16-110153，2018年1月15日访问。

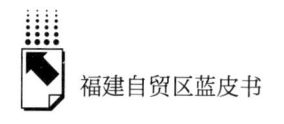

人大常委会授予基层立法联系点,《厦门经济特区促进中国(福建)自由贸易试验区厦门片区建设若干规定》于2016年9月1日颁布实施①。

(二)相关配套制度不断健全

就福建自贸试验区的法律制度而言,国家层面的制度包括了全国人大常委会作出的《关于授权国务院在中国(广东)自由贸易试验区、中国(天津)自由贸易试验区、中国(福建)自由贸易试验区以及中国(上海)自由贸易试验区扩展区域暂时调整有关法律规定的行政审批的决定》,国务院印发的《中国(福建)自由贸易试验区总体方案》,国务院办公厅印发的关于负面清单管理、外商投资国家安全审查的相关通知。福建省地方层面的制度包括了福建省人大常委会作出的《关于在中国(福建)自由贸易试验区暂时调整实施本省有关地方性法规规定的决定》,福建省政府出台的《中国(福建)自由贸易试验区管理办法》。此外,福建自贸试验区福州片区调整的地方法规主要是《福州市经济开发区条例》《福州保税区条例》《福州市保障台湾同胞投资权益若干规定》中有关行政审批的规定。福建自贸试验区厦门片区调整的地方法规主要是《厦门象屿保税区条例》《厦门经济特区台湾同胞保障条例》《厦门沧海台商投资区条例》等法规中涉及企业设立、变更的审批规定。

在加快地方立法的同时,开展规范性法律文件的法律审查工作,调整实施有关国务院行政法规和福建省地方性法规,保障自贸试验区的各项改革于法有据。在自贸试验区建设过程中,福建省政府各主管部门针对自贸区建设出台一系列政府规章和规范性文件。主要包括:《中国(福建)自由贸易试验区外商投资项目备案管理办法》《中国(福建)自由贸易试验区境外投资开办企业备案管理暂行办法》《中国(福建)自由贸易试验区境外投资项目备案管理办法》《中国(福建)自由贸易试验区商业保理业务试点管理暂行

---

① 《厦门经济特区促进中国(福建)自由贸易试验区厦门片区建设规定》,福建自贸试验区官网,http://www.china-fjftz.gov.cn/article/index/aid/4394.html,2018年1月15日访问。

办法》《中国（福建）自由贸易试验区开展境内外维修业务试点管理暂行办法》《中国（福建）自由贸易试验区保险机构和高级管理人员备案管理办法》《中国（福建）自由贸易试验区质量技术监督工作改革意见》《中国（福建）自由贸易试验区监管信息共享管理试行办法》《中国（福建）自由贸易试验区相对集中行政复议权实施办法》《中国（福建）自由贸易试验区管理委员会行政规范性文件法律审查规则》《促进中国（福建）自由贸易试验区市场公平竞争工作暂行办法》《福建省工商系统企业经营异常名录管理实施办法（试行）》《推进工商登记制度改革实施方案》《市场主体年度报告公示制度试行意见》《中国（福建）自由贸易试验区设立台资物业服务企业有关事项通知》《中国（福建）自由贸易试验区建设用地管理意见》《中国（福建）自由贸易试验区设立台资建设工程企业和台湾建筑专业人士执业有关事项的通知》《中国（福建）自由贸易试验区反价格垄断工作办法》《福建检验检疫局特殊区域内进境动植物检疫审批工作实施方案》《中国（福建）自贸试验区管理机构运行机制规定》，等等。通过加强法规和政策保障，将行之有效的政策及时上升为地方法规，形成了有效的保障网络，法治化营商环境建设效果显著。

（三）综合执法改革走在全国前列

福建自贸试验区在《行政处罚法》《行政强制法》《福建省行政执法程序规定》等法律法规框架内，以加快转变政府职能、着力培育国际化和法治化的营商环境为宗旨，结合福建自贸试验区现行体制，深化执法体制改革，全力推进综合行政执法[①]，集中整合工商行政管理、食品药品监督管理、质量技术监督管理、商贸管理、知识产权管理等七类行政处罚权，成立综合执法机构，集中行使相关职权。通过"多帽合一"较好地解决了过往机构之间数据不通导致的"重复执法""任性执法""各自为政"等弊端，

---

① 《福州市人民政府关于印发实施中国（福建）自由贸易试验区福州片区相对集中处罚权具体工作方案的通知》，福州市政府官网，http://www.fujian.gov.cn/fw/zfssgkzdgz/zzd/xzql/xdjzxzcfq/201601/t20160121，2018年1月30日访问。

提升了执法效能和满意度,有效增强行政执法规范性和统一性,进一步优化自贸区投资环境和生活环境,逐步建立起行为规范、运转协调、办事高效的自贸区执法管理体制①。

经过努力,以"政府职能转变为核心导向,高效透明公平为主要特征"的全新事中事后监管体制基本建立②。通过制定完善统一的行政处罚程序规范、自由裁量权行使标准和案件管理平台,努力实现"一支队伍管执法、一个标准来执法"的目标。建立健全跨部门、跨区域执法联动响应和协作机制,力争实现违法线索互联、监管标准互通、处理结果互认,消除监管盲点,降低执法成本③。要求职能部门强化安全生产监管执法和环境监管执法,配合国家有关部门做好金融监管工作;积极建立行政执法机关、公安机关、检察机关、审判机关信息共享、案情通报、案件移送制度,逐步实现行政处罚和刑事处罚的无缝衔接。相关改革的广度和深度均开创全国之最,较好地贯彻落实党中央、国务院深化"放管服"改革的决策部署。力争将福建自贸试验区建设成为具有国际水准的贸易投资自由便利、产业体系先进发达、政策监管安全高效、行政执法公正合规的自贸区④。

其中,平潭片区管委会积极贯彻落实福建自贸试验区总体方案,谋篇布局,主动适应机制体制改革后市场监管综合执法的需求,在省内率先推出工商、质监、物价、食药监、卫生、知识产权等"六合一"案管系统,将六大类型行政处罚案件统一纳入该系统。此举有效增强了行政执法的统

---

① 《福州市人民政府关于印发实施中国(福建)自由贸易试验区福州片区相对集中处罚权具体工作方案的通知》,福州市政府官网,http://www.fujian.gov.cn/fw/zfssgkzdgz/zzd/xzql/xdjzxzcfq/201601/t20160121,2018年1月30日访问。
② 《福州片区重视审计整改 加快推进试验任务实施》,福建省商务厅官网,http://www.fiet.gov.cn/zjswt/jgzn/jgcs/zmsyqzcyjs/zmzcc_gzdt/201703/t20170315_698367.htm,2018年2月1日访问。
③ 济南市历下区编办:《关于构建橄榄型政府治理结构促进政府职能转变的实践与思考》,《机构与行政》2017年第1期,第8~11页。
④ 《福州市人民政府关于印发实施中国(福建)自由贸易试验区福州片区相对集中处罚权具体工作方案的通知》,福州市政府官网,http://www.fujian.gov.cn/fw/zfssgkzdgz/zzd/xzql/xdjzxzcfq/201601/t20160121,2018年1月30日访问。

一性与规范性,有效整合了执法资源,部门间数据实现无缝互通;通过建立部门间高效的合作协调和联动执法工作机制,实现了部门联合执法、动态监管;通过对案件查处过程中各流程节点的精确控制,较好地规范了执法流程,提升执法效率;真正实现行政执法有法可依和行政执法自由裁量的精准化。

(四)自贸试验区司法保障机制不断健全

在自贸区内设置专业化审判机构,加强审判机构和审判组织建设,是司法主动服务保障自贸区建设与发展的重要举措,是营造法治化营商环境的重大举措,是福建省法院推进司法体制改革的重要环节。

自贸区法庭优化审判资源配置,靠近服务、主动作为,努力打通司法服务"最后一公里",有效提升法院纠纷化解效率和服务实验区建设能力,为自贸区营造了法治化、国际化、市场化的营商环境。依据福建对台区位特点,主动加强涉台审判工作,并以此为契机,深度整合现有的涉台审判资源,进一步在创新涉台审判工作机制、畅通两岸司法互助渠道、拓宽两岸司法交流平台等方面进行探索,推动涉台审判工作迈上新台阶,推动两岸和平发展。通过开展联席会议、研讨法律适用问题、参与案件协调、制作涉自贸区行政审判"白皮书"、司法建议等,加强公正司法与依法行政的良性互动,进一步拓展行政与司法互动的外延、内涵和方式,更好地促进依法行政,为支持配合自贸区改革创新创造良好的营商环境[①]。

马尾法院与自贸区福州片区管委会签订《关于合作推进司法服务中国(福建)自由贸易试验区福州片区知识产权协作框架协议》。根据该框架协议,双方将在健全完善知识产权纠纷处理机制、统一协调机制、司法公开机制、多元化纠纷解决机制、专家咨询陪审机制以及加强知识产权审判机构建

---

① 福建省高级人民法院:《福建法院服务保障自贸区建设工作情况》,http://www.weixinnu.com/v/007AtD,2018年1月28日访问。

设等方面开展合作，通过合作推进自贸区知识产权保护体制机制创新，着眼自贸区知识产权保护的司法需求，创新知识产权审判方式和审判机制[1]，借鉴其他自贸区先进经验，不断完善知识产权司法保护体制机制，为自贸区发展创造良好的法治环境，共同打造自贸区知识产权保护的法治化、国际化营商环境。努力推动自贸区知识产权保护在法治化轨道上高效运行，切实为自贸区知识产权保护的国际化贡献力量[2]。

福建自贸试验区涵盖福州、厦门、平潭3个片区，分布在不同的地市，涉及2个设区市检察院、1个综合实验区检察院和6个基层检察院管辖范围[3]。福建省检察院立足实际，针对自贸区的定位，创新理念制度组织构架，找准"自贸检察"定位工作路径。因地制宜构建专业化的服务保障机构，在设立自贸试验区检察室的同时，先后设立福州市马尾区人民检察院派驻中国（福建）自由贸易试验区福州片区检察室、厦门市湖里区人民检察院派驻福建自贸试验区厦门片区检察室和平潭综合试验区（平潭县）人民检察院派驻福建自贸试验区平潭片区检察室。3个片区检察机关立足各自地域优势提供个性化司法服务，开展了一系列探索性的工作。比如，福州片区检察院开展进口食品安全专项预防工作，全力保护人民群众"舌尖上的安全"。与上海市浦东新区、深圳市南山区、天津市滨海新区等地区签订《关于建立自贸实验区检察工作对接合作机制的备忘录》，建立了联络员制度和信息交流制度，明确在日常工作交流、法律研究、执法衔接配合以及典型案例发布、法治宣传等五方面加强合作。积极走访自贸区管委会、自贸区法庭、海关、税务等部门，通过座谈、信息交流、定期通报工作情况等方式，基本建立起与自贸区各职能部门联络人和联席会议制度；立足检察职能作用，围绕服务保障自贸试验区建设，找准切入点和着力点，综合运用惩治、

---

[1] 《马尾法院与中国（福建）自贸区福州片区管委会签署知识产权保护框架协议》，福建长安网，http：//www.pafj.net/html/2017/fuzhou_0506/80589.html，2018年1月26日访问。
[2] 《马尾法院与中国（福建）自贸区福州片区管委会签署知识产权保护框架协议》，福建长安网，http：//www.pafj.net/html/2017/fuzhou_0506/80589.html，2018年1月26日访问。
[3] 《服务自贸区建设，福建检察机关交出一份亮眼的法治答卷》，中国长安网，http：//www.chinapeace.gov.cn/zixun/2017-07/31/content_11423064.htm，2018年1月28日访问。

预防、教育、监督、保护等职能作用，面向自由贸易试验区开展职务犯罪和法治宣传[①]。

二 福建自贸试验区金融法治保障建设

福建自贸试验区挂牌已有大约3年时间。在这将近三年的时间里，福建自贸区取得了很大成果。其中，在金融方面的发展更是不容忽视。

福建自贸试验区分为三大片区：福州、平潭、厦门，每个片区的功能定位存在差别，功能定位的不同也影响着相应的金融改革措施。福州拥有海上丝绸之路门户的地位，且有特殊的地理位置，成为联通东盟、对接台湾、辐射内陆的战略枢纽城市。因此，福州从自贸区设立以来，不断加强两岸金融合作，拓展面向台湾的特色金融，推动在台湾的人民币回流，打造两岸金融创新合作示范区。平潭功能定位主要是建设国际自由港和旅游岛，国际贸易在这个片区有举足轻重的作用。国际贸易离不开外汇的问题，因此，平潭片区进行了两方面的金融改革：其一，深化外债比例自律管理试点；其二，自贸试验区内外商直接投资外汇资本金按意愿结汇。厦门片区的功能定位是建设厦门东南国际航运中心和两岸区域性金融中心，在此基础上，厦门片区进行了一个全国首创的改革：大力支持发展融资租赁、商业保理等非银行金融业务和对台离岸业务[②]。

总体而言，福建自贸试验区在金融方面出台了不少改革举措，由此也形成一批可推广的经验。一是自贸区金融服务业不断完善。福建自贸试验区不断发展，急需更完备的金融服务业。在中国人民银行的支持下，福建自贸试验区在金融服务业方面进行了如下改革[③]：其一，不断完善人民币涉外账户管理模式，简化涉外账户的分类；其二，推进人民币结算业务改革，自贸区

---

① 《福建检察机关服务保障自贸区、试验区建设专题报道》，搜狐网，http：//www.sohu.com/a/163494259_410224，2018年1月29日访问。
② 参见福建自贸试验区发布《22项标志性改革创新举措》，《东南快报》2015年4月22日。
③ 参见《中国人民银行关于金融支持中国（福建）自由贸易试验区建设的指导意见》。

内的企业和个人对外投资和发展贸易更加便利；其三，设立多币种的产业投资基金；其四，支持境内外金融机构开展合作，支持发展跨境电子商务，引导其实现"优进优出"，允许自贸区内注册设立的台资非金融企业依法申请支付互联网业务许可，适应信息时代发展趋势。二是自贸区金融开放程度不断扩大。融资租赁在自贸区获得了快速发展，为全方位服务自贸区企业，多管齐下，多层次多方位拓展企业融资渠道。福建积极开展跨境贸易融资业务，发挥境内外机构联动优势，降低区内企业融资成本。为解决融资难题更是在全国首创多种模式，如"新三板快易租"业务模式、"周转材料租赁"模式等[1]。截至2017年12月，厦门片区迎来第52架融资租赁飞机，飞机租赁数量位居全国前列。融资租赁行业的发展进一步推动经济转型升级。越来越多的金融机构在自贸区聚集，呈现一种"虹吸效应"。三是闽台自贸区金融合作不断深化。党的十八大提出，要持续推进两岸的交流合作，深化两岸的经济合作，实现互利共赢[2]。福建自贸试验区贯彻中央精神，不断加快闽台合作金融方面的改革，主要改革措施有：其一，闽台两岸互相设立了金融机构，自贸区金融的发展离不开金融机构，目前华南银行、金库银行等多家台资银行已经在福建设立了分行，富邦财产有限公司等台资保险机构在厦门成立，这一系列设置金融机构的措施为福建引来了大量的资金[3]；其二，闽台金融监管部门建立了沟通交流机制，开展经常性的交流互访活动，拓展金融合作途径；其三，两岸人民币区域性结算中心迅速发展。在闽台两岸建立了货币结算机制，闽台贸易中采用人民币结算的比例不断提高。此外，福建自贸试验区还采取了其他一些人民币、外汇、金融机构等方面的举措，这使得两岸自贸区金融出现一片生机。

为适应金融方面的改革，加强了法制建设，出台相关的法律法规保障自

---

[1] 《福建自贸试验区融资租赁在全国首创多种模式》，http://www.china-fjftz.gov.cn/article/index/aid/6016.html。
[2] 尤权：《深化闽台经贸合作，促进两岸共同繁荣》，《求是》2013年3月16日。
[3] 盛九元、吴中书等著《两岸区域合作对接的方式与路径研究》，上海社会科学院出版社，2016，第164页。

贸区的顺利运行。2016年颁布了《中国（福建）自由贸易试验区条例》。为保证福建自贸试验区三大片区的协调发展、共同推进，福建省还对相关地区的地方性法规进行了调整。

（一）福建自贸试验区金融面临的挑战

毫无疑问，福建自贸试验区自挂牌以来，在金融方面取得了显著的成效。然而，由于福建自贸区成立的时间较短、资历尚浅，不可避免地存在问题，面临一些挑战。

1. 三大片区发展参差不齐

福建自贸试验区分为福州、平潭、厦门三大片区，三个片区有自己特有的功能定位，由于地理位置、政策等因素的影响，三大片区的发展差异过大，呈现不协调的景象（见表1）。

表1 三大片区发展差异

年度			
2017年8月	福州片区	新增内外资企业（户）	501
		新增注册资本（亿元）	92.78
	厦门片区	新增内外资企业（户）	1173
		新增注册资本（亿元）	199.99
	平潭片区	新增内外资企业（户）	88
		新增注册资本（亿元）	44.64
2017年9月	福州片区	新增内外资企业（户）	406
		新增注册资本（亿元）	66.14
	厦门片区	新增内外资企业（户）	508
		新增注册资本（亿元）	62.66
	平潭片区	新增内外资企业（户）	64
		新增注册资本（亿元）	60.11

数据来源于福建自贸试验区办公室（http://www.china-fjftz.gov.cn/article/list/gid/23.html）。

从表1数据来看，似乎厦门片区的发展处于领先地位，最为明显的是，平潭片区的发展则显得十分吃力，和其他两个片区相距甚远。虽然仅仅列举了两个月的数据，但纵观挂牌以来三大片区的发展不难发现，平潭的发展显

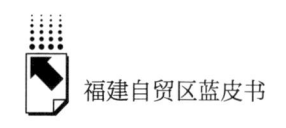

得最为落后。要发展好福建自贸试验区，不能让平潭片区成为福建自贸试验区发展的一个短板，三个片区必须一起发力、协调发展。

2. 金融改革和创新相对不足

福建自贸试验区成立以来，加快金融改革和创新步伐，大力营造一流的营商环境，虽然颇有成效，但还存在不足。自贸区内产业聚集水平较自贸区成立以前有所提高，但与一流的产业聚集地相比还有差距。以银行为例，自贸区内以分行为主，在一定程度上对自贸区金融业务有一定影响。金融方面的服务和产品相对匮乏，跨境人民币使用、金融"一卡通"示范区、与自贸区相适应的账户体系等金融服务功能还不健全，有待进一步探索，以推进境内外金融贸易和投融资[1]。同时，需要进一步加强金融平台建设，以融入"一带一路"建设。

相比上海、天津、广东自贸区，福建自贸试验区跨境业务活跃度不够，这源于自贸区金融产业基础薄弱、尚未形成完整的组织体系。这不但影响了自贸区内企业对金融开放和创新业务的需求，也影响了自贸区金融政策红利的充分释放。

3. 金融监管存在挑战

随着金融开放和金融创新的不断深化，福建自贸试验区的金融监管也出现许多不足。首先，福建自贸试验区的金融监管大多停留在政策层面，金融领域相关法律法规没有及时调整，也没有专门针对福建自贸试验区金融业务特点的监管细则出台，仅仅有期限地停止相关法律法规规定的行政审批，这显然无法适应福建自贸试验区金融监管的需要。从目前颁布的金融创新案例来看，只有少数几个关于金融监管的案例，在最新的关于推广福建自贸试验区可复制的创新成果中也未看到金融监管的成果[2]。其次，目前也还无法解决自贸区金融监管面临的挑战，如福建自贸区内的金融监管与区内金融创新

---

[1] 参见《中国人民银行关于金融支持中国（福建）自由贸易试验区建设的指导意见》第18~20条。
[2] 《福建省人民政府关于推广福建自贸试验区第五批可复制创新成果的通知》，http://www.fujian.gov.cn/fw/zfxxgkl/xxgkml/jgzz/wjmws/201709/t20170904_1594248.html。

的平衡问题、福建自贸试验区与国内其他三个自贸区金融监管制度建设的协调问题等。同时，相较于大力实施的金融创新举措，金融监管相对滞后，传统的金融监管部门视自身为管理者和支配者的理念和管理方式需要改变。

4. 两岸金融开发存在不足

福建和台湾仅有一水之隔，具有对台合作的独特优势，但目前两岸自贸区的金融开发仍然存在一些问题。

首先，民营资本受限。福建民间资本投资发展较好，但民间资本设立金融机构仍然面临市场准入的"软门槛"，存款吸纳能力和融资能力欠缺。这使得民间资本在设立金融机构方面存在严重障碍，出现了浪费大量民间资本的难题。

其次，闽台金融服务业开放力度不够。福建自贸试验区挂牌以来，中国人民银行、银监会、证监会相继出台了支持闽台金融合作先行先试的政策。台湾一些商业银行已经在厦门、福州开办分行，但仍然存在一些难题亟须解决。例如，两岸电商领域、小额贸易都已经放开人民币结算，但两岸货币互换协议（SWAP）依旧未能成行，无法规避融资台币支持传统产业转型升级带来的外汇汇率和利率变化风险；自贸区金融服务业对台资开放力度不够，台资金融机构准入和业务门槛过高，这也不便于两岸互设金融机构，深化金融合作[①]。

与此同时，台湾当局的政策变化、闽台两岸信息不对称等也制约两岸合作力度，两岸合作潜力尚需挖掘。

5. 政策的细化实施力度明显不够，相关金融法律不健全

尽管福建省针对自贸区已经出台了政策法规支持自贸区建设，但就金融而言，这一系列法制建设活动还远远不够，较最先成立的上海自贸区还远远不足。自贸区法律法规与国家现有法律法规尚存在冲突和协调方面的问题。总体上，现行相关法律法规相对分散，尚未形成系统完整的金融法律体系，

[①] 颜财斌：《政协委员关注"金改区"作用，呼吁加快闽台金融合作步伐》，http：//fjnews.fjsen.com/2014－01/10/content_13313604.htm，2014年1月10日。

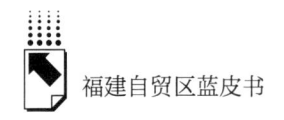

难以细致地对自贸区金融活动进行引导和规范。从目前颁布的相关文件来看，无论是推进跨境人民币结算、扩大金融开放、推进金融创新，还是深化两岸金融合作等，都是原则性和抽象性的，需要进一步的细化和实践。福建自贸试验区作为以加强闽台两岸金融合为主线的独特区域，如何利用自己优势资源提供制度保障来推动接下来两岸金融合作，将是需要继续努力的重点任务。

（二）其他自贸区金融改革方面的经验与启示

相比上海、迪拜、香港等地，福建自贸试验区的历史要短得多，在许多方面都不成熟，金融发展进程也远不及上海、迪拜、香港等地。因此，必须向这些自贸区发展较为成熟的地区借鉴经验，以谋求更好的发展。

1.迪拜自贸区金融方面的考察

迪拜在自由贸易港方面做得十分出色，福建自贸试验区中平潭片区的功能定位恰好也是围绕国际自由港，因此，可以多借鉴迪拜的先进经验。迪拜自由港区对进出口船只和货物给予了最大限度的自由，给予了许多政策优惠，在金融方面主要包括放松外汇管制、放宽信贷、提供各种补贴优惠等措施。政策优惠对于自贸区建设十分重要，放松外汇管制、放宽信贷，才能促进自贸区资本的流入和流出，有利于跨境贸易，使自贸区更好地和国际市场接轨。提供各种补贴则可以为自贸区提供更多的机会。平潭的一个基本功能定位是围绕国际自由港建设，让进出口的船只、国际贸易更加自由化，享受优惠政策，必然是一个吸纳资金、快速发展的良方。除此之外，迪拜自贸区在金融市场的管理上，简化了各种手续，采用多项便利化监管措施。相较于迪拜，福建自贸试验区的金融监管手续则显得过于烦琐，在某种程度上，对市场准入造成了不利影响，可以在这方面予以改进，为金融市场提供便利[①]。

[①] 祁欣、孟文秀：《全球自由贸易区发展模式及对比分析》，《对外贸易实务》2010年第6期，第20~23页。

2. 中国香港自贸区金融方面的考察

香港是全球公认最自由的贸易区之一，实行自由外汇制度，目前基本上所有国际大银行都在香港设有分行。一般情况下，香港特区政府只对关键金融活动予以干预，如建立港元和美元的联系汇率制、金融三级制等；对特殊金融问题采取临时性干预政策，如按揭率管制等[①]。香港对金融给予了高度的自由，这在很大程度上使得金融市场更加活跃，充分调动了市场积极性。反观内地，在传统金融监管制度下，监管部门常常将自身视为管理者，决定与支配金融活动，代替市场微观主体决策。这种监管模式往往限制了市场参与者的活力，降低了资源配置效率，造成监管套利甚至寻租机会[②]。金融市场只有活跃起来，才能更好地促进自贸区发展。因此，在金融监管方面，福建自贸试验区可以学习香港自贸区的做法。

3. 中国上海自贸区金融方面的考察

上海自由贸易区作为中国自由贸易区的先行者，在金融方面取得了显著成效，也为福建自贸试验区的发展提供了先进经验。

（1）提高投融资的汇兑便利。通过投融资汇兑便利化，进一步推动境内资本向境外流动。在中国人民银行的支持下，上海自贸区内，境内外个人的投资行为不再受到合格境内、境外机构投资者的限制，可以自由进行，这意味着监管层对规模的把控在慢慢放松。要想自贸区内的资本快速运作起来，就必须让境内外的投资、融资更加便利，简化程序、提高效率。

（2）探索负面清单管理。负面清单制度的实施不仅能提供必要的金融保障，还有利于营造符合国际惯例的投资环境，跨国公司对于高质量项目的投资非常注重投资环境，实施负面清单制度可以吸引更多跨国公司高端制造项目和节能环保项目投资。

（3）利率市场化。利率市场化在自贸区时代发挥着特有的优势，它可以让金融更好地支撑实体经济，加强金融机构获利能力，更有效地吸收闲置

---

① 福建师范大学福建自贸试验区综合研究院：《自贸区大时代：从福建自贸试验区到21世纪海上丝绸之路核心区》，北京大学出版社，2015，第142~143页。
② 谢平、邹传伟：《中国金融改革思路2013~2020》，中国金融出版社，2013，第205页。

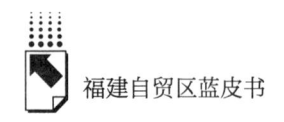

资金。在利率市场化方面，上海完成得十分出色，有许多宝贵的经验可资借鉴：第一，分圈层推进利率市场化试点；第二，归并贷款基准利率档次；第三，鼓励发放非金融企业债务工具[1]。

（三）福建自贸试验区金融的未来发展及其法治保障

1. 协调三大片区发展

福建自贸试验区较其他自贸区的特色之一就是分为厦门、福州、平潭三大片区，目前三大片区的发展参差不齐，尤其是平潭片区，过去作为海防前线，交通不便，基础设施薄弱，较其他两个片区发展相对落后。三大片区发展的不协调在一定程度上阻碍了福建自贸试验区金融的发展，影响了自贸区功能的发挥。为进一步推动福建自贸试验区经济的发展，必须明确三大片区定位，协调三大片区发展，使其发挥驱动作用，真正成为福建发展的金融引擎。

2. 进一步推进金融改革开放和创新，拓展金融服务功能

新加坡作为世界贸易区的代表之一，其经验有很好的借鉴意义。新加坡金融制度改革是其自贸区发展的关键。新加坡实行可自由兑换外汇、取消外汇管制、开展离岸金融业务的金融政策，金融自由化开放水平高[2]。此外，新加坡在金融开放过程中采用渐进模式，一方面鼓励外资进入，另一方面又加强外资管理，防范风险，避免对国内企业造成过大冲击[3]。这是福建自贸试验区在深化外汇管理体制改革中值得学习和关注的。

要进一步降低准入门槛，吸引更多金融机构入驻，推动新兴产业集聚化。目前福建自贸试验区入驻的银行大多是分行，一定程度上影响了金融业务的开展。进一步降低准入门槛，能吸引更多外资和民间资本，增强融资吸引力，拓展自贸区内的融资租赁业务。推进跨境人民币使用，推动金融服务

---

[1] 王力、黄育华等著《中国自贸区发展报告》，社会科学文献出版社，2016。
[2] 李泊溪、周飞跃、孙兵：《中国自由贸易园区的构建》，机械工业出版社，2013，第64页。
[3] 黄建忠、叶作义：《中国（福建）自由贸易试验区与两岸经济协同发展》，中国经济出版社，2017，第151页。

业的创新和发展，为开放高新技术产业提供更多支持，深化闽台两岸金融合作。加快金融服务平台建设，探索适合福建自贸试验区的账户管理体系。

3. 加强金融监管

为应对金融监管面临的挑战，在金融开放创新与金融监管的博弈中掌握主动权，福建自贸试验区应配合中央政府加快金融监管建设。一方面，在全国建立一个更加开放自由、更具活力的金融市场，在自贸区内，政府应创新金融监管理念，以服务性的角色代替过去管理者的角色，采用更加自由灵活的原则性监管方式，形成公平竞争的金融市场秩序。创新金融监管模式，过去传统的"一行三会"难以适应现在自贸区金融开放创新的需要，笔者认为可在中央设立一个独立的"自贸区金融监管局"统辖全国自贸区金融业，地方设立相应的分支机构进行管理。另一方面，构建和完善金融监管的法律体系。从目前福建自贸试验区的立法现状来看，相较于金融开放、创新和其他方面，金融监管的法制进程相对缓慢。法制建设对于自贸区来说是必不可少的，法律是自贸区发展的有力保障，相对于其他成功的自贸区来说，福建省针对自贸区金融监管方面的立法远远不够，这不利于市场的良性运行。因此，必须要加快立法的脚步，为金融监管营造一个良好的法律环境。

4. 深化闽台两岸金融合作

闽台合作是福建自贸试验区的优势之一，尽管针对闽台金融福建自贸试验区目前已经采取了大量措施来深化合作，但仍然存在不尽完美之处。针对这方面提出如下几点建议。其一，统一立法，提升福建自贸试验区金融法律层级。法律是改革的保障。福建自贸试验区应认真分析闽台金融发展现状、现有政策，结合自贸试验区条例的制定，出台进一步加强金融合作的意见，推动闽台金融合作更好更快发展。其二，创新对台离岸金融业务，对此可以采取以下措施：允许放宽外汇管制，实行弹性的金融政策；在自贸区离岸市场设立多币种的产业投资基金；允许自贸试验区在培育地方资本市场方面有所突破，充分发挥试验区先行先试、对台优势，发展两岸合作的产权交易市场。其三，积极引进台湾的金融服务人才。人才是每个行业发展所必不可少的，福建自贸试验区刚挂牌不久，亟须人才的引入。面对金融市场的不断发

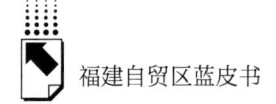

展,可能出现人才短缺。福建金融机构在大力引进台湾先进管理方式、理念的同时,也可以加强对台人才的引进,尝试建立两岸人才沟通机制,谋求更好的发展[1]。

5. 健全自贸区相关法律制度

自贸区的发展离不开法制建设,福建自贸试验区目前关于金融的法律法规尚不健全。应结合学习和借鉴国内外先进经验,完善相关法律制度,避免法律漏洞。

以美国为例,美国遵循国际惯例"先设法后设区",早在1934年就颁布了《对外贸易法案》,建立自由贸易区后又通过了《对外贸易区条例》,之后与时俱进对法律进行调整,形成了一套完整的以《对外贸易法》为基础、判例法为补充的法律体系[2]。得益于此,美国自贸区能够有序稳定地发展。这对于福建自贸试验区乃至我国自贸区建设都有极为重要的借鉴意义。

福建自贸试验区的建立是一项重要的战略举措,为形成高水准的贸易体系、加强境内外合作,首先应该提高法律位阶,制定位阶高、权威性的相关法律制度。其次,继续推进相关法律的暂停调整实施工作,做好立法前期工作,加快相关法律法规的出台,进一步落实改革创新举措。对于一些原则性规定,制定更加细化和可操作的政策措施。同时,也要协调地方和中央、各片区和相关法律法规间的冲突关系,地方要配合中央做好自贸区法制工作。例如,中央目前正大力对外资管理体系进行改革,推动外资法的修改,福建自贸试验区应该配合相关工作,先行先试,为我国重构外资管理体系积累经验[3]。总之,要抓住战略机遇期,为金融改革和创新提供制度性保障。

---

[1] 王利平、廖中武:《福建自贸试验区的理论与实践》,福建人民出版社,2016,第127~130页。

[2] 黄建忠、叶作义:《中国(福建)自由贸易试验区与两岸经济协同发展》,中国经济出版社,2017,第149页。

[3] 黄建忠、叶作义:《中国(福建)自由贸易试验区与两岸经济协同发展》,中国经济出版社,2017,第255~256页。

三 福建自贸试验区知识产权制度建设

（一）近三年福建自贸试验区知识产权制度建设取得的主要成果

习近平在十九大报告中指出，要加大自贸区改革力度，赋予更大的自主权，强调在"一带一路"背景下，加快建设自贸区，推动建设开放型经济。福建积极响应号召，投身自贸区建设，经过三年努力各方面都取得了不小成就，知识产权制度建设也是硕果累累。

1. 出台《关于促进福厦泉国家自主创新示范区中国（福建）自由贸易试验区知识产权工作创新发展的若干意见》（以下简称《若干意见》）

福建自贸试验区设立时间晚，知识产权发展相比其他国家、地区较慢，对知识产权的保护并不能面面俱到，知识产权制度建设工作也不完善。为体现党的十九大精神，彰显社会主义思想，加强福建自贸试验区知识产权保护制度建设，福建省知识产权局专门出台了《若干意见》。

《若干意见》针对福建自贸试验区过往的问题以及未来的发展前景，立足福建区域优势，凸显福建自贸试验区特色，提出新的举措，主要包括深化知识产权综合管理改革、建设便民利民的知识产权一体化公共服务平台等24项具体任务。这一意见的出台，不仅大大提升了福建知识产权保护水平，也在一定程度上加强了国家知识产权保护的力量。

2. 设立福州自贸区仲裁综合服务机构，签署《关于共建知识产权纠纷多元化解工作机制实施意见》（以下简称《实施意见》）

仲裁作为知识产权纠纷的解决方式之一，特别是在自贸区这种主要为国际性知识产权纠纷的区域，基于各方面的考量，当事人更愿意选择仲裁。一方面，为提升福建自贸试验区的国际化、法治化水平，保障福建自贸试验区的经济发展与知识产权制度建设，保障企业的"引进来"和"走出去"，中国国际贸易促进委员会在福州自贸区设立综合服务机构。另一方面，海峡两岸仲裁中心与省知识产权局代表还签署了《关于共建知识产权纠纷多元化

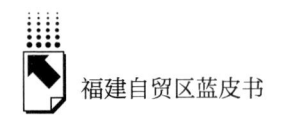

解工作机制实施意见》，通过发挥各自资源优势，保障自贸区的贸易稳步运行，保护企业的知识产权。

3. 设立"三合一"知识产权局

福建自贸试验区设立了"三合一"知识产权局，也就意味着专利、商标、著作权等工作由一个行政机关负责。这一做法简化了流程，为自贸区的知识产权工作带来便利，总体上提高了自贸区知识产权工作效率，提高自贸区知识产权工作的现代化程度，知识产权管理机制更加国际化。这是福建自贸试验区知识产权制度建设的一个创新，并在福建全面推广。这种由一个行政机关统一处理的模式，不仅大大节约了行政资源，提高了知识产权执法效率，更保护了知识产权人的合法权益。该模式促进了信息及时共享，保证知识产权制度建设稳步发展，更有效地稳定自贸区的市场经济秩序，从自贸区长远发展来看，有百利而无一害。

随着"一带一路"建设的推进，福建自贸试验区在知识产权方面也不断完善进步。现阶段，自贸区知识产权工作的重心主要放在公共服务平台建设上。无论是《若干意见》，还是签署的协议以及相关的知识产权服务都有所体现，知识产权公共服务平台建设将是知识产权工作的重心。

（二）福建自贸试验区知识产权制度建设过程中存在的问题

福建自贸试验区的知识产权制度建设虽然取得不小成就，但是由于建设时间尚短，难免会存在一些不足之处。

1. 福建自贸试验区知识产权制度建设本身存在不足

（1）公共服务平台并未完全建好，相关配套规定滞后

自贸区是一个相对开放的地方，随着自贸区的不断发展、逐步开放市场以及知识产权业务的增加，自贸区设立专门提供知识产权服务的公共平台是必然要求。一方面，可提供自贸区知识产权相关手续查询以及咨询服务；另一方面，也是一个展示中国知识产权保护水平的平台。虽然近几年自贸区知识产权制度的重心放在公共服务平台建设上，有关工作也已经在推进，相关规定也强调公共服务平台的重要性，但是配套措施并未跟上，可以说福建自

贸试验区并未建立起真正意义上的知识产权公共服务平台。

《若干意见》提出了建设知识产权公共服务平台的任务[①]，不仅包括在福建自贸试验区建设知识产权公共服务平台，还包括在"一带一路"沿线建设国际知识产权公共服务平台。正如上文所述，搭建知识产权服务平台是向国家展示我国知识产权保护水平的机会，也必然是知识产权保护制度建设的重心。然而，自贸区公共服务平台该如何具体设定，如何与海外的服务平台进行有效沟通连接，在沿线国家和地区建设知识产权信息服务平台的同时，如何建设本省自贸区知识产权公共服务平台才能共同发展，这都是需要考虑的问题，也需要相关法律进行规范。

（2）过境货物知识产权执法问题缺乏明确的执法依据

我国自贸区采取"一线放开""二线高效管住"措施，也就是说，货物如果直接进入我国自贸区可以先入关再向海关进行申报，但是，当货物在自贸区之间互相流通时海关则要进行严格监管。由于放松自贸区过境货物的监管，不法分子将其变成制造、流通和销售假冒产品的"港湾"，从而加剧了自贸区内假冒侵权现象[②]。一些不法分子实施侵犯知识产权的行为，如制造、销售假冒伪劣和盗版商品，侵害权利人及我国消费者的合法权益，造成损失。由于我国对自贸区过境货物缺乏执法依据，对这些货物要么监管不力，要么不监管，自然吸引了不法分子进行非法交易。

自贸区要求贸易流通的便捷与自由，这要求执法机关对贸易流通持中立态度，但是，如果不对自贸区的过境货物进行一定监管，自贸区内的知识产权侵权行为将不能得到有效控制，进而影响知识产权人的合法权益、影响贸易，这与设立自贸区的目的是相悖的。因此，为提高福建自贸试验区知识产

[①] 《若干意见》规定，建设便民利民的知识产权一体化公共服务平台，要建立知识产权信用信息共享机制，拓展知识产权公共服务渠道及推广方式，搭建知识产权一体化公共服务平台，设立省级产业知识产权综合保护中心。构建知识产权服务"一带一路"的"海丝"开放新格局，要推进"海丝"沿线国家和地区知识产权信息服务平台建设，加强海外专利布局和预警，设立海外知识产权援助中心。

[②] 张海燕、王佳佳：《论上海自贸区过境货物知识产权边境执法》，《时代法学》2017年第4期，第1~17页。

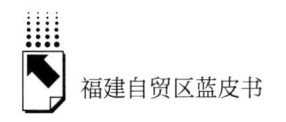

权保护水平，增加中国在国际知识产权制度保护中的话语权，有必要明确自贸区过境货物的执法依据，规定具体的执法内容。只有如此，才能有效遏制知识产权侵权行为，保障贸易稳定、安全。

（3）缺少临时仲裁，仲裁的具体操作缺乏明确规定

福建自贸试验区不可避免涉及知识产权国际纠纷，《仲裁法》一般不认可临时仲裁。但是，国际层面我国加入的条约或者与其他国家签署的双边投资保护协定又承认临时仲裁。实践中我国不仅存在承认和执行外国仲裁机构作出的临时仲裁情形，也存在对我国作出的临时仲裁裁决予以承认和执行的情形。《纽约公约》的内容就含有临时仲裁。既然我国已经加入该公约，就意味着我国在一定程度上承认临时仲裁，我国有承认和执行外国临时仲裁裁决的条约义务。因此，不承认临时仲裁，会导致我国当事人与外国当事人地位不平等从而受到不平等待遇，也正是因为缺少临时仲裁，我国国际商事仲裁服务市场迟迟无法真正意义上形成。

自贸区知识产权纠纷涉及的当事人往往有外国人，纠纷解决结果更是需要跨国执行，执行难一直是纠纷解决的难题，但是仲裁的裁决结果与诉讼相比，执行比较容易。不仅如此，在仲裁过程中，仲裁的程序如选择仲裁员、适用的法律都可由当事人进行意思自治，避免当事人地位不平等现象出现。知识产权纠纷中，如商业秘密纠纷会涉及企业的商业秘密、技术秘密，这些秘密在不公开的情形下可以为企业带来大笔收益，在发生纠纷的情形下，当事人更倾向于在不公开的情况下解决争议。而仲裁的优势在于审理过程不必须公开，是否公开，当事人可进行选择，这一点也是当事人更愿意选择仲裁的主要原因之一。

与行政调解、诉讼程序相比，仲裁在以上几方面更能满足知识产权纠纷解决的特殊要求。福建自贸试验区是海上丝绸之路核心区域，是推动"一带一路"建设不可忽视的力量。仲裁在解决福建自贸试验区国际知识产权纠纷中地位尤为重要。但是，我国目前缺少临时仲裁制度，仲裁的具体操作也缺乏明确规定，《仲裁法》一些条款难免无法适应自贸区的特点，容易出现适用不当的情形。

2. 福建自贸试验区知识产权制度建设过程中出现的新问题

(1) 跨境电商知识产权风险调控保护标准需要提升

跨境电子商务作为一种新型交易方式，交易主体处在不同的国家、地区，交易双方可以通过计算机网络、电子商务交易平台等达成交易、进行支付结算并通过跨境物流送达商品、完成交易①。其特点在于：货物来源的渠道多，品牌众多，种类丰富，交易渠道少。随着互联网技术、网络技术的迅速发展，不断出现的高新技术产业给传统产业形态带来不小冲击。跨境电子商务作为自贸区产品交易的一种新兴产业形态，主要依靠一定的电子商务平台来实现交易。虽然这种交易方式为自贸区的贸易流通带来便利、推动了自贸区贸易发展，但同时也为自贸区的跨境电子商务企业带来一些新的知识产权风险。

自贸区内，跨境电商知识产权侵权纠纷频发，我国目前应对自贸区跨境电子商务知识产权纠纷的法律依据主要就是《著作权法》《专利法》和《商标法》。我国的知识产权保护制度一直在进步，但相比其他发达国家，跨境电商知识产权保护标准不高，势必会对我国国际贸易的竞争优势造成影响。跨境电子商务主要涉及商品的进出口，商品来源地域广，涵盖主体多，涉及知识产权种类复杂。如果忽略跨境电商知识产权保护，会对知识产权创新激励机制产生不利影响，扰乱整个电子商务贸易秩序，有损我国贸易大国形象，阻碍企业"走出去"与"引进来"的脚步。

(2) 自由贸易试验区与自由港的衔接问题尚未解决

十九大特别强调，赋予自由贸易试验区更大的改革自主权，探索建设自由贸易港。福建自贸试验区特殊的地理位置意味着不仅要提升自身的知识产权保护水平，还要注意自由港知识产权建设。自由港的定位是在自贸区基础上，发展更加便捷的港口贸易，并拓展沿港高端服务、金融等业务。自由港建设离不开自贸区的发展，两者彼此相通又有所区别，都是国家拓展对外贸

---

① 马秋、杨青蕾：《自贸区跨境电商知识产权法律风险防控研究》，《辽宁师范大学学报》（社会科学版）2018年第1期，第60页。

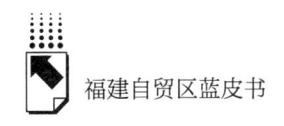

易的新方式,是"实行高水平贸易和投资自由化、便利化政策"的具体体现。自由港对贸易流通的效率要求比自贸区更加严格,需要更加开放、高效便捷的贸易环境,在知识产权执法中难免会产生监管冲突,二者应如何协调?现阶段如何进行自贸区与自由港知识产权执法协调是一大重点,也是难点。

(三)国内外其他自贸区的经验及启示

1. 上海自贸区

上海自贸区作为我国自贸区建设的"排头兵",在诸多方面取得了骄人成绩,为福建以及国内其他自贸区建设提供了丰富的经验。

在仲裁方面,2013年10月22日,上海市浦东新区设立了上海自由贸易试验区仲裁院。次年4月8日,依据我国《仲裁法》等相关法律法规,上海国际仲裁中心出台了《中国(上海)自由贸易试验区仲裁规则》,自5月1日起施行。为保障自贸区日常民商事活动正常进行、纠纷有效解决,上海自贸区管委会指定上海市第二中级人民法院对上海国际仲裁中心裁决的案件进行司法审查。同时,通过不断积累,上海市第二中级人民法院还发布了《适用〈中国(上海)自由贸易试验区仲裁规则〉仲裁案件司法审查工作的若干意见》。有学者因此评价:"上海自贸区已经建立起了一个由自贸区仲裁机构、规则以及司法审查意见为一体的仲裁体系。"[1]

在实施管理及执法方面,上海自贸区管委会在2014年专门设立了知识产权局。上海自贸区知识产权局涉及的事项比一般的知识产权局更为广泛,排除属于海关的执法权事项外,首次尝试将专利、商标、著作权集中由上海自由贸易试验区知识产权局实施管理及执法。上海自贸区知识产权局的职权因此得到很大程度扩张,主要体现在如下两个方面:第一,将知识产权局的职权扩张到商标事务上;第二,在原来拥有的相关事务审批权的前提下,再赋予其更加丰富的职权,如公共服务等。在自贸区知识产权局"三合一"

---

[1] 袁杜娟:《上海自贸区仲裁纠纷解决机制的探索与创新》,《法学》2014年第9期,第30页。

的基础上,上海自贸区还设立了多元化的知识产权保护、纠纷解决机制。

2. 香港自由港

相对于国内及国外其他自贸区而言,我国香港地区有其特殊性。由于复杂的历史因素,香港没有划定专门的自贸区,而是希望将香港打造为一个自由贸易港。

现在的香港通过不断努力,已经告别过去落后、单一的出口贸易港模式,成为世界最发达的自由贸易港之一。过去香港曾被戏称为"世界盗版中心",香港人知识产权保护意识薄弱,侵权行为屡见不鲜。针对这种情况,香港通过加强立法、执法等措施进行整治,现在香港的知识产权保护水平已经得到世界普遍认可。香港在刑法中针对构成知识产权犯罪的行为专门进行了规定,同时在版权条例中也规定了有关条款。另外,香港政府赋予香港警署查处侵犯知识产权商品的权力,让香港海关扮演打击盗版行为的行政监管及执法者角色。香港海关于2007年开始使用"网线监察系统",对网络进行实时监控,便于及时发现侵犯知识产权的行为,协助香港海关打击知识产权犯罪。

3. 北美自贸区

北美自贸区由美国、加拿大两个发达国家与发展中国家墨西哥于1992年签订协议成立,其成员国发展水平差距在自贸区发展史上前所未有。福建自贸试验区沿海与内陆地区的知识产权发展水平差距与北美自贸区的情况类似。因此,北美自贸区的做法能够为福建自贸试验区知识产权制度建设提供颇多启发。

北美自贸区在知识产权保护方面做出了很多努力,针对著作权、商标权等都出台了专门规定,并对边境执法进行了规定,其举措主要如下。①成员国在本国法律中规定如及时补救等临时措施,明确知识产权执法总则,从而加大对侵犯知识产权行为的治理力度。同时,规定成员国必须公平、公正执法,避免执法权被滥用。②《北美自由贸易协定》规定,若进口货物可能为侵权商品,成员国可以要求向其他成员国的行政机关或司法机关提出申请,其他成员国收到申请后必须暂时停止该种货物在边境的自由流通。申请

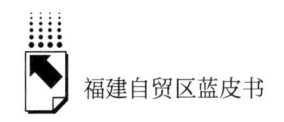

方成员国需要承担该种货物侵权的举证责任，如果能够举证证明，则收到申请的成员国海关就必须对侵权货物采取措施。③《北美自由贸易协定》中约定，除了销毁侵权商品等民事救济途径外，各方必须在本国法律中对知识产权犯罪予以规定，对于侵犯商标权及著作权的案件，成员国宜采用监禁、罚金方式进行单罚或者并罚。

4. 美韩自贸区

美国与韩国自贸区成立时间相对较晚，但《美韩自由贸易协定》中有关著作权、商标权及专利权等的保护规定代表了当下全球最高水平。

在著作权保护方面，美韩自贸区除了通过加强海关等执法机关打击力度外，还以协议授权方式授权缔约另一方扣押、销毁侵权商品及设备的权力。为更好地保护著作权人的权益，还允许执法机关采取必要强制性措施遏制盗版等侵权行为[1]。美韩自贸区与其他自贸区一样规定了严苛的边境执法条款。自贸区成员如果在进出口过程中发现侵权行为，有义务通告相关机关，并要求及时采取必要的边境措施。同时，协定要求成员国通过法律方式明确相关机关执法权来源的正当性，强调执法机关执法权并非基于权利人的申诉而享有。

在执法对象方面，美韩自贸区将执法对象从假冒、盗版商品拓展到容易使公众产生混淆的商标。美韩自贸区改变了原来反假冒贸易的做法，顾及了商标与商品存在的根本区别，更好地保护了商标权人的权益，有利于提高国际贸易中相关企业的品牌价值[2]。

（四）福建自贸试验区知识产权制度建设的完善意见

1. 建设完善的知识产权公共服务平台

福建自贸试验区虽然先后在《若干意见》等文件中指出要建立完善的

---

[1] RILEYCHARLES. U. S. – South Korea Reach Free Trade Agreement. (2010 – 12 – 03) [2014 – 08 – 01]. http：//www. Ustr. gov/uskorea FTA/IPR.

[2] AHNDUKGEUN. "Legaland Institutional Issues of Korea – EUFTA：New Model for Post – NAFTAFTAs". *Policy Brief*, 2010, 10 (2)：1 – 37.

知识产权一体化公共服务平台,助力福建自贸试验区、"一带一路"以及海上丝绸之路建设等,但缺少具体明确的规划指导。因此,综合福建自贸试验区的自身情况及其他自贸区的经验,建议将知识产权公共服务平台分为线上和线下两个部分进行建设。

首先,在线上建设知识产权一体化网络公共服务平台。知识产权网络公共服务平台坚持便民利民原则,集多类功能于一体,主要包括:①著作权、商标、专利等信息检索,该功能与国家企业信用信息公示系统的功能类似,能够检索到知识产权的权利等相关信息,避免民商事活动中利用虚假权利信息进行诈骗等行为的发生;②知识产权信息分析,对省内各个年度、季度的企业、高校、个人等知识产权信息进行加工分析,并在网络平台发布,帮助企业等了解相关领域知识产权发展动向;③知识产权预警,平台针对不同行业的企业及个人,根据平台的实时更新数据提供预警定制服务,减少从事相关知识产权活动过程中可能遭遇的风险。

其次,在线下设立专门的知识产权公共服务机构。该机构主要有如下职能:①对自贸区知识产权整体发展情况进行分析,根据分析报告,研究发展战略;②为自贸区的企业、个人及高校提供有关专利等咨询服务;③为自贸区企业等提供人才培训;④为自贸区企业提供成果展示及交易中心,促进成果转化;⑤为自贸区企业提供专利、商标等托管、评估审议服务。

2. 明确过境货物知识产权执法依据

福建自贸试验区在尊重贸易自由的同时,也需要加强对过境货物的知识产权执法,明确知识产权执法的依据。欧盟法院在 2011 年通过对"假冒飞利浦剃须刀案"和"假冒诺基亚手机案"并案审理,统一了执法规则,要求欧盟成员国对边境货物的执法必须以能够提供证据证明为前置条件,否定了欧盟及其成员相关法规对过境货物的适用[①]。2012 年欧盟发布的《关于海关对过境欧盟的药品知识产权执法指南》规定,欧盟海关在权利人要求对

---

① 袁琦:《"一带一路"推动下我国自贸区过境货物知识产权执法问题的途径选择》,《荆楚理工学院学报》2016 年第 5 期,第 55 页。

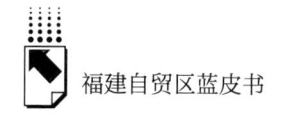

其权利提供保护时,欧盟海关应及时采取临时措施。同时,欧盟在2013年条例中规定,海关可以在对货物存在合理怀疑时进行执法查验。不仅福建,国内其他自贸区在过境货物知识产权执法依据方面都可以借鉴欧盟的做法,这种做法能够有效地协调执法与贸易自由之间的冲突。

3. 引入临时仲裁

自贸区自由、开放的特点,传统单一的仲裁纠纷解决形式已经不能应对福建自贸试验区及国内其他自贸区的需求。临时仲裁为当事人提供了更多的选择,能够更加灵活地解决纠纷,有效解决传统仲裁制度存在的不足。但是,我国仲裁制度只能通过法律进行规定,福建自贸试验区无法以地方性法规等方式规定临时仲裁。因此,可以通过以下两种方式引入临时仲裁:一是修改仲裁法,允许福建自贸试验区在仲裁程序中适用临时仲裁;二是在福建自贸试验区设立国际仲裁机构,出台针对临时仲裁的规定[①]。上海自贸区颁布的自贸区仲裁规则巧妙避免了跟《仲裁法》的冲突,引入了新的仲裁模式。第二种方式正是借鉴了上海自贸区的做法,在引入临时仲裁的同时不违背我国法律规定。目前临时仲裁在我国的适用条件并不成熟,因此建议采取第二种方式,在福建等自贸区取得一定的经验、成果后,再通过第一种方式予以认可。

4. 建设自贸区跨境电商知识产权法律风险防控体系

随着社会的发展,虽然人们的知识产权意识和法律风险意识有了很大提升,但是自贸区跨境电商的知识产权法律风险防控能力仍然十分脆弱。自贸区跨境电商涉及的国家和地区往往知识产权法律规定存在很大差异,普通的跨境电商很难面面俱到,容易在不经意间构成侵权,抑或是使自身权利遭受侵害。为避免知识产权法律风险,稳定跨境电商贸易,福建自贸试验区有必要也有义务为跨境电商建设一套完备的知识产权法律风险防控体系。

福建自贸试验区的跨境电商知识产权风险防控体系建设主要从如下几个

---

① 袁杜娟:《上海自贸区仲裁纠纷解决机制的探索与创新》,《法学》2014年第9期,第33~34页。

方面进行：①从著作权、商标、专利等方面着手，根据不同种类权利建设福建自贸区跨境电商知识产权风险识别体系；②针对跨境电商的特点，选择在福建自贸试验区发生的典型案例进行分析，研究其主要成因，建设风险成因分析体系；③在风险识别及分析体系的基础上，充分考虑各种因素，制定福建自贸试验区防控策略，建设风险预防与控制体系。

5. 将自贸区与自由港逐步衔接

自由港是新时代我国建设开放型经济体的一个重要举措，我国自由港建设正处于起步阶段，制度设定存在自主设计空间。综合考量我国国情，同时借鉴其他国家和地区的成功经验，建立起一套完备的、操作性强的知识产权制度体系。相关法律直接规定自贸区与自由港的问题是不现实的，目前比较好的方式是重心放在自由贸易区上，因为自由港与自贸区二者相辅相成，许多相关问题是相通的。解决好自贸区发展过程中出现的问题，必然会对自由港建设有所帮助。以过境货物知识产权执法问题为例，由于自由港比自贸区开放程度更高，在自由港过境货物知识产权执法中存在的问题也相对更多，先解决好自贸区过境货物知识产权执法问题，既可以加快自贸区建设，也可以为自由港的探索积累经验。

四　福建自贸试验区税收制度建设

纵观福建自贸试验区成立三周年来的税收政策，惠民、便民、利民贯穿其中。本部分从税收服务和税收优惠两方面对福建自贸试验区法治发展中的税收政策进行分析。

（一）自贸试验区的税收服务

自贸试验区税收政策的一大目标就是建立一套较为科学的税收模型推广到全国，注重税收服务也是福建自贸试验区税收政策一直坚持的准则。2017年，福建自贸试验区针对税收服务制定了一系列政策，并开展了一系列活动。

1. 化被动为主动，宣传"优惠原产地证"关税优惠政策

优惠原产地证是由出口国政府有关机构签发的一种证明货物原产地或制造地的证明文件，是代表货物"原籍"的"身份证"，进口国或地区海关据此对进口货物给予不同的关税待遇。出口企业的客户凭原产地证书，可享受进口国或地区关税5%～100%的降税幅度，所以，在企业口碑中，原产地证一直有"纸黄金"的称号。

为加强企业对优惠原产地证书的了解与重视，福建相关部门主动开展自贸区优惠政策宣讲，引导区内企业提高优惠原产地证的签证通过率，改变以往被动的角色，主动与地方政府合作，为那些未签证或者签证量小的企业开展自由贸易提供优惠关税待遇、原产地证、原产地规则等内容培训。另外，对于一些签证通过率较低或对原产地规则不熟悉的企业，相关部门主动上门一对一分析企业未获得优惠原产地证的原因，从而最大限度提高自贸区企业申请优惠原产地证的成功率，帮助企业获得应有的关税优惠。数据统计显示，2017年，福建检验检疫局签发各类原产地证书15.88万份、货值72.26亿美元，为企业减免进口国关税3.73亿美元。签发自贸区优惠原产地证书份数、金额同比分别增长18.64%和19.83%。福建自贸区先行先试的主动宣传政策卓有成效。

2. 加强国地税合作，提高涉税业务办理效率

福建自贸试验区成立以来，厦门国税与地税就展开深入合作，在自贸试验区综合服务大厅共同设立"税收服务工作室"，集税收宣传、纳税咨询、办税辅导、权益保护为一体，纳税人可以现场咨询，也可以预约咨询。还推出"一窗联办"业务，使得自贸区纳税人在办理国地税共有涉税业务时，只需向一个窗口提出申请，由国地税工作人员内部流转受理事项，实现"国税地税一体办税"。

3. 大力拓展网上办税功能

在自贸试验区厦门片区，纳税人已可实现全流程无纸化办税，即通过网络化、自助式、全覆盖的现代化办税体系办税。自贸区企业从纳税申报、缴税甚至发票领用到98%以上的文书审批，均可全程在网上办理。自贸试验

区企业可利用厦门在全国首推的"税控发票网上申领系统",在手机客户端申领发票,并由厦门国税专门设立的发票配送中心通过 EMS 快递的形式将发票邮寄到纳税人手中,大大便利了纳税人。

(二)相关的税收优惠政策

1. 给予航空维修业税收优惠

2017 年,商务部《关于厦门自贸片区建设全球一站式航空维修基地的复函》同意福建自贸试验区(厦门片区)航空维修企业在海关特殊监管区域外按照保税监管方式开展全球航空维修业务。另外,液压作动器和推力球轴承两项航材也由原来 14% 和 8% 的关税税率统一调整为 1% 的暂定税率。厦门海关在全国首创"修理物品 + 保税仓库 + 加工贸易"监管模式,建立一体化监管制度,为全国海关统一和规范监管提供了依据。

2. 扬帆起航正当时,共建国际旅游岛

平潭片区在发挥好"实验区 + 自贸区 + 国际旅游岛"三重优势的基础上,进一步落实好国际旅游岛政策、企业所得税优惠政策、增值税和消费税退免税政策、对台小额商品交易市场税收政策以及有关进出口税收政策。此外,为促进民宿行业的发展,平潭税务部门积极落实月销售额 3 万元免税、台湾居民个税补贴等优惠政策,全力服务"清新福建·平潭蓝"旅游品牌建设。值得一提的是,作为福建省税收制度创新先行区,平潭税务部门全力推进"五通十五化"和"1234"服务自贸区十项服务举措,取得了重大成果。

据悉,平潭国税还将推出十项创新举措:构建国地税协作示范平台、打造智慧型电子税务局、联合地方政府系统集成创新、完善以需求为导向的纳税服务体系、探索建立台资企业涉税事项税务管理新模式、推出入区退税辅助系统、推行自贸行业政策风险速递、建立特定企业纳税信用等级预先定级制度、拓展代开发票渠道、开展"三师"(会计师、税务师、注册会计师)进驻办税服务厅等。

2017 年 9 月底,财政部、税务总局公布《关于平潭综合实验区企业所

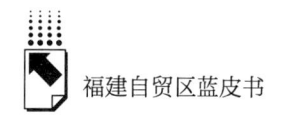

得税优惠目录增列有关旅游产业项目的通知》，要求在平潭综合实验区企业所得税优惠目录中增列有关旅游产业项目，区内享受减按15%税率征收企业所得税优惠政策的鼓励类产业企业，统一按《平潭综合实验区企业所得税优惠目录（2017版）》执行。在此基础上，平潭综合实验区管委会印发了《平潭企业所得税优惠目录（旅游业）适用指引》，进一步细化旅游优惠目录，并添加了行业定义，明确优惠政策执行口径。

3. 福建两个海关特殊监管区域纳入一般纳税人资格试点

根据国家税务总局、财政部、海关总署共同发布的《关于扩大赋予海关特殊监管区域企业增值税一般纳税人资格试点的公告》，自2018年2月1日起，海关特殊监管区域一般纳税人资格试点在前期7个试点区域基础上，新增17个海关特殊监管区域，其中福州保税港区和福州出口加工区在此次扩大试点区域范围内。

（三）一般货物税收政策

根据《国务院关于印发中国（福建）自由贸易试验区总体方案的通知》（国发〔2015〕20号），中国（上海）自由贸易试验区已经试点的税收政策原则上可在自贸试验区进行试点。其中一般货物税收政策中的"选择性征税"与"保税展示交易平台"方面，福建省都取得了一定成效。

1. 选择性征税

"选择性征税"是指海关特殊监管区内的企业生产、加工产品，在出自贸区内销时，可以自主选择按进口的料件或者按照成品、半成品来缴纳进口关税，从而可以选择对企业有利或者税负较低的方案缴税。这一政策最早适用于上海自贸区、福建平潭综合实验区及广东横琴新区。2016年9月1日起，内销选择性征收关税政策试点扩大到福建自贸试验区的其他海关特殊监督区域（保税区、保税物流园区除外）等区域。

这一政策对于区内企业来说是一个很大的利好。未实施"选择性征税"的企业，其产品内销时只能按照成品适用的税率及内销的价格机制，有时税负会比按原料计征更重。因此，实施选择性征税有利于区内企业选择税负较低的关税征收方式进行报税，有利于区内企业在国内国际两个市场发挥主动性。

2. 保税展示交易平台

闽自贸办〔2015〕11号发布的《关于支持福建自贸试验区跨境电商、保税展示交易、转口贸易、商业保理等重点业态发展的若干措施》提出，要支持发展保税展示交易。保税展示交易是指经海关注册登记的海关特殊监管区内企业在海关特殊监管区域内或者区外开展保税展示、交易的经营活动。在此基础上，福州保税港区利嘉国际商业城保税商品展示交易中心成为福建省首家展示平台。而厦门湖里区的夏商国际商城风信子跨境商品直购体验中心、永辉超市马尾分店进口商品展示区等都是福建省著名的保税展示交易平台。

进入保税展示交易平台的海外商品并不能免税，但展示时均保税，即不销售不征税，确定销售后再向海关集中报关、完税。但是由于流通成本压缩，商品周转效率提高，价格也更具市场竞争力。对于消费者来说，在保税展示交易平台展示的商品，都经过海外正规渠道采购，并经海关和检验部门审核备案和查验合格后才能进入直销中心销售，因此品质有保障。不仅有利于商家推广自己的商品，也有利于消费者选购实惠又有质量保证的商品。

（四）非货币性资产投资政策

《关于中国（上海）自由贸易试验区内企业以非货币性资产对外投资等资产重组行为有关企业所得税政策问题的通知》规定，在试验区注册的企业，因非货币性资产对外投资等资产重组行为产生增值税的，可在5年内分期均匀缴纳所得税。企业以非货币性资产对外投资，在投资协议生效且完成资产实际交割且办理股权登记手续时才确定非货币性资产收入的实现。企业以货币性资产对外投资，其取得股权的计税应以非货币性资产的原计税额为基础（可以非货币性资产的公允价值确定），加上每年计入的非资产性资产转让所得逐年进行调整。

这一政策给予了自贸区企业以非货币性资产投资递延纳税政策。不仅增值部分的所得税可以在5年内分期缴纳，而且确定课税时间为投资协议生效且完成资产实际交割且办理股权登记手续时。这就为企业有效缓解了缴税的资金压力。企业在投资初期资金流经常不充沛，如果未实行这一税收政策，可能在投资的第一年就需要上缴较大数额的所得税。这一政策的施行将会有效缓解企业的资金顾虑，从而鼓励自贸区企业进行非货币性资产对外投资。

（五）股权激励政策

为满足福建自由贸易试验区对高层次人才的需求，《关于加强中国（福建）自由贸易试验区人才工作的十四条措施》提出，要用税收政策激励高层次人才到区内创业。对试验区内企业以股份或出资比例等股权形式给予高端人才和紧缺人才的奖励，原则上实行已在中关村等地区试点的股权激励个人所得税分期纳税政策。而《关于中关村、东湖、张江国家自主创新示范区和合芜蚌自主创新综合试验区有关股权奖励个人所得税试点政策的通知》对试点地区内的高新技术企业转化科技成果，以股份或出资比例等股权形式给予本企业相关技术人员的奖励，技术人员一次缴纳税款有困难的，经主管税务机关审核，可分期缴纳个人所得税，但最长不得超过5年。技术人员获得股权后再转让时，对转让的差价收入，即转让收入高于获得时的公平市场价格的部分，应按照"财产转让所得"适用的征免规定计算缴纳个人所得税。而《关于中关村国家自主创新示范区有关股权奖励个人所得税试点政策的通知》规定，对示范区内高新技术企业和科技型中小企业转化科技成果，以股份或出资比例等股权形式给予本企业相关人员的奖励按照"工资薪金所得"项目，参照《财政部　国家税务总局关于个人股票期权所得征收个人所得税问题的通知》（财税〔2005〕35号）的有关规定计算确定应纳税额，股权奖励的计税价格参照获得股权时的公平市物价格确定，但暂不缴纳税款；该部分税款在获得奖励人员取得分红或转让股权时一并缴纳，税款由企业代扣代缴。获得奖励人员在转让股权时，对转让收入超出其原值的部分，按照"财产转让所得"项目适用的征免规定计算缴纳个人所得税；税后部分优先用于缴纳其取得股权按照"工资薪金所得"项目计算确定的应纳税额尚未缴纳的部分。而福建省地方税务局公布的《中国（福建）自由贸易试验区人才激励个人所得税管理办法（试行）》也对这一系列股权激励政策进行了确定，并将适用企业从高新技术企业和科技型中小企业扩大到福建自贸试验区内企业。

对于自贸区的发展而言，人才是不可或缺的。而福建自贸试验区对高端人才利用个人所得税分期纳税的税收优惠政策对人才进行股权激励，可以在一定程度上吸引优秀人才前往自贸区就业，为自贸区的发展注入活力和动力。

（六）融资租赁政策

福建自贸试验区鼓励发展融资租赁业，各级政府出台了多项政策扶持融资租赁产业发展[①]。其中规定，要落实融资租赁相关税收优惠政策，对开展融资租赁业务签订的融资租赁合同（含融资性售后回租），统一按照其所载明的租金总额依照"借款合同"税目，按万分之零点五的税率计税贴花；对融资租赁企业发生的资产损失，可按相关规定在税前扣除；要落实飞机租赁等企业税收优惠政策，加快办理租赁物出口退税。

这一措施的出台，在一定程度上有利于相关融资租赁企业拓展业务，促进我国相关行业发展，并提高福建自贸试验区的经济活力。同时，利用税收优惠促进飞机融资租赁企业开展业务，可以依托厦门片区航空业发展的基

[①] 国务院办公厅印发《关于加快融资租赁业发展的指导意见》，商务部、税务总局印发《关于天津等4个自由贸易试验区融资租赁企业从事融资租赁业务有关问题的通知》，福建省人民政府办公厅印发《福建省人民政府办公厅关于促进融资租赁业发展的意见》《关于支持福建自贸试验区融资租赁业加快发展的指导意见》。三个片区也出台了相应的扶持政策，福州片区印发《关于加快福建自贸试验区福州片区融资租赁业发展的实施意见》，厦门片区印发《中国（福建）自由贸易试验区厦门片区租赁业发展办法》及财政扶持奖励实施细则，平潭片区印发《关于支持中国（福建）自由贸易试验区平潭片区融资租赁业加快发展的实施办法》等。

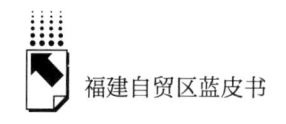

础，在一定程度上减少外资企业在飞机融资租赁业的垄断，从而提升福建甚至我国在飞机融资租赁市场的竞争力。

（七）自贸试验区税收政策的未来展望

从税法功能角度来看，税法对金融创新的规制有正反两面：一是税法通过减税、免税、退税等税收措施，给予金融创新税收优惠的正向激励；二是税法通过普遍性的税收遵从规范，对金融创新进行制约的反向约束[1]。因此，未来在明确给予自贸试验区税收灵活性政策的同时，必须坚持税收法定原则、实质课税原则等基本税法原则，同时也要对自贸试验区给予必要的税收监管，从而保证自贸试验区相关经济活动的有序进行，树立良好的经营风气。

国务院2017年3月最新发布的《关于印发全面深化中国（上海）自由贸易试验区改革开放方案的通知》提出，要探索具有国际影响力的离岸税制安排，从而帮助企业适应国际竞争，更好地服务于"一带一路"建设。因此，对于福建自贸试验区来说，也需要领悟这一精神，在避免税基侵蚀和利润转移等国际税法问题的同时，还应根据本省贸易特点和优势，提出相关服务贸易创新试点扩围的税收政策安排，从而更好地服务全国改革开放大局。

五 福建自贸试验区容错纠错制度[2]

（一）福建自贸试验区容错纠错机制面临的挑战

1. 福建省容错纠错机制现状调研

2016年4月颁布的《中国（福建）自由贸易试验区条例》第6条对容错纠错作出了简要的规定：自贸试验区建立鼓励改革创新、允许试错、宽容

---

[1] 余鹏峰：《激励与约束：税法规制自贸区金融创新的理路》，《税务与经济》2018年第1期，第68~73页。
[2] 该成果是杨垠红主持的福建省社科规划应用研究后期资助重大项目"建立健全容错纠错机制 提升干部干事创业精气神研究"（FJ2017YHQZ028）的阶段性成果。

失败的机制，完善以支持改革创新为导向的考核评价体系，充分激发创新活力。在管理体制、投资开放、贸易便利、金融财税创新、闽台交流与合作、综合监管、人才保障、法制环境等方面都在一定程度上鼓励制度创新，放宽准入条件，一定程度上接受容错观念。

2017年7月，福建莆田市颁布《莆田市机关效能建设正向激励和容错纠错暂行办法》，按照程度划分规定了46种容错情形，亦规定了提起认定的主体和程序，提起主体既可以是被问责的相关单位和个人，也可以是问责主体，并要求接到申请后10个工作日内认定，3个工作日内进行反馈。该办法在福建全省范围内属于较早细化的"容错纠错制度"规定。

福建厦门市海沧区等将工作流程细分为申请、初核、调查、认定、实施、答复、报备等步骤。厦门市规定，在实绩综合考评、经济责任审计等6类事项中，适用容错的干部不因容错事项受影响。福建宁德市蕉城区建立健全失实信访举报澄清机制。福建南平市建立容错教育回访机制，对适用容错的干部进行回访教育、跟踪管理，持续关心关爱。

从上述容错纠错相关文件的出台目的来看，是为了进一步推动广大干部改革创新，保护干部干事创业的积极性，进一步推进重点项目、重点工作的落实，开创全面深化改革新局面。

2. 福建容错纠错机制难以保障自贸区的发展

虽然福建已公布了一些容错纠错机制的规范性文件，但是容错纠错制度仍存在很多不足，无法为自贸区发展提供充分的法治保障，主要表现为以下几点。

（1）容错纠错机制并未落到实处

这导致干部有一种观望心态，仍然停留在"少干事，少出错"的状态。究其原因，在于部分地方实践中措施缺乏可操作性，忽略了本地的实际发展状况，导致政策的实际效果与期望效果、法的应然与实然出现了严重矛盾。

（2）容错与纠错没有双管齐下

对于容错和纠错，应当正确认识其地位，不能只容不纠，忽视了容错纠错机制提升发展效率、促进改革创新的根本目的，变相成为纵容干部的

"恶政";也不能只纠不容,在决策问责制的基础上对党政干部造成双重施压,失去了对党政干部改革鼓励、鼓励开拓进取的直接功能。

(3)容错机制没有法制先行

在出现失误和错误后,判定是否属于容错范围,除了上述一些文件的粗犷规定外,没有具体可供判定实施的具体内容。缺乏统一的容错纠错规范性文件,实践中省、市、区县等纷纷出台与容错纠错相关的规定,进一步导致各地规范出现矛盾,使各级政府无所适从。

(二)健全福建容错纠错实体规范,保障自贸区发展

1. 完善福建容错纠错机制之一:容错机制

必须对容错追责的边界和范围作出明确规定,鼓励广大干部在自贸区建设中大胆创新、大胆作为。

(1)明确"错误"内容

对"错误"的判断标准进行细化,使之具有可操作性。坚持"三个区分开来"原则,切实把干部在推进改革中因缺乏经验、先行先试出现失误和错误,同明知故犯的违纪违法行为区分开来;把上级尚无明确限制的探索性试验中的失误和错误,同上级明令禁止后依然我行我素的违纪违法行为区分开来;把为推动改革发展的无意过失,同为谋取私利的违纪违法行为区分开来。

(2)明确"错误"界限

容错机制须划清可容与不可容的界限。明确错误的界限,把握基本原则,规范容错的界限,容错机制的设立是为了保护改革者,绝不是为了包庇和偏袒犯错者,因此,必须对错误的界限进行明确精准的划分。但是,目前福建出台的相关文件依旧没有较为清晰的界定,需要对一些法律法规进行清理。当然也必须把握好度,如果过窄则会严重限制容错纠错制度的作用,过宽则会为不法分子违法犯罪提供空间。

(3)明确容错对象

容错机制针对的对象是新时期改革进入深水区"敢为天下先",勇于创新,敢于拼搏,敢于走前人没有走过的路,为人民福祉而奋斗的干部,而不

是利用容错机制违法犯罪，为满足一己私欲而投机取巧的干部。

（4）协调容错纠错机制与行政问责制的关系

容错纠错机制的重点在于对权力运行中出现的失误以及错误进行可能的容忍，行政问责制则侧重于对行政权的行使进行规制，对行政权进行规范。

2. 健全福建容错纠错机制之二：纠错机制

纠错有两个方面：一是在决策时进行纠错；二是在出现错误后，立即进行纠错。

纠错机制的关键不是避免错误发生，也不是不准损失产生，自贸区建设是一种先行先试的开拓，没有以往成功的经验可以借鉴，广大干部在探索中难免会有过失、难免会有损失。纠错的目的在于将改革创新的损失控制在一定范围，实现风险可控。

纠错机制涵盖错误预警、错误应急反应、纠错效果检验等内容。构建纠错机制，注重事前防范和警示提醒，要想构建科学的容错纠错机制，必须在决策机制上下功夫，也就是通过建设纠错机制，提前将决策错误风险降到最低，进行事前预防，将决策的错误控制在一定范围内，避免出现严重的决策失误。同时注意"知错即纠"，即在改革创新中出现偏差或者失误时，及时采取措施予以纠正，以避免或减少损失①。

3. 细化福建容错纠错机制之三：申辩救济机制

（1）申辩救济机制的内涵

所谓的申辩救济机制，指决策者在遭遇创新失败、犯错误之后，可以在处罚决定之前，通过启动该程序，为之前的行为作出合理解释，从而得到政府、公众的宽容，从轻、减轻或者免除决策失败责任的一种制度。

（2）申辩救济机制的实体架构

①申辩权。应当承担行政决策失误责任的主体主要分为两类：一是行政

---

① 陈朋发：《试论改革创新中容错纠错机制的构建》，《行政与法》2017年第3期。

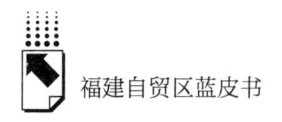

决策的最终决定者,二是行政决策各环节的负责人和经办人①。申辩权在这里明确指向决策者的政治责任,其问责主体显属政党问责。

在明确责任类型与问责主体之后,细究单位的主体适格问题不难发现,虽然我国实行的是首长负责制,但一直以来坚持民主集中制原则,对于一些重大决策,多数由组织领导集体研究作出决定,因此重大决策的责任,应落在作出决策的领导层,而非单位。由此申辩权的行使主体可以表述为:作出决策的党组织以及作出决策的个人或其所在单位的党组织享有申辩权。

②调查审核权。调查审核权关系到申辩是否能够得到救济,是申辩救济机制中至关重要的一环。对于提起动议的问责决策,在程序上有两步,先由党委进行初审,再由党委指定部门负责具体审核。在具体运用中,对决策行为容错与否的调查,应以党委为首,指定某个有问责职能的部门牵头,采取多方联合的形式运作,以一种多层次、多结构的方式合理分配调查审核权,在降低腐败风险的同时保证调查结果的科学性与合理性。

③决定权。决定权意味着问责程序是否启动,也是申辩救济的把关环节。不能由同一机关同时拥有决定权和调查审核权。至于其归属,通常而言,本身对决策主体有管理、任免、奖惩权力的部门对决策主体的容错与否有一种天然的正当性,因此,将容错与否的决定权交由对申辩主体享有管理权的单位的党委或对申辩主体启动问责的问责主体较为适宜,也可以避免一些因权力配置而导致的纠纷。

(3) 申辩救济机制的实体内容

在具体运用申辩救济机制的过程中,需要注意评判标准、评判内容、正当性要求等方面的合理建构。一般认为包括固定证据、言辞陈述以及第三方参与。

通常而言,决策主体在创新遭遇失败、问责决定下达之前,认为自己的决策行为符合容错纠错机制的立意与要求,或符合管理权限要求的,可以向

---

① 夏金莱:《重大行政决策终身责任制度研究——基于行政法学的视角》,《法学评论》2015年第4期。

问责主体提出申辩救济的请求。此时，为保障决策主体的合法权利，科学认定决策失误的责任，必须保障决策主体享有充分的陈述权，为自己的行为作出解释与说明，即实践中政策文本往往强调的"充分听取有关单位或个人的申诉意见"。

判断决策行为是否适用容错纠错机制，除了当事主体的陈述之外，还应当充分搜集核实决策行为相关的客观证据。这部分证据主要用以判断决策行为是否属于不能容错或不该容错的范畴，即从决策行为的背景、动机、社会影响以及程序正义等方面出发，通过对决策行为合法性与合理性的分析确认，判断该行为是否适用容错纠错机制。应当注意的是，"容错机制不是简单地宽容错误，它还隐含着少犯错误、纠正错误的功能"[1]，激励与容忍干部也并非意味着对干部行为的放纵。因此，在搜集证据的过程中，调查组织除了应当收集决策主体符合容错纠错条件的证据之外，同样还应当搜集其违法违规的证据，真正做到全面、中立、综合评价一个行为。

在决策行为的容错纠错审核过程中，第三方参与是一个至关重要的环节，也是用以管控"庇护性腐败"风险、确保公正客观评价的关键所在。一般来说，第三方参与主要包括专家听证、召开听证会、社会民主党派评议、社会团体组织评价等，重点评估的内容应当包括决策行为的影响力、决策行为的必要性、决策行为的社会认可度、决策行为失败的经验以及实施容错纠错机制的社会容忍度等。通过科学评判、多方合力的第三方评价体系，能够最大限度避免审核权的过度集中产生支配性的影响力，也能够真实反馈社会的意见。

（4）申辩救济机制的结果处理

申辩救济机制的最后一个关键点在于申辩结果的处理，对于不符合容错纠错机制条件与要求的申辩，按照相关问责规定处理即可，无须赘言。然而对于经查证属实，当归容错纠错范畴的决策主体，虽然能够通过容错纠错机

---

[1] 贺海峰：《构建容错纠错机制 激励干部干事创业》，《光明日报》2016年11月14日。

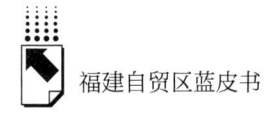

制减除其政治责任，但是须关注对其身心与工作热情造成的打击。更进一步，对于并非因为决策失误，而是因受诬告陷害或决策正面影响发酵时间长等因素而险遭问责的决策主体，虽然可以免除其政治责任，但对于其政治生涯所产生的负面影响理应引起重视。

对于此类问题，决策主体所在的党委、党组织或具有管理权限的上级党组织应当主动承担减少负面影响的责任。对于查无实据或轻微影响的决策失误，可以通过党组谈心、公示通报等方式，及时公布相关信息，维护当事主体的名誉与政治清誉；对于造成较大社会影响的诬告陷害或错误问责，虽经容错纠错机制能够减除当事主体的政治责任，其所在党委、党组织或具有管理权限的上级党组织应当及时查处，为其澄清。除了谈心、通告等措施之外，有关权限主体宜因作出政治背书，保障其政治生涯不受此类事件影响。只有解除干部的后顾之忧，容错纠错机制才能真正起到激发干劲、鼓励进取的作用，申辩救济机制才算是真正发挥作用。

（三）完善福建容错纠错程序规范，保障自贸区发展

现有的政策文本偏向于对决策失误或者错误的救济，但对于如何公正地进行救济还处于探索阶段；对错误或失误的纠偏则往往以事后谈心、函戒、约谈、教育等方式，缺乏一种制度化的纠错模式。对此，下文将探讨容错纠错程序具体路径的构建。

1. 申辩救济程序的构建路径

申辩救济程序大致分为五个环节，主要有启动程序、调查审核程序、结果认定程序、结果运用程序以及容错效果观察程序。

（1）启动程序

启动程序即在审查相关资料时发现决策主体有符合容错条件的可能时，问责主体可以主动启动申辩救济程序，这既能体现党和国家宽容错误、鼓励创新的态度，又能落实容错纠错制度，真正发挥其制度功能。决策主体（包括民主集中下共同作出决策的集体或个人）或对其有管理权限的党组织可以申请提起申辩救济。

（2）调查审核程序

调查审核程序细分为四个步骤：受理申请、调查取证、第三方参与评估以及最后形成的书面报告与结果建议。在受理申请环节主要初步判断是否符合容错情形以及瑕疵、错误决策的具体影响范围，从而决定是否受理以及调查组的构成。在调查取证环节，主要注意的是调查组的构成，一般而言，应当由具有问责职能的部门负责，但是考虑到调查工作的烦琐艰巨以及可能的跨领域专业判断等问题，宜设定由某个有问责职能的部门牵头，召集相关职能部门成员以及专业的社会力量共同构成调查组，确保调查结果的专业性与科学性；在评估证据环节，为确保结果的公正性与他信力，应当在第三方参与下进行，根据待查事实的复杂程度与争议状况，可以适当以专家、民意代表、利害关系人、社会团体组织、社会民主党派为主要力量，以专家听证会、民主评议会、大众听证会等形式，多方合力得出评议结果；最后根据评估结果形成书面报告并提出建议，递交给问责主体或其他认为有决定权的单位。

（3）结果认定程序

对于结果认定程序，主要分为三种情况，包括认为允许容错、不许容错以及结果难以评估。对于允许容错的，应当根据调查结果与补救情况来确定申请人的具体责任，由问责机关作出从轻、减轻或者免责的决定；对于不符合容错条件或者失误严重、社会影响恶劣不宜适用容错机制的，问责机关应当严肃处理，同时责令其继任者及时纠偏、消除负面影响。结果难以评估可以采取暂缓决定的方式，观察待证决策的后续发展。

（4）结果运用程序

对于容错结果的运用，主要应当考虑决定行为的可复核性。一般而言，对于容许容错的决定，在决定行为作出后应当将结果在一定范围内公示，并留足一定的公示期。如果有人认为认定有误并提供新线索或者新证据的，相关部门应当及时调查审核，如果认为线索重大，可能影响决定正确性的，可以经问责机关确认重新启动调查审核环节。如果经过公示期而无异议的，决定机关应当将结果向同级政府、党委报备。无论认定结果如何，问责主体均

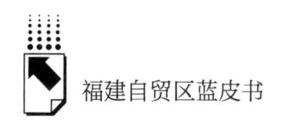

应及时反馈,将书面审定结果送交申请人及其所在单位。

(5)容错效果观察程序

申辩救济程序的最后一个环节是对容错结果的观察,问责主体应当适时对救济对象进行回访、交易,救济对象的主管部门应当对其进行跟踪管理,主要观察救济对象的纠错行为与反思行为,考察其补救措施,防止重蹈覆辙。

2. 纠错程序的构建路径

在纠错机关对决策主体的错误或失误有初步预见或收到相关的纠错申请书时,纠错机关应当及时展开对决策主体决策行为的审查,通过对决策主体行为背景、动机、手段、目的等合法性与合理性的调查审核,判断是否暂停决策主体的工作,发出纠错通知书,说明纠错事由与改正请求并要求决策主体限期递交纠偏手段与补救报告。决策主体如果对纠错通知书不服的,可以通过书面报告或者与审查组召开论证会的形式行使自己解释说明政策的权利。纠错机关如果对决策主体的陈述无法判断,可以报由其上级部门审查决断。在错误确实发生,纠错机关或相关人员未能及时预见的,纠错机关也应当及时发出纠错通知书,责令决策主体进行补救,对于补救的落实与成效可以纳入申辩救济的容错评判标准之中。

在纠错通知书发出后,纠错机关应当实时关注跟踪,督导整改措施的落实,在规定时限届满后纠错机关应当成立验收组检验决策主体的纠偏成效。对于确实整改到位,及时发现错误苗头的,应当通过谈心、鼓励、表彰等合适的手段保持决策主体参与改革的积极性。对于不改或逾期仍未完成整改的,应当及时叫停其决策,启动问责程序,严肃查处。对于容错决定或问责决定下发之后的纠错整改,确有成效并挽回损失、消除负面影响的,应当适当奖励;受到问责处罚,可以适当减轻其责任。而对于虽被容错,但未能及时纠正错误或纠正错误不力的,应当考虑重新提起问责程序;对于已被问责的,其继任者不能纠正错误或不能及时纠正错误,造成扩大影响的,同样应当承担责任。

中国自贸试验区创新与发展

Innovation and Development of China Free Trade Zone

B.7 世界自由港的发展趋势与中国自由港建设展望

十九大报告明确提出，要"赋予自由贸易试验区更大改革自主权，探索建设自由贸易港"，这将成为中国深化改革开放的又一大着力点。自由贸易港是指全部或绝大多数的外国商品无论是进出港口，或者是在港口内装卸、长期储存、包装、买卖，抑或是加工制造，原则上都不征收关税。只有将货物转移到自由港所在国关税国境之内的消费者手中才需要缴纳关税。因此，可以说自由港属于特殊经济区中的一种，不属于任何一国海关管辖，外国商品可以自由免税进出港口，但需要遵守主权国家有关卫生、移民以及治安等方面的法规规定。

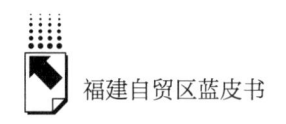

一 自由港的内涵、分布及主要特征

（一）自由港的概念

自由港（free port），全称"自由贸易港"，又称"自由口岸"，是指一个国家在其国境之内、关境之外划出的允许境外货物、资金、人员等要素自由出入的一个特殊经济区域。在这一特殊经济区域内，全部或绝大部分外国商品在遵守所在国相关政策法规的前提下，可以自由进出、装卸、长期储存、包装、销售或者是加工制造，既无须缴纳关税，也无须履行其他复杂的海关监管手续。这一概念主要包括两个核心要件："境内关外"和"自由出入"。

（二）自由港的国际分布

作为一种古老的贸易促进政策工具，自由港兴起于欧洲，扩散于欧洲，是商品经济和海关关税制度不断发展的产物，并随着国际贸易自由化的发展不断发展。早在古希腊腓尼基时期（公元前1101年至公元241年），为扩大贸易往来，地中海沿岸就出现了一些允许外国商人自由通行的港口，如泰尔等，这普遍被认为是自由港的雏形。1547年，为打破封建束缚、促进商品自由贸易，热那亚湾著名的港口城市——里南那城的雷格亨港（Leghoyn）正式定名为雷格亨自由港，这标志着世界上第一个以"贸易自由"为基本特征的真正意义上的自由港诞生[1]。受此影响，欧洲其他一些国家的港口城市也随之纷纷效仿，不断开辟建立自由港，并伴随着帝国主义的殖民扩张出现在亚洲、非洲等殖民地或附属国。为改变第一次世界大战导致的国际贸易地位下降的被动局面，以美国为首的美洲国家在第一次世界大战后亦逐渐开

---

[1] 李金珊、胡凤乔：《国际关系体系下欧洲关税制度的变迁与自由港功能形态的演化》，《浙江大学学报》（人文社会科学版）2014年第11期。

始开辟建立自由港。目前，随着国际经济关系的不断紧密，随着发展中国家实力的不断增强，兴办自由港的热潮从欧洲、美洲扩展至全世界，自由港的数量越来越多。据统计，全世界已有近千余个自由港[1]，其中大部分位于海运历史悠久、市场机制比较完善的发达国家或地区。中国目前除了香港、澳门外，大陆暂时还未设立符合国际惯例的真正意义上的自由港。国际上较为成熟的自由港代表见表1。

表1　国际上较为成熟的自由港代表

地区	国别	自由港名称
欧洲	德国	汉堡自由港
		不来梅自由港
	荷兰	鹿特丹自由港
		史基浦自由港
	爱尔兰	香农自由港
	丹麦	哥本哈根自由港
	直布罗陀	直布罗陀自由港
美洲	美国	"美式"自由港
亚洲	中国	香港自由港
		澳门自由港
	新加坡	新加坡自由港
	韩国	釜山自由港
	俄罗斯	远东自由港（含符拉迪沃斯托克、科尔萨科夫、瓦尼诺、彼得罗巴甫洛夫斯克和佩韦克等5个自由港）
非洲	吉布提	吉布提自由港
	肯尼亚	蒙巴萨自由港
中东	阿联酋	迪拜自由港

（三）自由港的主要特征

1. 战略目标的特殊性

自由港的"自由"并不是完全的、绝对的自由，而是服务于国家整体

---

[1] 马晓燕：《内陆自由港发展模式研究》，《改革与战略》2011年第1期。

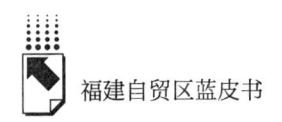

战略的自由。从诞生开始，自由港的每一步发展都是特定时期一个国家整体战略目标的体现。从促进贸易发展、开辟世界市场，到吸引外资技术、调整产业结构，再到促进全球经济一体化，提升国家经济竞争力，每一特定历史阶段的国家整体战略目标都直接促进了自由港的产生与发展。

2. 功能区域的限定性

功能区域的限定性主要是指自由港的"境内关外"性质。其中，"境内"即"国境之内"，说明自由港从地理范畴来看，属于一个国家的部分领土；"关外"即"关境之外"，说明自由港从行政监管来看，处于一个国家海关管理关卡之外，是"海关管辖区之外"的特殊区域，外国商品在自由港内可以不缴税、不报关，无须履行复杂的海关监管程序，外国商品只有在从自由港进入所在国关税区时才需要缴纳关税，并履行其他相关海关监管手续。只有明确了自由港功能区域方面的这一限定性，才能有效区分一个国家的自由港区域和非自由港区域，才能有效地凸显自由港区域独特的贸易、投资、金融等方面政策，否则容易造成界限不清晰，或出现一些"灰色地带"，既不利于一国主体经济的健康有序发展，也不利于自由港的长久稳定运营。

3. 空间布局的多位性

空间布局的多位性主要是针对自由港的位置选择而言的。总体而言，自由港的建立地域应至少具备以下三大区位优势：一是对外贸易活跃、外贸货物数量较大；二是交通基础设施完善，国际航线交汇多，集疏运条件优越，能满足航运业的各类要求；三是容易设置关卡，以便进行隔离管理。具备了这些优势，自由港在空间布局上则存在多位性，可以是海港，也可以是陆港，还可以是空港。纵观世界自由港的发展历程，其空间布局存在一个逐步演化的过程。最早的自由港依海而生，由海而兴，主要是一些海港，也正是基于此，自由港最初的意思即自由码头，也就是海港内用栅栏与其他区域隔开的码头区域。沿海港口占了自由港的大部分。但是随着国际贸易和国际物流的不断发展，自由港逐渐突破了海港这一空间布局限制，实现了由沿海港口向内陆腹地的延伸，出现了一些陆港、空港、陆空综合港、海空综合港等，地址的选择空间越来越广。比如，著名的内陆国瑞士就建立了 20 多个陆港自由港，爱尔兰的香农自由港和荷兰的斯希普霍尔（又译：史基浦）自由港就是世界著名的空港自由港，都是通过航空运输、保税物流等功能使原先只能用于海港的自由港制度设计延伸到了内陆。

4. 功能定位的多维性

纵观世界自由港的发展历程，自由港的功能定位不断提升，经历了一个由单一功能向多维功能转变的过程。第二次世界大战前，自由港的功能定位相对单一，主要是利用沿海港口的地理优势，将本地市场和海外市场联通，在国际贸易中发挥"运输枢纽"或"集散中心"功能，从事转口贸易或转运业务，提升贸易的自由度和便利度。20 世纪 40 年代至 80 年代末，自由港虽然扩展缓慢，但其功能定位明显升级，新增了"加工制造"功能，从事加工出口业务，即对来港货物进行简单再加工，从而实现工业品的再输出，这不仅有效解决了广大发展中国家或地区的就业问题，更为其吸引了资金、人才、技术，促进了产业结构的调整和优化。20 世纪 80 年代末以后，随着信息技术的不断发展，自由港的工业性与商业性逐步融合，其功能定位由货物贸易为主转向货物贸易与服务贸易兼顾，一方面发挥转口贸易、临港工业等货物贸易功能，另一方面开展金融服务、保险服务、旅游服务、文娱服务、劳务服务、信息服务等服务贸易，实现了自由港功能的多样化和综合化。例如，经过 100 多年的发展，香港自由港逐步由 1840 年被英国侵占为殖民地时单一的转口贸易港发展成为如今功能结构多元化的自由港。目前，一些地区甚至还着力将自由港发展与产业发展有机结合，将自由港打造成了各类产业聚集基地。比如，阿联酋迪拜自由港就已打造成为旅游、珠宝、汽车、媒体等各类产业聚集地。

5. 组织形式的联动性

早期的自由港，从组织形式上看，主要属于自由港区，即非关税地区仅包括港口指定区域或扩大至其所在城市的部分区域，外商不能自由居留，以德国汉堡自由港和丹麦哥本哈根自由港为典型代表。从 20 世纪 80 年代开始，自由港不再局限于单一的港口界定，逐渐重视与其所在城市的融合发

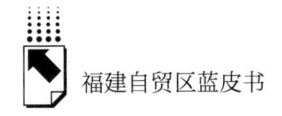

展,将开放、自由、高效的发展理念外溢至其所在城市管理体系,形成集自由港功能与城市功能于一体的自由港市。自由港市的港口及其所在城市全部区域都被划为非关税地区,外商可自由居留并从事有关业务,所有居民和旅客都可享受关税优惠,以香港自由港、新加坡自由港为典型代表。在自由港市的基础上,还可以以国际航线联通国际城市交往网络,形成自由港城市联盟。自由港城市联盟之间在通关监管、外资准入、跨境结算等各类制度上的匹配度和相通性大大高于所在国之间制度的匹配度和相通性。从自由港区到自由港市再到自由港城市联盟,这种组织上的联动性体现了自由港是一种能够有效地实现以港口带动腹地、以点带面的区域融合发展战略。

6. 资源配置的便捷性

自由港营运的业务对象范围广泛,包括商品、资金、技术、人才、信息等有形商品和无形商品,允许在发展离岸贸易的基础上,进一步开展高端服务业、离岸金融等相关业务。无论是货物贸易,还是服务贸易,自由港都能实现实物流、资金流、信息流等的迅速聚集、扩散,资源配置既方便又快捷,效率极高。就货物贸易而言,一方面要求尽量简化行政审批流程,所有在自由港内备案注册的企业,除对少数重点类型、重点货物实施抽检制度外,其他货物都不需要进行检查和审核,通关极为快速;另一方面要求建设较为完备的港口基础设施,形成高效的海陆空物流网络体系,以便区内企业快速连通世界市场。就服务贸易而言,首先,在人员流动方面,要求为跨境务工人员出入境和停居留提供更大便利,允许人员自由出入,并建立高效的人才签证制度;其次,在资金流动方面,要求调整税收优惠政策,大幅降低自由港内备案注册企业的所得税税率,同时放宽外汇管制,改善外汇管理方式,在可控范围内尽可能提高金融便利度,建立较为宽松的货币兑换机制及较为完善的融资租赁体系,提升跨境业务结算效率,也确保充足的外资来源。

7. 政策环境的优惠性

根据贸易管制程度,自由港可划分为完全自由港和有限自由港。相对于完全自由港而言,有限自由港对少数特定种类的商品仍予以征收关税,或予以海关监管。一般来说,世界上绝大部分自由港都属于有限自由港。但作为"一线放开""二线管住"的高度独立的"境内关外"区域,相对于一般港口而言,自由港可以享有关税、金融等诸多方面有利于贸易经济发展的更加开放、更加灵活的优惠政策。例如,新加坡自由港在无条件准入、港内免证免审、登记式备案等方面都体现了全球最自由、最开放的政策,是最符合国际惯例、发展最为成熟的自由港之一。

二 世界自由港的演化历程与发展趋势

自由港在发展中功能逐渐演化,在推动世界经济发展中发挥着至关重要的作用。从历史上看,自由港的诞生与演进主要依靠两个方面:国际政治经济秩序及关税制度。

(一)世界自由港的演化历程

1. 第一代自由港(16世纪~20世纪40年代)

由于欧洲海洋文明发展较早和其国际贸易的繁荣发展,自由港的雏形首先出现在欧洲。1547年,意大利正式将热那亚湾的里南那港(现名为雷格亨港)定名为世界上第一个自由港,标志着第一代自由港从欧洲地中海沿岸兴起,并快速风靡北海和波罗的海地区。此后的两个世纪中,欧洲的一些港口城市,如威尼斯(意)、敦刻尔克(法)、哥本哈根(丹)、汉堡(德)等也相继开设自由港或成为自由市。这些城市成为欧洲各国发展对外贸易的重要门户。

新航路的开辟和新大陆的发现,伴随欧洲殖民者在美洲、亚洲、非洲的殖民扩张,自由港出现在欧洲宗主国在美、亚、非的殖民地和附属国。殖民自由港因地理位置优越多为贸易中转港,为宗主国利益服务,被迫成为帝国主义全球商品贸易网络中的节点。美国为扭转国际贸易地位下降的被动局面,于1936~1950年设立并投入运营5个对外贸易区,分别位于纽约、莫比尔、新奥尔良、旧金山、西雅图,均为美国各州重要的海港城市。

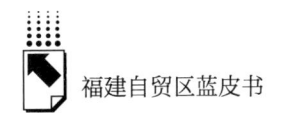

受地理环境和技术水平所限，从 15 世纪到 19 世纪末，海洋运输都是联通世界各大洲的主要交通方式。因此，第一代自由港以海港型为主，主要从事转口贸易和转运业务，在国际贸易中发挥"运输枢纽"功能，将本地市场和海外市场直接联通，提升了国际贸易的自由度和便利度，并且是资本主义向全世界扩张的重要工具。

2. 第二代自由港（20世纪40年代后出现）

第二次世界大战后，世界政治经济格局发生重大改变，第三次科技革命带来技术革新，贸易发展发生了前所未有的变化。自由港功能随之发生重大变化，免关税不再是其最主要的功能，殖民工具也逐渐退出历史舞台。这个时期出现的第二代自由港突破了第一代港口的空间限制，并由此产生了功能差异，区位上由港口码头向港口腹地延伸，功能上新增了较高增值性的"工业制造"功能，为自由港注入了新鲜血液。

一方面，以出口加工区为代表的工业型自由港出现，成为发展中国家（地区）在全球产业结构调整背景下吸引外资和先进技术、实现快速工业化和现代化的有效手段。最为典型的是新加坡和我国的台湾、香港，它们都是在遇到转口贸易严重衰退后才分别于 20 世纪 50 年代中期和末期提出转向大力发展加工制造工业。另一方面，一些发达国家也在本国自由港内增设工业区，旨在防止国内就业岗位大量流失。美国国会于 1950 年通过博格斯修正案（*Boggs Amendment*），准许在对外贸易区内进行"制造"活动和"展示"活动，以此提升对外贸易区的吸引力和竞争力。1952 年，美国对外贸易区委员会授权一些不方便迁移至对外贸易区的特定企业设立对外贸易区分区，受益者多属于大型制造业。

与普遍分布在海港的第一代自由港相比，第二代自由港选址的空间更为广阔。随着国际贸易和现代物流业的发展，"无水港"在内陆地区出现，满足了内陆地区直接与国际市场联通的需求，为经济发达、有大量外贸商品的内陆地区经济发展提供了新机遇。航空运输和保税物流使原本只能适用于海港的自由港政策延伸到了内陆，一批自由区依托无水港以"飞地"状态产生，比较典型的有爱尔兰的香农和荷兰的史基浦等空港自由港。

3. 第三代自由港（20世纪80年代后形成）

20世纪80年代末以后，随着欧盟一体化的推进，统一的关税政策改变了欧洲的自由贸易状态，导致自由港功能萎缩，自由港在欧洲逐渐失去了存在的意义。

但是在其他地区，自由港依然方兴未艾，并且在信息技术的推动下迎来新的发展机遇。第一，具备了信息港功能，成为综合运筹国际贸易和物流信息的资源配置中心。全球商品流、资金流、信息流、技术流、人才流等生产要素可以通过自由港快速流通。供应链各环节参与方的供求信息能够在自由港平台上高效匹配。第三代自由港正在从港口服务的被动提供者转型为国际贸易生产要素配置的组织者、参与者。第二，成为多功能集成平台，且朝着全方位的增值服务方向发展。自由港政策被进一步运用到金融、保险、旅游、信息服务等服务业领域。第二代自由港的相关功能以"生产作业功能区"的形式被纳入第三代自由港中，主要从事货物贸易，发挥运输、港口作业、临港工业等基础功能。在第二代自由港的基础上新增"综合服务功能区"，重点开展服务贸易，提供物流分拨、航运服务、金融服务、法律服务及港口社区服务（休闲娱乐）等综合服务。第三，成为产业集聚基地。一些国家或地区成功将产业发展与自由港发展相结合，形成各类专业化新型自由区。例如，迪拜依托海港杰贝阿里自由区和空港迪拜机场自由区，打造了迪拜网络城、迪拜媒体城、迪拜珠宝城、迪拜汽车城、迪拜知识村、迪拜五金城。同时，迪拜还是著名的旅游胜地。第四，港城逐渐融合。第三代自由港重视与港口城市的联动，通过陆、水、空等多种运输方式，拓展自由港功能半径，形成港口与腹地城市之间的综合性功能网络。自由、开放、高效的理念突破了物理隔离线，外溢至港口城市管理体系。以中国香港和新加坡为代表的自由港现已实现了港城一体化，自由港功能与城市功能融合发展，成为目前自由开放程度最高的自由港城市。

综上所述，第三代自由港以信息技术为媒介、以城市为主体、以港口为核心，集转运、仓储、贸易、工业、金融服务及休闲娱乐等多功能于一体，成为筹划、组织和参与国际经贸活动的资源配置中心、综合服务平台、物流

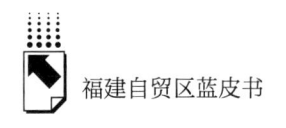

集散中心和产业集聚基地。

4. 第四代自由港演化展望

未来世界主要港口将发展成为集港口、临港产业和城市功能为一体的港城或者由多个港口联动而成的网络港口群。作为港口功能演化的先行者和风向标，自由港将朝自由港城市联盟和港口联盟演化。

一是当前世界级大港之间的合作不断加深，鲜明地呈现"物理空间上分离但通过公共经营者或管理部门相连接"的主要特征。通过经济、技术领域和港口城市管理层面实现自由港强强联合，形成第四代自由港城市联盟。二是自由港个体被自由贸易区（FTA）内的港口联盟取代。随着跨大西洋贸易和投资伙伴关系（TTIP）等谈判的逐步深入和框架协议的达成，自由港的个体优势逐渐弱化。一些自由港为顺应这一趋势，成为所在自由贸易区港口联盟的成员。在同一自由贸易区内，各国通过协商形成合理的分工定位和有序的竞争序列，打造属于整个自由贸易区的港口群。

（二）世界自由港的演化趋势及展望

经过长期的发展，世界自由港在功能、形态、地域分布和产业拓展等方面呈现规律性的演化特征，并正朝着新的趋势不断演进。

1. 功能演化：功能单一化转向功能多样化

随着国际政治经济秩序和关税制度的演变以及产业分工的发展，自由港承担的功能也在不断演化，其功能由单一化逐步转向多样化。自由港早期的功能仅限于从事转口贸易。这些城市设立自由港的目的是借助其优越的地理和区位条件和发展国际贸易的独特优势，允许中转货物不必办理报关手续，并为其提供豁免关税的政策，吸引过往的外国商船，扩大转口贸易规模，发挥商品集散中心的作用。例如，18世纪德国汉堡和不来梅、法国敦刻尔克等城市基于此目的先后成立了自由港。随着资本主义发展到以商品输出为主的自由竞争时代，资本主义国家为将本国工业品销售到其他国家，同时廉价收购经济落后地区的原材料，不断推崇自由竞争和自由贸易政策。在殖民地建立自由港成为其推行这一政策的重要手段。例如，新加坡和中国香港就是在此背景下成为英国开辟的自由港。随着中转货物交易量的增加，自由港逐步增加储存、分级、混装、加包装、贴标签、商品展示和简单加工装配等功能。当资本主义发展到以资本输出为主的垄断时期，自由港允许制造商在港区内设厂，发展加工装配业。制造商开始引进生产设备和生产管理技术，在自由港建立工业基地。例如，新加坡为改变依赖转口贸易为主的殖民经济结构，逐步建立自己的工业基础，推行工业化战略。自由港的功能逐步由转口贸易转向加工贸易。

第三次科技革命引发的技术变革使得贸易对象从商品贸易逐步拓展为商品与服务贸易相结合，自由港的功能更加多样化。自由港大力发展高新技术产业和交通运输、通讯、旅游、金融等现代服务业。此外，自由港还致力于打造高效的行政体系、开放的投资和金融体系，推动贸易方式更加便利化，营造良好的海关监管环境，完善市场经济法规制度，成为所在国家或区域对外开放的新高地。一些运营成功的自由港成为地区性或国际性的物流中心、金融中心和高新技术园区。随着国际航线联通全球城市，国际经贸规则面临新一轮重大调整，自由港的功能得到进一步衍生：一是通过经济、技术和港口城市的强强联合形成自由港联盟，自由港联盟通过运用和整合成员间相容且互补的资源形成新的综合优势，进而不断开拓新市场；二是以自由港基础设施互联互通为基础，构建区域自由港网络。

2. 形态衍生：转口贸易型演化为跨区域综合型

随着自由港功能的不断衍生，自由港的形态也不断演变。当自由港局限于发挥促进转口贸易作用时，它的形态为转口贸易型自由港。当它的功能扩大到既促进贸易又促进工业发展时，它的形态转变为加工贸易型自由港。随后，自由港的功能扩展到发展高端制造业、金融和旅游等现代服务业，它的形态转换为综合型自由港。随着经济跨区域发展，自由港充分融入周边经济合作区，深入开展区域分工合作，它的形态转换为跨区域综合型自由港。可见，随着经济联系日益广泛和深入，自由港沿着从低级形态向高级形态转变的轨迹发展。当前世界各地的自由港在尊重港口自然属性的基础上，顺应区域经济一体化发展进程，利用制度设计和技术手段淡化行政区划甚至国家边

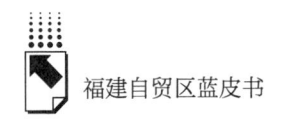

界，借助海、陆、空多种交通方式结成立体交通网络，对港口开发和利用模式进行解构和重构，希望通过构建自由港联盟和区域自由港网络带动区域经济发展。为此，自由港的形态正朝网络化演进，以顺应这一趋势。

3. 地域分布：局部性经济发达地区向广大发展中地区拓展

自由港的雏形最早可以追溯到公元前12世纪的古希腊时代。当时，腓尼基亚人为了扩大贸易额，将泰尔和迦太基两个港口划为为外国商人提供自由通行政策的特区。后来，全球经济最繁荣的地中海沿岸地区也为扩大贸易往来而允许外国商人自由进出部分港口城市。随着资本主义在西欧的兴起，大西洋沿岸成为新的经济繁荣区，部分欧洲国家陆续将地理和商业条件优良的港口城市开辟为自由港，如意大利的雷格亨港和里雅斯特、那不勒斯、威尼斯，法国的敦刻尔克和勒阿费尔，葡萄牙的波尔图等。当资本主义发展到以资本输出为主的垄断阶段时，垄断资本把一些处于国际重要航道和有潜力发展为贸易集散中心的殖民地港口辟建为自由港，如新加坡、西班牙的直布罗陀、也门的亚丁、摩洛哥的梅利利亚、吉布提、马来西亚的槟城、中国的香港和澳门等。自由港开始从欧洲和地中海沿岸等经济发达地区向亚洲、非洲等经济落后地区扩展。随后自由港分布的地域逐渐扩大，截至第二次世界大战前，全世界的自由港和其他类型的自贸区分布在除大洋洲以外的世界26个国家和地区，共计有75个。第二次世界大战以后，中南美洲、加勒比海国家、拉丁美洲国家、非洲国家、亚洲国家纷纷建立自由港以带动当地经济的发展，自由港进入蓬勃发展阶段。在此期间，涌现出巴西的玛瑙斯、委内瑞拉的马加里塔、墨西哥的瓦哈卡、阿根廷的巴哈马等较为著名的自由港。近年来，在经济全球化的推动下，世界自由港的发展依然保持继续增长的势头，亚洲、非洲、拉丁美洲、北美洲和欧洲都有数量众多的自由港，只有大洋洲至今仍较为落后。但是发展中国家和地区新开辟的自由港还在不断增加，自由港的设立仍然呈现向发展中国家和地区持续扩展的趋势。

4. 产业拓展：低端化转向高端化

自由港的产业拓展呈现从低端化向高端化演化的特征。转口贸易型自由港的产业结构通常为单一的转口贸易型经济。随着全球范围的产业调整和制造业转移，自由港转向大力发展加工制造工业，着手建设工业园区。在关贸总协定（GATT）及海关合作理事会（CCC）的推动下，货物服务通关便利化程度不断提高，自由港的交通运输、批发零售、金融保险、旅游等服务业不断发展，进入服务业与制造业并举发展期。为适应全球化趋势及打造更加高效的产业链，现代自由港立足自身优势，优化产业布局，推动重点产业突破。自由港一方面不断推进贸易、物流、高端制造等原有产业提质增效，做大做强高新技术产业和金融业，继续保持原有优势；另一方面，不断培育文化、租赁、消费等新兴服务业态成长，大力发展国际旅游，不断拓展新优势。以新加坡自由港为例，在转口贸易阶段，其转口贸易及其衍生的经济活动所创造的产值约占GDP的81%，其他产业发展严重滞后。随着新加坡推行工业化计划，工业成为国民经济的重要产业，服务业虽有所发展但仍处于次要地位。随后，新加坡实施制造业和服务业并重的"双引擎"战略，对工业结构进行调整，工业从劳动密集型转向资本—技术密集型，同时大力发展航运、物流、通信等服务业，这些产业有力地带动了商务和金融服务业的发展。在此期间，制造业、贸易业、商业和金融服务业并驾齐驱走上快速发展道路。进入知识密集型经济时代，会展业、生化制药、数媒产业、环保产业等新兴现代服务业在新加坡自由港得到迅速发展。

三 中国自由港发展展望

十九大报告明确指出，要"赋予自由贸易试验区更大改革自主权，探索建设自由贸易港"，作为自贸试验区的升级版——自由贸易港引起了空前的关注。按照国际上通行的定义，自由贸易港是指全部或者绝大多数外国商品可以免税进出的港口，划在异国的关税国境以外，当外国商品进出港口时除了免缴关税，还可以在港内自由改装、加工、长期储存或者销售。可以说，自由贸易港的建设是我国进一步深化改革、形成全方位开放格局的需要，是我国转变经济发展方式、参与国际贸易规则制定的必由之路。当前我国以1+3+7为典型的自贸试验区在原有的保税区、保税港区基础上纷纷提

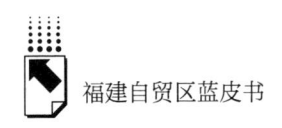

出了建设自由贸易港的一系列构想。通过比较系统梳理国内自由贸易港的相关研究，可以总结出其未来发展主要呈现如下三种态势。

（一）区域分布上：逐步从东部沿海地区向中西部地区扩散

十九大后，国内多数省份积极加入自由贸易港的申报，大抵可以分为如下三种类型。一是基于第一、第二批自贸试验区提出自由贸易港的申报，包括上海、浙江、广东、福建等地，这些地区在探索自由贸易港建设方面有一定的基础和优势。上海依托其独特的区位优势提出了国际航运贸易中心的定位，围绕货物、资金和人员三大要素的自由流动，未来将在外汇管理、税收优惠、外籍人士领取中国绿卡以及外地员工落户等方面取得新的突破[1]；浙江自贸试验区探索建设舟山自由贸易港区，加快大宗商品交易中心和金融、物流配套建设，在全国首推"一船多供""一船多能""保税燃料油跨关区直供"等，大大降低了仓储和物流成本；福建厦门将从聚焦自主创新、对标国际贸易通行规则、加快政府职能转变和服务"一带一路"建设角度探索打造自由贸易试验区升级版，争取建设自由贸易港；广东探索建设南沙自由贸易港，打造粤港澳大湾区深度合作示范区。二是非自贸试验区的范畴但发展条件较好的中东部省份积极提出自由贸易港的申报，包括广西钦州、海南海口、山东青岛等，如广西自贸区正在向国家申报"广西北部湾自贸港区"，致力于探索改革货物监管和发展模式；青岛正在创造条件整合优化海关特殊监管区域，推动区域海关通关一体化建设；海南海口致力于在建设全面开放的新格局和海南国际旅游岛的制度框架下，探索建设一个连接东南亚各国运输中转的自由贸易港[2]。三是申报范围逐步扩散到第三批自贸试验区，如辽宁自贸试验区突出大连东北亚国际航运中心、国际物流中心和区域性金融中心的带动作用；四川省下一步将探索建设内陆自由贸易港，打造西

---

[1]《自由贸易港，浙江的机会在哪里？》，《钱江晚报》2017年11月10日，http://news.163.com/17/1110/02/D2RM08NV000187VI.html。

[2]《多地研究申报自贸港专家：海南可发展自由贸易港》，2017-11-14，https://hn.focus.cn/zixun/818004e4829d5526.html。

部内陆开放高地；湖北自贸区致力于打造面向全球的先进制造中心和创新型服务中心，加快探索内陆自由贸易港建设。

纵观申报自由贸易港的区域可以看出，自由贸易港的申报范围将进一步扩大，越来越多的中西部地区将寻找突破口参与自由贸易港的建设。未来自由贸易港并不一定集中于港口区域，也可能依托陆地港、航空港等在内陆地区产生。当然，这么多的区域申报自由贸易港，从国家的层面一定要统筹兼顾，从政策上进行统一协调，要充分考虑港口的区位条件、资源禀赋差异，因地制宜，错位发展，各个地区在参与自由贸易港建设中可以充分结合自身的实际，根据国际上自由贸易港的贸易型、物流型、综合型等特征，有针对性地选取适合自身的发展模式。

（二）战略布局上：依托综合保税区打造陆上自由港

历史上，国际贸易高度依赖海洋、河流等水上运输，当前大部分的自由港都位于水上港口城市。内陆地区因为没有入海口与港口，发展并形成自由港的情况较少。不过，随着交通运输方式的多样化和立体化，这种资源配置方式将会发展重大变革。尤其是当前丝绸之路经济带的构建以及我国在内陆和边境地区设立的综合保税区，为陆港自由港的打造提供了必要性和可能性。首先，丝绸之路经济带建设需要自由港作为陆上综合交通枢纽和综合服务平台。地跨欧亚的丝绸之路经济带，地域辽阔，基础设施互联互通是其建设的优先领域，尤其是以铁路、公路为主，航空、管道为辅的交通大通道和物流网络更是其建设的重要基础。在这些重要交通枢纽设立自由港，允许各种外国交通工具免税自由进出、装卸，允许外国货物改变运输方式和方向，允许外国货物保税仓储、加工制造、展示销售，可以最大限度地适应国际贸易自由化的要求，提高丝绸之路经济带的经济效率和整体福利。此外，这些自由港城市还可以进一步为往来的国际客商提供餐饮、娱乐、休闲、疗养、金融保险、旅游观光等综合性服务，从而带动沿线地区的经济发展和城市化。其次，我国在丝绸之路经济带省份设立的综合保税区则为陆港自由港的建设奠定良好的基础。综合保税区是我国在向陆地区设立的具有保税港区功

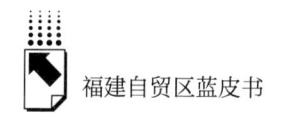

能的海关特殊监管区域。和港口港区一样，综合保税区集保税区、出口加工区、保税物流区、港口的功能于一身，是我国开放层次最高、优惠政策最多、功能最齐全、手续最简化的特殊开放区域，是与自由港最为接近、最具升级潜力的区域。截至2015年11月，我国已经在丝绸之路经济带设立了15个综合保税区。其中，新疆阿拉山口综合保税区位于新亚欧陆桥经济带（西北方向）、黑龙江绥芬河综合保税区中蒙俄经济带（东北方向）、广西凭祥综合保税区位于中国—南亚—西亚经济带（西南方向）的中外交界地带，是我国打造边境自由港的重要基础；西安作为亚欧大陆桥心脏及"一带一路"的交汇中心，具有交通便利、资源丰富、经济发达的优势，最有成为内陆自由港的潜力。

顺应打造陆港自由港的趋势，综合保税区未来将会在以下几个方面进一步推进建设。一是打造对外开放新通道。围绕多式联运体系构建的总体要求，探索"铁空联运"新模式，打造陆海互联新通道。二是推进贸易投资便利化。加快推进"一口受理"综合服务大厅建设，促进贸易投资便利化。围绕转变对外贸易发展方式，探索跨境电商支付新通道，推进跨境电商监管创新和跨境电商集货业务发展。三是稳步推进金融创新。加快与国际金融机构对接，积极推进在跨境双向人民币资金池、跨境人民币发债、境外人民币借款、全口径跨境融资及个人经常和直投项下跨境人民币结算等方面创新实践，完善金融服务，开拓融资新模式，助力实体经济。四是推动人才自由流动。进一步简化出境入境手续，实现人员和车辆往来便利化；不断推进中国绿卡制度改革，吸引优秀外籍人才来港工作。

（三）功能定位上：逐步从单一型往复合型自由贸易港发展

国际上先进自由贸易港的发展经验表明，自由贸易港的发展并不是一蹴而就的，而是一个港口功能逐步完善的过程，从传统的储存、展览、拆散、改装、重新包装、整理、加工、制造等业务活动开始，自由贸易港的建设又融入了一些商业贸易功能，包括集高科技、旅游、金融、航运、公共服务于一体的综合型功能，尤其是在新时代背景下，自由贸易港的业务也将从在岸贸易、在岸金融转向离岸贸易、离岸金融。离岸贸易的发展，会带来货物的集聚，可以把其他国家潜在的一些贸易资源吸引过来，从而形成物流集散基地，带动物流仓储、运输、分拣、信息化等的发展，也在客观上对物流业的发展提出了更高的要求。通过离岸金融市场的发展，可以吸引更多的国际投资者，更好地促进资金的合理优化配置，有利于加快国内金融机构的国际化步伐，提高国内金融机构的整体综合竞争力。可以说，自由贸易港的发展将以港口物流为基础，逐步形成国际贸易中心、国际金融中心和国际航运中心。自由贸易港作为未来国际贸易与物流领域资源的配置中心，将在这个平台上实现全球商品链、信息链、增值链、资金链、供应链、产业链"六链合一"模式，最大化实现资源的优化配置。

未来发展中要着力于从以下几方面促进自由贸易港往多功能、综合型港口发展。首先，要建立完善的物流信息系统。通过物流信息系统的优化、数据信息的共享，构建仓储、配送、分拨一体化的物流系统，节省港口各个作业环节的时间，降低各个功能环节的衔接成本，提高港口行政管理效率。其次，进一步创新海关监管模式。充分运用大数据、云计算、互联网等方式实施精准监管，进一步简化管理手续，降低企业成本，提高效率。再次，建立完善的协调机制。积极推动海关、国检、海事等口岸监管部门实现一体化，加强全球的协同研发与创新，构建完善的工作联络协调机制。通过海铁空联运的方式加强陆地港与海港之间的联系，提前完成集装箱装船前的订舱、报关、报检、签发提单等一系列手续。最后，按照功能进行管理。随着自由港功能的逐步增加，应该按照功能将其分为不同的模块，依靠信息监管来实现对自由港的高效管理。

（四）合作模式上：出现越来越多的港口联盟

当前我国港口与港口之间存在比较明显的同质化竞争，港口与港口之间的重复性建设比较明显，差异化程度较低，从而导致港口与港口之间竞相争取货源、产能过剩的状况。因此，如何加强港口与港口的有序整合，实现协同发展，提升运作效率是未来发展的一大趋势。这一趋势的变化也影响到自由贸易港的发展。首先从国家的角度而言,在设立自由贸易港的时候,要充分考虑这些港口的地理区位优势、功能定位,通过协商加强彼此之间的合作,打造综合的自由贸易港群。2009年珠海港集团牵头组建西江港口联盟,2017年5月环渤海港口联盟成立,2017年7月长江港口物流联盟成立[1],联盟的成立将加快港口航运的资源要素整合,更好地服务于自由贸易港的建设。目前上海、舟山都在制订自由贸易港方案,两者地理位置相对靠近,未来在自由贸易港建设过程中可以充分考虑上海在人才、信息、金融方面的优势以及舟山在大宗商品贸易、仓储等方面的优势,加强两者的联盟,开展更多的国际航运、金融和贸易业务等的创新[2]。另外,粤港澳三地由于地理位置上的邻近,也提出了未来或可以联手共建自由贸易港的想法。其次,这种港口之间的联盟还体现在我国港口与外部港口的联盟合作。以"一带一路"互联互通为例,自2014年以来,我国与沿线国家的港口联盟意愿不断加强,港口联盟数量不断攀升,港口合作的领域涵盖了港口开发建设、业务经营和管理、航运物流、投融资、智慧港口、绿色港口、信息技术共享、人才培育与交流等众多领域。当前我国港口积极开展与"一带一路"沿线国家的港口合作,从而深化双方在信息、技术、市场的共享与合作,实现互惠共赢。例如,厦门与意大利的里雅斯特港、土耳其伊兹密尔港均达成了友好合作意向书,上海港与以色列海法湾新港、希腊比雷艾夫斯港达成了合作协议,广州港与西班牙塔拉戈纳港、泰国林查班港、比利时安特卫普港、马来西亚巴生港、德国汉堡港、波兰格但斯克港等签订了友好港协议。除此之外,现有的联盟还体现在垂直型港口的联盟,如港口与供应链上下游的企业或者运输职能部门之间的联盟,包括港口与航运企业的联盟、港口与铁路部门或者企业间的联盟,这个趋势也会随着自由贸易港的发展而不断增强。

为促进港口联盟,未来发展中首先要进一步优化港口联盟生态圈,将更

---

[1] 《国内又一港口联盟成立》,2017年7月10日,http://www.sohu.com/a/156011048_265147。

[2] 叶继涛:《建设舟山国际自由贸易港的思考与建议》,《上海证券报》2017年11月24日,http://opinion.hexun.com/2017-11-24/191752186.html。

多处于供应链下游的节点企业如货代企业、商务服务企业等不同类型的利益相关者纳入生态圈，提高港口企业的参与度，拓展港口联盟生态圈的发展空间。其次，要加强港口资源的整合，实现联盟成员的错位发展，要明确各联盟成员的航运需求和差异化优势，促进港口间功能互补和错位发展，依托港口信息服务平台建设实现港口资源共享，建立高效、统一、全面覆盖的综合物流信息服务平台，提高信息传递的及时性、准确性和完整性。再次，要构建现代化集疏运体系，完善综合运输网络布局，包括完善港口基础设施建设，提升港口尤其是关键物流节点的物流服务水平及功能，推进水、陆、空等多种运输方式的无缝衔接，构建海铁联运、陆海联运、江海联运的现代化集疏运体系，创新多式联运形式，发挥系统内各组成部分的协同效应。最后，要创新联盟合作形式，推动合作形式多元化和运用灵活化，提高以资本为纽带的合作形式的比例，建立完善的港口联盟准入退出机制和利益共享机制，增强联盟稳定性。

（五）内含要义上：从区港联动到港产城一体化融合发展

在保税区、物流和港口进一步发展的情况下，形成了区港联动的局面，即保税区与临近的港口合作，在港区划出特定区域（不含码头泊位）作为海关特殊监管区，进一步整合保税区的政策优势和港区的区位优势，随着港口功能与港口城市功能逐渐融合，最终将实现从区港联动到港产城一体化融合发展。十九大提出赋予自由贸易试验区更大改革自主权，在此基础上，探索建设自由贸易港，将有利于我国自贸区港产城一体化的融合发展。首先，通过自由贸易港的以点带面作用，优化自贸区的要素配置，促进自贸区的产业结构升级。当前，自贸区虽然是"一线放开、区内自由""先进区、后报关"，但货物到港，还是要向海关申报，仍然需要进境备案清单，这意味着人、货物、资金等要素即便在自贸区内，也不是最高度的自由；自由贸易港则是在生态安全、经济安全都能管得住的前提下，"一线，不申报"，即遵循"负面清单+非违规不干预"的总体原则。由于自由贸易港实行的是最先进、最宽松、最合理的体制，最大限度地释放要素流动的自由度，自然会

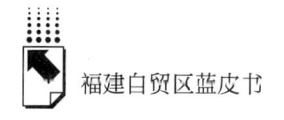

更吸引全球货物、资本、服务等资源的汇集,实现资源的优化配置,促进产业结构的转型升级。其次,自由贸易港的建设将有利于自贸区的港城融合发展。中国经济现代化空间进程的关键模式就是以港口带动腹地。不过,当前,在中国许多地方,物流关系依然是港口和腹地之间互动的主要表现形式。第三代、第四代自由港则重视与港口城市的联动,通过陆、水、空等多种运输方式,拓展自由港功能半径,形成港口与腹地城市之间的综合性功能网络。自由、开放、高效的理念突破了物理隔离线,外溢至港口城市管理体系中,最终实现港产城的一体化融合发展。

顺应和推动自由港的港产城一体化趋势的关键,是通过"多规合一"做好顶层设计。协调相关部门,在城市和区域规划的框架下,形成功能定位、交通、产业和空间布局等方面的一体化战略和"一张蓝图",统筹协调空港规划、产业规划、城市规划共同涉及的内容,做到"多规合一",并在统一的空间信息平台上建立相应的控制体系,通过刚性控制和弹性引导相结合的手段,确保城市总体目标和"多规"行业目标的实现,通过"多规合一"引导港产城协同发展。

B.8
"一带一路"沿线国家自贸区与中国自贸试验区的战略对接

一 "一带一路"沿线国家与中国自贸试验区战略对接的契合性

"一带一路"倡议为我国经济和社会发展提供了一个更加开放包容的平台，而自贸区战略则是全面深化改革和构建开放型经济体制的必然选择，尤其是自贸试验区建设为我国加速融入"一带一路"发展的大棋局奠定了基础，将自贸试验区建设与"一带一路"沿线国家的自贸区建设紧密结合起来，可以形成共商、共建、共享、共赢的良好合作关系。"一带一路"倡导"政策沟通、设施联通、贸易畅通、资金融通、民心相通"，侧重以基础设施为先导促进沿线经济体互联互通，自贸试验区提倡"投资自由化、贸易市场化、金融国际化、行政法治化"，自贸区是推进"一带一路"建设的重要节点。二者在区位上、战略上、定位上、内容上和产业上存在诸多契合点，加强彼此间的有机对接和战略联动，将为我国新一轮对外开放提供有力支撑。

（一）区位上的契合

"一带一路"倡议涉及的区域广泛，国内区域包括西北、西南、中部地区和环渤海、长三角、珠三角区域。依托独特的地理区位，在"一带一路"规划中提到的省份、城市、港口中很大一部分都是自贸试验区所在的省份或者城市。《推动共建丝绸之路经济带和21世纪海上丝绸之路的愿景与行动》重点圈定包括11个自贸区在内的18个省份作为"一带一路"建

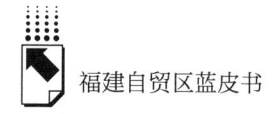

设的国内节点。这18个省份中,陕西、辽宁、上海、福建、广东、浙江、重庆亦是设有自贸试验区的区域。"一带一路"规划中还重点提及多个节点城市,包括西安、兰州、西宁、重庆、成都、郑州、武汉、长沙、南昌、合肥。其中,西安、重庆、成都、郑州、武汉均为自贸试验区节点城市。除此之外,"一带一路"规划中还提出,"加强上海、天津、宁波—舟山、广州、深圳、湛江、汕头、青岛、烟台、大连、福州、厦门、泉州、海口、三亚等沿海城市港口建设,强化上海、广州等国际枢纽机场功能"①。其中,上海、天津、宁波—舟山、广州、深圳、大连、福州、厦门等沿海城市亦是自贸试验区的实施区域。综上所述,在"一带一路"规划中均特别提到了这三批自贸试验区所在的省份或者城市,其中,重庆、四川自贸试验区位于西南,陕西自贸试验区位于西北,河南位于黄河中游经济区,湖北位于长江中游经济区,天津、辽宁自贸试验区位于环渤海,上海位于长江下游经济区,福建自贸试验区位于泛珠三角范围内,广东自贸试验区位于珠三角范围内。

(二)战略上的契合

"一带一路"倡议与自贸试验区建设是我国当前经济发展的两大战略之一,除了这两大战略外,11个自贸试验区所在的省市还拥有"多区叠加"的优势,尤其是与当前我国正在实施的长江经济带、京津冀协同发展、西部发展战略、东北老工业基地建设等紧密结合(见表1)。上海的"一带一路"倡议和自贸试验区建设还结合了长江经济带和上海"四个中心"建设,天津主要是结合了京津冀协同发展、滨海新区和国家自主创新示范区建设,福建主要是结合了福州新区、平潭综合实验区和生态文明示范区建设,广东主要结合了深港现代服务业合作区、南沙新区和南沙国际湾区建设,辽宁主要结合了国家自主创新示范区、国家高新技术产业开发

---

① 《"一带一路"最终圈定18省份》,《楚天都市报》2015年3月29日,http://news.ifeng.com/a/20150329/43438878_0.shtml。

区、国际产城融合示范区的建设，浙江主要结合了长江经济带、国家自主创新示范区、舟山群岛新区的建设，陕西主要结合了国家自主创新示范区、全面创新改革试验区的建设，河南主要结合了跨境电子商务综合试验区、国家自主创新示范区、中原经济区等的建设，湖北主要是结合了自主创新示范区、长江经济带、国家产业转移示范区等的建设，重庆主要是结合了长江经济带、西部大开发、综合改革试验区、国家级新区的建设，四川主要是结合了长江经济带、西部大开发、国家级新区、改革试验区的建设。

表1 自贸试验区所在省市的主要战略叠加优势

省市	主要战略
上海	"一带一路"、自贸试验区、长江经济带、上海"四个中心"建设(国际金融中心、国际航运中心、国际贸易中心、国际经济中心)
天津	"一带一路"、自贸试验区、京津冀协同发展、滨海新区开放开发、国家自主创新示范区
福建	"一带一路"、自贸试验区、福州新区、平潭综合实验区、国家生态文明示范区
广东	"一带一路"、自贸试验区、深港现代服务业合作区、南沙新区、南沙国际湾区
辽宁	"一带一路"、自贸试验区、国家自主创新示范区、国家高新技术产业开发区、国际产城融合示范区
浙江	"一带一路"、自贸试验区、长江经济带、国家自主创新示范区、舟山群岛新区
陕西	"一带一路"、自贸试验区、国家自主创新示范区(西安高新区)、全面创新改革试验区(西安)
河南	"一带一路"、自贸试验区、中国(郑州)跨境电子商务综合试验区、郑洛新国家自主创新示范区、国家大数据(河南)综合试验区、国家级普惠金融改革试验区(兰考)、中原经济区、郑州航空港经济综合实验区
湖北	"一带一路"、自贸试验区、武汉东湖自主创新示范区、长江经济带、国家产业转移示范区、洞庭湖生态经济区
重庆	"一带一路"、自贸试验区、长江经济带、西部大开发、统筹城乡综合配套改革试验区、中新(重庆)互联互通项目核心区、国家级开发开放新区
四川	"一带一路"、自贸试验区、长江经济带、西部大开发、成渝经济区、国家级新区、全面创新改革试验区、内陆与沿海沿江沿边协同开放区

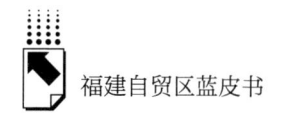

(三)定位上的契合性

前期的上海、广东、天津和福建4个自贸区在对接"一带一路"建设上先行先试，在国际贸易、对外投资、国际物流和金融开放等方面积累了丰富的经验。新设的7个自贸区在此基础上与"一带一路"进行了深层次的对接。各自贸试验区结合自身比较优势，有针对性地提出本地区参与推进"一带一路"建设的地方定位。上海市地理位置优越，承担着引领长三角地区、带动长江经济带发展的历史重任，作为"一带一路"的重要枢纽和支点城市，承担着以扩大开放倒逼改革，创新开放型经济体制机制，加大科技创新力度，形成参与和引领国际合作竞争新优势的重任，力争成为"一带一路"建设的排头兵和主力军[①]。天津作为我国港口城市、北方经济中心，是"一带一路"重要节点城市，天津市推进"一带一路"建设与其统筹京津冀协同发展、提升天津自贸试验区水平、促进滨海新区进一步开放开发意义重大[②]。福建致力于加快建设21世纪海上丝绸之路核心区，打造海上丝绸之路互联互通的重要枢纽、经贸合作的前沿平台、体制机制创新的先行区域和人文交流的重要纽带。广东作为经济发展领先省份，在推进"一带一路"建设特别是21世纪海上丝绸之路建设中发挥着重要引擎作用，致力于打造成为"一带一路"的战略枢纽、经贸合作中心和重要引擎。辽宁重点围绕中蒙俄经济走廊建设，主要落实中央关于加快市场取向体制机制改革、推动结构调整的要求，着力打造提升东北老工业基地发展整体竞争力和对外开放水平的新引擎，深化国内互动与国际交流合作，推动国家向北开放。陕西历史文化悠久、区位优势明显、科教资源富集、产业基础雄厚、口岸平台齐备、发展前景广阔。浙江主要是落实中央关于"探索建设舟山自由贸易港区"的要求，致力于建设成为东部地区重要海上开放门户示范区、国际

[①] 国家发展改革委、外交部和商务部:《推动共建丝绸之路经济带和21世纪海上丝绸之路的愿景与行动》，2015年3月28日。

[②] 李文增、冯攀、李拉:《天津参与实施"一带一路"战略的建议》，《港口经济》2015年第2期。

大宗商品贸易自由化先导区、具有国际影响力的资源配置基地，探索与"一带一路"沿线国家开展贸易供应链安全与便利合作。陕西是连接"一带一路"国家战略的重要枢纽和"向西开放"的战略前沿。陕西省主要是落实中央关于更好发挥"一带一路"建设对西部大开发带动作用、加大西部地区门户城市开放力度的要求，打造内陆型改革开放新高地，探索内陆与"一带一路"沿线国家经济合作和人文交流新模式[①]。河南省主要是落实中央关于加快建设贯通南北、连接东西的现代立体交通体系和现代物流体系的要求，着力建设服务于"一带一路"建设的现代综合交通枢纽。湖北省主要是落实中央关于中部地区有序承接产业转移、建设一批战略性新兴产业和高技术产业基地的要求，发挥其在实施中部崛起战略和推进长江经济带建设中的示范作用。重庆市主要是落实中央关于发挥重庆战略支点和连接点重要作用、加大西部地区门户城市开放力度的要求，带动西部大开发战略深入实施，是"一带一路"和长江经济带互联互通的重要枢纽。四川省主要是落实中央关于加大西部地区门户城市开放力度以及建设内陆开放战略支撑带的要求，打造内陆开放型经济高地，实现内陆与沿海沿边沿江协同开放、探索与"一带一路"沿线国家的金融合作。

（四）内容上的契合

各省份应结合地方特色，将统筹各地经济、产业、人文等基础资源与推进"一带一路"建设工作相结合，以"政策沟通、设施联通、贸易畅通、资金融通、民心相通"为主要内容，谋划建设格局，明确重点任务。王毅部长曾经指出，"一带一路"建设的主线是经济合作和人文交流，优先领域是互联互通和贸易投资便利化，而贸易投资便利化则是自贸区建设的核心内容。在自贸试验区建设中所提到的核心任务与"一带一路"建设的核心任务很多内容有共通之处（见表2）。

[①]《国务院决定新设七个自贸试验区浙江占一个!》，《21世纪经济报道》2016年9月1日，http://zj.qq.com/a/20160901/010125.htm。

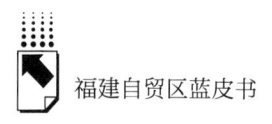

表2　11个省份在自贸试验区和"一带一路"建设中的核心任务

	自贸试验区建设核心任务	"一带一路"建设核心任务
上海	1. 加快政府职能转变(深化行政管理体制改革) 2. 扩大投资领域的开放(扩大服务业开放、探索建立负面清单管理模式、构筑对外投资服务促进体系) 3. 推进贸易发展方式转变(推动贸易转型升级、提升国际航运服务能级) 4. 深化金融领域的开放创新(加快金融制度创新、增强金融服务功能) 5. 完善法制领域的制度保障(完善法制保障)	1. 拓展投资贸易网络 2. 加快推进金融市场开放 3. 积极开展文化旅游教育培育合作 4. 加快基础设施建设
天津	1. 加快政府职能转变(深化行政体制改革、提高行政管理效能) 2. 扩大投资领域开放(降低投资准入门槛、改革外商投资管理模式、构建对外投资合作服务平台) 3. 推进贸易转型升级(完善国际贸易服务功能、增强国际航运服务功能、创新通关监管服务模式) 4. 深化金融领域开放创新(推进金融制度创新、增强金融服务功能、提升租赁业发展水平、建立健全金融风险防控体系) 5. 推动实施京津冀协同发展战略(增强口岸服务辐射功能、促进区域产业转型升级、推动区域金融市场一体化、构筑服务区域发展的科技创新和人才高地)	1. 推进基础设施互联互通 2. 打造经贸合作升级版 3. 提升金融开放水平 4. 密切人文交流合作
福建	1. 切实转变政府职能(深化行政管理体制改革) 2. 推进投资管理体制改革(改革外商投资管理模式、构建对外投资促进体系) 3. 推进贸易发展方式转变(拓展新型贸易方式、提升航运服务功能、推进通关机制创新) 4. 率先推进与台湾地区投资贸易自由(探索闽台产业合作新模式、扩大对台服务贸易开放、推动对台货物贸易自由、促进两岸往来更加便利) 5. 推动金融领域进一步开放创新(扩大金融对外开放、拓展金融服务功能、推动两岸金融合作先行先试) 6. 培育平潭开放开发新优势(推进服务贸易自由化、推动航运自由化、建立国际旅游岛)	1. 加快设施互联互通(加强以港口为重点的海上通道建设、强化航空枢纽和空中通道建设、完善陆海联运通道建设、深化口岸通关体系建设、加强现代化信息通道建设) 2. 拓展经贸合作(积极推进福建自贸试验区建设、努力提高对外开放水平、强化贸易支撑体系建设、加强投资促进工作) 3. 密切人文交流合作(丰富文化交流、深化教育合作、开展医疗卫生交流与合作、拓展友好城市、扩大劳务合作)

续表

	自贸试验区建设核心任务	"一带一路"建设核心任务
广东	1. 建设国际化、市场化、法治化营商环境（优化法治环境、创新行政管理体制、建立宽进严管的市场准入和监管制度） 2. 深入推进粤港澳服务贸易自由化（进一步扩大对港澳服务业开放、促进服务要素便捷流动） 3. 强化国际贸易功能集成（推进贸易发展方式转变、增强国际航运服务功能） 4. 深化金融领域开放创新（推动跨境人民币业务创新发展、推动适应粤港澳服务贸易自由化的金融创新、推进投融资便利化、建立健全自贸试验区金融风险防控体系） 5. 增强自贸试验区辐射带动功能（引领泛珠三角地区加工贸易转型升级、打造泛珠三角区域发展综合服务区、建设内地企业和个人"走出去"重要窗口）	1. 促进重要基础设施互联互通 2. 加强对外贸易合作 3. 加快投资领域合作 4. 拓宽金融领域合作 5. 密切人文交流合作
辽宁	1. 切实转变政府职能（深化行政管理体制改革、打造更加公平便利的营商环境） 2. 深化投资领域改革（提升利用外资水平、构筑对外投资服务促进体系） 3. 推进贸易转型升级（实施贸易便利化措施、完善国际贸易服务体系） 4. 深化金融领域开放创新（推动跨境人民币业务创新发展、深化外币管理体制改革、增强金融服务功能、建立健全金融风险防控体系） 5. 加快老工业基地结构调整（深化国资国企改革、促进产业转型升级、发展生产性服务业、构筑科技创新和人才高地、推进东北一体化协同发展） 6. 加强东北亚区域开放合作（推进与东北亚全方位经济合作、加快构建双向投资促进合作新机制、构建连接亚欧的海陆空大通道、建立现代物流体系和国际航运中心）	1. 推进海陆空对外战略通道建设 2. 推进对外贸易发展新优势 3. 推进境外合作区建设 4. 推进对外承包工程和劳务工作 5. 推进优势企业境外并购 6. 推进文化、教育等多领域的合作与交流（沈阳）

289

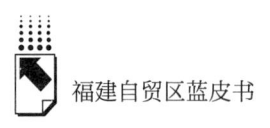

续表

	自贸试验区建设核心任务	"一带一路"建设核心任务
浙江	1. 切实转变政府职能（深化行政体制改革、建立统一开放的市场准入和高标准监管制度、提升利用外资水平） 2. 推动油品全产业链投资便利化和贸易自由化（建设国际海事服务基地、建设国际油品储运基地、建设国际石化基地、建设国际油品交易中心、加快石油石化科技研发和人才集聚） 3. 拓展新型贸易方式（建设国际矿石中转基地、建设舟山航空产业园、加强现代贸易投资合作） 4. 推动金融管理领域体制机制创新（扩大金融服务领域开放、拓展金融服务功能、积极发展融资租赁与保险业务、建立健全金融风险防范体系） 5. 推动通关监管领域体制机制创新（创新通关监管服务模式）	1. 打造一批港口开发合作平台 2. 打造一批区域科技创新平台 3. 打造一批产业合作共建平台 4. 打造一批贸易物流发展平台 5. 打造一批经贸人文交流平台 （宁波）
陕西	1. 切实转变政府职能（改革创新政府管理方式、开展知识产权综合管理改革试点） 2. 深化投资领域改革（提升利用外资水平、构建对外投资促进体系） 3. 推动贸易转型升级（拓展新型贸易方式、创新通关监管服务模式） 4. 深化金融领域开放创新（推动金融制度创新、增强金融服务功能、建立健全金融风险防范体系） 5. 扩大与"一带一路"沿线国家经济合作（创新互联互通合作机制、创新国际产能合作模式、创新现代农业交流合作机制） 6. 创建与"一带一路"沿线国家人文交流新模式（创新科技合作机制、创新教育合作机制、创新文化交流合作机制、创新旅游合作机制、创新医疗卫生合作机制） 7. 推动西部大开发战略深入实施（带动区域开放型经济发展、推动区域创新发展、促进区域产业转型升级、构建服务区域发展的人才高地）	1. 着力构建交通商贸物流中心（建设综合立体交通网络、建设国际物流枢纽、推进大通关体系建设、支持跨境电子商务发展、扩大进出口贸易规模） 2. 着力构建国际产能合作中心（加强与重点国家和地区经贸合作、加快国际合作产业园建设、支持优势产业开拓海外市场） 3. 着力构建科技教育中心（深化科技领域合作、强化培训教育合作） 4. 着力构建国际旅游中心（深化国际旅游合作、推进智慧旅游系统建设、打造特色旅游品牌） 5. 着力构建区域金融中心（打造金融聚集区、拓展金融业务、深化金融创新） 6. 搭建人文交流合作平台（建设历史文化基地、扩大文化考古交流、强化中医药产业合作、加强影视和版权领域合作） 7. 提升优化发展环境（加快中国陕西自由贸易试验区建设、加快环保和生态领域合作、办好重要国际合作活动、加强领事交流合作、加强知识产权合作、为企业"走出去"提供便利化服务、推进保障服务平台建设、加强境外安全保障工作）

"一带一路"沿线国家自贸区与中国自贸试验区的战略对接

续表

	自贸试验区建设核心任务	"一带一路"建设核心任务
河南	1. 加快政府职能转变（深化行政管理体制改革、完善市场监督机制、提高行政服务效能） 2. 扩大投资领域开放（提升利用外资水平、构建对外投资合作服务平台） 3. 推动贸易转型升级（完善外贸发展载体、拓展新型贸易方式、创新通关监管机制） 4. 深化金融开放创新（扩大金融对内对外开放、拓展金融服务功能、推动跨境投融资创新、建立健全金融风险防控体系） 5. 增强服务"一带一路"建设的交通物流枢纽功能（畅通国际交通物流通道、完善国内陆空集疏网络、开展多式联运先行示范、扩大航空服务对外开放、推进内陆口岸经济创新发展、促进国际医疗旅游产业融合发展、培育"一带一路"合作交流新优势）	1. 促进基础设施互联互通（交通基础设施互联互通、信息通信基础设施互联互通、口岸开放平台互联互通） 2. 深化能源资源合作（能源入豫通道建设、能源储运能力建设、能源资源对外合作） 3. 开展国际产能合作（拓展产业境外发展空间、推进高水平承接产业转移） 4. 提升经贸合作水平（申建中国河南自由贸易试验区、建设中国郑州跨境电子商务综合试验区、打造郑欧班列品牌、优化货物贸易结构、扩大服务贸易规模） 5. 加强金融领域合作（扩大人民币跨境使用、完善金融保障体系） 6. 密切人文交流合作（文化交流、旅游合作、教育合作、医疗卫生合作、科技合作、人才交流合作）
湖北	1. 加快政府职能转变（深化行政管理体制改革、强化事中事后监管） 2. 深化投资领域改革（提升利用外资水平、完善对外投资合作促进体系） 3. 推动贸易转型升级（培育新型贸易方式、加快服务贸易创新发展、创新通关监管服务模式） 4. 深化金融领域开放创新（扩大金融领域对外开放、增强金融服务功能、推进科技金融创新、建立健全金融风险防控体系） 5. 推动创新驱动发展（深化科技体制改革、健全知识产权保护运用机制、集聚和利用国际创新要素、构建人才支撑系统） 6. 促进中部地区和长江经济带产业转型升级（加快建设长江中游航运中心、构建国际物流枢纽、促进区域产业转型升级和绿色发展、打造区域发展综合服务平台）	1. 建设长江经济带和"一带一路"电子口岸 2. 建成国际贸易"单一窗口"，促进通关便利 3. 鼓励企业在海外设立批发展示中心、商品市场等国际营销网络

续表

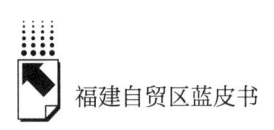

	自贸试验区建设核心任务	"一带一路"建设核心任务
重庆	1. 建设法治化、国际化、便利化营商环境（优化法治环境、深化行政管理体制改革、提高行政管理效能） 2. 扩大投资领域开放（提升利用外资水平、构建对外投资服务促进体系） 3. 推进贸易转型升级（促进加工贸易转型升级、大力发展服务贸易、加快发展新型贸易、实施高效监管服务模式、推进通关机制创新） 4. 深化金融领域开放创新（优化跨境金融结算服务、推动跨境人民币业务创新发展、探索跨境投融资便利化改革创新、增强跨境金融服务功能、完善金融风险防控体系） 5. 推动"一带一路"和长江经济带联动发展（构建多式联运国际物流体系、探索建立"一带一路"政策支持体系） 6. 推动长江经济带和成渝城市群协同发展（探索建立区域联动发展机制、促进区域产业转型升级、增强口岸服务辐射功能）	1. 加快建设长江上游综合交通枢纽 2. 着力打造内陆开放高地 3. 着力增强战略支点集聚辐射功能 4. 着力培育特色优势产业集群 5. 着力推进城市群建设 6. 着力构筑长江上游生态安全屏障
四川	1. 切实转变政府职能（推进简政放权、构建事中事后监管体系、强化法治环境、建设多方参与的社会治理新体系） 2. 统筹双向投资合作（提升利用外资水平、构建对外投资服务促进体系、创新国际产能合作、深化园区国际合作、深化国有企业改革） 3. 推动贸易便利化（加快服务贸易创新发展、促进服务要素自由流动、助推外贸转型升级、创新口岸服务机制、优化监管通关流程） 4. 深化金融领域改革创新（促进跨境投融资便利化、增强金融服务功能、发展新兴金融业态、探索创新金融监管机制） 5. 实施内陆与沿海沿边沿江协同开放战略（增强产业辐射带动能力、畅通国际开放通道、打造沿江开放口岸） 6. 激活创新创业要素（优化创新创业制度环境、创新科技金融服务机制、整合全球创新创业要素）	1. 加快构建进出川国际大通道 2. 提升经贸合作水平 3. 大力推进国际产能合作 4. 拓展金融合作领域 5. 密切人文交流合作 6. 创新开放型体制机制 7. 建立健全工作机制

(五)产业上的契合

11个自贸试验区各具特色的产业优势为未来自贸试验区内各个片区的产业发展格局以及与"一带一路"沿线国家的产业合作奠定了良好的基础。因此,从本质上而言,自贸试验区正是依托区域产业布局,不断提升自身实力,从而有了与"一带一路"沿线国家进行产业对接合作的基础(见表3)。

表3 11个自贸试验区区域产业布局以及与"一带一路"沿线国家的产业对接合作

	自身产业优势及发展方向	自贸试验区区域产业布局		与"一带一路"沿线国家对接合作的产业
上海	新一代信息技术、智能制造装备、新能源、生物医药及高性能医疗器械、高技术船舶和海洋工程装备、民用航空和空间信息产业、节能环保、新材料	外高桥保税区	以国际贸易服务、金融服务、专业服务功能为主,商业、商务、文化、休闲多元功能集成的综合性功能集聚区	支持电力、纺织、汽车、化工等领域全产业链企业抱团"走出去",聚焦"一带一路"、装备制造和国际产能合作
		外高桥保税物流园区	国际物流服务功能	
		洋山保税港区	国家航运服务和离岸服务区	
		浦东机场综合保税区	国际航空服务和现代商贸功能	
		陆家嘴金融片区	现代商贸集聚区	
		世博片区	总部经济、航运金融、文化体育旅游业、高端服务业集聚区	
		金桥开发片区	制造业核心功能区、生产性服务业集聚区、战略性新兴产业先行区和生态工业示范区	
		张江高科技片区	"四新"经济、科技创新公共服务平台、科技金融	
天津	航天航空、石油化工、装备制造、电子信息、生物医药、新能源新材料、轻纺、国防科技	天津港片区	航运物流、国际贸易、融资租赁等现代服务业	产能装备、资源能源、科技、旅游和人文合作
		天津机场片区	航空航天、装备制造、新一代信息技术等高端制造业和研发设计、航空物流等生产性服务业	
		滨海新区片区	以金融创新为主的现代服务业	

293

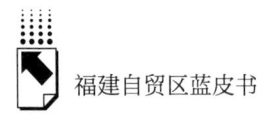

续表

	自身产业优势及发展方向	自贸试验区区域产业布局		与"一带一路"沿线国家对接合作的产业
福建	机械、建材、电子信息、石油化工	平潭片区	两岸共同家园和国际旅游岛	远洋渔业、石材加工、陶瓷、茶产业、服装鞋业、电子信息、船舶制造
		厦门片区	两岸新兴产业和现代服务业合作示范区、东南国际航运中心、两岸区域性金融服务中心和两岸贸易中心	
		福州片区	先进制造业基地、21世纪海上丝绸之路沿线国家和地区交流合作的重要平台、两岸服务贸易与金融创新合作示范区	
广东	纺织服装、食品饮料、建筑材料、家具制造、家用电器、金属制品、轻工造纸及中成药制造	南沙新区片区	航运物流、特色金融、国际商贸、高端制造	在现代农业、先进制造业、现代服务业和跨国经营等方面开展深度合作
		深圳前海蛇口片区	金融、现代物流、信息服务、科技服务等战略性新兴服务业	
		珠海横琴新区片区	旅游休闲健康、商务金融服务、文化科教和高新技术	
浙江	信息、环保、健康、旅游、时尚、金融、高端装备制造	离岛片区	绿色石化基地、大宗商品储存、中转贸易产业、保税燃料油供应服务	高端制造业、新能源新材料生产、光伏发电、物流储运、综合体建设、高端养老、信息产业
		舟山岛南部片区	大宗商品交易、航空制造、零部件物流、研发设计及相关配套产业,建设舟山航空产业园,着力发展水产品贸易、海洋旅游、海水利用、现代商贸、金融服务、航运、信息咨询、高新技术等产业	
		舟山岛北部片区	大宗商品贸易、保税燃料油供应、石油石化产业配套装备及保税物流、仓储、制造等产业	
辽宁	装备制造业、汽车及零部件、电子信息、医药化工、农产品深加工、民用航空、钢铁以及有色金属深加工	大连片区	港航物流、金融商贸、先进装备制造、高新技术、循环经济、航运服务	大力发展高端装备制造业。重点发展智能制造、民用航空航天、海洋工程、轨道交通、新能源设备等高端装备制造业
		沈阳片区	装备制造、汽车及零部件、航空装备等先进制造业和金融、科技、物流等现代服务业	
		营口片区	商贸物流、跨境电商、金融、信息技术、高端装备制造	

续表

	自身产业优势及发展方向	自贸试验区区域产业布局		与"一带一路"沿线国家对接合作的产业
河南	电子信息、装备制造、汽车及零部件、食品	郑州片区	智能终端、高端装备及汽车制造、生物医药等先进制造业以及现代物流、国际商贸、跨境电商、现代金融服务、服务外包、创意设计、商务会展、动漫游戏	农业、装备制造业、资源加工业、现代物流业
		开封片区	服务外包、医疗旅游、创意设计、文化传媒、文化金融、艺术品交易、现代物流	
		洛阳片区	装备制造、机器人、新材料等高端制造业以及研发设计、电子商务、服务外包、国际文化旅游、文化创意、文化贸易、文化展示等现代服务业	
陕西	能源、高科技、科教产业、装备制造业、旅游	中心片区	高端制造、航空物流、贸易金融	装备制造业、能源化工、旅游、科技创新与战略性新兴产业、航空航天、教育
		西安国际港务区片区	国际贸易、现代物流、金融服务、旅游会展、电子商务	
		杨凌示范区片区	农业科技创新	
湖北	冶金、汽车、纺织和建材	武汉片区	新一代信息技术、生命健康、智能制造等战略性新兴产业和国际商贸、金融服务、现代物流、检验检测、研发设计、信息服务、专业服务等现代服务业	推动装备、材料、产品、标准、技术、服务"走出去"
		襄阳片区	高端装备制造、新能源汽车、大数据、云计算、商贸物流、检验检测	
		宜昌片区	先进制造、生物医药、电子信息、新材料等高新产业及研发设计、总部经济、电子商务等现代服务业	
重庆	电子核心基础部件、物联网、机器人及智能装备、新材料、高端交通装备、新能源汽车及智能汽车、MDI及化工新材料、页岩气、生物医药、环保	两江片区	高端装备、电子核心部件、云计算、生物医药等新兴产业及总部贸易、服务贸易、电子商务、展示交易、仓储分拨、专业服务、融资租赁、研发设计等现代服务业	高端技术、高新装备、新能源、新材料
		西永片区	电子信息、智能装备	
		果园港片区	国际中转、集拼分拨	

续表

	自身产业优势及发展方向	自贸试验区区域产业布局		与"一带一路"沿线国家对接合作的产业
四川	电子信息、装备制造、饮料食品、油气化工、钒钛钢铁及稀土、能源电力、汽车制造	成都天府新区片区	现代服务业、高端制造业、高新技术、临空经济、口岸服务	能源电力、轨道交通、电子信息、冶金建材、食品饮料、轻工纺织、航空航天装备、农机装备
		成都青白江铁路港片区	国际商品集散转运、分拨展示、保税物流仓储、国际货代、整车进口、特色金融等口岸服务业和信息服务、科技服务、会展服务等现代服务业	
		川南临港片区	航运物流、港口贸易、教育医疗等现代服务业,以及装备制造、现代医药、食品饮料等先进制造和特色优势产业	

二 "一带一路"与中国自贸试验区战略对接的实践探索

目前,我国已分别设立了上海、广东、天津、福建、辽宁、浙江、河南、湖北、重庆、四川、陕西自贸区,全国形成"1+3+7"共计11个自贸区的雁行格局。自由贸易试验区作为我国改革开放的试验田、对外开放的新高地,在参与"一带一路"建设中争做领头羊,各个自贸区在与"一带一路"对接的实践中积极探索改革创新,自贸区的发展及其与沿线国家的政策沟通已见成效,与"一带一路"建设的融合交相辉映。

(一)中国(上海)自由贸易试验区与"一带一路"对接的实践探索

1. 设施联通方面

中国(上海)自由贸易试验区(以下简称"上海自贸区")通过陆上交通和海上交通双向开发,为融入"一带一路"提供设施便利。在陆上交通方面,已开通中欧班列12条,到达亚欧14个国家的24个城市,已实现亚欧方向每周20列、回程营运线路4条、双向常态化开行。在海上交通方面，上海港每月的国际航班数超过1300班，连续七年保持世界港口集装箱吞吐量第一。从上海港始发的航线覆盖亚欧航线、中东航线、非洲航线和东南亚航线，绝大部分都在海上丝绸之路的轨迹上。中欧班列的常态化运营和上海港强大的吞吐能力为上海自贸区融入"一带一路"建设提供良好的设施基础。

2. 贸易畅通方面

上海自贸区通过确立"一线放开、二线安全高效管住、区内流转自由"的改革方向，率先建立国际贸易"单一窗口"，为上海口岸95%以上的货物、100%的船舶提供服务，进出境时间较全关区平均水平分别缩短78.5%和31.7%[①]。便利化的贸易政策促进贸易额的快速提升，据官方统计，2017年上半年上海自贸区对沿线国家进出口总额为3214.3亿元，增长23.2%，占进出口总额的20.7%，对"一带一路"沿线国家进出口增速均高于总体水平。

3. 资金融通方面

上海自贸区致力于打造成为"一带一路"的投融资服务中心，为沿线国家投资项目的实施提供资金支持和融资便利，在国内率先试点境外投资备案制，仅上海自贸区保税区域，2016年完成境外投资新设备案492个，中方对外投资额195.9亿美元。除传统投融资支持外，上海积极发挥金融要素市场服务"一带一路"的作用，通过发行熊猫债、A+D股等方式拓展实体企业融资途径。未来，上海将积极推动人民币跨境使用，加强与沿线国家金融基础设施的互联互通，为外资"走进来"和内资"走出去"提供多元化的金融便利和金融支持。

4. 民心相通方面

上海自贸区通过设立国家商品交易中心、搭建教育培训平台、建设海外

---

① 吴凯、李治国：《上海自贸区已在25个沿线国家投资108个项目》，《经济日报》2017年6月19日。

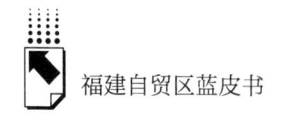

人才局和海外工作站等方式促进与沿线国家的文化交流和人才交流。自2014年5月至今，上海自贸区已建成澳大利亚、意大利、俄罗斯、智利、中国台湾、中东欧16国、匈牙利等国家和地区产品展示交易中心，以促进所属国地区的优质产品进入中国市场，同时还为国外客户提供专业培训、产品发布、贸易洽谈、进口代理、物流配送、商务咨询等多项配套服务，为上海自贸区加强与沿线国家的经贸合作提供交流平台。2017年上海自贸区成立国内首家中外合作经营性教育培训机构、首家外商独资海员外派机构、全国首个海外人才局、张江海外人才工作站等，通过"外引内留"促进人才建设和搭建项目资源，为"一带一路"建设提供人才资源库。

（二）中国（广东）自由贸易试验区与"一带一路"对接的实践探索

1. 设施联通方面

中国（广东）自由贸易试验区（以下简称"广东自贸区"）通过港口建设和促进物流大通道建设等促进与沿线国家的设施联通。目前已开通214条国际班轮航线，全球排名前20位的班轮公司均在区内开展业务，2016年实现集装箱吞吐量2359万标箱。其中，南沙新区片区加快了国际航运、物流和贸易中心建设，目前有16个万吨级专业化集装箱深水泊位形成规模运作，配备有适应超巴拿马型集装箱船作业的装卸岸桥61台，该港区可接卸世界上最大型的集装箱船；前海蛇口片区正在推进中白物流园、印尼深圳产业园等境外园区建设，支持企业参与巴林、斯里兰卡、吉布提、土耳其等国家港口建设运营。

2. 贸易畅通方面

广东自贸区全面推行贸易便利化措施，促进与沿线国家贸易畅通，如"证照分离"改革，实现"一门式"审批、"一网式"办理，推出"互联网+易通关""智检口岸""智慧海事"等创新举措。至2017年8月区内跨境电商备案企业已超过1500家，进口额51亿元，同比增长173%；到港平行进口汽车整车累计1.81万辆，进口货值累计7.4亿美元，年均增长超过100%[①]。前海蛇口片区形成以"汽车平行进口""跨境电商""入境手机维修""生鲜进口"等为代表的区域贸易新业态，促进对外贸易量质齐升。横琴片区通过设立巴西、葡萄牙等葡语国家特色商品直销中心，在墨西哥、西班牙、中国香港设立经贸代表处等方式促进对外贸易往来。

3. 资金融通方面

广东自贸区致力于打造国内最大的创新金融和类金融企业集聚地，为各类企业"走出去"参与"一带一路"建设提供金融助力，目前区内已累计入驻各类金融企业4万余家。自贸区内南沙片区正加快打造华南融资租赁产业聚集中心，并与韩亚银行、印尼工商会、马中商会等东南亚商协会组织合作在南沙建设"引进来、走出去"平台，建设企业和个人境外投资"一站式"综合服务平台，发起设立海上丝绸之路港口开发建设基金，促进沿线投资便利化。前海蛇口片区在全国率先推动实现跨境人民币贷款、跨境双向发债、跨境双向资金池、跨境双向股权投资和跨境资产转让等"五个跨境"为企业融资提供便利。

4. 民心相通方面

近年来，南沙以文化为桥梁，通过举办大型国际赛事，加强与"一带一路"沿线国家的文化交流与合作。2017年，南沙通过举办"一带一路·多彩世界"摄影展、广州南沙舞蹈节暨"一带一路"2017年亚太标准舞拉丁舞锦标赛、广州南沙国际帆船节、"一带一路"沿线12个国家主流媒体记者团到南沙参观等活动，促进南沙与沿线国家的文化交流和民心相通。前海蛇口片区先后与世界自然基金会、印度、迪拜、爱尔兰、以色列等国家、城市和组织签署合作备忘录，与伦敦金融城共同举办前海人民币国际化论坛。珠海举办横琴自贸区"互联网+商品+金融"高峰论坛、"一带一路"沿线国家跨境电商合作高峰论坛、中拉博览会、2017年世界自贸区（横琴）论坛、中国国际马戏节等活动，促进与"一带一路"沿线国家多个领域进行交流和探讨。

---

① 《广东自贸试验区新设企业数居全国之首》，《南方日报》2017年8月27日。

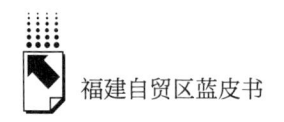

（三）中国（天津）自由贸易试验区与"一带一路"对接的实践探索

1. 设施联通方面

中国（天津）自由贸易试验区（以下简称"天津自贸区"）通过海陆交通的完善加强与"一带一路"沿线国家的设施联通。在陆上联通方面，天津开通首条中欧班列，将21世纪海上丝绸之路经济带综合资源平台与天津自贸区功能创新平台连接起来①。在海上联通方面，天津港通过打造海向航线辐射网络，与大连港、青岛港等环渤海地区港口合作，构建"环渤海、海侧、全球"三层级航线网络体系，打造陆向经贸物流网络，继续完善外通内联公路、铁路集疏运体系，构建形成"9个营销中心 +32个无水港及1个物流中心"的内陆物流网络布局，服务"一带一路"建设，并在先期与墨尔本港、费城港等12个港口建立友好港关系的基础上，积极与新加坡港、迪拜港、安特卫普港、汉堡港等港口建立良好关系，适时推进以资本为纽带的国际港口间合作②。

2. 贸易畅通方面

为促进与沿线国家贸易畅通，天津自贸区设立了国际贸易"单一窗口"，成功构建跨境电商综合信息服务平台。中心商务区初步打造出"1 + 1 + 1"的产业生态，建设了集"关、税、汇、检、商、物、融"等服务为一体的跨境电商综合服务平台，组建了京津冀跨境电商产业联盟，2017年上半年跨境电子商务进口业务发展迅猛，接受申报单量日均破万单。天津自贸区除了跨境电商的飞速发展，平行进口汽车业务也引人注目，作为全国平行进口汽车业务的重要试点，汽车平行进口在34家企业、5家平台全面展开，2016年进口汽车5.3万辆，进口额27.4亿美元，均占全国的80%以上，2017年上半年，进口汽车55491辆，货值27.1亿美元，同比分别增长

---

① 《天津自贸区首发中欧班列》，新华网，2016年11月21日。
② 万红：《实施五大工程服务"一带一路"》，《天津日报》2017年3月10日。

89.6%和87.2%,整车平行进口为国内消费者带来了福利,也促进了沿线国家相关产业的发展。

3. 资金融通方面

天津自贸区东疆片区作为我国融资租赁的策源地,通过融资租赁业务为国内外各种大项目提供金融支持,截至2017年6月底,片区内的各类融资租赁公司共有2292家,注册资本总额2999亿元人民币,飞机、船舶、海洋工程、高端装备等租赁业务蓬勃发展。截至8月,东疆片区内融资租赁企业扩至38家,分别从事新能源设备、机场设备、高铁设备、医疗设备等的融资租赁业务,如中国中车股份有限公司、中国中铁股份有限公司、中国铁建股份有限公司、天津轨道交通集团有限公司、中国能源建设集团融资租赁有限公司、神州高铁技术股份有限公司等融资租赁企业集团。各类融资租赁公司为相关企业参与"一带一路"建设解决资金和设备问题提供适宜的金融创新和强有力的资金支持。

4. 民心相通方面

天津自贸区通过举办旅游业博览会、支持影视文化发展等促进与沿线国家文化交流和民心相通。中国旅游业博览会自2009年至今已举办9届,参观人次将近180万,受到80多个国家和地区消费者的肯定。中心商务片区在全国自贸区首推"影视文化发展政策",助力中国影视"走出去",并将在天津自贸区规划范围内选址3000亩用地建设保税拍摄基地,促进天津影视产业发展的同时,海外影视拍摄同享保税优惠,将促进与沿线国家影视产业的交流和合作。

(四)中国(福建)自由贸易试验区与"一带一路"对接的实践探索

1. 设施联通方面

两年来,福建在海上通道建设方面,重点加快厦门东南国际航运中心建设,新开辟福州江阴港至印度、巴基斯坦港口航线(江阴港"一带一路"航线达到6条)和厦门—越南、厦门—菲律宾2条油轮航线。厦门港、福州港分别与马来西亚巴生港结为姐妹港。在空中通道建设方面，加紧推进厦门新机场、福州长乐机场二期扩建、泉州新机场、武夷山机场迁建等项目的前期准备工作。在陆海联运通道建设方面，加强以港口集疏运体系为重点的陆路通道建设，推进港口与铁路、高速公路、机场等交通方式的紧密衔接。在陆上通道建设方面，中欧（厦门）国际货运班列实现常态化运行，目前从厦门开出的国际班列固定线路已增至3条，分别是中欧班列（厦门—汉堡）、中欧班列（厦门—莫斯科）和中亚班列（厦门—阿拉木图）。在现代化信息通道建设方面，积极推动福建与东盟国家的信息走廊建设。

2. 贸易畅通方面

目前福建自贸区已建成新丝路跨境交易中心、海丝商城等30多个"一带一路"沿线国家的进口商品展示馆，设立中国—东盟海产品交易所等交易平台，促进与沿线国家的贸易往来。据海关统计，2016年福建对"一带一路"沿线国家进出口额为3130.9亿元人民币，占全省对外贸易总额的30.25%。2017年上半年，福建对"一带一路"沿线国家进出口贸易额合计为1709.6亿元人民币，同比增长12.8%，其中，进口638.6亿元人民币，同比增长43.9%；出口微降0.1%。福建省与俄罗斯和东盟各国的贸易额占沿线国家进出口总额的58.66%。从进出口产品类别来看，出口的产品中机电产品份额最高，传统的劳动密集型产品有所下降；进口以资源类产品为主。

3. 资金融通方面

福建自贸区通过推动企业"走出去"投资沿线国家相关项目和建立经济合作园区等方式，促进与沿线国家的资金融通。2016年，福建自贸区对外投资项目131个，对外直接投资额达44亿美元，其中对印尼、柬埔寨、马来西亚等沿线国家和地区的投资项目有96个，投资额22.3亿美元，同比增长61.6%，主要涉及采矿业、远洋渔业、现代农业、房地产等领域。

4. 民心相通方面

福建通过建立文化海外驿站、举办研讨会和艺术节等方式促进与沿线国家民心相通。首创的中国对外文化交流工程"中国·福建文化海外驿站"

落户马来西亚马六甲市,并计划未来几年内在 5~8 个国家建设具有一定规模和辐射力的"福建文化海外驿站",增进与"一带一路"沿线国家民心相通、文明互鉴。通过举办 21 世纪海上丝绸之路国际研讨会、第十四届亚洲艺术节、第二届丝绸之路国际电影节等活动,引导沿线国家和地区华侨华人和华侨社团加强与国内"走出去"企业的交流和沟通。

(五)中国(辽宁)自由贸易试验区与"一带一路"对接的实践探索

1. 设施联通方面

中国(辽宁)自由贸易试验区(以下简称"辽宁自贸区")通过陆上、海上和信息通道的建设加强与沿线国家的设施联通。陆上交通方面,"辽满欧""辽蒙欧""辽海欧"等 3 条综合运输大通道已全部实现运营。中欧班列常态化运行为东北地区与"一带一路"沿线国家的贸易往来提供无限可能。海上交通方面,辽宁沿海港口拥有 100 多条国际国内航线,覆盖全球 300 多个港口和地区,率先融入"一带一路",打开与欧洲交流合作的大门。

2. 贸易畅通方面

辽宁自贸区积极通过贸易便利化措施促进与沿线国家的贸易畅通。在贸易便利化方面,沈阳 2017 年底前完成国际贸易"单一窗口"建设,逐步实现企业一站式办理所有通关手续,推进第三方检验结果采信、全球维修产业检验检疫监管等措施,推动沈阳外贸发展。营口片区优先推进自贸试验区"互联网+海关"特色服务,率先推进通关一体化改革。

3. 资金融通方面

辽宁积极推动本地企业"走出去"投资"一带一路"沿线国家相关项目,促进与沿线国家的资金往来和项目互通。2016 年,沈阳对"一带一路"沿线国家新设境外投资企业 48 家,协议投资额 11.97 亿美元,同比增长 108.5%。大连市企业共投资"一带一路"沿线 21 个国家 90 个项目,中方投资额达 11.33 亿美元,在 22 个"一带一路"沿线国家承包工程项目,完

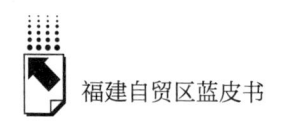

成营业额10亿美元[①]。

4. 民心相通方面

辽宁通过援教和高校合作等方式推进与沿线国家的民心相通。3年多来,辽宁向"一带一路"沿线国家派出汉语教师和志愿者100余人,30多所高校与俄罗斯高校建立了长期合作关系。沿线国家的留学生人数占全省留学生总人数的1/3。辽宁大学孔子学院与伊尔库茨克国立大学孔子学院、维尔纽斯大学孔子学院、达喀尔大学孔子学院、立陶宛维尔纽斯大学孔子学院等孔子学院经常开展汉语教学和文化推介活动,促进彼此的文化交流和协同发展。

(六)中国(浙江)自由贸易试验区与"一带一路"对接的实践探索

1. 设施联通方面

中国(浙江)自由贸易试验区(以下简称"浙江自贸区")通过陆上交通、海上交通和网上丝绸之路的建设促进与沿线国家的设施联通。陆上交通方面,目前中欧班列(义乌)有8条线路,每周3列至4列常态化开行,到达33个境外国家和地区,义新欧、义甬舟开放大通道也在建设中;海上交通方面,宁波舟山港通过一体化整合成为世界第一大港,衔接中西部广大腹地与"一带一路"沿线国家和地区;在中国(杭州、宁波)跨境电子商务综合试验区的引领下,浙江积极建设电子商务中心,开发世界电子贸易平台(eWTP),促进"网上丝绸之路"建设。

2. 贸易畅通方面

浙江与"一带一路"沿线国家的货物贸易和服务贸易稳步上升。浙江对全国"一带一路"进出口的增长贡献率连续两年居全国首位。目前,浙江企业已在俄罗斯、泰国等"一带一路"沿线国家设立了境外营销网络,

---

① 《一季度大连对"一带一路"沿线国家进出口同比增长37.1%》,《中国经济时报》2017年5月17日。

将商品直接销入当地市场。除了货物贸易,服务外包、文化、教育等服务贸易产品也在"一带一路"沿线国家和地区销量攀升,当前浙江有34%的文化服务贸易出口"一带一路"沿线国家和地区。

3. 资金融通方面

2014~2016年,浙江对"一带一路"沿线国家的投资累计达128亿美元。目前浙江在"一带一路"沿线国家共有5个境外经贸合作区,其中,泰中罗勇工业园等4家为国家级境外经贸合作区,占全国总数的四分之一,数量位居全国首位。为解决企业"走出去"融资问题,浙江相关部门共同成立浙江丝路产业投资基金,首期规模达50亿元,为企业发展"一带一路"相关业务提供金融保障[①]。

4. 民心相通方面

浙江立足区域文化优势,着力打造"丝路之绸""丝路之茶""丝路之瓷"三大交流品牌,依托国家级对外文化交流平台及省内文化展会平台,积极向"一带一路"沿线国家传播浙江文化艺术发展的灿烂成果,"美丽浙江文化节""中国(义乌)文化产品交易会""丝绸之路——中国丝绸艺术展""丝绸之路影视桥"等文化艺术活动,切实推进了民心相通和文明交流互鉴。

(七)中国(河南)自由贸易试验区与"一带一路"对接的实践探索

1. 设施联通方面

中国(河南)自由贸易试验区(以下简称"河南自贸区")主要是落实中央关于加快建设贯通南北、连接东西的现代立体交通体系和现代物流体系的要求,着力建设服务于"一带一路"建设的现代综合交通枢纽。目前已形成以郑州为中心的"三港、四枢、多站、大口岸"一体化联动发展的综合交通枢纽,尤其是中欧班列和国际货运航线的增添更为服务沿线国家贸

---

① 《浙江积极参与"一带一路"建设综述:开放发展开新途》,浙江在线,2017年6月5日。

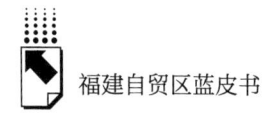

易往来提供设施联通的保障。中欧班列（郑州）从 2017 年 3 月份开始已实现"去四回四、每周八班"的常态化均衡开行，成功打通了国际贸易的亚欧陆路通道。国际货运航线方面，2016 年郑州航空口岸已相继开通国际航线 55 条，其中国际客运航线 26 条，国际全货机货运航线 29 条，货运航线覆盖亚、欧、北美、南美、澳五大洲，实现了国际货运空陆无缝衔接。

2. 贸易畅通方面

河南自贸区依托交通优势通过支持跨境电子商务的发展促进与沿线国家的贸易畅通。郑州通过构建综合配套的要素支撑体系，形成跨境电商三平台、七体系顶层设计，平台日均可处理五百万包，通关速度达到每秒 100 单，98% 以上的单证实现自动审核，确保 24 小时内完成通关作业放行。跨境电子商务呈现爆发式增长，2017 年上半年郑州跨境电子商务完成交易额 40 亿美元，进出口覆盖世界 40 多个国家，出口商品涵盖 125 个国家[1]，跨境电子商务的发展为自贸区参与"一带一路"建设提供更强劲的竞争力。

3. 资金融通方面

河南通过成立相关基金为参与"一带一路"建设提供金融助力，并出台政策支持跨境双向人民币资金池业务。2016 年 9 月郑州成立邮银豫资一带一路（河南）发展基金，2017 年 8 月成立中原丝路基金，两只基金促进相关高新技术产业和高端制造业在沿线国家的投资和融资，助力郑州—卢森堡"空中丝绸之路"建设。支持和鼓励自贸区内符合条件的跨国公司根据自身经营需要，备案开展集团内跨境双向人民币资金池业务。8 月 3 日，建业中国在中国银行河南省分行通过资金池成功办理河南自贸区内首笔跨境人民币收款业务 13.4 亿元[2]。

4. 民心相通方面

河南自贸区通过举办各种文化活动和建立文化平台促进与沿线国家民心相通。洛阳已连续举办两届"重走丝路"采风活动，拓展旅游或体育类合

---

[1] 程志明：《郑州跨境电商呈爆发式增长态势》，亿邦动力网，2017 年 7 月 28 日。
[2] 《中国（河南）自贸区首笔跨境双向人民币资金池花落中行》，河南省人民政府门户网站，2017 年 8 月 10 日。

作、进行"文化走出去"三年规划等。开封将开发"一带一路"城市旅游联盟，围绕"一带一路"培育和集聚本土文化跨国公司和外向型文化企业，探索建立"一带一路"国际旅游城市大数据服务平台、出版"一带一路"国际旅游城市年报、设立"一带一路"国际旅游城市培训中心、开展"一带一路"国际旅游城市精品展览周和节目展演周等系列活动。

（八）中国（湖北）自由贸易试验区与"一带一路"对接的实践探索

1. 设施联通方面

中国（湖北）自由贸易试验区（以下简称"湖北自贸区"）通过打造多式联运新格局加强与"一带一路"沿线国家的设施联通。目前，中欧中亚（武汉）班列开通15条路线，辐射28个国家、60多个城市。2017年8月15日，中欧（武汉）班列首次开通冷链集装箱运输，为汉欧公司合作提供更多商业空间。8月9日，武汉新港空港综合保税区正式开园投入运行，中欧班列携手阳逻港，开启铁水联运新格局，武汉将通过打造铁水联运的综合交通枢纽成为连接"一带一路"的重要节点。

2. 贸易畅通方面

受益于国家自贸区和"一带一路"建设，中欧（武汉）班列对"一带一路"沿线国家的外贸优进优出趋势明显，促进了与沿线国家的贸易往来。2015年和2016年中欧班列进出口班列货值分别逾30亿元和58.4亿元、占全市外贸进出口总值的1.7%和3.7%。班列超过六成的去程货源来源于本土的大型制造企业。

3. 资金融通方面

商务部门积极推动自贸区与"一带一路"沿线国家和地区的境外经贸合作区、产业园区在投资自由化、贸易便利化等方面的深度合作，推动自贸区对接高标准国际投资贸易规则。2016年，湖北企业在"一带一路"沿线国家累计新签合同74.8亿美元，其中葛洲坝集团承揽的伊朗克尔曼输水工程建设项目单笔合同额达20亿美元。2017年1~7月湖北在"一带一路"

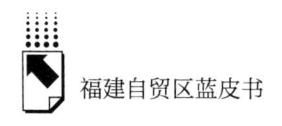

沿线国家承包工程新签合同额79.3亿美元，占总额的61.8%，涵盖铁路、高速公路、房建、电站等多个领域，覆盖数十个国家和地区。

4.民心相通方面

湖北省通过开设培训班、出国访问、建立友好城市、签订合作协议等方式促进与沿线国家的民心相通。全省共有来自"一带一路"沿线63个国家的留学生10158名。先后组织一百余批次团组出访中亚、中东、中东欧、大洋洲等国，促进双方文化交流和经济合作。已与"一带一路"沿线5大洲37个国家24个省（州、大区、县）65个城市建立89对友好关系，200多对友好交流城市。湖北与"一带一路"沿线近30个国家商会签订合作协议，设立哈萨克斯坦阿拉木图工作站、匈牙利布达佩斯工作站、葡萄牙里斯本工作站等，促进与相关辐射地区的信息交流、人文交流和经贸合作。

（九）中国（重庆）自由贸易试验区与"一带一路"对接的实践探索

1.设施联通方面

中国（重庆）自由贸易试验区（以下简称"重庆自贸区"）立足于发挥"一带一路"和长江经济带联结点的区位优势，坚持水、陆、空并进，打造综合交通集疏运体系，与沿线国家加强设施联通。向西，通过"渝新欧"国际物流大通道与欧洲、中西亚等国家合作。向东，发展江海联运"五定"班轮，依托长江黄金水道，与上海、宁波等港口合作。向南，新开通到东盟"五定"跨境货运班车、陆海联运"五定"公路班车，并通过深圳、北海发展铁海联运，与东南亚、澳洲、非洲等国家合作。

2.贸易畅通方面

目前已与20多个欧洲国家实现海关关检互认、信息共享、执法互助，形成了"一次报关、一次查验、一次放行"的"一卡通"通关模式。2016年，与沿线国家相关进出口贸易达到181亿美元、居中国西部地区第1位。

3.资金融通方面

重庆自贸区在与沿线国家的投融资项目中积极融入汽车产业布局，建成了全球重要的汽车产业基地。同时积极支持本土企业"走出去"到沿线相关国家，不少企业参与并购东南亚、非洲、东欧地区相关产业，发展新能源、生态环保、装备制造等产业。

4. 民心相通方面

重庆通过举办各种形式的国际会议、签订友好城市协议和举办文化节等方式促进与沿线国家的文化交流和民心相通。2016年，13个"一带一路"沿线国家组团参加渝洽会。重庆新签订德国萨克森、瑞士苏黎世等友城合作协议，国际友城达到37个。与维也纳等沿线城市合作，轮流举办"海陆丝绸之路国际文化节"[①]。

（十）中国（四川）自由贸易试验区与"一带一路"对接的实践探索

1. 设施联通方面

中国（四川）自由贸易试验区（以下简称"四川自贸区"）通过开通中欧班列和建设"网上丝绸之路"，加强与沿线国家的设施联通。2017年中欧班列（蓉欧快铁）已经初步形成"北、中、南"三线并行格局，其中中线已经实现每天往返对开、双向稳定运行。跨境电商业务异军突起，着力推动进出口直邮和网购保税备货常态化规模化发展，形成四川直通欧美、辐射全球的"网上丝绸之路"。

2. 贸易畅通方面

四川自贸区除了通过发展跨境电商业务促进货物贸易发展之外，自贸区服务贸易也稳步推进。国家知识产权服务业集聚发展试验区综合服务平台、"一带一路"法律联盟服务中心正式运行。自贸区与"一带一路"沿线国家服务贸易日益密切。四川省服务贸易出口前十位的国家/地区中，50%来自于"一带一路"沿线国家，主要是对外工程承包、计算机信息等服务。

---

① "一带一路"国际合作高峰论坛重庆专场发布会在京举行，重庆将从5方面跃升为开放前沿，重庆微发布，2017年5月14日。

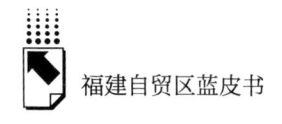

3. 资金融通方面

四川自贸区通过优惠政策吸引各类金融机构入驻，为与沿线国家相互投资提供金融支持。截至2017年6月末，成都市共有各类银行业机构79家，包括25家全国性银行业机构、8家省外城商行、7家省内城商行，和来自美国、英国、法国、日本、新加坡、韩国、泰国、澳大利亚等10个国家和地区的16家外资银行的分支机构。

4. 民心相通方面

四川通过举办中国（泸州）西南商品博览会、泸州国际酒博会、"一带一路"内陆国际贸易发展高峰论坛、大型商品展示展销等活动促进与"一带一路"沿线国家的贸易沟通和文化交流。

（十一）中国（陕西）自由贸易试验区与"一带一路"对接的实践探索

1. 设施联通方面

中国（陕西）自由贸易试验区（以下简称"陕西自贸区"）通过陆空交通发展加强与"一带一路"沿线国家的设施联通。陆上交通方面，至2017年4月1日已开通4条线路双向班列，分别是西安—华沙、西安—汉堡、西安—莫斯科、西安—布达佩斯班列，基本实现每周2~3趟频率的常态化运行，为中亚中欧国家和地区商品互通有无提供重要通道和平台。航线开拓方面，西安目前开通两条直通欧洲的全货机航线，分别是西安—阿姆斯特丹航线和西安—哈恩航线，为西安与欧洲之间架起货运空中桥梁。

2. 贸易畅通方面

陕西自贸区通过产业带建设和平台中心的构建促进与沿线国家的贸易畅通。西安高新区沿高新技术产业带、现代服务业产业带和中国丝路金融中心"两带一中心"布局。2017年陕西省政府通过构建交通商贸物流中心、国际产能合作中心、科技教育中心、国际旅游中心、区域金融中心等"五大中心"和进一步加快中国（西安）文化中心建设等，助力"一带一路"建设，促进陕西与沿线国家的贸易互通。

3. 资金融通方面

陕西自贸区通过设立金融中心和创办合作园区等加强与沿线国家的资金融通。西安高新区中国丝路金融中心各类金融服务机构和要素平台达1272家，占陕西省金融机构七成以上，各类金融机构全国或区域性总部61家[1]，为"一带一路"建设提供金融保障。杨凌示范区先后同60多个国家和地区建立了农业科技与产业合作关系，深入推进丝绸之路经济带现代农业国际合作中心建设，启动建设中哈、中美等8个国际合作园区，促进新丝绸之路经济带农业教育科技创新联盟成立。深化与加拿大、美国、以色列等国家的合作，引进了金海生物科技公司、美国施尔芬蘑菇菌丝、荷兰盖本·诺宜畜牧设备公司等20多家涉农外资企业。

4. 民心相通方面

陕西自贸区通过设立各种形式的文化服务综合体和举办艺术节等形式促进与沿线国家的民心相通。通过设立秦汉新丝路数字文化创意（产业）基地、丝路国际旅游港、中医药健康企业（基地）、中医药健康旅游综合体，构建新型数字博物馆、搭建陕西省"一带一路"语言服务及大数据平台等深入开展与"一带一路"沿线国家的人文交流与项目合作。每年举办"丝绸之路国际艺术节"，通过文艺演出、美术展览、文化论坛、惠民巡演等方式吸引沿线100多个国家和地区参与。

---

[1] 《西安高新区借"自贸区红利"用科技创新参与"一带一路"建设》，《人民日报》（海外版）2017年7月7日。

附 录

Appendix

B.9
中国（福建）自由贸易试验区大事记（2014~2017）*

2014

1月

1月2日，2014年省政府工作报告中提出，要主动对接上海自由贸易试验区政策，整合优化各类海关特殊监管区，推动在福建省设立自由贸易园区。

2月

省委、省政府决定由省商务厅牵头，整合平潭、厦门、福州相关区域，开展福建自由贸易园区申报工作。

---

* 本部分内容是由福建师范大学福建自贸区综合研究院微信公众号管理员王溢镕同学根据中国（福建）自由贸易试验区门户网站（http://www.china-fjftz.gov.cn/article/index/gid/14/aid/4.html）上的资料内容整理。

3月

省商务厅牵头完成福建自由贸易园区总体方案初稿，广泛征求各有关部门和专家学者意见。

5月

经省委、省政府批准，《福建自由贸易园区总体方案（征求意见稿）》报有关国家部委征求意见。

6月

6月5日，《福建自由贸易园区总体方案》由省政府正式行文报送商务部。

9月

9月7日，商务部与福建省在厦门召开联席会议，商务部部长高虎城，省委书记尤权，省领导陈桦、叶双瑜等参加会议。会议议定启动福建自贸园区省部工作机制。

11月

11月12日，尤权书记主持召开省委专题会，研究自贸园区工作。

11月13日，商务部召集福建、广东、天津三省市会议，高虎城部长传达党中央、国务院关于自贸园区试点精神，研究推进第二批自由贸易园区工作。省领导陈桦以及广东省、天津市领导参加了会议。

11月29日，福建省与商务部在北京召开福建自贸园区总体方案专家座谈会，征求福建自贸园区总体方案意见和建议。

12月

12月6日，省商务厅组织开展第一期自贸区知识培训，省直有关部门

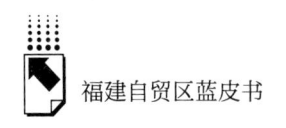

和相关地市代表100多人参加了培训。

12月6日，福建省委、省政府正式成立中国（福建）自由贸易园区推进工作领导小组，省委尤权书记任组长。领导小组下设办公室，挂靠省商务厅，省商务厅厅长黄新銮兼任领导小组办公室主任。

12月12日，李克强总理主持召开国务院常务会议，明确在天津、福建、广东开展第二批自贸园区试点。

12月13日，商务部王受文部长助理召集广东、天津、福建、上海四省市和全国人大法工委、国家发展改革委、财政部等相关部委，研究四省市设立自贸试验区事宜。

12月14日，国务院办公厅召开会议，研究四省市自贸试验区实施范围和法律授权调整事宜，省领导陈桦、省商务厅厅长黄新銮参加会议。

12月20日，省委尤权书记主持召开省委专题会，研究福建省自贸试验区方案、机构设置。

12月22日，省委尤权书记召开省委常委会，研究福建自贸试验区工作。

12月24日，国务院常务会议研究审议广东、天津、福建三省市自贸试验区实施范围和法律调整授权。

12月28日，第十二届全国人民代表大会常务委员会第十二次会议审议通过福建、广东、天津、上海四省市自贸试验区实施区域相关法律调整议案。

12月30日，省委书记、省自贸试验区工作领导小组组长尤权主持召开福建自贸试验区工作领导小组第一次会议，传达学习习近平总书记在中央政治局常委会研究自贸试验区有关事项时的重要讲话精神，研究部署推进福建省自贸试验区建设工作。

12月31日，国务院以国函〔2014〕178号文批复设立中国（福建）自由贸易试验区。福建自贸试验区涵盖平潭片区、厦门片区、福州片区，总面积118.04平方公里，并明确了各片区四至范围。

2015

1月

1月4日，尤权书记主持召开省委专题会，研究审定福建自贸试验区总体方案。

1月4日，福建省向商务部报送《中国（福建）自由贸易试验区总体方案（征求意见稿）》。

1月7日，《中国（福建）自由贸易试验区总体方案》由商务部办公厅和省政府办公厅联合行文征求国家相关部委意见。

1月14日，省领导陈桦、郑晓松赴国台办、财政部就福建自贸试验区方案进行汇报沟通。

1月15～20日，福建省委组织部举办"自贸试验区建设与进一步扩大开放"专题培训班，学员对象包括福建省自贸试验区工作领导小组成员单位主要负责人，福州、厦门、平潭综合实验区主要领导以及承担自贸试验区建设的主要负责人。

1月23日，省政府办公厅印发《关于江阴汽车整车进口口岸加快发展五条措施的通知》（闽政办〔2015〕11号），明确加大推介招商、拓展双向物流、优化运营环境、强化金融服务等五方面措施。

2月

2月2日，郑栅洁副省长赴国家发展改革委、商务部汇报沟通福建自贸试验区方案。

2月3日，张志南常务副省长赴国家发展改革委汇报沟通福建自贸试验区方案。

2月3日，省台办、商务厅在福州召开中国（福建）自由贸易试验区建设座谈会，邀请台湾业界、学界和行业团体的30多名与会嘉宾，对推动福

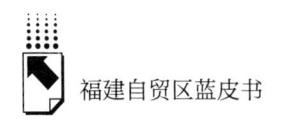

建自贸试验区建设发展献言献策。

2月4日，赴福州、厦门、平潭自贸片区挂职干部（人才）培训会议在榕召开。省委常委、组织部部长姜信治出席会议，要求挂职干部认真贯彻落实中央和省委关于自贸区建设的部署要求，在新的岗位上做出一番新业绩。

2月7日，《中国（福建）自由贸易试验区总体方案》经征求37个部委意见后，联合会签上报国务院审批。

2月17日，"中国（福建）自由贸易园区推进工作领导小组"更名为"中国（福建）自由贸易试验区工作领导小组"，尤权书记任组长。调整后的领导小组成员共29人。

2月27日，福建自贸试验区福州、厦门、平潭片区外商投资企业设立"一表申报、一口受理、三证合一"服务模式试运行。

2月28日，省委书记、省自贸试验区工作领导小组组长尤权主持召开省自贸试验区工作领导小组第二次会议，研究部署福建省自贸试验区建设下一步工作。

3月

3月3~12日，省委常委、省委组织部部长姜信治率福建省友好代表团赴新加坡、澳大利亚开展自贸试验区人才引进工作。

3月16~18日，郑栅洁副省长连续召开省政府专题会，研究省自贸试验区五个专题小组工作推进计划。

3月19日，国家旅游局出台《支持中国（福建）自由贸易试验区旅游业开放意见的函》（旅函〔2015〕11号），从扩大旅行业开放、放宽旅游从业人员限制、支持平潭建设国际旅游岛、促进整体开放带动旅游发展、推动实施旅游便利化措施、探索实现区内区外联动、鼓励旅游金融创新等七方面提出支持措施。

3月20~26日，郑栅洁副省长赴福建自贸试验区福州、厦门、平潭三个片区调研。

3月24日，习近平总书记主持中央政治局会议，审议通过广东、天津、福建自由贸易试验区总体方案和进一步深化上海自由贸易试验区改革开放方案。

4月

4月8日，国务院以国发〔2015〕20号文，正式批复《中国（福建）自由贸易试验区总体方案》。

4月8日，国务院办公厅发布《关于印发自由贸易试验区外商投资准入特别管理措施（负面清单）的通知》（国办发〔2015〕23号），列明了不符合国民待遇等原则的外商投资准入特别管理措施，共计50个条目122项。

国务院办公厅发布《关于印发自由贸易试验区外商投资国家安全审查试行办法的通知》（国办发〔2015〕24号），明确了与负面清单管理模式相适应的外商投资管理国家安全审查措施。

4月19日，省政府印发《关于中国（福建）自由贸易试验区福州片区实施方案的批复》（闽政文〔2015〕120号），明确了福州片区建设的总体要求、区域布局、主要任务和措施、保障机制。

省政府印发《关于中国（福建）自由贸易试验区厦门片区实施方案的批复》（闽政文〔2015〕121号），明确了厦门片区建设的总体要求、区域布局、主要任务和措施、保障机制。

省政府印发《关于中国（福建）自由贸易试验区平潭片区实施方案的批复》（闽政文〔2015〕122号），明确了平潭片区建设的总体要求、区域布局、主要任务和措施、保障机制。

4月20日，国务院新闻办在北京召开上海、广东、天津、福建自贸试验区新闻发布会，郑栅洁副省长出席发布会。

4月20日，省政府公布《中国（福建）自由贸易试验区管理办法》（省政府令第160号），从投资管理与贸易便利化、闽台交流与合作、金融开放创新与风险防范、税收管理、综合管理和保障等方面提出相应的管理措施。

省政府公布《中国（福建）自由贸易试验区相对集中行政复议权实施

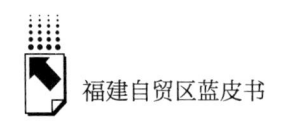

办法》（省政府令第 161 号），明确福建自贸试验区内的行政复议案件，三个片区管委会可根据职责分工统一行使行政复议权。

4月20日，省政府发布《关于印发〈中国（福建）自由贸易试验区管理委员会规范性文件法律审查规则〉的通知》（闽政〔2015〕16号），明确自贸试验区规范性文件的法律审查制度。

4月21日，中国（福建）自由贸易试验区挂牌仪式在福州举行。省委书记尤权为福建自贸试验区揭牌并为第一批进驻自贸试验区福州片区的企业和机构代表颁发证照。

4月21日，福建自贸试验区政策说明会在福州召开，副省长郑栅洁出席会议。会上，省领导、省自贸办和福州、厦门、平潭片区的有关负责人分别对福建自贸试验区总体方案和三个片区实施方案进行解读，并通报了有关工作进展情况。

4月22～24日，李克强总理莅临福建自贸试验区厦门片区、福州片区，实地察看自贸试验区象屿综合服务大厅、兴业银行福州片区支行，深入了解简政放权、商事制度改革和金融改革等情况。李克强总理表示，自贸试验区不是政策洼地而是改革高地，要求福建"大胆闯勇于创"，当好改革先行者。设立自贸试验区的初衷就是用开放倒逼改革，福建要通过开放跨境金融业务，倒逼内地融资成本降低。

4月29日，国家工商总局出台《关于支持中国（福建）自贸试验区建设的若干意见》（工商企注字〔2015〕57号），在企业登记制度、企业日常监管等方面提出12条意见，支持福建自贸试验区建设。

5月

5月1日，省政府办公厅发布《关于印发福建自贸试验区实施"一照一码"登记制度工作方案的通知》（闽政办发明电〔2015〕37号），明确在福建自贸试验区率先实施"一照一码"登记制度试点工作。

5月4日，海关总署出台《关于支持和促进中国（福建）自由贸易试验区建设发展的若干措施》（署加发〔2015〕115号），从全面复制推广上海自贸试验区经验、服务自贸试验区改革需求以及实施海关监管制度创新和海关安全高效监管等方面提出五方面25条支持措施。

5月18日,省自贸办联合省政府新闻办举行新闻发布会,通报了福建自贸试验区第一批18项创新举措。

5月31日,省政府印发《关于推广福建自贸试验区首批可复制创新成果的通知》(闽政〔2015〕25号),明确将首批18项改革创新成果分批、分期在省内其他区域推广。

6月

6月1日,交通运输部发布《关于在国家自由贸易试验区试点若干海运政策的公告》(交通运输部公告2015年第24号),明确自贸试验区内试点的若干海运政策。

6月1日,省政府办公厅发布《关于全省复制推广福建自贸试验区"一照一码"登记制度改革试点的实施意见》(闽政办〔2015〕79号),决定在全省复制推广"一照一码"登记制度改革试点。

6月6日,厦门国际商事仲裁院和厦门市国际商事调解中心在福建自贸试验区厦门片区挂牌成立。

6月10日,省政府新闻办、省自贸办联合召开新闻发布会,公布福建自贸试验区第二批8项全国首创举措。

6月12日,文化部印发《关于实施中国(广东)自由贸易试验区、中国(天津)自由贸易试验区、中国(福建)自由贸易试验区文化市场管理政策的通知》(文市函〔2015〕490号),允许在粤津闽3个自贸试验区内设立外资经营的演出经纪机构、演出场所经营单位及娱乐场所。

6月14日,中共中央政治局常委、全国政协主席俞正声来闽参加第七届海峡论坛,并在大会上宣布大陆对台胞来往大陆免予签注,适时实行卡式台胞证。

6月16日,省委书记、省自贸试验区工作领导小组组长尤权主持召开省自贸试验区工作领导小组第三次会议,研究部署福建省自贸试验区建设下

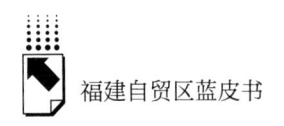

一步工作。

6月16日，省政府办公厅印发《关于江阴汽车整车进口口岸加快发展六条补充措施的通知》（闽政办〔2015〕86号），从用地支持、融资支持、便利通关、快速检验、优化服务、财政支持等六方面支持江阴口岸发展汽车整车进口。

6月24日，福建省政府郑栅洁副省长主持召开福建自贸试验区企业创新顾问座谈会，17名企业代表应邀参会。

6月25日，海关总署印发《海关总署关于支持自由贸易试验区建设发展有关原产地管理措施的通知》（署税函〔2015〕242号），明确将福建自贸试验区"简化CEPA以及ECFA提交项下货物进口原产地证书需求"及"放宽ECFA项下海运集装箱货物直接运输判定标准"两项措施在上海、天津、广东三个自贸试验区复制推广，这是第二批自贸试验区挂牌以来海关总署首次发文予以推广的海关创新举措。

6月28日，省政府办公厅印发《关于支持中国—东盟海产品交易所加快发展十三条措施的通知》（闽政办〔2015〕94号），从培育做大交易规模、推进贸易便利化等方面提出13条支持措施。

6月30日，省自贸办、省金融办联合在上海举办"中国（福建）自由贸易试验区投资推介会"，近120位跨国公司、商会代表和金融机构参会。

7月

7月1日，省委组织部、省自贸办、省人社厅、省政府新闻办联合召开新闻发布会，公布《关于加强中国（福建）自由贸易试验区人才工作的十四条措施》（闽委人才〔2015〕4号）、《2015年福建自贸试验区高层次人才岗位需求》。

7月4日，郑栅洁副省长到省自贸办集中办公驻地，听取省自贸办工作汇报，并看望集中办公的同志。

7月8日，省商务厅厅长、省自贸办主任黄新銮出席"中国平潭·企业家科学家"创新论坛,并向到会人员介绍了福建自贸试验区总体情况和投资机会。

7月9~10日,郑栅洁副省长率领由省政府办公厅、省商务厅、工商局、港澳办及福州海关、厦门海关、福建检验检疫局、厦门检验检疫局等单位组成的代表团访问香港,实地察看香港自由贸易港区,学习借鉴香港在自贸区管理方面的先进经验,以推进福建自贸试验区建设。

7月9日,省政府印发《关于推广福建自贸试验区第二批可复制创新成果的通知》(闽政〔2015〕35号),明确将第二批12项改革创新成果分批、分期在省内其他区域推广。

7月10日,省政府新闻办、省自贸办联合召开新闻发布会,公布了第三批4项全国首创举措以及3项率先开放措施。

7月12日,郑栅洁副省长到福州片区调研,走访两岸金融创新合作示范区、船政文化格致园、中国—东盟海产品交易所等,并对福州加快推进自贸试验区建设提出四点要求。

7月15日,由省自贸办(商务厅)、阿里巴巴集团主办的"阿里直通自贸试验区首发仪式"在福州举行,福建自贸试验区与阿里巴巴集团聚划算战略合作全面启动。

7月17日,海关总署署长于广洲来闽调研福建自贸试验区建设工作。于广洲署长对福建省自贸试验区挂牌以来取得的成效表示肯定,要求海关充分发挥职能,提高监管效能,持续创新举措,进一步推进通关便利化、贸易便利化。海关总署副署长孙毅彪,省委常委、福州市委书记杨岳,副省长郑栅洁陪同调研。

7月20~22日,郑栅洁副省长率领由省政府办公厅、省发展改革委、商务厅、工商局、金融办、法制办及福州海关、厦门海关、福建检验检疫局、厦门检验检疫局等单位组成的调研组赴上海考察调研,学习上海自贸试验区建设经验做法,以推进福建自贸试验区建设。

7月24日、27日,省自贸办(商务厅)在深圳、北京分别举办"中国(福建)自由贸易试验区投资推介会",两地众多机构和企业代表参会。

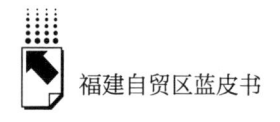

8月

8月10~14日，苏增添、马新岚、刘德章、李川等25位全国人大代表组成专题调研组，赴福州片区、平潭片区开展调研，先后走访福州片区综合服务大厅、跨境电商产业园、台湾创业园等。代表们充分肯定福建在推进自贸试验区建设发展中所做的工作和取得的成效，同时对进一步加快自贸试验区基础建设、推进体制机制创新等提出意见建议。

8月16日，省政府印发《中国（福建）自由贸易试验区产业发展规划（2015~2019年）》（闽政〔2015〕41号），提出重点发展商贸服务、航运服务、现代物流、金融服务、新兴服务、旅游服务和高端制造七大产业集群。

8月16日，"中欧"（厦蓉欧）、"中亚"班列在厦门开通，这是中国四大自贸试验区开出的首条直达欧洲、中亚班列。

8月24日，省政府新闻办、省自贸办会同有关单位联合召开新闻发布会。福建省国际贸易"单一窗口"上线试运行，省发展改革委发布福建自贸试验区产业发展规划，福州海关、厦门海关等单位发布第四批7项全国首创举措。

8月25日，商务部出台《关于支持自由贸易试验区创新发展的意见》（商资发〔2015〕313号），提出促进外贸转型升级、降低投资准入门槛、完善市场竞争环境等五方面26条措施。

8月28日，郑晓松副省长到福建自贸试验区厦门片区调研。郑晓松副省长表示，加大对知识产权的保护，构建孵化团队，吸引更多台湾青年来厦创业。

8月28~29日，广东省委书记胡春华、省长朱小丹率领广东省党政代表团到福建省考察指导，并走访了福建自贸试验区福州、厦门片区。两省深入交流发展经验，并强调要加强互动交流，在自贸试验区、"一带一路"建设等方面深化合作，共享试验成果，不断为改革开放探索经验。

9月

9月4日，省政府发布《关于支持福建自贸试验区融资租赁业加快发展的指导意见》（闽政办〔2015〕123号），从明确业态发展重点、引进和培育重点企业、支持和鼓励业务创新、拓宽境内外融资渠道、实施经营业绩奖补、落实专业人才激励措施、做好相关服务、加强引导和防控风险等八方面提出了自贸试验区融资租赁业发展指导意见。

9月8日，以"海外华商与中国自由贸易试验区建设"为主题的第九届海外华商中国投资峰会在厦门举行。国务院侨办谭天星副主任、福建省政府郑晓松副省长到会致辞，商务部外资司和上海、福建、广东、天津自贸试验区相关负责人及300多位海内外嘉宾参会。

9月10~11日，商务部王受文副部长率领公安部、财政部、卫计委、工商总局、旅游局、海关总署、台办等国家部委组成的调研组，赴福建省调研台资企业发展和自贸试验区建设情况，并在福州召开自贸试验区建设工作座谈会。郑晓松副省长出席了座谈会。王受文副部长说，福建自贸试验区设立以来已初见成效，特别是在投资贸易便利化、体制机制创新、综合执法体系建设等方面都创造了不少好做法好经验。商务部将一如既往地支持福建自贸试验区建设，希望福建继续大胆探索、先行先试，发挥好对台优势，更好地服务于国家发展战略。

9月10日，由福建省外办主办、省自贸办协办的"福建自贸试验区推介会"在福州举行，来自25个国家驻广州、上海、厦门总领事馆的总领事、领事等31人组成的外国驻华领事团参加了会议。

9月16~17日，国家旅游局杜江副局长带队赴平潭专题调研自贸试验区平潭片区旅游业发展和国际旅游岛建设。杜江副局长指出，国家旅游局积极支持福建自贸试验区旅游业对外开放，支持平潭建设国际旅游岛，将在改革试验、资金安排、规划及实施、国际旅游市场拓展、人才培养和队伍建设方面给予大力支持，积极推进。

9月19日，由省商务厅、省自贸办主办，省国际投资促进中心承办，以"投资福建自贸试验区"为主题的中国（福建）国际投资合作对接会在福州召开，来自亚洲、非洲、美洲、欧洲、大洋洲60余个国家近400名跨国公司、非政府组织与政府部门代表参加会议。

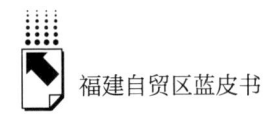

10月

10月15日，中共中央台办、国务院台办正式授予厦门两岸青年创业创新创客基地"海峡两岸青年创业基地"牌匾，国台办主任张志军等领导为基地揭牌。

10月20日，以"创新与协同"为主题的首届中国自贸试验区检验检疫创新发展论坛在上海召开。上海、福建、广东、天津四个自贸试验区相关检验检疫部门签署了《关于建立中国自贸区检验检疫制度创新合作联动机制备忘录》。天津、上海、福建、厦门、广东、深圳和珠海检验检疫局将成立联动机制领导小组，定期召开联席会议，建立日常工作联系机制，从信息互通、问题共商、政研互助、改革创新成果共享四个方面开展合作。

10月21日，福建自贸试验区闽投投资发展有限公司在平潭揭牌成立。公司由省投资集团、福建建工集团、平潭国投公司联合发起设立，将重点投资自贸试验区的基础性、战略性产业项目、新兴产业项目以及其他具有良好前景的项目，搭建起重大项目的投融资运作平台和新兴产业孵化平台。

10月21日，中国—东盟海产品交易所正式对外公开挂牌交易。这是我国首家以海产品为主题的线上交易所，主要提供大宗海产品现货"线上交易、线下交收、跨境结算"的第三方电子交易平台服务。

10月23日，厦门片区管委会与广东自贸试验区深圳前海蛇口片区管委会签署合作协议，双方就加强合作、共同促进自贸试验区制度创新，共同参与"一带一路"建设，加强产业合作互动等达成共识。

10月28日，由省外办主办的"驻港领事官团福建行·福建自贸试验区推介会"活动在福州召开。外交部驻港公署特派员佟晓玲、省外办、省商务厅及来自新加坡、法国、澳大利亚等13个国家和地区的驻香港领事官员参加了活动。

11月

11月11日，全国自贸试验区首份以检商"两证合一"形式办结的原产地备案在福州片区办结发出，标志着由省商务厅和福建检验检疫局合力推动的"两证合一"改革正式启动。

11月12日，福建省商务厅与美国信息产业机构、中国美国商会、美中贸易全国委员会在北京联合举办"福建省自贸试验区政策推介暨信息与服务行业合作交流会"。与会美国企业对福建省自贸试验区相关政策兴趣浓厚，并就所关注问题与省商务厅、省自贸办、省经信委以及福州和厦门片区相关部门的同志进行深入交流。

11月16日，经省政府同意，省自贸办印发《关于支持福建自贸试验区跨境电商、保税展示交易、转口贸易、商业保理等重点业态发展的若干措施》（闽自贸办〔2015〕11号），提出了支持发展跨境电子商务、保税展示交易、转口贸易、商业保理等重点业态的措施，吸引更多企业到自贸试验区投资。

11月17~20日，省委书记尤权率调研组深入福建自贸试验区福州、平潭和厦门片区调研，实地检查自贸试验区建设推进情况，并在厦门主持召开自贸试验区工作座谈会。省领导于伟国、杨岳、叶双瑜、张志南、王蒙徽、潘征分别参加上述活动。

11月24日，福建省十二届人大常委会第十九次会议在福州举行，会议审议了《中国（福建）自由贸易试验区条例（草案）》。草案围绕福建自贸试验区建设立足两岸、服务全国、面向世界的战略要求，从管理体制、投资便利化、贸易便利化、金融管理与服务、闽台交流与合作、综合管理、人才保障等方面都作出了明确规定。

11月26~28日，商务部外资司黄峰副司长率队赴福建省调研自贸试验区外商投资备案工作情况，并与部分企业、中介机构座谈。

11月30日，经国务院自由贸易试验区工作部际联席会议审定，商务部印发了全国自贸试验区8个"最佳实践案例"，其中福建省自贸试验区提供的国际贸易"单一窗口"案例和平潭投资管理体制改革"四个一"案例入选。

12月

12月1日，国家工商总局、福建省政府联合印发《关于发布中国（福建）自由贸易试验区台湾居民个体工商户营业范围的公告》（工商个字〔2015〕208号），允许台湾居民在福建自贸试验区注册登记为个体工商户，无须经外资备案（不包括特许经营），即可从事129个行业的经营活动。

12月2日，福建检验检疫局在福建自贸试验区平潭片区率先试点开展两岸检验检疫电子证书互换互查。一批来自台湾的货物凭借两岸检验检疫数据交换中心传输的输出动物产品检疫证明书，在平潭东澳对台小额贸易点成功办理进口报检业务。

12月9日，中国人民银行出台《关于金融支持中国（福建）自由贸易试验区建设的指导意见》（银发〔2015〕373号），从扩大人民币跨境使用、深化外汇管理改革、拓展金融服务、深化两岸金融合作、完善金融监管等五方面提出30条支持政策。

12月18日，人民银行福州中心支行在平潭举办福建自贸试验区平潭片区台资企业征信查询试点开通仪式。平潭15家商业银行与上海资信有限公司签订了台湾地区信用报告查询合作协议，开创了大陆与台湾地区征信信息共享的先河。

12月18日、22日，国家外汇管理局厦门市分局、福建省分局分别出台了《推进中国（福建）自由贸易试验区厦门片区外汇管理改革试点实施细则》（厦门汇〔2015〕94号）及《推进中国（福建）自由贸易试验区外汇管理改革试点实施细则》（闽汇〔2015〕189号），出台18条措施，支持福建省自贸试验区开展外汇管理试点。

12月19日，福州市马尾区人民法院自由贸易区法庭在马尾正式成立，这是福建省第二个自贸区法庭，将集中管辖涉福建自贸试验区福州片区的一审商事案件、房地产案件、知识产权民事纠纷案件。

12月28日，国家认监委发布《关于自贸区平行进口汽车CCC认证改革试点措施的公告》（2015年第38号），进一步调整汽车产品强制性认证制度，自2016年1月1日起开展自贸试验区汽车平行进口认证实施试点工作。

12月29日，海峡两岸仲裁中心在平潭成立。当日，中国国际经济贸易仲裁委员会福建分会及福建自贸试验区仲裁中心、中国海事仲裁委员会福建分会及福建自贸试验区仲裁中心、21世纪海上丝绸之路商务理事会福建联络办公室也揭牌成立。

12月30日，经财政部、海关总署、国家税务总局同意，自2016年1月1日起，福建省将实施境外旅客购物离境退税政策，成为继北京市和上海市之后，全国第二批实施该项政策的省份。

12月31日，海关总署办公厅印发《关于福州、平潭跨境贸易电子商务保税进口试点项目方案实施的复函》（署办科函〔2015〕30号），标志着福州、平潭正式获批成为跨境贸易电子商务保税进口试点。

12月31日，福州市马尾区人民检察院派驻福建自贸试验区福州片区检察室正式挂牌成立。

2016

1月

1月4日，梁建勇副省长到福州片区调研，考察利嘉国际商业城、两岸金融创新合作示范区、中国—东盟海产品交易所等项目。

1月5日，省政府印发《关于推广福建自贸试验区第三批可复制创新成果的通知》（闽政〔2016〕1号），将20项改革创新成果分批、分期在省内其他区域推广。

1月7日，厦门市湖里区人民检察院派驻中国（福建）自由贸易试验区厦门片区检察室揭牌成立。

1月8日，平潭综合实验区人民检察院派驻中国（福建）自由贸易试验区平潭片区检察室正式挂牌成立。

1月10日，省商务厅黄新銮厅长在省政协第十一届四次会议上，就推动福建自贸试验区建设和加快发展互联网电子商务产业等重点提案办理情况向委员们作了报告。

1月11日，福建省国际贸易单一窗口（省电子口岸公共平台）与新加

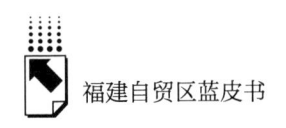

坡单一窗口成功进行了首票数据的交换和展示，标志着两个平台正式联通，福建成为国内省级单一窗口第一个同新加坡单一窗口实现对接的省份。

1月18日，梁建勇副省长到厦门片区调研，考察了太古飞机工程有限公司、夏商风信子进口商品直购中心、国际贸易"单一窗口"和综合服务大厅。

1月19日，省政府办公厅出台文件，确定福建自贸试验区一批滚动新增的重点试验项目。

1月19～21日，受商务部委托，国务院发展研究中心、普华永道和方达律师事务所等三家评估机构赴福建省，对福建自贸试验区拟在全国复制推广的21项创新举措和负面清单管理模式实施情况进行评估。

1月21日，省商务厅和台湾关贸网路股份有限公司在福州签署了《闽台口岸信息互联互通合作协议书》，标志着闽台口岸通关、物流信息交换共享工作迈出了重要一步。

1月22日，中国人民银行发布《关于扩大全口径跨境融资宏观审慎管理试点的通知》，明确自2016年1月25日起，央行将面向注册在上海、福建、广东、天津四个自贸试验区的企业以及27家银行类金融机构，扩大本外币一体化的全口径跨境融资宏观审慎管理试点。

1月22日，梁建勇副省长到福州保税港区调研，先后考察了江阴港区汽车整车进口堆场及汽车整车检测线、建滔化工码头、太元行汽车展厅、三星电子保税分拨中心和福建野马飞机制造项目等，并对福州片区提出了工作要求。

1月25日，商务部外资司将《福建自贸试验区统计报表制度（试行）》印发给上海、广东、天津自贸试验区学习借鉴。该制度是由福建省率先提出，获国家统计局批准，由福建省政府正式印发实施，涵盖了自贸试验区概况及企业新增、贸易便利化、金融创新、生产经营等情况，是全国首个较为全面反映自贸试验区成效的统计制度。

2月

2月18日，省人大常委会办公厅发布《关于〈中国（福建）自由贸易试验区条例（草案修改稿）〉公开征求意见的公告》，面向社会各界公开征求自贸试验区条例草案的意见，提意见时间截止到3月20日。

2月22日，商务部、工业和信息化部、公安部、环境保护部、交通运输部、海关总署、质检总局、国家认监委等8部门联合印发《关于促进汽车平行进口试点的若干意见》（商建发〔2016〕50号），提出七条支持措施，加快推动汽车平行进口试点政策措施落地。

2月26日，厦门片区管委会、市金融办联合人民银行厦门市中心支行、厦门银监局、厦门证监局、厦门保监局发布了厦门片区成立以来的首批27个金融创新案例，内容涵盖推动两岸金融合作、凸显服务实体经济功能、助力小微企业发展、创新监管与服务手段等四个方面。

3月

3月1日，经质检总局同意，福建自贸试验区实施进境低风险动植物及其产品免于核查动植物检疫证书的正面清单制度。

3月10~11日，省人大常委会副主任陈桦带队调研福建自贸试验区厦门片区建设情况，征求关于《中国（福建）自由贸易试验区条例（草案修改稿）》的意见建议。

3月15日，福建检验检疫局在全国系统率先实施"多证合一"改革试点。

3月17日，商务部、税务总局发布《关于天津等4个自由贸易试验区内资租赁企业从事融资租赁业务有关问题的通知》（商流通函〔2016〕90号），将自贸试验区内资企业融资租赁业务试点确认权限下放至省级主管部门。

3月23日，福州至台湾的海运直航邮路在福建自贸试验区福州片区正式开通，成为大陆第二条对台海运直航邮路。

3月25日，福建省公安厅召开关于公安部出台10项出入境政策措施支持福建自贸试验区发展的新闻发布会。10项出入境政策措施主要涵盖了优化福建自贸试验区出入境软环境、拓展外国人入出境渠道、扩大流动人口异

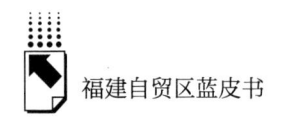

地办理赴台证件城市范围、首创使用赴台团队旅游一次证件等四个方面内容。

3月30日,省委书记尤权主持召开福建自贸试验区工作领导小组第四次会议,听取自贸试验区推进情况汇报,研究2016年自贸试验区建设工作要点。

4月

4月1日,省十二届人大常委会第二十二次会议表决通过《中国(福建)自由贸易试验区条例》,并于当日公布施行。该条例是福建自贸试验区的首部条例,共10章65条,涵盖了管理体制、投资开放、贸易便利、金融财税创新、闽台交流与合作等方面内容。

4月1日,平潭片区签发福建首张省外居民可直达台湾本岛的"一次有效往来台湾通行证"。

4月6日,福建省政府口岸工作办公室和上海市口岸服务办公室在福州签署推进国际贸易"单一窗口"合作备忘录。闽沪双方今后将发挥各自在政策、人才、技术和资金等方面的优势,共同推动"信息互换、监管互认、执法互助"的口岸"三互"合作和开放型经济发展。

4月15日,国家知识产权局党组书记、局长申长雨调研福建自贸试验区厦门片区知识产权工作。

4月16日,福建自贸试验区厦门片区首次实现为异地航空公司引进租赁飞机。

4月18日,省委尤权书记率领福建代表团到新加坡开展经贸活动。在推介会上,尤权书记表示,要借鉴新加坡自贸区、自由港建设经验,共同推进福建自贸试验区、21世纪海上丝绸之路核心区建设。

5月

5月4日,国家旅游局发布3项支持福建自贸试验区赴台团队旅游便利化新举措,允许临时来闽的省外居民可经福州赴马祖团队旅游,经厦门赴金门、澎湖团队旅游或乘坐邮轮赴台湾团队旅游，经泉州赴金门团队旅游，经平潭赴台湾团队旅游。

5月12日，国务院发展研究中心李伟主任到福建自贸试验区福州片区调研。

5月23日，省委组织部、省人力资源和社会保障厅印发《〈福建自贸试验区境外引进高层次人才确认函〉办理工作流程（试行）》（闽人社文〔2016〕168号），进一步规范自贸试验区境外引进高层次人才办理流程。

5月24日，海关总署印发《关于执行跨境电子商务零售进口新的监管要求有关事宜的通知》（署办发〔2016〕29号），明确了一年过渡期内跨境电子商务零售进口商品新的监管要求。

6月

6月1日，梁建勇副省长率省直有关部门到平潭调研，先后查看了新丝路跨境交易中心、跨境电商监管中心、海坛古城等项目，并对平潭片区工作提出了要求。

6月23日，海关总署印发《关于开展汽车平行进口试点保税仓储业务的通知》（署加发〔2016〕119号），规范汽车平行进口试点保税仓储业务管理。

6月29日，省自贸办主办"福建自贸试验区2015~2016年度十大创新举措、十大开放措施、十大功能性平台、三十家示范企业"评选网络投票活动。

7月

7月1日，国务院印发《关于在自由贸易试验区暂时调整有关行政法规、国务院文件和经国务院批准的部门规章规定的决定》（国发〔2016〕41号），决定在上海、广东、天津、福建4个自贸试验区暂停实施18部行政法规、4件国务院文件及4件部门规章涉及的外商投资审批，调整内容包括外资项目核准改备案、外资企业设立变更审批改备案和放宽外商投资股比限

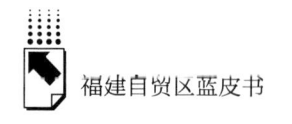

制、经营范围、准入条件等51项。

7月5日，国家知识产权局同意设立中国厦门（厨卫）知识产权快速维权中心，这是全国首家设在自贸试验区的国家级知识产权快速维权中心。

7月6~7日，福建省国际贸易"单一窗口"实现与福建海事局、省边防总队业务系统的对接，打通了与海关、检验检疫、海事、边防等四家口岸管理单位的业务和数据通道，在全国率先实现了船舶"一单四报"。

7月20日，于伟国省长到省商务厅检查指导工作，视察了行政服务中心投入运行情况，深入了解省自贸办和电商等工作开展情况，听取了省商务厅工作汇报，于省长充分肯定省商务厅近年来的工作成绩。

8月

8月1日，财政部、海关总署、国家税务总局联合印发《关于扩大内销选择性征收关税政策试点的通知》（财关税〔2016〕40号），自2016年9月1日起，自贸试验区内销选择性征收关税政策试点扩围。

8月3日，省委书记尤权主持召开福建自贸试验区领导小组第五次会议，听取自贸试验区工作总体进展、三个片区和五个专题组工作推进情况汇报，研究部署下一步工作重点任务。于伟国省长出席了会议并作重要讲话。

8月8日，国务院印发《关于平潭国际旅游岛建设方案的批复》（国函〔2016〕143号），要求把平潭建设成为经济发展、社会和谐、环境优美、独具特色、两岸同胞向往的国际旅游岛。

8月17日，商务部王受文副部长率调研组到厦门片区调研，先后查看了厦门太古发动机服务有限公司和国际贸易"单一窗口"建设，并听取相关工作汇报。

8月19日，福建省口岸办与天津市口岸办签署了《福建天津推进国际贸易"单一窗口"合作备忘录》，双方利用各自国际贸易"单一窗口"建设上的优势，共同在区域通关一体化、数据交换、信息查询、口岸协作、"一带一路"等方面开展合作。

8月25日，福建海事局印发《关于在福建自贸试验区试点实施船舶证书"三合一"并联办理便利性措施的公告》，决定在福建自贸试验区试点并联办理船舶国籍证书、船舶最低安全配员证书、燃油污染损害民事责任保险或其他财务保证证书等三项证书的核发。

9月

9月2日，海关总署发布《关于海峡两岸海关"经认证的经营者（AEO）"互认试点的公告》（2016年第49号），自2016年10月1日起实施AEO互认试点，福州、厦门海关列入试点。

9月19日，福建自贸试验区2015~2016年度"十大创新举措、十大开放措施、十大功能性平台、三十家示范企业"评选活动结果揭晓。

9月19~20日，省人大常委会党组书记、副主任徐谦，党组副书记、副主任陈桦，副主任彭锦清带领省人大常委会部分委员赴福州、平潭片区开展专题调研，先后查看了利嘉保税展示交易中心、两岸先端材料研发合作中心、综合服务大厅和平潭片区行政服务中心、新丝路跨境交易中心、台湾创业园等项目，并召开座谈会。

9月20~22日，由省自贸办主办的福建自贸试验区专题培训班在福州举行，培训班采取理论和实务相结合的形式，共开展10场专题讲座。省自贸试验区工作领导小组成员单位、五个专题组成员单位及三个片区从事自贸试验区工作的150多名机关干部参加了培训。

10月

10月8日，商务部发布《外商投资企业设立及变更备案管理暂行办法》，明确外商投资企业设立及变更备案的适用范围、备案程序、监督检查、法律责任等方面内容，自10月8日起实施，外资投资备案制由自贸试验区复制推广到全国。

11月

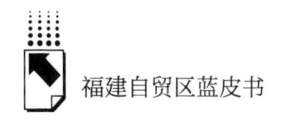

11月2日,国务院印发《关于做好自由贸易试验区新一批改革试点经验复制推广工作的通知》(国发〔2016〕63号),对自贸试验区新一批改革试点经验在全国范围内的复制推广工作进行部署安排,包括在全国范围内复制推广的改革事项(共12项),以及在海关特殊监管区域复制推广的改革事项(共7项)。

11月15日,福建自贸试验区第八批30项创新举措评估结果公布,经评估,其中全国首创8项、复制拓展10项、复制12项。

11月18日,厦门市中院自贸片区知识产权巡回审判法庭、福建省高院自贸区(厦门)司法保障研究基地和湖里区法院自贸区知识产权法庭揭牌成立,是福建省首个民事、行政、刑事"三合一"审判的巡回审判法庭。

11月21日,省外国(海外)专家局印发《关于对符合条件的福建自贸试验区外国人申办外国专家证提供绿色通道服务的通知》(闽人外专〔2016〕87号),简化外国人申办外国专家证手续。

11月28日~12月12日,省自贸办主办"自贸区有FUN"随手拍图片征集活动,活动共收到网友投稿图片1357张,反响热烈。

11月29日,中国银监会印发《关于筹建福建华通银行股份有限公司的批复》(银监复〔2016〕388号),同意在平潭片区筹建福建华通银行,这是福建首家民营银行。

11月30日,习近平总书记对上海自贸试验区建设作出重要指示,要求在深入总结评估的基础上,继续解放思想、勇于突破、当好标杆,对照最高标准、查找短板弱项,研究明确下一阶段的重点目标任务,大胆试、大胆闯、自主改,力争取得更多可复制推广的制度创新成果,进一步彰显全面深化改革和扩大开放的试验田作用。李克强总理作出重要批示,要围绕重点任务和薄弱环节继续深化自贸试验区改革探索,更大力度转变政府职能,更大程度激发市场活力,促进培育发展新动能和国际竞争新优势,在新一轮改革开放中进一步发挥引领示范作用。

12月

12月5日,厦门海关、厦门片区管委会、厦门市口岸办联合启动"互联网+自主报关"改革试点,率先在国际贸易"单一窗口"实现智能化在线通关。

12月19日,省政府印发《关于推广福建自贸试验区第四批可复制创新成果的通知》,将第四批20项改革创新成果在省内复制推广。

12月22日,厦门海关正式启动中欧"安智贸"项目,中欧(厦门)班列也成为"安智贸"项目首条铁路航线,将为福建及周边企业搭建起一条与欧洲贸易的绿色通道。

12月30日,最高人民法院印发《关于为自由贸易试验区建设提供司法保障的意见》(法发〔2016〕34号),提出正确发挥审判职能作用、依法支持自贸试验区企业的创新、探索审判程序的改革与创新、注重总结审判经验等四方面12条意见。

2017

1月

1月4日,省委常委、副省长周联清和省政府党组成员李德金主持召开省政府专题会议,研究贯彻落实国务院自贸试验区工作部际联席会议第四次全体会议精神,部署下一阶段福建自贸试验区工作。

1月9日,平潭片区金井作业区3号泊位迎来了香港至平潭集装箱班轮"闽台一号",标志着香港至平潭航线正式开通,平潭跨境贸易有了新的通道,有利于推动平潭成为香港跨境贸易货物进入内地市场的东南沿海分拨中心。

1月11日,福建自贸试验区率先在全国实施对外贸易经营者备案登记和原产地证备案登记"两证合一"。

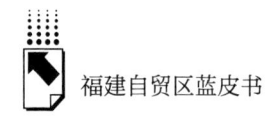

1月26日,厦门片区管委会联合厦门市建设局、市金融办及厦门保监局出台《建设工程保险制度试点暂行办法》,在全国率先运用保险机制对工程管理制度进行创新,建筑企业通过购买保险代替缴纳保证金,有效降低企业成本。

2月

2月3日,李德金副省长到省商务厅检查指导工作。

2月8日,经国务院批准,平潭调整对台小额商品交易市场商品经营范围,在轻工业品类中增加玩具、眼镜、珠宝首饰、日用化妆品、家用医疗器械等商品种类。

2月24日,尤权书记主持召开省委常委会会议,贯彻落实习近平总书记对上海自贸试验区重要批示精神,研究部署加快推进福建自贸试验区建设。

3月

3月28日~4月12日,省商务厅组织新华社、中新社、《福建日报》、福建电视台、海峡卫视等16家新闻媒体组成采访团,深入福州、厦门、平潭片区开展福建自贸试验区建设两周年采访和报道。

3月30~31日,由中共福建省委党校、福建行政学院、福建省商务厅(自贸办)主办,福建自贸试验区研究院承办的"中国自贸试验区建设:回顾与展望"学术研讨会在福州举行,来自德国和北京、上海、广东、天津、重庆等地的专家学者参会。

4月

4月5日,福州片区在全省率先实施"证照分离"改革试点。

4月7日,李德金副省长带领省直有关部门负责同志赴福州片区调研平台建设,实地察看了江阴汽车整车进口口岸、马尾物联网产业基地等,并提出相关工作要求。

4月7日，经海关总署批准，同业联合担保改革试点在福州片区跨境电商行业正式启动。该试点是福州海关和中国银行福建省分行在全国首创的一项海关税款担保改革措施。

4月28日，李德金副省长带领省直有关部门负责同志赴厦门片区调研平台建设，实地察看了厦门太古飞机工程有限公司、厦门片区综合服务大厅、厦门电子口岸公司、东南红酒交易中心、中欧（厦门）国际班列拆拼箱中心等，并提出相关工作要求。

5月

5月5日，省委书记尤权主持召开省委常委会会议，传达学习贯彻习近平总书记等中央领导对福建自贸试验区建设的重要批示精神。

5月6日，省政府党组书记、省长于伟国主持召开省政府党组会议，传达学习贯彻习近平总书记对福建自贸试验区建设的重要指示精神和李克强总理、俞正声主席、张高丽副总理等中央领导的批示要求，落实省委常委会会议要求。

5月9日，平潭两岸快件中心正式启用。该中心是全省首个集海运快件和跨境电商保税备货、直邮购物监管功能于一体的物流中心，同时兼具保税仓库功能。

5月18日，由平潭综合实验区管委会、省商务厅（省自贸办）共同举办的福建自贸试验区平潭片区惠民利民政策专场推介会在福州海峡会展中心举行。省商务厅（自贸办）、平潭综合实验区、省直相关部门、第三批自贸试验区及各商协会等单位代表出席活动。省商务厅嘎松美郎副厅长到会致辞。

5月28日，国务院批复同意厦门片区海沧保税港区为汽车整车进口口岸。

6月

6月5日，国务院办公厅发布《自由贸易试验区外商投资准入特别管理

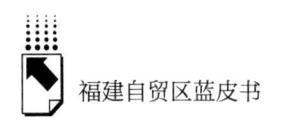

措施（负面清单）（2017年版）》。2017年版负面清单划为15个门类、40个条目、95项特别管理措施，自7月10日起实施。

6月6日，质检总局印发《关于推进检验检疫改革创新 进一步支持自由贸易试验区建设的指导意见》，提出四方面16条措施支持自贸试验区建设。

6月26日，习近平总书记主持召开中央全面深化改革领导小组第三十六次会议，审议了《中国（广东）、中国（天津）和中国（福建）自由贸易试验区建设两年进展情况总结报告》。

6月27日，国家林业局濒危物种进出口管理办公室发布福建自贸试验区野生动植物进出口行政许可改革措施，措施主要围绕扩大简政放权、减少许可环节和放宽许可条件、缩短许可时限三个方面。

7月

7月6日，最高检举办检察机关服务保障自贸试验区建设工作推进会。来自上海、广东、天津、福建等11个省市的检察机关代表参加会议，总结交流服务保障自贸试验区建设方面的经验做法和工作成果。

7月17日，国务院自贸试验区工作部际联席会议办公室发布自贸试验区新一批4个"最佳实践案例"，主要包括"证照分离"改革试点（上海）、"企业专属网页"政务服务新模式（广东）、集成化行政执法监督体系（天津）、关检"一站式"查验平台+监管互认（福建）。

7月25日，福建自贸试验区第11批30项创新举措评估结果公布，经评估，其中全国首创14项、复制拓展12项、复制4项。

7月26日，商务部、交通运输部、工商总局、质检总局和外汇局联合发文复制推广自贸试验区第三批改革试点经验，主要包括"会展检验检疫监管新模式""进口研发样品便利化监管制度""海事集约登轮检查制度""融资租赁公司收取外币租金""市场主体名称登记便利化改革"等5项内容。

8月

8月25日，省政府印发《关于推广福建自贸试验区第五批可复制创新成果的通知》，将福建自贸试验区第五批40项改革创新成果在省内复制推广。

8月30日，李德金副省长主持召开会议，专题研究贯彻落实尤权书记、于伟国省长批示精神，加快福建自贸试验区16个重点平台建设和改革创新成果复制推广有关工作。

9月

9月4日，科技部办公厅、商务部办公厅印发《支持自由贸易试验区创新发展若干措施》，提出五方面共19条措施，支持充分发挥科技创新对自贸试验区建设发展的支撑引领作用，加快自贸试验区创新发展。

9月6日，李克强总理主持召开国务院常务会议，决定将2015年上海浦东新区率先开展"证照分离"改革试点、清理116项行政许可事项的做法推广到福建等10个自贸试验区。

9月8日，由省金融办、人行福州中心支行、福建银监局、福建证监局、福建保监局联合开展的福建自贸试验区十大金融创新项目评选揭晓。中行福建省分行的跨境资金集中运营系统创新被评为一类项目，建行福建省分行的小微企业"快贷"业务等3个项目被评为二类项目，工行福建省分行的跨境人民币贸易融资综合服务等6个项目被评为三类项目。

9月27日，人保财险—厦门自贸区联合保险产品创新实验室在厦门片区揭牌。这是全国首家政府与保险企业共建的保险产品创新实验室。

10月

10月18日至10月24日，党的十九大在北京隆重召开，习近平总书记在会上作了重要报告。十九大报告提出，要推动形成全面开放新格局，赋予自由贸易试验区更大改革自主权，探索建设自由贸易港，为全国自由贸易试验区进一步深化改革开放和大胆试、大胆闯、自主改指明了方向。

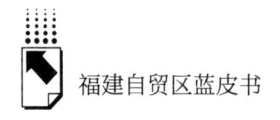

10月31日，平潭两岸海外公共仓储有限公司在台北举行揭牌仪式，这是大陆在台湾设立的第一个海外仓。

11月

11月22日，省政府印发《关于强化实施创新驱动发展战略 进一步推进大众创业万众创新深入发展的实施意见》，明确支持福建自贸试验区人才建设。

12月

12月5日，全国通关一体化工作推进现场会在广州召开，会议认真学习贯彻党的十九大精神，总结了近年来全国通关一体化改革取得的重要成果和经验，部署了当前及今后一个时期的主要工作任务。国务院副总理汪洋出席会议并发表重要讲话。海关总署党组书记倪岳峰主持会议，署长于广洲作工作报告。省政府李德金副省长在会上介绍了福建省国际贸易"单一窗口"建设经验。

12月11日至12日，国务院总理李克强在武汉主持召开全国11个自贸试验区工作座谈会，要求各自贸试验区要贯彻党的十九大精神和部署，按照推动高质量发展的要求，大胆试、自主改，在证照分离、"两随机一公开"综合监管、市场准入负面清单等重点方面取得更大突破。省政府李德金副省长率省自贸办负责同志参会。

12月14日，省委书记、省长于伟国主持召开省政府常务会议，传达贯彻全国自贸试验区工作座谈会精神，要求福建自贸试验区和各有关部门认真贯彻李克强总理在全国自贸试验区工作座谈会上的重要讲话精神，推进高质量自贸试验区建设。

12月15日起，公安部实施5项出入境便利政策措施，支持福建自贸试验区创新发展，惠及外籍高层次人才、外籍华人、外籍留学生和自贸试验区企业等。

12月17日，商务部印发《关于支持自由贸易试验区进一步创新发展的意见》，从推动对外贸易由量的扩张到质的提升、持续优化营商环境、完善市场运行机制、积极参与国际经贸合作、强化组织保障等五方面提出28条意见,进一步支持自贸试验区创新发展。

12月18日,省政府印发《福建省开展"证照分离"改革试点工作方案》,明确98项行政许可等试点事项,在福建自贸试验区等范围开展"证照分离"改革试点工作。

B.10
参考文献

曹玮：《福建自贸区促进闽台经贸合作探索》，《商场现代化》2015年第27期。

陈爱贞、陈明森：《筹划闽台环海峡跨境自贸区》，《中国经济报告》2015年第11期。

陈钦：《福建自贸区背景下闽台合作培养休闲产业人才的对策研究》，《太原城市职业技术学院学报》2017年第1期。

陈言国、王法垠：《基于两岸自贸区对接视角的闽台物流竞合策略研究》，《物流科技》2017年第1期。

陈宇：《自贸区建设中福建省特色定位研究——基于闽台经贸关联度分析》，《佳木斯职业学院学报》2015年第12期。

陈宇：《自贸区战略下闽台深化经贸关联度探析》，《技术与市场》2016年第12期。

陈致微：《福建自贸区设立对闽台农产品贸易的影响》，《海峡科学》2015年第7期。

董佳慧、任林舜：《自贸区建设背景下闽台服务贸易合作概况及优势条件分析》，《对外经贸》2016年第1期。

冯碧梅、陈芳芳：《福建自贸区对闽台经贸关系的影响》，《福建江夏学院学报》2016年第3期。

《福建省自贸试验区积极推进对台贸易便利化》，http://www.fujian.gov，2016。

福建师范大学福建自贸区综合研究院：《"一带一路"与中国自贸试验区融合发展战略》，经济科学出版社，2017。

《福建自贸区积极推进对台贸易便利化》，http：//fj.cri.cn/207。

郭洁：《基于自贸区建设的闽台休闲体育产业构思》，《海峡科学》2015年第8期。

国家统计局：《福建统计年鉴2017》，http：//www.stats-fj.gov.cn/tongjinianjian/dz2017/index-cn.htm。

黄茂兴等：《中国自由贸易港探索与启航》，经济科学出版社，2017。

黄茂兴：《供给侧结构性改革与中国自贸试验区制度创新》，经济科学出版社，2017。

黄元木、袁明珠：《福建自贸区背景下闽台体育用品业协同发展研究》，《理论观察》2017年第4期。

李寒芳、陈思武：《闽台业界签署战略协议开发福建自贸区及"一带一路"商机》，《台声》2015年第8期。

林建松：《福建自贸区战略下的闽台经贸合作与协同发展》，《海峡科学》2015年第5期。

林少凤：《福建自贸区背景下促进闽台金融合作协调发展的创新分析》，《全国商情》2016年第14期。

林世渊：《闽台在信息高技术产业的合作研究》，《台湾研究集刊》2000年第3期。

林涛、林珊：《福建自贸试验区贸易便利化措施及其评估》，《亚太经济》2017年第11期。

林远峰、林莺：《自贸区视角下深化闽台金融合作研究》，《统一论坛》2017年第3期。

刘红：《福建自贸区创新发展的经验及启示》，《环渤海经济瞭望》2016年第10期。

罗薇薇、苏颖宏：《深化闽台金融合作的契机与路径——以福建自贸区为视角》，《吉林工商学院学报》2016年第4期。

马丽、董双强：《基于福建自贸区的闽台经贸合作研究》，《台湾农业探索》2017年第4期。

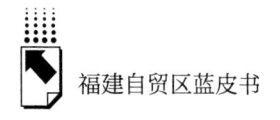

沈玉良：《上海自贸试验区运行三周年评估研究》，《科学发展》2017年第2期。

苏美祥：《自贸区建设视野下推进闽台经济融合的新思考》，《福建金融》2015年第10期。

童金茂：《福建自贸区背景下闽台体育服务业协同发展策略研究》，《景德镇学院学报》2015年第6期。

王建民：《台湾出现"西冷南热"与"西僵东热"格局》，《今日中国》2017年第5期。

王丽燕：《福建自贸区推动闽台森林旅游产业合作研究》，《沈阳农业大学学报》（社会科学版）2017年第3期。

王明惠：《基于自贸视角的闽台金融合作与业务创新研究》，《哈尔滨商业大学学报》（社会科学版）2016年第4期。

王招治：《自贸区时代闽台金融合作的新契机及深化路径》，《福建金融》2015年第8期。

薛发彪、马晓璇、石巧玲、庄佩芬：《福建自贸区建立对闽台农产品贸易影响探析》，《台湾农业探索》2017年第1期。

杨书、褚超：《福建自贸区背景下闽台服务业协同创新发展研究》，《海峡科学》2016年第5期。

叶明云：《闽台现代服务业对接及发展路径探析》，《质量技术监督研究》2015年第4期。

叶榕：《福建自贸区背景下物流业发展探析》，《中国水运》2016年第5期。

叶臻瑜：《福建自贸区登场　闽台"特区"合作步台前》，《福建轻纺》2014年第12期。

伊馨：《福建自贸区贸易便利化的制度创新》，《开放导报》2017年第2期。

张碧榕、苏元涛：《福建自贸区背景下两岸冷链物流合作现状及发展对策研究》，《赤峰学院学报》（自然科学版）2017年第2期。

张大卫、杨广青：《自贸区战略下的福建产业发展方向——基于闽台比较分析》,《海峡科学》2015 年第 5 期。

张菊伟:《福建自贸区背景下的闽台制造业深度对接》,《福建金融管理干部学院学报》2015 年第 3 期。

张良强、李乃正:《福建自贸区背景下闽台产业合作策略探讨》,《海峡科学》2015 年第 5 期。

张艺婷:《福建自贸区战略下闽台服务业合作研究》,《台湾农业探索》2016 年第 3 期。

张毅瑜:《"海丝"与自贸区框架下闽台产业深化合作研究》,《台湾农业探索》2015 年第 4 期。

郑雪玲:《浅析福建自贸区建设促进闽台经济之融合》,《福建质量管理》2016 年第 1 期。

郑智昕、张亭亭:《自贸区战略下商业银行面临的机遇与挑战——基于闽台合作和金融制度创新的视角》,《对外经贸》2016 年第 6 期。

中国福建自由贸易试验区官网, http://www.china-fjftz.gov.cn/。

周琼:《自贸区建设对闽台农业合作的影响及对策建议》,《台湾农业探索》2015 年第 1 期。

朱莉莉:《闽台农业合作问题及对策研究》,《对外经贸》2017 年第 3 期。

Beata Ferencz, Jarosław Dawidek. "The Flushing Time Based on Underground Supply in the Upper-Most Located Łęczna-Włodawa Lakes". *Scottish Geographical Journal*, 2014, 130 (4).

B.11 后 记

本书是福建师范大学福建自贸区综合研究院发布的第三部"福建自贸区蓝皮书"。在各方的关怀和支持下，2015年1月7日，福建师范大学福建自贸区综合研究院正式挂牌成立。值得庆幸的是，在研究院成立之初，我们就有幸得到了福建省人民政府办公厅、福建省委组织部、福建省财政厅、福建省商务厅等省直职能部门的关心与大力支持！谨在此书出版之际，再次向你们表示深深的谢意和感恩！

成立三年来，我们相继推出了《中国（福建）自由贸易试验区180问》《自贸区大时代——从福建自贸试验区到21世纪海上丝绸之路核心区》《中国（福建）自由贸易试验区发展报告（2015~2016）》《中国（福建）自由贸易试验区发展报告（2016~2017）》《TPP的中国策：全球化新时代中国自贸区的突围之路》《供给侧结构性改革与中国自贸试验区制度创新》《"一带一路"与中国自贸试验区融合发展战略》《中国自由贸易港扬帆启航——全面开放新格局下的新坐标》等八部专著，在《人民日报》《光明日报》《中国社会科学报》等报刊发表了一系列学术文章，得到了各级政府机关、学术界、企业界和新闻界的好评，成为我国自贸区研究领域一个有较大影响力的重要智库，产生了积极的社会反响。

2018年4月21日，是福建自贸试验区挂牌运行三周年纪念日，为此，笔者和团队成员在2017年下半年就着手谋划最新一部的"福建自贸区蓝皮书"的研究工作。摆在读者面前的这部书以福建自贸试验区为主题，全面分析了福建自贸试验区成立三年来在相关重要领域的探索实践、创新成效，展望分析了福建自贸试验区深入发展的着力点和战略方向，为加快福建自贸试验区又好又快发展提供决策借鉴。此外，该书还对当前我国自贸试验区创新与发展的深层次问题展开专题分析，不仅可为福建自贸试验区的加快发展

后 记

提供参考,而且对全国其他自贸试验区的全面改革和扩大开放都具有一定的借鉴意义。本书与福建有关,但其内容绝不仅限于福建,相信它对全国其他地方也有启示和借鉴价值。本书是集体创作的产物,凝聚了福建师范大学福建自贸区综合研究院全体研究人员的智慧和汗水。全书的主题设计、框架安排、任务分工、科研组织由黄茂兴教授负责,B.1 由戴双兴博士、陈凤娣博士、伊馨博士、赵亮老师、郑小梅老师、冯国治老师负责撰写,B.2 由邹文杰博士、黄新焕博士、杨飞龙博士、林昕瑶博士、周利梅博士、郭黎霞老师负责撰写,B.3 由俞姗博士、陈玲芳博士、林姗姗老师、陈雯老师负责撰写,B.4 由王珍珍博士、王荧博士、林惠玲博士、吴娟博士、邱丽洪老师、闫玄老师负责撰写,B.5 由余兴博士、方忠博士、张宝英博士、欧阳芳老师、江婷婷老师、蔡凌老师负责撰写,B.6 由施志源博士、林少东老师、郑启福博士、杨垠红博士、林炴博士和研究生蔡鹏航、陈秀梅、池金晶、王国建、谢闽松等人负责撰写,B.7 由陈凤娣博士、伊馨博士、赵亮老师、王珍珍博士、黄新焕博士、杨飞龙博士、林惠玲博士、王荧博士、吴娟博士、闫玄老师、邱丽洪老师负责撰写,B.8 由王珍珍博士、王荧博士、吴娟博士、闫玄老师负责撰写,附录部分内容由王溢镕同学负责整理。上述研究人员放弃节假日休息时间,每天坚持工作十多个小时,为本书的顺利完成付出了极大辛劳。在此,向他们表示衷心的感谢。

本书还直接或间接引用、参考了其他研究者的相关研究文献,书中没有一一列出,在此对这些文献的作者表示诚挚的感谢和敬意。

社会科学文献出版社的谢寿光社长,社会政法分社王绯社长以及责任编辑曹长香,为本书的出版提出了很好的修改意见,付出了辛苦的劳动,在此一并向他们表示由衷的谢意。

由于时间仓促,本书难免存在疏漏和不足,敬请读者批评指正。

黄茂兴

二〇一八年正月初十

社会科学文献出版社　　皮书系列

❖ 皮书起源 ❖

"皮书"起源于十七、十八世纪的英国，主要指官方或社会组织正式发表的重要文件或报告，多以"白皮书"命名。在中国，"皮书"这一概念被社会广泛接受，并被成功运作、发展成为一种全新的出版形态，则源于中国社会科学院社会科学文献出版社。

❖ 皮书定义 ❖

皮书是对中国与世界发展状况和热点问题进行年度监测，以专业的角度、专家的视野和实证研究方法，针对某一领域或区域现状与发展态势展开分析和预测，具备原创性、实证性、专业性、连续性、前沿性、时效性等特点的公开出版物，由一系列权威研究报告组成。

❖ 皮书作者 ❖

皮书系列的作者以中国社会科学院、著名高校、地方社会科学院的研究人员为主，多为国内一流研究机构的权威专家学者，他们的看法和观点代表了学界对中国与世界的现实和未来最高水平的解读与分析。

❖ 皮书荣誉 ❖

皮书系列已成为社会科学文献出版社的著名图书品牌和中国社会科学院的知名学术品牌。2016年，皮书系列正式列入"十三五"国家重点出版规划项目；2013~2018年，重点皮书列入中国社会科学院承担的国家哲学社会科学创新工程项目；2018年，59种院外皮书使用"中国社会科学院创新工程学术出版项目"标识。

中国皮书网

（网址：www.pishu.cn）

发布皮书研创资讯，传播皮书精彩内容
引领皮书出版潮流，打造皮书服务平台

栏目设置

关于皮书：何谓皮书、皮书分类、皮书大事记、皮书荣誉、
皮书出版第一人、皮书编辑部

最新资讯：通知公告、新闻动态、媒体聚焦、网站专题、视频直播、下载专区

皮书研创：皮书规范、皮书选题、皮书出版、皮书研究、研创团队

皮书评奖评价：指标体系、皮书评价、皮书评奖

互动专区：皮书说、社科数托邦、皮书微博、留言板

所获荣誉

2008年、2011年，中国皮书网均在全国新闻出版业网站荣誉评选中获得"最具商业价值网站"称号；

2012年，获得"出版业网站百强"称号。

网库合一

2014年，中国皮书网与皮书数据库端口合一，实现资源共享。

权威报告·一手数据·特色资源

皮书数据库
ANNUAL REPORT(YEARBOOK) DATABASE

当代中国经济与社会发展高端智库平台

所获荣誉

- 2016年,入选"'十三五'国家重点电子出版物出版规划骨干工程"
- 2015年,荣获"搜索中国正能量 点赞2015""创新中国科技创新奖"
- 2013年,荣获"中国出版政府奖·网络出版物奖"提名奖
- 连续多年荣获中国数字出版博览会"数字出版·优秀品牌"奖

成为会员

通过网址www.pishu.com.cn访问皮书数据库网站或下载皮书数据库APP,进行手机号码验证或邮箱验证即可成为皮书数据库会员。

会员福利

- 使用手机号码首次注册的会员,账号自动充值100元体验金,可直接购买和查看数据库内容(仅限PC端)。
- 已注册用户购书后可免费获赠100元皮书数据库充值卡。刮开充值卡涂层获取充值密码,登录并进入"会员中心"—"在线充值"—"充值卡充值",充值成功后即可购买和查看数据库内容(仅限PC端)。
- 会员福利最终解释权归社会科学文献出版社所有。

卡号:123424712194

数据库服务热线:400-008-6695
数据库服务QQ:2475522410
数据库服务邮箱:database@ssap.cn
图书销售热线:010-59367070/7028
图书服务QQ:1265056568
图书服务邮箱:duzhe@ssap.cn

S 基本子库
SUB DATABASE

中国社会发展数据库（下设 12 个子库）

全面整合国内外中国社会发展研究成果，汇聚独家统计数据、深度分析报告，涉及社会、人口、政治、教育、法律等 12 个领域，为了解中国社会发展动态、跟踪社会核心热点、分析社会发展趋势提供一站式资源搜索和数据分析与挖掘服务。

中国经济发展数据库（下设 12 个子库）

基于"皮书系列"中涉及中国经济发展的研究资料构建，内容涵盖宏观经济、农业经济、工业经济、产业经济等 12 个重点经济领域，为实时掌控经济运行态势、把握经济发展规律、洞察经济形势、进行经济决策提供参考和依据。

中国行业发展数据库（下设 17 个子库）

以中国国民经济行业分类为依据，覆盖金融业、旅游、医疗卫生、交通运输、能源矿产等 100 多个行业，跟踪分析国民经济相关行业市场运行状况和政策导向，汇集行业发展前沿资讯，为投资、从业及各种经济决策提供理论基础和实践指导。

中国区域发展数据库（下设 6 个子库）

对中国特定区域内的经济、社会、文化等领域现状与发展情况进行深度分析和预测，研究层级至县及县以下行政区，涉及地区、区域经济体、城市、农村等不同维度。为地方经济社会宏观态势研究、发展经验研究、案例分析提供数据服务。

中国文化传媒数据库（下设 18 个子库）

汇聚文化传媒领域专家观点、热点资讯，梳理国内外中国文化发展相关学术研究成果、一手统计数据，涵盖文化产业、新闻传播、电影娱乐、文学艺术、群众文化等 18 个重点研究领域。为文化传媒研究提供相关数据、研究报告和综合分析服务。

世界经济与国际关系数据库（下设 6 个子库）

立足"皮书系列"世界经济、国际关系相关学术资源，整合世界经济、国际政治、世界文化与科技、全球性问题、国际组织与国际法、区域研究 6 大领域研究成果，为世界经济与国际关系研究提供全方位数据分析，为决策和形势研判提供参考。

法律声明

"皮书系列"(含蓝皮书、绿皮书、黄皮书)之品牌由社会科学文献出版社最早使用并持续至今,现已被中国图书市场所熟知。"皮书系列"的相关商标已在中华人民共和国国家工商行政管理总局商标局注册,如LOGO( )、皮书、Pishu、经济蓝皮书、社会蓝皮书等。"皮书系列"图书的注册商标专用权及封面设计、版式设计的著作权均为社会科学文献出版社所有。未经社会科学文献出版社书面授权许可,任何使用与"皮书系列"图书注册商标、封面设计、版式设计相同或者近似的文字、图形或其组合的行为均系侵权行为。

经作者授权,本书的专有出版权及信息网络传播权等为社会科学文献出版社享有。未经社会科学文献出版社书面授权许可,任何就本书内容的复制、发行或以数字形式进行网络传播的行为均系侵权行为。

社会科学文献出版社将通过法律途径追究上述侵权行为的法律责任,维护自身合法权益。

欢迎社会各界人士对侵犯社会科学文献出版社上述权利的侵权行为进行举报。电话:010-59367121,电子邮箱:fawubu@ssap.cn。

社会科学文献出版社